SUMÁRIO

Christiane Pelajo • Fabi Raulino • Natasha de Caiado Castro
Daniela De Luca • Flávia Lippi • Roberta Suplicy • Ana Ferraz

UMA SOBE E PUXA A OUTRA

VOLUME 2

Literare Books
INTERNATIONAL
BRASIL · EUROPA · USA · JAPÃO

PRESIDENTE
Mauricio Sita

VICE-PRESIDENTE
Alessandra Ksenhuck

DIRETORA EXECUTIVA
Julyana Rosa

DIRETORA COMERCIAL
Claudia Pires

DIRETORA DE PROJETOS
Gleide Santos

EDITOR
Enrico Giglio de Oliveira

EDITOR JÚNIOR
Luis Gustavo da Silva Barboza

REVISORES
Sergio Ricardo, Margot Cardoso e Rodrigo Rainho

CAPA E DESIGN EDITORIAL
Lucas Yamauchi

IMPRESSÃO
Trust

Dados Internacionais de Catalogação na Publicação (CIP)
(eDOC BRASIL, Belo Horizonte/MG)

S677 Uma sobe e puxa a outra: volume II / Coordenadoras Christiane Pelajo... [et al.]. – São Paulo, SP: Literare Books International, 2023.
560 p. : foto. ; 16 x 23 cm

Inclui bibliografia
ISBN 978-65-5922-561-3

1. Desenvolvimento pessoal. 2. Empreendedorismo. 3. Mulheres de negócios. I. Pelajo, Christiane. II. Raulino, Fabi. III. Castro, Natasha de Caiado. IV. Luca, Daniela De. V. Lippi, Flávia. VI. Suplicy, Roberta. VII. Ferraz, Ana.

CDD 650.1082

Elaborado por Maurício Amormino Júnior – CRB6/2422

LITERARE BOOKS INTERNATIONAL LTDA.
Rua Alameda dos Guatás, 102
Vila da Saúde — São Paulo, SP. CEP 04053-040
+55 11 2659-0968 | www.literarebooks.com.br
contato@literarebooks.com.br

PREFÁCIO

Glaucimar Peticov

Contatos
glaucimar.peticov@bradesco.com.br
Instagram: @glaupeticov
LinkedIn: Glaucimar Peticov

Formada em Psicologia, com pós-graduação em Administração de Recursos Humanos, especialização em Marketing e diversos programas executivos no Brasil e no exterior, que reforçaram minhas convicções e compreensão de seus significados, sendo decisivos para minha jornada de formação. Iniciei minha carreira em 1984. Atualmente, estou como diretora-executiva e CCO (*chief customer officer*) do Banco Bradesco - um dos maiores grupos financeiros da América Latina - e respondo pela Universidade Corporativa Bradesco - a UniBrad - e pelas áreas de Recursos Humanos, NPS, Ouvidoria e Sustentabilidade. Onde há atitude, há o desejo de colaborar, de dar sempre um passo além. Por isso, sou também membro da Mesa Regedora da Fundação Bradesco, do Conselho de Autorregulação Bancária da Febraban, do grupo de trabalho de Diversidade e Inclusão da Anbima (Associação Brasileira das Entidades dos Mercados Financeiro e de Capitais) e do Conselho ESG do Fleury S.A. Além de embaixadora do programa de mentoria feminina Nós por Elas, faço parte do Conselho Deliberativo do Instituto Brasil Digital, entre outras funções.

Muitas conquistas, muito a avançar...

Entre idas e vindas, acertos e inúmeras iniciativas, acredito serem poucos aqueles que não compartilham a percepção de que avançamos em pouco mais de um século. Avanços provocados pela conexão, que aproximou realidades semelhantes, amplificou falas e causas, deu entendimento e disseminou direitos. O despertar da potência feminina nunca foi fruto do acaso, mas, sim, resultado de muita luta, mas também de muitas trocas, onde quem se recusa a enxergar o papel de protagonismo da mulher vive um anacronismo.

Sem exageros, é possível dizer que a evolução está em andamento e há números mostrando isso. Existem alcances significativos em todas as frentes, mas seguramente não na mesma proporção das transformações que desejamos. Qualquer análise, por mais simples que seja, é capaz de constatar que as relações entre as pessoas se renovaram e que a liderança, antes ditada muito mais pelo poder do cargo, hoje é percebida pelas empresas que estão conectadas com o mundo, sendo eficaz pelo exemplo e pela inspiração; e ainda bem que estamos presenciando o abandono do comando e controle. Essa evolução, é bom destacar, veio acompanhada de um movimento bastante positivo no sentido de tornar as empresas muito mais receptivas ao novo e a tudo de especial que vem acompanhado dele: diversidade, equidade, inclusão e pluralidade.

Narrativas são auxiliativas e dentre muitos fatores a presença de uma percepção apurada traça que, ao longo dos anos, as mulheres lutaram arduamente para conquistar seus direitos e o reconhecimento de sua voz na sociedade. Vivemos períodos, em sua mais ampla composição, quando éramos apresentadas como fragmentos e apêndices da história. Portanto, temos um mundo onde mulheres foram negligenciadas e suas vozes silenciadas. Por outro lado, é incrível sinalizar atualmente os papéis importantes que desenhamos, embora muitas vezes subestimadas e excluídas das esferas de poder. No entanto, ao longo do tempo, com base em lutas, temos conquistado mais espaço e direitos, marcando presença em diferentes áreas.

Atualmente, percebemos que mudanças estão em todos os lugares; as mulheres perceberam a necessidade de exigir sua representatividade. Na verdade a falta de representação estava perpetuando estereótipos e limitando nosso talento e potencial como seres humanos. Assim, pouco a pouco as mulheres historicamente se posicionaram retratando experiências, visões e pensamentos; dessa forma, conseguimos nos identificar e sentir a realização de estarmos representadas.

Com dores e traumas, estamos à frente de mudanças para nossas vidas e da sociedade, pois sabemos que a nossa voz gera visibilidade e reconhecimento às questões e lutas enfrentadas pelas mulheres na vida real. Estimulamos a empatia e a solidariedade, contribuindo para a construção de um mundo mais igualitário e justo.

A ativista norte-americana Susan B. Anthony, por exemplo, lutou pelo direito das mulheres ao voto no final do século XIX, enquanto a escritora brasileira Carolina Maria de Jesus trouxe à tona as questões da pobreza e do racismo em sua obra *Quarto de despejo*.

Na ciência, a participação feminina também tem sido cada vez mais relevante. Um dos mais notáveis exemplos é a cientista polonesa Marie Curie, que descobriu elementos radioativos e ganhou o Prêmio Nobel em duas categorias diferentes. Hoje, existem muitas mulheres que trabalham em diferentes áreas, contribuindo de maneira significativa para o avanço da humanidade.

Nossa participação, cada vez mais crescente, possibilita que tenhamos modelos e referências positivas que nos inspirem a perseguir nossos objetivos, o que a cada vitória nos fortalece.

Estamos muito além de uma questão de modismo, e sim de justiça e igualdade, contribuindo e representando, em vários universos, com nossa experiência, percepção, ideias, forma de pensar, enriquecendo o mundo e valorizando a pluralidade. E nós podemos fazer tudo isso, debatendo de modo aberto, escutando de maneira generosa e tendo atitude para avançar.

Por séculos, as mulheres vêm provando que apresentam talento e competência para contribuir para o desenvolvimento da humanidade, apesar das barreiras e obstáculos encontrados. E quando ganhamos espaço, avançamos tendo a oportunidade de nos tornarmos protagonistas.

No mundo corporativo, ainda enfrentamos desafios em relação à igualdade salarial e a representação nos cargos de liderança. No entanto, ao longo das últimas décadas, mais mulheres têm entrado no mercado de trabalho e mostrado que são competentes em todas as áreas, alcançando grandes posições de liderança em empresas e organizações.

A economia do cuidado é outra questão que impacta diretamente a carreira de milhões de mulheres. Historicamente, a responsabilidade pelo cuidado das pessoas sempre ficou a cargo das mulheres e meninas. Ocupadas por muitas horas – com tarefas domésticas, cuidados com crianças, idosos ou familiares enfermos – essas mulheres ficam distantes da autonomia financeira. Um trabalho não remunerado e muitas vezes invisível, que além de provocar sobrecarga e exaustão, amplia a desigualdade de renda.

E embora ainda haja muito a ser alcançado em relação à igualdade de gênero, a luta por um mundo mais justo e equilibrado continua, com cada vez mais mulheres reivindicando o seu lugar de direito na história.

Independentemente de barreiras e desigualdades, a nossa determinação e preparo está aumentando, e os efeitos são cada vez mais visíveis. Portanto, devemos continuar nos apoiando e inspirando umas às outras a seguir em frente, pois juntas podemos fazer uma diferença real e duradoura no mundo.

Somos muitas, a maioria da população brasileira, e olha que a outra metade também veio de nós. Imagine a força que tem quando essa legião se une? É a coletividade a verdadeira engrenagem da mudança. Somos capazes, e a história nos mostra, mas é preciso reconhecer a força da nossa autenticidade, entender que cada uma de nós tem algo singular para oferecer.

Ter consciência da grandiosidade feminina permite romper com ciclos que por anos aprisionaram as mulheres, nos quais encaixaram nossos talentos dentro de rótulos e estigmas que nunca nos pertenceram. Mas aqui estamos visíveis, fazendo-nos ser vistas e notadas, em movimento contínuo e constante, juntas remando contra a maré e conquistando novos e antigos territórios. Afinal, exercitamos a cada instante o lema: "Uma sobe e puxa a outra".

Muito desse movimento que encoraja o talento feminino vem a partir da sororidade, essa empatia que gera a união e o fortalecimento feminino. Essa é uma lente que nos permite enxergar até mesmo o invisível aos olhos. Essa lente é conhecida como empatia.

Empatia não é sentir a dor do outro, é conseguir se conectar com o outro. Essa habilidade nos faz entender melhor e interpretar as necessidades, vulnerabilidades e dores dos outros. Nem todos nós nascemos empáticos, mas todos podemos exercitar; empatia também é prática, também é capacitação.

Quanto mais avançamos, maior fica nossa responsabilidade de lutarmos para que mais mulheres cresçam. Compartilhar privilégios é semear ambientes mais equitativos e inclusivos. É mover as peças do jogo utilizando a posição privilegiada para o bem. Todas nós temos alguma mudança que a nossa capacidade alcança e que é possível transformar. Esse é um movimento de colaboração, relacionamento e conexão. É sair do nosso mundo para olhar o entorno, é enxergar que o mundo precisa de fato das nossas contribuições.

Uma pergunta que pode auxiliar neste processo é: "O que eu trago de novo para a mesa?" ou "Quais contribuições eu tenho provocado". Mergulhar no próprio propósito, na sua entrega, pode revelar tesouros valiosos para a vida e carreira. Entender a própria imensidão é uma busca contínua. O escritor Rubem Alves disse em uma de suas crônicas que, para reconhecer os encantamentos a nossa volta, primeiro é necessário enxergar a beleza dentro de si. Eu completo escrevendo: admirar o entorno, os pequenos detalhes do cotidiano, das histórias de outras mulheres e da natureza pode ajudar a retornar o olhar com mais delicadeza e gentileza para nós mesmos.

Precisamos aprender a acreditar em nós mesmas e em nosso potencial. Quanto mais colocamos nosso potencial em ação, mais adquirimos confiança, criando um círculo virtuoso. Todas nós, não importa o cargo ou o grau de conhecimento, passamos por fases em que sentimos a nossa confiança cair, mas quando aprendemos a nos mantermos em movimento, isso se torna cada vez menor.

Adquirir conhecimento e habilidades, lapidar a autenticidade, com dedicação e comprometimento, são recursos que sempre irão nos manter em ação. Neste mundo em constante transformação, é preciso não temer a mudança, mas, sim, estar também em movimento para colher resultados, com coragem para enfrentarmos a desigualdade, o preconceito e os estereótipos sem desistir, firmes.

Aumentar o volume da autoconfiança e se colocar diante de novas possibilidades é algo que não foi ensinado à maioria das mulheres. Arriscar era um verbo ligado ao universo masculino, muitas de nós foram ensinadas a terem comportamentos perfeitos, mas não a se expor e assumir papéis de liderança.

É comum desperdiçarmos mais tempo e energia que os homens, empenhadas em agradar ou garantir a aceitação de terceiros. A autocobrança excessiva, tão comum entre nós, inibe profissionais talentosas, que acabam deixando de agir, escondendo-se em uma falsa camada de autoproteção. Porém, ao tomarmos consciência desses fatos, ganhamos a liberdade de ressignificar esses modelos, e uma das formas mais eficazes de superar esses sentimentos é nos conectarmos ao compartilharmos nossas experiências.

A Tamara Klink, a mais jovem brasileira a cruzar o Atlântico, contou em seu livro que o impulso para enfrentar esse desafio não foi a coragem. Ela disse que coragem teria sido ficar no mesmo lugar, e assim renunciar à pequena possibilidade do sonho. E, todo dia, tomar a mesma decisão de adiar a descoberta dela mesma. Sonhar é maravilhoso, mas realizar é fantástico.

Acredito no poder de se descobrir; afinal, todas nós temos em comum a busca, a vontade de aprender, de se aperfeiçoar, e quem elegeu a busca não pode recusar a travessia.

Nesses incríveis depoimentos temos claramente a representação do exercício de sermos humanas e, ao mesmo tempo, de apurar e ampliar o patamar da nossa percepção, até porque crescer é ficar maior e evoluir, é ficar melhor; pois bem, é isso, simples assim...

Por isso, essa coleção de trajetórias é um convite para uma das maravilhas que temos na vida: inspirar-se. Abrir espaço para admirar é acionar um poderoso GPS, que nos guia pelos caminhos das possibilidades, que de maneira tão bela quanto complexa se torna um sopro de magia quando descobrimos as infinitas vezes em que podemos nos reinventar e ir além.

Ao escrever suas histórias, essas mulheres nos permitem generosamente acessar os bastidores de suas carreiras e vidas, os primeiros passos, seus desafios e obstáculos, antes de se tornarem referências. Provando que não existem respostas prontas ou um único caminho que leve à linha de chegada, mas que ao chegar lá é possível expandir o espaço com coragem para incluir e mover.

A grande escritora Clarice Lispector dizia: "A grandiosidade da vida é lançar-se" e lançar-se para mim está relacionado ao agir em direção às outras; é ao mesmo tempo mover-se a nosso favor, em coletividade, em grupo.

Sem dúvida, este segundo volume de *Uma sobe e puxa a outra*, assim como o primeiro, coloca-nos diante de um espelho, no qual a identificação surge em diferentes momentos, fazendo enxergarmos o que está próximo, mas nem sempre visível. E é assim, frente a frente com a realidade e com os obstáculos de cada uma, que nos transportamos para nossos universos particulares, apontando novos caminhos.

A cada novo parágrafo, a cada nova vida que cruzamos nessas páginas nos fortalecemos um pouco mais.

Aproveitem os *insights*, os incômodos, o impulso e o estímulo, sejam protagonistas. Para construir um novo amanhã, é preciso primeiro sonhar e garantir que nossas histórias continuem sendo contadas. É dessa forma que nossas meninas e mulheres vão seguir alimentando sonhos para que se tornem realidades.

Parabéns a todas as participantes desta obra, que denota a força de quem move a transformação, a força da ação presente, a importância de aproveitarmos as portas que já foram abertas por outras mulheres, de abrirmos novas portas e de segurar portas para mulheres que estão caminhando conosco, inspirando para que a cada dia o encantar não seja apenas sobre brilhar, e sim sobre iluminar caminhos. Vamos juntas, chegou o momento de impactar com lentes positivas para que todas possamos imaginar e recriar o futuro com realidades ainda melhores.

Uma excelente jornada!

APRESENTAÇÕES

Christiane Pelajo

O livro Uma Sobe e Puxa a Outra, que já é um best-seller, chegou muito mais longe do que qualquer uma de nós imaginava! Quando, naquela sexta-feira de carnaval, a Natasha de Caiado Castro, a Flávia Lippi, a Luciana Herrmann Pierri e eu fizemos a primeira reunião para discutir como seria, ninguém sonhava que alçaríamos voos tão longos! E fomos muito além! O resultado de tanto trabalho, empenho e carinho é este volume 2, que chega neste momento em suas mãos! O nosso propósito é que você se inspire cada vez mais! Agora somos mais de 100 mulheres contando nossas histórias para impulsionar e inspirar você a puxar outras centenas de mulheres! Obrigada por fazer parte desta nossa aventura! Mas prepare o lenço, porque você vai se emocionar!

Talvez você tenha ouvido falar da Natasha de Caiado Castro se comprou o volume 1 desta obra e a viu aqui na capa do volume 2. É a pessoa que idealizou o movimento Uma Sobe e Puxa a Outra. E, claro, ninguém melhor do que ela mesma para te puxar para a leitura deste livro. Você vai entender como tudo começou.

Natasha de Caiado Castro

Lembra da *Ilha da Fantasia*? Do Mr. Rourke e Tatoo, que possibilitavam que pessoas vivessem experiencias fantásticas em uma ilha mágica? É assim que me sinto, convidando você a visitar as histórias destas lideres, que trazem recortes de suas vidas, imbuídas em nos inspirar e nos puxar para fora de zonas de conforto, na busca de algo maior, que faça mais sentido e traga felicidade, harmonia, paz e prosperidade.

Este livro, delicioso de ser lido, oferece menor relevância literária do que a importância como "token" ou agente de mudança.

É uma obra inspiracional, propulsora das principais forças de transformação: CORAGEM! OUSADIA! AUDÁCIA!

As mulheres, aqui, juntamente com todas que escrevem diariamente a história do nosso movimento, Uma Sobe e Puxa a Outra (#RiseandRaiseOthers, em tradução para o inglês), não chegam pleiteando privilégios. Elas já conquistaram grandes lugares de fala por terem sido vitoriosas com a equação: mulher + brasileira + inconformismo.

Nós, que viemos ao mundo com o "superpoder" de gerar vidas, em algum erro de percurso, fomos desviadas do protagonismo.

Violências moral e física, misoginia, desproporções nos ambientes corporativos e privados estão sendo relatados aqui, assim como histórias emocionantes de superação nos mais diversos pilares de nossas multifacetadas vidas. Sem mimimi nem dramalhões. *The girl next door...*

Neste livro, como em nossas vidas, questionamos o status quo, movemos barreiras, não aceitamos quando as oportunidades não nos são oferecidas. Mudamos a agulha, as regras, os padrões.

Tudo começou quando criei, no WhatsApp, um grupo de mulheres para trocas de conteúdo durante o Festival de Cannes, no sul da França. O grupo estava tão agradável que sugeri aumentar o tamanho, puxando mulheres que admirássemos. Passamos a ter um "coletivo de admiráveis".

Ao ser dada a oportunidade de PUXAR mais gente, as mulheres do grupo escolheram suas maiores referências éticas, pessoais, profissionais. Mulheres plurais se uniram.

Diferentes áreas profissionais, geografias, histórias, idades, sotaques, cores, formas de amar, formas de sentir, 360 graus de representatividade da liderança feminina brasileira, que surgiram de maneira orgânica, tendo, em comum, o fato de falarmos português e sermos referência para alguém que já era referência de alguém. Um ecossistema virtuoso foi formado.

O ritmo do grupo é aceleradíssimo. Todas, extremamente proativas e criativas, trazem ideias todos os dias, noites e madrugadas, para serem implantadas nas diversas "avenidas" de comunicação que criamos. Temos as estrategistas, as táticas, as *DOers*. Não temos *voyeurs*!

Todas com personalidades marcantes, forjadas artesanalmente no balanço entre os "nãos" e os "sims" que receberam durante a vida. Introvertidas, extrovertidas. Barulhentas e tímidas. Aceleradas e ponderadas e todos os tons intermediários.

Para estar no grupo, temos regras. Somos exigentes e meticulosas. Fofocas, intrigas, *egotrips*, julgamentos e, principalmente, sobreposição de agendas particulares são banidas. Gossip POSE (*predatory, opportunist, selfish, egocentric*) Girls estão fora do nosso radar.

O deal breaker é nosso "tratado-anti-fura-zoio", que se traduz nas regras de boa conduta que nossas mães nos ensinaram. Não podemos transgredir valores éticos, morais, e o foco necessariamente é o coletivo. Todas nós assinamos.

Nossa missão é puxar gente em busca de equidade de gênero. Os valores inegociáveis são: generosidade, integridade, sororidade, empatia e respeito. Nós nos vemos como catalisadoras nos processos de inclusão e semeadoras de novos projetos por meio de desenvolvimento de parcerias estratégicas, geração de canais que deem visibilidade às nossas verticais, e fomentação de oportunidades de *networking*.

Nossas frentes de atuação da porta para dentro estão, hoje, focadas em manter a saúde emocional, dar suporte a quem está pivoteando e ressignificando a carreira ou vida pessoal e munindo as *members* com ferramentas para otimizar seus universos psico-socio-intelectuais.

Da porta para fora, buscamos representatividade e equidade nos cargos de liderança e impulsionamos o empreendedorismo.

Temos já alguns cases de sucesso. Criamos um prêmio Global com a ONU, conseguimos eleger, em concurso nacional, uma empreendedora social com 380 mil votos. Colocamos *members* em palcos nacionais e internacionais, incluindo SXSW, o festival de inovação mais importante do globo. Temos diversas campanhas de arrecadação, trilhas de conteúdo e, agora, dois volumes de livros, escritos a "toque de caixa", que compõem essa obra coletiva. O volume 1 recebeu o selo de best-seller já no dia do lançamento, após ter batido recordes de venda. Temos, inclusive, lançamentos internacionais agendados.

O treinamento de *mindset* cooperativo é diário, pois sabemos que, juntas, chegamos mais longe!

Por termos alcançado altos cargos de liderança, partimos do princípio de que todas "já chegaram lá", seja o "lá" onde o destino e suas vontades as tenham levado.

Com isso, uma possível "luta desmedida pela sobrevivência", na qual os "valores" se perdem, se esteve presente algum dia, a este ponto já tenha sido substituída por generosidade, grandeza de sentimentos e empatia.

Com isso, unimos nossas fortalezas, que não são poucas, com os *networks* construídos durante nossa existência, e criamos uma potentíssima rede de apoio.

Sobre mim, comecei minha jornada de empreendedora em experiências internacionais antes dos 15 anos de idade. Minha mãe, empresária e professora universitária, me incentivou a criar o departamento de eventos na empresa de consultoria de RH dela. Esse departamento cresceu, fez *spin-off.* Com o apoio do meu pai, médico-cientista que nunca entendeu bem o que eu fazia e sempre me incentivou, fundei algumas empresas que estão ativas até hoje.

Sou a CEO da Wish International Events Management, que abre janelinhas mágicas pelo mundo, criando experiências com conteúdo intelectual, história, gastronomia e *fun*, desenhadas com apoio das neurociências, da antropologia, da psicologia e das ciências sociais. Criamos experiências que tatuam, nas marcas corporativas, residuais emocionais positivos, treinam o cérebro, usando ferramentas de eventos e live marketing, para produzir sorrisos. Ciências apoiando a produção de eventos.

Hoje, temos quatro escritórios em três continentes, e foi abrindo essas frentes que conheci as personagens dos próximos capítulos da história deste nosso grupo... As internacionais.

Espero que se divirtam lendo esta obra. E se emocionem com os relatos intensos destas corajosas TITÃS.

Falando de inimaginável, você já deve ter notado que existe algo de novo e até meio misterioso aqui. Como podemos juntar tantas pessoas em apenas um lugar e criar uma sintonia tão fina que uma não larga a mão da outra? Talvez a Flávia Lippi, que tem um pouco de si mesma no volume 1, possa explicar o que ela sentiu e o que talvez você sinta também nessa rede da vida.

Flávia Lippi

A rede da vida

Talvez você não tenha lido o volume 1 ainda e não me conheça. Sou Flávia Lippi, apaixonada por ciência, tecnologia e alma humana. Empreendedora serial. Tive mais negócios que idade biológica. Sou ainda CEO do IDHL (Instituto de Desenvolvimento Humano Lippi), que tem como missão primária acabar com a vulnerabilidade emocional de pessoas e organizações. O nono best-seller veio agora, o volume 1 do livro *Uma sobe e puxa a outra*. Esse best-seller tem um sabor especial. Sabe por quê? Porque a colaboração é a nova revolução do altruísmo.

Matthieu Ricard é doutor em genética celular, escritor renomado e superfamoso, apesar de monge. Ele escreveu em seu livro *A revolução do altruísmo* que, para progredir rumo a uma sociedade mais altruísta, é essencial que os altruístas se associem e aliem esforços. Altruístas, segundo os estudiosos em teorias da evolução, são pessoas que beneficiam outras.

Nessa onda de alinhar esforços, todos nós estamos conectados em alguma medida. E essa conexão não é só emocional, é também física e até cognitiva. Eu descobri que as abelhas novas, ao saírem pela primeira vez da colmeia, saem de costas e ficam paradas no ar por um tempo até guardarem, na memória, o desenho da casa onde moram, para conseguirem, voltar depois.

O *Rise and Raise Others* é esse porto seguro tão otimizado, que até os cientistas vão tentar explicar como conseguimos replicar as colmeias. A organização de trabalho das colmeias funciona por habilidades organizacionais, sem nenhuma necessidade de controle centralizado. É a interação das abelhas e o seu ambiente que constroem a colmeia e não o contrário.

E a natureza replica esse modelo em tudo. Desde as raízes das árvores até cristais de neve, fungos e nossos próprios neurônios. Isso se chama rede neural biológica, uma rede muito ampla de neurônios interconectados que controlam a nossa existência, desde bombear o sangue até respirar. Uma verdadeira rede da vida.

Se estamos aqui, com toda essa tecnologia, é porque, na verdade, adaptamos fenômenos naturais. As redes da vida biológicas serviram de base justamente para as redes neurais, nome dado às redes nos modelos de inteligência artificial e computação que "ensinam" as máquinas a desenvolverem padrões de pensamento similares aos do cérebro humano.

Mas, além disso, o grande salto das redes neurais no avanço das ciências computacionais e da própria inteligência artificial foi a sua interconectividade. São as colmeias a inspiração que serve como base para entender o comportamento de busca das pessoas nas redes de tecnologia – assim como nas redes da vida. Desde o volume 1, e sentindo o volume 2, acredito que podemos aprender sobre medos, verdades ocultas e alimentos celulares. Precisamos umas das outras mais do que podem imaginar.

Com estratégia de marketing e comunicação, criamos laços fortes e conexões. Certamente, se você ainda não leu o volume 1, vai enlouquecer para saber tudo sobre a Luciana Herrmann Pierri.

Luciana Herrmann Pierri

A ideia do primeiro livro vinha guardada faz tempo, até que um dia os astros se alinharam e eu, a Chris Pelajo e a Flávia Lippi nos juntamos com a Natasha de Caiado Castro para propor sua publicação, tendo como foco o registro de histórias inspiradoras das participantes do grupo de *networking* Uma Sobe e Puxa a Outra. Logo depois, convidamos a Dea Mendonça para nos dividirmos na coordenação da execução, já que eram necessários muita colaboração e um acompanhamento diário e intenso do projeto para que fosse lançado durante o Mês Internacional das Mulheres de 2023. E foi assim que, no dia 28 de março, esse sonho foi convertido em realidade! Eu pensava que isso só seria viável em longo prazo. Mas não, o livro foi construído a 44 mãos, ou melhor, 88, em tempo recorde, e com o respaldo de uma editora de renome, como a Literare.

A produção deste grande projeto só foi possível graças à força do coletivo, ao entusiasmo, ao compromisso, à troca verdadeira e à confiança que cada uma dessas mulheres inspiradoras demonstrou durante o processo de produção do primeiro volume. Características que definem exatamente o que precisamos para abrir os caminhos de um futuro muito mais equitativo e respeitoso para as futuras gerações.

Com esse primeiro livro, abrimos as janelas para muitas outras histórias que seguirão reverberando e que, esperamos, inspirarão outras mulheres de diversas origens, áreas e segmentos, criando, assim, um universo de possibilidades.

O sucesso e a repercussão do primeiro livro já estão motivando o compartilhamento de outras trajetórias maravilhosas, que serão contadas nos próximos capítulos, encorajando, dessa forma, todas aquelas que acreditam que, juntas, podem construir um futuro melhor!

Queremos te apresentar a nossa Alexa personalizada. E só a Fabi Raulino para lhe contar essa história.

Fabi Raulino

Um pouco de "Fabi" na coordenação do volume 2

Oi, oi! Eu sou a Fabi Raulino, uma das mulheres que ajudou na coordenação deste livro tão especial. Vou tentar explicar como foi esse processo para mim, de forma bem simples, sabendo que não alcançarei em palavras o que esse grupo tão transformador significa (como na fé, o verbo "sentir" ajudaria mais a entender do que "falar").

A sensação de *give back* me persegue constantemente por fazer parte de algo tão grandioso. Entrei no coletivo Uma Sobe e Puxa a Outra em julho de 2022, puxada por minha querida Nathalia Prates e, com poucos dias como *member*, tentando entender a dinâmica, vendo grandes mulheres se apresentando, já me envolvi para organizar um evento no Metaverso! Planejado em dois dias!

Percebi que grandiosidades estavam à distância de um clique.

Faço doutorado em Tecnologias da Inteligência e Design Digital na PUC-SP e tudo em inovação me fascina! Eu trabalho o dia todo conectada. Durmo cerca de 4 horas (que são suficientes para acordar sorrindo e encarar um dia cheio de coisas que amo fazer). Como estou à frente de duas empresas de tecnologia (uma voltada à transformação digital em treinamento e desenvolvimento corporativo e a outra de jogos digitais, IA e realidades imersivas), fico conectada o tempo todo. Sim: o tempo todo com IA, automação e gestão de processos e fluxos comunicacionais.

Então, imagine como fiquei boquiaberta quando Natasha, sempre antenada e visionária, começou a trazer vários materiais do Vale do Silício, tendências com agrotecnologias, iniciativas europeias com energia limpa! Do nada, trouxe Lee e Dan Cockerell, da Disney e Hugh Forrest, para nos incentivar a acreditar em nós mesmas e ocupar espaços e mandar painéis para o SXSW. Tudo grandioso! Ao mesmo tempo, um ar de familiaridade corria nos diálogos do grupo, entre mulheres que se encontraram em eventos, já haviam trabalhado juntas e que estiveram presentes no mesmo prêmio em algum lugar.

Entre tantos momentos que realmente nos puxam para cima, escrever o volume 1 foi um dos mais magníficos. Lembro de ter ficado atônita por algum tempo ao terminar o capítulo, pensando, pela primeira vez, o quanto existia em mim que não estava registrado em nenhum lugar (a não ser na minha própria cabeça). Ver minhas próprias palavras teve um poder terapêutico, o que foi altamente potencializado quando o grupo todo se juntou para lançar o livro! Que energia! Que potência! Lembro da livraria cheia, com Chris Pelajo rindo com o pessoal da editora; as organizadoras andando de um lado para o outro, felizes; a gente se vendo em 3D, muitas pela primeira vez; familiares; pessoas que não se viam há anos.

Depois disso, eventos ao redor do mundo, com o livro desfilando pelo SXSW no Texas; em Brasília, com menção honrosa no Congresso Nacional (por meio da magnífica Patricia Marins); e tantos outros momentos de união, felicidade e potência para ocupar espaços.

Neste segundo volume, só senti que queria que outras pessoas sentissem tudo aquilo também. Puxar outras. Puxar quem teve medo, quem perdeu data, quem não leu há tempo.

Não teve nenhuma autora que não virou uma pessoa melhor ao escrever sua história e fazer parte desse coletivo tão poderoso. Então, como sou um labrador humano, decidi ficar bem perto das autoras, tirando dúvidas, lendo os capítulos e, com uma leveza e carinho constantes, cuidar para o processo ser seguro, leve e transformador. Passamos, juntas, todo um feriado de Páscoa, e fui presenteada como sendo a primeira a ler muitos dos capítulos que embelezam estas páginas.

Sem botão de "liga e desliga", passei todo o processo conectada, como já fazia com o grupo, mas, dessa vez, totalmente entregue às autoras.

Pedi tempo ao maridão. Disse para a mãe que ia atrasar para o almoço. Foquei os olhos nas telas e li dezenas de capítulos. Fiz uma tabela com fotos, nomes e mensagens iniciais de cada mulher que falava comigo, para me assegurar que soubesse sempre quem era cada uma, e os dados importantes de suas escritas. Fiquei próxima dos queridos da editora, que ajudaram ainda mais nesse acolhimento. Assim, todas tinham a certeza de um bom humor inabalável e um tom leve constante para garantir que qualquer pessoa pudesse me perguntar qualquer coisa. Eu sempre lembrava da Natasha dizendo: "Isso é puxar mais mulheres! É permitir que todas tenham acesso!"

E aqui está! Um segundo volume, juntinho do primeiro, para garantir mais acesso! Mais mulheres!

Que a coragem destas autoras inspire a criar espaços de acolhimento e segurança, para que cada vez mais pessoas possam compartilhar suas histórias e serem ouvidas com amor e respeito.

A esta altura, você já quer pular toda esta abertura e correr para ler cada história inspiradora que está neste livro, adivinhei? Vamos começar com as vésperas de carnaval de 2023 da Dani. Segue o fio. Não vale soltar.

Daniela De Luca

Véspera de carnaval do ano de 2023. Nasce a ideia de as mulheres do grupo Uma Sobe e Puxa a Outra, fundado por Natasha de Caiado Castro, escreverem um livro em colaboração. Cada uma escreveria um capítulo. Eu fugi. Não me sentia confortável em compartilhar minha história e não via motivos para fazê-lo naquele momento. O prazo que nos deram, de dez dias para entregar o capítulo, foi uma ótima desculpa. O livro já nasceu sendo um sucesso, o que me deixou muito orgulhosa, já que acompanhei a criação do grupo desde seu primeiro dia de vida. Logo nasceu a ideia do volume 2. De novo, eu fugi. O prazo também era de dez dias, e eu tentei usar a mesma desculpa de antes: "não dá tempo". O fato é que lógico que dá tempo. Sempre dá. O que me faltava era entender o propósito de fazê-lo. A virada de chave veio quando percebi que não é sobre mim, e não é sobre o livro. É sobre o movimento que estamos fazendo e como eu posso ser agente de transformação do futuro de muitas meninas. Este volume 2 veio para amplificar o movimento, e que venham os volumes 3, 4 e mais. É nosso dever, como grupo de líderes, usar nossa força para mudar o *status quo* e transformar o mundo em um ambiente mais justo para as mulheres. Boa leitura!

> **Uma das conclusões mais brilhantes da Universidade de Harvard em relação à saúde mental e a círculos de mulheres é que elas oferecem apoio a outras pessoas da sua rede de maneira mais frequente e efetiva, criando um ciclo que se retroalimenta. Nestas páginas em que navega, você sente, vibra e retoma a sua essência. A Ana trouxe essa tranquilidade para o volume 2.**

Ana Ferraz

Como foi participar da coordenação do segundo volume

Eu sou Ana Ferraz. Participei da coordenação do volume 2 deste livro incrível, que está transformando muitas histórias!

Tudo teve início um pouco antes da pandemia, quando chamei a Natasha para fazer parte de um pequeno grupo de mulheres, muitas amigas, e ela movimentou todas, trazendo união e muitos encontros lindos durante a pandemia. Mas a visão que ela tinha de comunidade, de real mobilização, não havia nesse grupo. Portanto, ela criou o #umasobeepuxaaoutra; nele, trouxe diversidade de mulheres e de experiências. Implementou sua visão de como as mulheres poderiam ajudar umas às outras a chegarem aonde quisessem. Desenvolveu subgrupos, incentivou projetos, criou um grupo de pessoas realmente engajadas em fazer a diferença. Resultado até agora: iniciativas grandiosas, nos âmbitos nacional e internacional, e principalmente o que podemos conquistar para construir um futuro melhor.

Minha experiência com este livro foi transformadora. Fui quase obrigada por ela a participar dele. Tentei fugir várias vezes por não me sentir capaz ou preparada, mas a jornada de colocar para fora minha vida me fez crescer. Acompanhei o processo de todas essas mulheres: escrevendo, chorando, expondo-se e descobrindo-se com a escrita. Vi o quanto o apoio de umas às outras, durante o processo, pôde fazê-las se transformar.

Uma das conclusões mais brilhantes da Universidade de Harvard em relação à saúde mental e a círculos de mulheres é que elas oferecem apoio a outras pessoas da sua rede de maneira mais frequente e efetiva, criando um ciclo que se retroalimenta. Nestas páginas em que navega, você sente, vibra e retoma a sua essência.

No meio dessa loucura toda, a Roberta, e seu desejo de nos deixar saudáveis, orientava e enviava carinho e Urban Remedy. Tem o poder de acolher.

Roberta Suplicy

Eu me apaixonei pelo grupo instantaneamente. Encontrei características minhas nele que, muitas vezes, foram criticadas. Sempre gostei de ajudar os outros sem esperar nada em troca, o que me colocou em situações em que deixei de lado minhas próprias necessidades. Adoro conhecer pessoas e aprendo com todas elas. Desde criança, sempre gostei de ajudar todas as pessoas, incluindo as que se sentiam sozinhas ou tristes. Por conta disso, minha vida é extremamente rica em experiências e diversidade, com amigos plurais, de todos os lugares e que me permitem ter um vasto *network*.

A Natasha, líder nata, criou *workshops* dentro do grupo para ajudar as mulheres a reconhecerem seu próprio valor. Sempre fui muito colaborativa e acabei entrando em muitas atividades no grupo. Quando a Chris Pelajo sugeriu a ideia de um livro, não pensei em participar. Escrever não é o meu forte. Depois de algumas conversas, nas quais diziam que eu era uma das que mais ajudavam no grupo e que não poderia estar de fora do projeto, concordei.

O livro ganhou uma dimensão surpreendente e nos levou a Brasília, onde eu tive o prazer de conhecer mulheres fortes e incríveis, que lutam pela igualdade social e por oportunidades para todos. Podendo dobrar o número de histórias inspiradoras com o propósito comum de ajudar outras mulheres, entrei como coordenadora deste volume 2.

Quero imaginar um mundo mais humano, no qual teríamos acesso à determinação e à sensibilidade da Natasha, à eficiência e à gentileza da Fabiana Raulino e à *expertise* de cada uma dessas titãs (como somos chamadas pela Natasha), de peito aberto a um bem comum.

Nós estamos emocionadas em pensar que, em dois meses, temos dois livros com mais de 100 histórias inspiradoras, que nos fazem rir, chorar, admirar e ainda abraçar as inúmeras possibilidades que estão por vir. Se, nesse curtíssimo espaço de tempo, conseguimos fazer do volume 1 um best-seller e do

volume 2 um sonho de consumo, imagine o que podemos fazer em uma vida juntos. Esta construção é de todos, de quem puxou a primeira página e de quem está sentado agora, neste instante, nos inspirando e sendo inspirado. A seguir, as biografias das coordenadoras da obra.

Christiane Pelajo

Contatos
pelajochris@gmail.com
LinkedIn: linkedin.com/in/chrispelajo
Instagram: @chrispelajooficial
TikTok: @chrispelajo
YouTube: @chrispelajooficial

Sou uma eterna curiosa! Amo aprender, ler e me reinventar! Estou em um novo momento, me lançando em um universo que apareceu para mim. Depois de 26 anos trabalhando na TV Globo e na GloboNews, resolvi mergulhar em uma nova aventura. Hoje, sou uma empresária e empreendedora, especialista em comunicação. Só uma comunicação eficiente é capaz de alavancar carreiras, empresas, equipes e abrir portas para um novo mundo. O meu propósito de vida é ajudar as pessoas a desenvolverem a assertividade, a transparência e a credibilidade. Sou fascinada por inovação e tecnologia! São temas que dialogam com a comunicação! Além disso, sou uma viajante incansável! Já visitei mais de 40 países e quero muito mais! Fiz coberturas especiais na França, na Espanha, na Alemanha, na Itália, na Grécia, na Índia, nos Estados Unidos, na República Dominicana, no Chile e em todas as regiões brasileiras. Também coordenei e fui uma das autoras do livro *Ser + em comunicação*, uma coletânea de artigos de grandes jornalistas e comunicadores sobre a arte de se comunicar. Comunicação é o caminho!

Natasha de Caiado Castro

Contatos
wish.international/en/
natasha@wishinternational.solutions
LinkedIn: linkedin.com/in/natashadecaiadocastro
Instagram: @natashacastro1

Empreendedora nata, fundou algumas empresas e, hoje, atua como CEO da Wish International Events Management, que, há 35+ anos, cria eventos e ativações de live marketing com os quatro escritórios (em três continentes): São Paulo, Paris, Vale do Silício e Miami, atendendo clientes globais. Desafia o impossível, criando convenções, festivais, exposições e conferências pelo mundo, gerando conteúdo inovativo em imersões no Vale do Silício e em polos de inovação, elaborando trilhas imersivas com arqueólogos nas pirâmides e monumentos gregos, história da arte e gastronomia seguindo modernistas no sul da França, história da civilização ministrada por meio da história do vinho. Treinamentos no universo Disney. Muda as cores do Times Square para lançamentos de produtos, leva executivos para a Route 66 com Ferraris, privatiza castelos europeus, barcos, aviões, monumentos icônicos, incluindo a Muralha da China. Quem tem limite é município!
Movida pela paixão, formada pela USP, UC Berkeley, Sorbonne e Stanford. Professora universitária, palestrante no SXSW. Mentora e jurada em diversos festivais internacionais de criatividade, marketing e inovação. Cocriou o prêmio United Nations Women Rise and Raise Others award com a ONU mulheres, da qual faz parte do board nos Estados Unidos. Correspondente internacional para diversos veículos. Colunista e articulista. Investidora em tecnologias disruptivas de impacto social.
Foi traída por tantos, que decidiu criar um local seguro onde os "lados B" dos seres humanos não teriam eco. Dedicou-se, cuidadosamente, a talhar o movimento homônimo ao livro Uma sobe e puxa a outra (Rise and Raise Others), em junho de 2022, com sede no Brasil e ramificação global em menos de um ano de existência.

Flávia Lippi

Contatos
www.flavialippi.com.br
contato@idhl.com.br
LinkedIn: linkedin.com/in/flavialippi
Instagram: @flavialippi
11 99638 1468

Cientista de pessoas, jornalista científica de formação, empreendedora social de coração, pesquisadora, educadora em Gestão Emocional, Inovação nas Relações de Trabalho, Neurobiopsicologia Organizacional. Pós-graduada em Neurociências e Comportamento, Gestão Emocional nas Organizações (*Cultivating Emotional Balance*), Mediação e Resolução de Conflito, Biopsicologia, Psicanálise e Psicoterapia Vincular-Dialética, Comunicação com o Mercado. Membro do Mind & Life Institute e Harvard Medical Center. Autora de 14 livros e 9 best-sellers. Há 25 anos, mentora de executivos e empreendedores em todo o mundo. Fundadora e CEO do IDHL - Instituto de Desenvolvimento Humano Lippi. Em 2019, fez uma turnê mundial falando sobre a importância das pausas. Ama se aventurar pelo mundo em trabalhos voluntários. Defende a autenticidade e a compaixão. Vive diariamente o etarismo.

Luciana Herrmann Pierri

Contatos
LinkedIn: linkedin.com/in/lucianaherrmann/
Instagram: @lucianaherrmann
Twitter: @luciana_herrmann

Estrategista de marketing e comunicação com mais de 25 anos de experiência. É diretora de comunicação corporativa na maior fabricante de veículos no México, a Nissan. Também é conselheira do Comitê de Diversidade da empresa e implementou projetos para impulsionar o desenvolvimento do talento feminino, incluindo o compromisso da empresa com o *Women Empowerment Principles*, da ONU. Natural de São Paulo, Brasil, Luciana desenvolveu parte de sua carreira no Brasil e em países como México, Venezuela e Japão. É formada em Administração de Empresas, com pós-graduação em Marketing. Em sua trajetória, liderou equipes multiculturais nos países em que trabalhou e na América Latina como um todo. Acredita na comunicação como um meio para criar laços mais fortes e construir conexões entre pessoas. A fortaleza de uma equipe, para ela, vem justamente da diversidade de personalidades, culturas e gêneros - que é forte propulsora de ideias criativas e apoio mútuo.

Fabi Raulino

Contatos
www.trampolean.net
fabianaraulino@trampolean.net
LinkedIn: linkedin.com/in/fabiana-raulino/
Instagram: @fabiana.raulino
11 98111 8464

Empresária, com forte atuação em inteligência artificial e jogos digitais, especialmente aplicados em processos de transformação digital em grandes organizações. Doutoranda em Tecnologias da Inteligência e Design Digital pela PUC-SP, a professora, escritora e consultora empresarial apresenta inéditas soluções utilizando a IA e realidades imersivas para melhorar processos e promover uma verdadeira inovação no ensino. Focada em metodologias ativas e ensino hipermidiático para jovens e adultos, trabalha incansavelmente a fim de criar ambientes educacionais mais empáticos e criativos, aproveitando ao máximo as possibilidades oferecidas pela Inteligência Artificial. Paralelamente, atua como referência nacional em Ergonomia, com uma abordagem holística que busca identificar e solucionar problemas em sistemas organizacionais complexos, criando ambientes de trabalho mais saudáveis e alinhados com o bem-estar dos colaboradores.

Daniela De Luca

Contatos
dani_deluca@yahoo.com.br
LinkedIn: linkedin.com/in/danieladelucabrandao

Empreendedora, mãe, estrategista, sócia-fundadora da Tuc Glasses, sócia investidora dos restaurantes Saj e Manish. Formada em Engenharia de Produção pela Escola Politécnica da USP, com 15 anos de experiência no mercado financeiro, tendo trabalhado com mercado de capitais no Credit Suisse, com gestão de grandes fortunas na GPS e como sócia de uma securitizadora que realizou a primeira oferta pública de CRA no Brasil. Entrou no mercado de *Food & Beverage* como sócia e CEO do Grupo Capim Santo, concluiu o curso de Conselheiros pelo IBGC, atuou como consultora estratégica de negócios, foi membro do Júri da United Nations Women USA Rise and Raise Others Award e membro do *board* do grupo Uma Sobe e Puxa a Outra desde sua criação. Foi a 3ª mulher presidente da Associação Atlética Acadêmica Politécnica, na época com 39 anos de existência. Seu "superpoder" é transformar uma boa ideia em um plano de ação, com uma capacidade gigante de realização. Enxerga ordem no caos e acredita que, sem disciplina, um sonho é só um sonho.

Ana Ferraz

Contatos
ana.ferraz@bferraz.ag
LinkedIn: linkedin.com/in/ana-ferraz

Chief business officer & partner na BFerraz. Formada em Direito pela Universidade Paulista, possui MBA pela Insper e curso de *Digital Immersion* pela Digital House Brasil, entre outros. É especialista em *live marketing*, gestão e estratégias de marketing e novos negócios. Como advogada, atuou por seis anos na área de contratos e contencioso cível. Em 1999, ingressou na agência BFerraz, ainda como advogada e, em seguida, se profissionalizou em negócios, área em que trabalha até hoje, sendo mais de 20 anos no mercado de propaganda e *live marketing*.

Roberta Suplicy

Contatos
LinkedIn: robertasuplicy
Instagram: @robertasuplicy

Passou por agência de publicidade, site de leilão e, aos 19 anos, começou a empreender. Foi proprietária do Filomena (restaurante que lançou dois renomeados profissionais: o *chef* Alex Atala e a arquiteta Patricia Anastassiadis, ambos desconhecidos na época). Apaixonada pela alimentação saudável e seu poder na saúde. Trouxe para o Brasil, junto com as sócias, a Urban Remedy, revolucionando o mercado de alimentos saudáveis e *plant based* no país. Também é presidente da Câmara Setorial de Sucos de São Paulo. Acredita na potência do agro e dos alimentos *in natura* na transformação da saúde das pessoas, na diminuição dos índices de doenças que mais matam (obesidade, diabetes e cardíacas) e na redução da desigualdade social. Tem o sonho de incluir uma aula de nutrição por semestre no currículo escolar desde o primário.

Obrigada por participar e ótima leitura!

Ah! Lembre-se de que você pode contar a sua história. Há um espaço, ao final deste livro, que foi pensado para você.

1

REPERTÓRIO E CONEXÕES

Somos todas únicas e nossas referências constroem um repertório individual com potencial de criar infinitas conexões. Para mim, estar aqui neste livro é mais uma prova disso; sendo assim, neste capítulo, escrevo como sigo aprendendo melhores formas de conectar possibilidades, acrescer e agregar. Meu lema é aproveitar ao máximo toda e qualquer oportunidade que aparece a minha frente. Meu desafio é aprender a não exagerar na quantidade de coisas que eu consigo fazer, com a qualidade que gosto de entregar. Minha história mistura paixão, dedicação, sorte, oportunidade, aprendizados e muitos puxões que me trouxeram até aqui e, certamente, ainda me levarão mais longe. Nesta trajetória, espero também continuar puxando muitas para muitos projetos e possibilidades.

ADRIANA ALCÂNTARA

Adriana Alcântara

Contatos
adrianaalcantara2403@gmail.com
LinkedIn: linkedin.com/in/adrianaalcantara
Instagram: @alcantaraadri

Formada em Artes Cênicas pelo The Lee Strasberg Theatre & Film Institute, Propaganda e Marketing pela FAAP e mestranda em Artes Sociais e *Business* pela New York University. Atuou em posições executivas nos últimos 25 anos, passando por empresas, como Apple, NBC, Globosat, Nickelodeon, Disney, Food Network, Oi TV, Warner Mídia (Cartoon Network) e, atualmente, é *country manager* da Audible, na Amazon Brasil. Durante 14 anos, foi professora de graduação e pós-graduação na FAAP. Lidera, no Brasil, a ONG Protect Us Kids, que protege crianças e jovens, especialmente em situação de vulnerabilidade, contra crimes no ambiente digital. Também é mentora de mulheres que buscam uma carreira executiva na área de marketing, conteúdo e comunicação.

Sou filha de pai filho único e mãe com apenas um irmão, mas em vez de manter a família pequena, eles resolveram seguir outra fórmula e ganhei uma coleção de irmãos e irmãs. É tão complexo que já desenhei para alguns amigos minha árvore genealógica, que hoje tem representantes diretos em Nova York, no Estado do Texas e em Miami. São dois irmãos do meu pai com a minha mãe (Fernando e Renato), depois uma irmã do segundo casamento da minha mãe (Elôra) e outra do segundo do meu pai (Duda), que se casou com minha madrasta, que já tinha uma filha (Priscila), a qual virou irmã também. Esta, por sua vez, ganhou outra irmã do segundo casamento do seu pai (Giorgia), então hoje somos cinco mulheres e dois homens. Entenderam? (Ufa!)

Mas a mais velha da turma sou eu e por quatro anos fui filha única. E eu acho que tudo começou nesse período, quando a vontade de ter companhia era tão grande que pelo resto da vida eu segui tendo facilidade de sempre me conectar com pessoas, independentemente de idade, estilos, nacionalidade e crenças. Se era ser humano, eu achava um jeito de ter afinidade e de me comunicar.

Meu pai sempre conta que, quando eu era pequena, íamos a hotéis passar o final de semana e eu sempre fazia amizades. Certa vez havia apenas um senhor na piscina e naquele dia, ele achou que eu iria ficar sozinha, mas quando voltou eu estava com o senhor de idade apostando corrida na água.

Sempre fui assim. Uma fila chata para qualquer coisa é uma oportunidade de fazer uma conexão, bater papo e gerar alguma coisa interessante. Nesta linha, tenho incontáveis contatos que conheci em avião. Uma vez conheci um executivo que vendia aparelhos de economia de energia para hotéis. Eu morava em Nova York e estava terminando meu mestrado. Após dez minutos de papo, virei tradutora da empresa dele, que estava entrando no Brasil. Um outro, da área de petróleo e energia, virou contato de trabalho do meu marido, e um da Visa, com o qual fechei um projeto interessante.

Uma vez estava com minha filha no shopping e ela queria tomar sorvete. Como estávamos com o cachorro, sentamo-nos no banco do lado de fora e apareceu uma mulher na mesma situação. Ela trabalhava no LinkedIn e trocamos contatos. Ela me ajudou na abertura da minha consultoria e fiz uma estratégia totalmente focada no LinkedIn para lançar o serviço. No elevador do prédio em que eu morava, em Nova York, conheci uma mulher que descia sempre para passear com o cachorro. Depois de duas vezes descendo no mesmo horário, notei que ela usava um boné da NBC. Alguns meses depois, eu estava trabalhando com ela; e com o final do meu mestrado, ganhei meu visto de trabalho e segui alguns anos em uma maravilhosa experiência profissional. Acho que é como aqueles livrinhos de ligue os pontos, superpresentes na minha infância sem tecnologia. Eu adorava porque até estarem conectados a gente não tinha a menor ideia da figura que ia se formar. Vejo a vida um pouco assim, nunca sabemos de onde vai sair o melhor projeto, a melhor ideia ou as pessoas que vão nos ajudar na caminhada. Isso é o que faz da vida uma maravilhosa caixa de surpresas.

Nem sempre as surpresas são boas à primeira vista, mas acho que aprendi a sempre tirar algo positivo e que me levasse a algum lugar especial. Foi assim quando, em 1987, no meio da minha adolescência, meu padrasto e minha mãe resolveram mudar para Bagdá com toda a família a convite da construtora Mendes Junior. Sim, Iraque, que já estava há alguns anos em guerra com Irã. Para minha mãe, nunca faltou coragem e disposição para uma nova experiência, o que sempre me inspirou e me deu diferentes perspectivas em ver as oportunidades. Ela encarou o Iraque com quatro filhos, sendo eu adolescente, e a menor com 3 anos de idade. Lá fomos nós. Naquele momento, lembro de tudo que estava deixando para traz, incluindo meu pai, a quem sou bem apegada. Estudar em uma escola Internacional, com pessoas do mundo todo, aprender inglês fluente; tentei me apegar a essas vantagens e lá fomos nós, rumo ao Iraque. A escola, Baghdad Internacional School, era da ONU e, consequentemente, o lugar mais seguro que se poderia estar naquela cidade. Um treino para o caso de bombardeio acontecia semanalmente para sabermos como agir em caso de bomba na escola. Parece assustador, mas não era. Uma vez eu estava no banheiro e o alarme tocou. Não ouvi e não saí. De repente, entra o diretor para me buscar em pane. Lembro-me como se fosse hoje a minha vergonha de sair ao lado dele com a escola inteira me olhando. Morar em Bagdá me trouxe um senso de adaptabilidade e jogo de cintura sensacionais. Não há situação à qual eu não me adapte. Fiquei destemida, com força e personalidade para encarar qualquer situação. Quando começou a guerra do Golfo, eu era ainda adolescente e fã da *Revista Capricho*. Mandei uma carta com um artigo sobre minha vida no Iraque, que considero minha primeira publicação profissional! Enfim, sempre há um aprendizado, um lado positivo e uma forma de maximizar os resultados. Hoje, quando comento com alguém que morei em Bagdá, me divirto com a reação das pessoas. Queria ter uma câmera no ombro para registrar as reações e montar um clipe.

Sou filha de um empresário empreiteiro e sempre tive as melhores oportunidades que alguém poderia ter. Meu pai sempre acreditou em mim, mesmo discordando da minha escolha profissional. Quando fiz Comunicação, ele dizia que eu já me comunicava bem até demais. Hoje, ele diz que é duro discutir comigo! Tenho ciência de que meu nível de privilégio é fora do comum e me preocupo em ajudar a quem posso de alguma forma. Minha rede de contatos é de todos que queiram fazer uso dela. Sou aquela amiga que apresenta alguém que pode ajudar em alguma coisa. Sim, eu ofereço em nome do outro que não está nem sabendo! Quando a conexão dá certo, é o maior presente para o meu coração. Para mim, é difícil entender quem não faz isso. Sempre tenho muita ajuda à minha disposição, não posso ser a única a me beneficiar disso.

Repertório não é uma coisa que se constrói da noite para o dia. Acho que é uma combinação de referências de pessoas e impulsos que temos ao redor desde que nascemos. Fui muito estimulada pela minha mãe e pelo meu padrasto (que inclusive é autor de vários livros de Direito, publicados em várias línguas) a gostar das artes. Todo final de semana, eles me levavam ao teatro infantil. Fiz ballet e outros tipos de dança minha vida inteira e, embora seja péssima em desenho, sempre gostei de artes manuais. Essa paixão se misturou bastante com minha escolha profissional. Ataquei sempre em todas as frentes possíveis, dancei centenas de coreografias, fiz duas peças profissionais de teatro que, juntas, representam mais de três anos em cartaz. Fui atriz em uma minissérie na Globo, uma novela no SBT e uma na Record, apresentei um programa de TV chamado *Walking Show* por dois anos, o programa *Perfil,* ao lado de Otávio Mesquita por um ano e fui roteirista por outros tantos. Quando saí do *Perfil* sugeri ao Otávio o Luciano Huck para fazer uma coluna social jovem em vídeo, e olha onde essa conexão foi parar (risos). Esse lado artístico que parecia não ter nada a ver com minha escolha em seguir uma carreira executiva na área do audiovisual me trouxe um diferencial muito especial. No entanto, devo dizer que isso não foi uma estratégia pensada, mas sim meu coração seguindo minhas paixões e, ao mesmo tempo, com meus pés no chão, tentando amarrar uma carreira que trouxesse uma estabilidade financeira. Na prática, a atriz virou diretora de crianças que se tornavam da noite para o dia apresentadoras de TV. Meu olho ficou treinado para ver carisma e potencial de uma forma que sempre me ajudou, inclusive nas entrevistas quando hoje recruto executivos para meu time. Minha experiência no teatro me deu um bom jogo de cintura para apresentações executivas, entrevistas para veículos de comunicação e uma energia enorme quando tenho um público à frente. Qualquer oportunidade de me comunicar me acende uma chama, não tenho medo, não fico nervosa, fico animada e mostro minha melhor versão nessas horas. Pensando nisso, resolvi dar aulas na FAAP, faculdade em que estudei. Aos 28 anos encarei uma primeira turma. Quando cheguei, ninguém entrou na sala, porque acharam que eu era aluna da DP. Após o constrangimento, gostei tanto desse lugar que segui por 14 anos como professora por lá. Primeiramente, na graduação, mas depois abracei a pós-graduação. Nessa fase, além das minhas conexões, meu aprendizado cresceu muito! Cada classe tinha umas trinta pessoas novas para conhecer, para ouvir suas ideias, para desenvolvê-las e para aprender com elas... olha que oportunidade! Hoje, cruzo profissionalmente com muitos dos que passaram pela minha sala de aula. Um grupo razoável já fez parte das minhas equipes, ou porque estavam lá quando assumi o desafio ou porque eu os puxei. Por todos esses trabalhos, construí muitos amigos, que fazem parte de uma etapa, um projeto, mas depois seguem em uma história paralela, trocando, aprendendo, dando e recebendo.

Uma das fases mais difíceis da minha vida profissional foi minha saída do Cartoon Network depois de uma reestruturação. Foi esse desafio profissional que considero meu ápice. Não tanto pelo desafio em si, mas foi quando todos os *skills* que construí durante minha carreira estavam maduros e foram colocados em teste, resultando em sucesso. Tanto *hard* como *soft skills*, o Cartoon foi uma trajetória de aprendizados, refinamentos, conquistas, liderança, tudo junto e misturado. Tive ali mais de três anos em que a cada dia era uma nova superação, com ideias fora da caixa, um time que me empoderava. Juntos, não havia nenhum senso de limite. Todos os nossos projetos superaram nossas próprias expectativas, que já não eram modestas. Até o dia da tal nova estrutura, quando fui desligada. Realmente, a gente nunca sabe o dia de amanhã e essa situação pode acontecer com qualquer um, competente ou não.

Aos 48 anos, com medo de não conseguir me recolocar, sem ter feito nada de errado, depois de ter superado as expectativas em todos os anos, de acordo com o *feedback* formal do meu gestor e diversos bônus extras que recebi, aquilo aconteceu comigo. Saí com lágrimas e deixando para trás um time muito querido. Poucas semanas depois, veio o Natal e embaixo da árvore tinha uma caixa enorme. Dentro, haviam cartas de todos os membros da equipe, fotos, lembranças e uma mensagem de "muito obrigada" pela nossa história. Ali tive a confirmação de que havia feito tudo certo.

A vida foge do controle, e quanto mais referências e conexões tivermos, mais fácil é levantar quando caímos no chão. Aquela equipe e aquelas cartas fizeram com que a minha autoestima não se abalasse. Esses amigos seguiram comigo na busca pela recolocação, na torcida em cada entrevista que tive, até a chegada em minha atual posição. Hoje, dois anos depois, estou em um desafio diferente, com ainda mais responsabilidades, uma ex-Cartoon Network é parte do meu atual time e outra trabalha como *freelancer*, com toda a sua criatividade e energia. Troco semanalmente dicas e opiniões sobre os projetos de várias pessoas dessa turma e acho que hoje somos mais próximos do que éramos quando eu as liderava. Tendo a certeza de que o que nos une é nosso vínculo e nossa referência, sem estarmos formalmente em uma mesma equipe.

E não foi só no Cartoon que eu caí. Antes disso, depois da minha licença-maternidade, troquei a Oi TV no Rio de Janeiro pela Apple em São Paulo. Voltei importando marido e filha carioca para a vida paulistana. Meu desafio era lançar o iTunes na América Latina, e eu, sem nunca na época ter tido nenhum aparelho da Apple, recebi a proposta de ser a *Head* de Movies Latam e Iberia. Parecia incrível, mas foi um pesadelo. O desafio era lançar as lojas locais do iTunes, crescer a base de usuários, migrar brasileiros que tinham acesso às lojas internacionais e fechar contratos com os distribuidores independentes nacionais para um novo modelo de negócio – o vídeo sob demanda transacional, aquele em que a gente paga individualmente pelo filme. Em 2012, isso era totalmente novo e o mercado local não entendia como funcionava. Para fechar esses contratos, era necessária uma construção de confiança de longo prazo que incluía viagens constantes a Londres, Cupertino, Buenos Aires, Cidade do México, Miami e Madri. Há cada dois meses, eu tinha que estar em cada uma dessas cidades. Interessante? Na verdade, para o primeiro mês, sim, mas depois comecei a entrar em desespero, que desencadeou uma enorme depressão. Além do desgaste físico de viagens, fusos horários, eu deixava para trás minha filha, que estava, na época, com pouco mais de 1 ano de idade. Comecei a encurtar a duração das viagens para ficar menos dias fora e esticava os dias de trabalho no exterior começando com reuniões às 7 horas da manhã e indo até as 9 ou 10 horas da noite. A saúde não aguentou. A Apple não foi a empresa mais bacana em que eu trabalhei, nem onde mais aprendi. Paguei um preço alto pelo tempo que passei por lá, mas olhando para o lado positivo, aprendi sobre empresas digitais, conheci executivos muito preparados ao redor do mundo e aprendi a colocar limites entre o trabalho e minha saúde. Foi sofrido, mas ganhei muita maturidade emocional e uma estrelinha no currículo. Não há uma entrevista em que não me perguntem como foi trabalhar na Apple. Normalmente compartilho outras histórias que vivi por lá, mas aqui achei que essa era a única que importava.

Fui puxada para este grupo por uma amiga que admiro muito, Daniela Mignani. Trabalhamos juntas na Globosat e ela me indicou para uma posição na Oi TV, que foi um grande divisor de águas na minha carreira. Na Oi, o marido da Dani era meu chefe direto. Como paulista morando no Rio de Janeiro, a Dani e Volpini me acolheram, e fiquei tão próxima da família que às vezes ajudava a filha deles, Juliana, na época com 12 anos, na lição de casa. Quando ela cresceu e veio fazer faculdade em São Paulo, é claro que morou na minha casa até encontrar um apartamento. De novo, construção e conexão.

Sou mãe de uma menina, Maria Victoria, Vicky, que me motiva a ser cada hoje melhor do que ontem. Como mãe, sempre destaco a importância de ter iniciativa, autonomia, opinião, dar o melhor de si, respeitar e ajudar o outro. Encheu-me de alegria ver o tema do trabalho da escola que ela escolheu: *Gender and Equality – Women in Business*. Espero em breve vê-la neste grupo para compartilhar, aprender e ensinar para difundirmos a outras gerações que "uma sobe e puxa a outra". Por um mundo com mais conexões e repertório.

2

SER LIVRE, SER LEVE, SEM MEDO

A MINHA JORNADA MARCADA POR VOZES DE OUTRAS TANTAS

Contar a minha história é relembrar uma jornada marcada por várias vozes. Permeada, da infância à adolescência e, também, na vida adulta por histórias de mulheres que se foram muito antes do meu tempo ou desistiram dos seus sonhos por conta de um mundo que precisa urgente de cura para que todas, todos, todes convivam com respeito. Atuar com prevenção ao assédio e ao abuso me faz acordar todos os dias com a certeza de que existe esperança e é uma forma de agradecer o privilégio que tive de endereçar uma dor pessoal, uma indignação com a injustiça em um negócio que impacta milhares de vidas, negócios e organizações. Num clichê de ser uma gota no oceano, mas que, ao tocar o coração de cada um ou cada uma, é possível salvar carreiras, famílias e outras jornadas. E como, às vezes, a gente não entende as voltas que a vida dá, hoje vejo que minha carreira nada linear, na verdade, foi a oportunidade de vivenciar os diferentes desafios que uma mulher enfrenta no seu cotidiano. Que a gente se inspire e se indigne para que a mudança para o bem aconteça. Não importa o desafio.

ANA ADDOBBATI

Ana Addobbati

Contatos
livredeassedio.com.br
ana@livredeassedio.com.br
LinkedIn: ana-addobbati
Instagram: @livredeassedio / @anadalivre
11 94380 3637

Realizou projetos com mais de 40 países, morou na Ásia, na China e no EAU. É formada em Jornalismo pela UFPE, tem mestrado executivo em Marketing Digital pela IE Business School, de Madri. Em 2021, foi escolhida para a fazer parte do I Capítulo Brasil de Formação de Lideranças Criativas pela Thnk School de Amsterdã. Também possui diploma em Empreendedorismo pela Draper's University, nos EUA. Fala quatro idiomas, inclusive mandarim. Iniciou a carreira como repórter, quando teve a oportunidade de entrevistar presidentes como FHC e Lula. Foi indicada a prêmios por reportagens na área dos Direitos Humanos. Em 2007, migra para o setor corporativo, atuando com relações públicas internacionais na rede Ramada Hotels, no exterior. No Brasil, foi executiva em empresas como Alpargatas S/A, Natura e Rio 2016. Em 2017, decide empreender. Com o trabalho pela Livre de Assédio, ingressa no Terceiro Setor, tornando-se liderança em organizações como Social Good Brasil e Viven - Cidadãos para um Amanhã Melhor. Hoje, dedica-se ao seu propósito maior, que é o combate ao assédio na iniciativa privada, com abordagem em ESG. Essa jornada no Brasil a levou a ocupar posições como conselheira da Civicus Aliança Global pela Participação Cidadã e membra da Fair Share, grupo de discussão sobre Governança Inclusiva Feminista. Também é membra do grupo consultivo do CIEDs, uma das maiores ONGs dos pais.

Nasci no Recife, numa família onde sangues italiano, português e sertanejo se misturam com empreendedorismo e migração. Pelo lado da mãe – de onde vem o nome com d's e b's dobrados – vieram os italianos que cruzaram o mar, chegaram a São Paulo e migraram para Recife, onde fundaram uma fábrica. Dos portugueses – de quem herdei minha dupla cidadania, veio uma rede de mercadinhos, ressaltando a vocação pernambucana do comércio. Minha avó morreu quando minha mainha tinha 6 anos de idade e meu avô "tuga" casou-se mais três vezes.

Por isso mesmo, fui criada mais próxima da minha família paterna, com origem no Sertão do Pajeú, em Carnaíba, terra do Poeta Zé Dantas, autor de várias músicas de Luiz Gonzaga, e em Princesa Isabel, na Paraíba. Dizem que foi local de refúgio de judeus holandeses que fugiram para escapar da perseguição portuguesa, após a queda do domínio holandês. Meus avós migraram para Recife e iniciaram sua jornada no comércio.

No entanto, eu gostei mesmo foi de descobrir a origem do meu último sobrenome: Cavalcanti. Um florentino chegou perdido à costa e foi capturado por uma tribo indígena. Segundo a historiadora Mary del Priore, a filha do líder da tribo se apaixonou e pediu que não fosse devorado. Ali dava-se início à maior família do Nordeste. Sou a mais velha de três irmãs – Clarice e Catarina.

Ser nordestino é ter essa cultura afro, indígena no sotaque, no vocabulário, na pele, na culinária. Hoje, consigo entender que o desprezo do Sudeste por toda essa riqueza, os comentários xenófobos disfarçados de piada, a forma de diminuir toda a pluralidade em um viés cômico tem raízes racistas e colonialistas. E, para mim, que vim de uma família com recursos, com todo o privilégio de uma pele branca, sofrer preconceito nas minhas idas a São Paulo e Rio de Janeiro foi um choque. E se é da nossa história que buscamos forças e explicações para a nossa jornada, atuar com prevenção à discriminação no ambiente de trabalho. Aliás, vale ressaltar que meu sotaque é parte da minha identidade. E o mantenho com todo orgulho. Ainda que tenha cruzado com pessoas da área da filantropia que, ao ver meu cargo, perguntavam: "Mas não vai mudar o sotaque?"

E não à toa, quando eu viajava me sentia melhor com amizades estrangeiras do que com muitos brasileiros. Meu mundo se expandiu. E é daqui que começo a falar das inspirações, em ser puxada e também puxar.

Quando tinha 6 anos, vi uma reportagem no *Fantástico* com Celyta Jackson, que atuava com relações institucionais representando os Estados Unidos. Falava várias línguas, era linda e solteira. Nos anos 1980, a existência de uma mulher livre e poderosa era notícia. E lembro de perguntarem a ela: "Tem namorado?"

A resposta: "*I prefer my freedom and my dog*" (Prefiro minha liberdade e meu cachorro). Ali começava o sonho de ser livre e viajar para onde eu quisesse. Dos meus pais, ganhei apoio, investimento em línguas. Na escola, achavam fofinha aquela menina já tão determinada. Mas não demorou para, na adolescência, começarem os questionamentos. "Mas não vai se casar?", "E vai namorar por que se não vai se casar?". Não vou mentir que isso impactou minha mudança de rota. Achei que, como jornalista, seria mais fácil conciliar. Bem, não mudou muita coisa. Aos 40, sigo preferindo minha cachorrinha Maria Luzia, resgatada pela irmã Catarina durante a pandemia.

Por isso, sigo atenta aos sonhos da minha sobrinha Maria Clara. É quando somos crianças que temos nossos sonhos mais genuínos. Ela quer ser estilista famosa em Paris. Vou fazer questão de lembrá-la.

Nessa jornada, em meio a professoras incríveis, tive a figura de Dona Maria das Dores, a dona fundadora do colégio Santa Maria, onde estudei desde o maternal. Ela metia medo em qualquer ser que cruzasse seu caminho. Certa vez, ela me mandou sair do palco durante o ensaio do balé.

"Eu acompanho você desde pequena, sei da sua vontade de voar. Cuidado com quem escolhe para ficar do seu lado. Você pode ser águia, mas carregando peso nas costas, vai voar mais baixo. Sempre guardei o conselho da já falecida empreendedora."

Seja porque minha avó usava calça jeans, cuidava das finanças das lojas da minha família, acordava já no salto e ia trabalhar. Seja meu avô, dizendo: "Homem levantou o tom de voz, pega as coisas e vai embora. Perdeu o respeito é ladeira abaixo". Meus pais mandando focar nos estudos e indicando que casamento é hoje, não é amanhã, mas sua independência segue. Eu carrego tudo isso na minha carreira, nada convencional.

O começo

Como jornalista, nos anos 2000, fui repórter de futebol, de polícia, espaços onde ser mulher é quase uma ofensa. Assédio de jogador, de delegado, de torcedor. A gente respirava fundo e ainda não tinha sequer a solidariedade dos colegas de profissão. Enquanto repórter do cotidiano das cidades e de TV, já formada, perdi as contas de quantos casos de feminicídio cobri. Lembro-me de um em que o corpo foi desenterrado do quintal da mãe da vítima, que ao ver a polícia com a filha morta, agarrou no meu braço e disse: "Eu tratei o assassino dela como meu filho". Recife era então uma das piores cidades no mundo para uma mulher viver por conta do número de assassinatos, com várias organizações internacionais chegando para tentar cuidar dessa sociedade ferida. Hoje, se temos rede de apoio à mulher vítima de violência, ambulatório para cuidar de pessoas trans, é fruto dessa consciência coletiva de que não estava dando mais para viver esse inferno sem fazer nada.

Mas foi cobrindo Política que sofri os piores assédios. E não contava para ninguém. Hoje, consigo identificar que era o sentimento de que, se eu ocupava aquele espaço, era quase que aceitar essas violências como parte do *job description*.

Eu andava cansada de reportar, escrever e nada mudar. Acho que a ansiedade me ajudou nesse ponto. Foi quando apostei em mudar de carreira e ir para a China, até então uma terra exótica. Para mim, seria o máximo estar num país comunista, acompanhar tanta mudança na economia, viver uma Olimpíada. E ainda aprender mandarim. Desde pequena, eu sonhava em ter uma língua asiática no currículo – ok, eu queria russo por causa de Dostoievski, meu pai sugeria japonês. E, então, larguei emprego – ganhava bem demais para a idade e profissão – e fui para a cidade de Wuhan, na China. Isso mesmo, a terra que ficou famosa por ter sido o epicentro da pandemia de covid-19 no mundo. Enquanto especulavam se era *fake news*, eu conhecia vítimas e pacientes com nome, filho, esposa. Conhecia o principal hospital da cidade que aparecia na TV. E o Brasil se jogava no Carnaval.

Atuei como RP em um hotel 5 estrelas. Para eles, era mais barato ter uma estrangeira na equipe que ajudasse a disseminar os valores e padrões de comportamento ocidentais, do que trazer expatriados chineses de volta para casa. A cidade estava abarrotada de engenheiros, técnicos que estavam instalando o *hub* automotivo no país. Foi uma das experiências mais marcantes. Atuar em hotelaria é ser exposto ao melhor e ao pior das relações humanas. Eu e minhas colegas tínhamos um código: se aparecesse aquele hóspede assediador, alguém dizia que tinha ligação aguardando no escritório.

Mas a história que mais me marcou foi a de Chris (ela adotava um nome ocidental comigo, enquanto meu mandarim arranhava). Ela era a minha par. A gente trocava muitas ideias. Chris estava prometida para um casamento arranjado, o que é comum por lá. Um dia, ela apareceu com marcas de esganamento no pescoço por conta de uma discussão com o noivo. Eu a puxei para ir à delegacia, e ela: "Vão rir da minha cara". Eu acho que não passei um dia sem mostrar a ela o risco que passaria se seguisse com aquela relação. No dia de ir embora, ela não veio se despedir de mim. Em seis meses, quando eu já morava em Shanghai, recebi uma carta: "Obrigada. Você me ajudou a sair de algo que terminaria muito mal. Estou agora solteira, atuando em um banco e muito feliz". Essas e outras histórias você pode acompanhar no *blog* clandestino que mantinha com a ajuda da minha irmã Clarice, mainhadissequeeuialonge.wordpress.com.

A vida em Shanghai era um sonho. O real valia muito, me dei o luxo de estudar mandarim todos os dias. Dividia apartamento com Shelley, chinesa que migrou para os Estados Unidos com o pai aos 5 anos. Ele havia sido autorizado pelo governo chinês a migrar por mérito e se tornou um homem de sucesso. A minha *housemate* era arquiteta, havia trabalhado com algumas das maiores referências na arquitetura mundial. Nós nos tornamos amigas, confidentes. Hoje, após um MBA em Yale, Shelley, que já foi gerente de mercado na Ásia para a Apple, atua como gerente de produto no Airbnb. Mora em São Francisco e dividimos a paixão por cachorrinhos vira-latas.

Ela sempre me puxou. Quando queria desistir da minha causa contra o assédio, corria e mandava uma carta cheia de selos: "Não desista, eu tenho o maior orgulho de você". Foi por causa dela também que persegui o sonho de ter um diploma internacional. A ideia era ser Stanford e, para isso, ela me mentoreou, me ajudou a entender os mecanismos de submissão a bolsas de estudo. No final, terminei indo à Espanha, mas esse meu diploma, posso dizer tem sim a marca de uma amizade que ajudou a expandir meu mundo. Nessa jornada acadêmica, estudei com a Sona Abbasova, diretora de um banco no Azerbaijão, que, além de colega, foi a minha mentora em uma situação que envolvia assédio moral, xenofobia no trabalho. Ela, com sua vivência corporativa internacional, me mostrou os caminhos que uma mente colonizadora pode assumir nas relações de trabalho.

Depois de voltar ao Brasil, comecei a atuar no mercado corporativo. E nunca foi tão tóxico, desrespeitoso e machista. Eu não conseguia mais normatizar aquela forma violenta de ser. E confesso que ter trabalhado na Natura fez esse caminho ser sem volta. Ter uma cultura de empatia, com ouvidoria, com lideranças que me inspiravam a olhar as relações, foi a base do meu trabalho de hoje. Liderar pelo exemplo, a presença e verdade, código de ética, canais de denúncia. Como consegui viver esse tempo inteiro sem isso?

Claro que, como toda empresa, tem problemas. Mas, na Natura, aprendi que dá para fazer direito na iniciativa privada.

Ao terminar o meu trabalho na Rio 2016, em quase estado de *burnout* (sim, fiz um mestrado internacional concomitantemente com uma Olimpíada) e chegando a ter obesidade nível 1, voltei para o colo de voinha e mainha para cuidar de mim. Academia, yoga, nutricionista (a minha grande nutri Janine Hampel, que nunca desistiu de mim) e terapia. E foi a terapeuta que perguntou se eu já havia sofrido abuso.

— Abuso? Eu? Nunca.

— Ana, assédio também é abuso. Veja como o trabalho é estruturante para você e, quando você estava sempre confrontada com isso, descontava na comida. É natural querer ser grande para se proteger.

Veio um filme na minha cabeça. Dei uma pausa e fui passar um período sabático no Uruguai. Sozinha. Foi quando sofri um assédio em um bar e o garçom interpelou o assediador. Como eu nunca pude contar com essa atitude de apoio enquanto me divertia? Quantas vezes, no Brasil, eu que fui embora porque estava sendo incomodada.

Busquei dados. Vi a importância de combater o assédio em um dos continentes mais violentos para as mulheres e a relevância da indústria da hospitalidade para o PIB da região e geração de empregos. E assim, desde 2017, venho atuando com seguranças, membros de brigada e garçons e amando levar educação cidadã com foco na prevenção segura contra o assédio. Em espaços onde, ainda que tenhamos o poder de sermos clientes, ainda somos desrespeitadas. E pode parecer contraditório o quanto esse trabalho me acendeu a esperança nos homens. Muitos me agradeciam pela oportunidade de enxergar as relações de maneira diferente.

Consegui chegar até aqui porque tive empreendedoras como Ana Garcia, diretora do Festival Coquetel Molotov, minha cliente número 1, Nestor Mádenes, que me apresentou a produtora Carvalheira, Mariana Azevedo e todo o time que me permite honrar meu propósito há cinco edições prevenindo o assédio, Fatima Barroso, *head* de Gente no Grupo Drumattos, a secretária da Mulher de Pernambuco, Regina Célia, Fabiana Soares, Adriana Carvalho, ambas da ONU Mulheres, Erika Zoeller, minhas mentoras do programa Voa Nathalia Prates, e Elisa Sbardelini.

Hoje, tenho orgulho de ter ajudado pacientes a prenderem seus médicos abusadores. Ter apoiado mulheres que atuam em canteiros de mineração, trabalhar com programas como o da Tim Telecom S/A, extremamente sério, ir a fábricas, cozinhas. Ambev e seus eventos com pilotos para escalar boas práticas antes mesmo do caso Daniel Alves em Barcelona. Ter conhecido a Muna Hammad, diretora de RH da rede Meliá Hotels na América Latina, e ter trabalhado em Brasília com a iniciativa *Não Durma com a Culpa*. E na esteira dessa construção de todos, estar apoiando o protocolo *Não nos Calamos* em São Paulo, na Câmara Municipal, com a vereadora Cris Monteiro, e na Assembleia, com a deputada Marina Helou e a promotora Fabíola Sucasas.

Quando a gente se junta, é divino. Eu vejo nessa frase força, porque entendo que o desafio de ser mulher é grande para uma colega chinesa, para uma executiva olímpica do Uzbequistão, vítima do machismo, para minhas amigas brasileiras.

Hoje, a Livre tem um time diverso, em sotaque, orientação sexual, raça, idade, unidas para que nós nos sintamos livres para voar. Sem peso, sem medo.

Referência

DEL PRIORI, M. *Sobreviventes e guerreiras, uma breve história da mulher no Brasil de 1500 a 2000*. São Paulo: Planeta, 2020

3

O ÚLTIMO ESTÁGIO DA DOR HUMANA

Sabe quando a gente acha que já passou por tudo nessa vida e vem ela e lhe mostra que não? Aquilo que você nunca imaginou que poderia vivenciar? Aos poucos, a minha vida foi escapando pelos meus próprios dedos sem que eu percebesse. É com essa dura introdução que eu convido você a ler a minha história, que é sobre vitórias e fracassos. Estou me construindo no auge dos meus 52 anos, não da forma como eu imaginei, mas certas coisas a gente não escolhe. Nem sempre dá para fazer do limão uma limonada, mas sempre, que for preciso, eu vou espremer com toda força.

ANA FERRAZ

Ana Ferraz

Contatos
ana.ferraz@bferraz.ag
LinkedIn: linkedin.com/in/ana-ferraz

Chief Business Officer & Partner na BFerraz. Formada em Direito pela Universidade Paulista, possui MBA em Negócios pela Insper e curso de *Digital Immersion* pela Digital House Brasil, entre outros. É especialista em live marketing, gestão e estratégias de marketing e novos negócios. Como advogada, atuou por seis anos na área de contratos e contencioso cível. Em 1999, ingressou na agência BFerraz, ainda como advogada, e, em seguida, se profissionalizou em negócios, onde trabalha até hoje, sendo mais de 20 anos no mercado de propaganda e *live marketing*.

Eu sou a Ana Margarida Ferraz. Ana possui o significado de "graciosa" ou "cheia de graça", vem do original em hebraico *Hannah* e mais tarde do latim *Anna*. Também descobri que reflete um simbolismo de dádiva ou oferta.

Nasci em uma família com muitos homens, tanto do lado do meu pai como do lado da minha mãe; no total, tenho 16 primos. Por mais de 10 anos, eu fui a única menina, supermimada, de toda a família, mas isso não me impediu de ter exemplos de grandes mulheres. Meu pai tinha cinco irmãs, todas com personalidades muito diferentes e fortes, com as quais eu convivi muito na infância.

O meu nome foi uma homenagem a duas mulheres da família: Ana, a minha avó materna, que trouxe um exemplo muito forte de feminilidade e dedicação à família; e Margarida, que vem da minha bisavó paterna. Não cheguei a conhecê-la, infelizmente, mas dizem que ela era uma mulher extraordinária, muito querida e sensível.

Minha mãe é uma mulher sem igual, meu suporte nesta vida – uma pessoa íntegra, trabalhadora, sensível, feminina, paciente e dedicada. Ela me transmitiu toda a base da pessoa que sou hoje. Ensinou-me a lutar pelos meus sonhos, a ser forte acima de tudo, que a família é o mais importante nessa vida.

Enquanto eu fazia o exercício de começar a contar a minha história, vejo como essas mulheres me influenciaram, em quem eu me tornei, mas principalmente em quem eu me inspirei muito.

Meus pais se separaram quando eu tinha sete anos e meu irmão cinco. Minha mãe foi quem nos criou, e ao contrário de grande parte das mulheres na época, que normalmente vinham do interior e estavam destinadas a fazer o magistério e aprender a ser excelentes mães e esposas, ela contrariou essa regra e insistiu muito em fazer uma faculdade, formando-se em Serviço Social.

Era uma profissão dedicada a cuidar de outras pessoas. Após se formar, ela foi para São Paulo e começou a trabalhar em uma multinacional. Criou áreas que não existiam e que foram precursoras. Em seguida, trabalhou na municipalidade; marcou-me muito uma fase em que ela ia de favela em favela, ensinar sobre doenças transmitidas por animais e insetos, prevenção e saúde pública.

Eu cresci acompanhando tudo isso. Sua batalha para cuidar da nossa família de três pessoas, em plenos anos 1970. Minha mãe lutou contra o preconceito de ser uma mulher sozinha, trabalhadora e que nos educava. A superação dos limites enquanto mulher sempre proporcionou exemplos muito fortes e natos. Eu nasci disso.

Ao longo da minha vida era isso que tinha dentro de mim. Ao mesmo tempo, ser vaidosa, delicada e cuidadosa, alinhada à força e à luta que sempre foram características muito atribuídas ao masculino, mas que me foram enraizados desde criança. Levantar a cabeça e seguir adiante sempre foi natural para mim.

A partir disso nós três – mamãe, eu e meu irmão – nos unimos e nos dedicamos para lutar e ser diferentes, para quebrar barreiras e conquistar o que não tínhamos. Ela sempre nos incentivou a estudar para conquistar nossa independência financeira, ter uma carreira e sempre ressaltou que nunca esquecêssemos de valorizar nossas origens e princípios de honestidade, muita luta e coragem.

Sempre sonhei em defender as pessoas, em lutar pelos direitos. Meu avô por parte de pai era advogado e eu admirava demais isso. Tive uma prima que foi a primeira ministra mulher do Brasil. O que me deu suporte para fazer faculdade de Direito e seguir a vontade de defender e cuidar. Após formada, deparei-me com um mundo muito diferente, com um judiciário brasileiro muito corrompido e a dificuldade de fazer o que realmente queria; fiquei muito frustrada.

Nesse mesmo momento, meu irmão – que desde os 17 anos já trabalhava muito, em eventos, boates e restaurantes –, muito visionário, montou uma agência de live marketing. Logo no início desenvolveu um projeto, que era algo muito novo para a época, e fui assessorá-lo juridicamente.

Foi assim que comecei a trabalhar com ele na BFerraz. Apaixonei-me pelas experiências únicas e grandiosas, pela adrenalina dos desafios, pela capacidade de fazer acontecer. De advogada passei a cuidar de negócios; e assim a agência foi crescendo e hoje é referência no Brasil.

Tenho 24 anos nessa agência. Construímos um negócio gigante e sempre fui muito feliz na BFerraz. É claro que tive desafios, principalmente como executiva e profissional em um universo muito masculino. No começo, grandes executivos de empresas lidando com uma mulher na liderança era algo muito raro e "novo"; ter uma mulher na linha de frente era erroneamente esquisito.

Mas ainda assim eu não vivi o que a maioria das mulheres viveram e ainda vivem hoje, para mim não era uma batalha ser mulher dentro de agência, ser ouvida e construir minha carreira. Porque o Bazinho, meu irmão, abriu uma agência que desde o início era muito composta por mulheres. Essa liderança feminina permeia até hoje a agência. Porém, tenho plena consciência de que não foi o mesmo para muitas outras.

A minha vida sempre foi muito pautada no trabalho e na família, misturando-se muito pelo fato de eu, meu irmão e minha mãe trabalharmos juntos até hoje. Minha dedicação ao trabalho sempre foi maior ou mais intensa do que outras pessoas costumam fazer. Honrar a agência do meu irmão, que foi crescendo exponencialmente e ganhou uma dimensão enorme, sempre foi fundamental para mim.

Nessa busca por sempre batalhar muito para superar os desafios de uma empresa, e muitas vezes de nós mesmos, acabei desenvolvendo um péssimo hábito de não olhar mais para mim. A paixão pelo trabalho, por cuidar das pessoas que lá estavam, superou o amor por mim. Eu olhava para o lado de fora com atenção, mas o de dentro, ignorava. Parei de cuidar da minha alimentação e prorroguei médicos. O tempo precioso que sobrava era direcionado ao meu filho, pois sempre foi um sonho para mim ser mãe. Como venho de uma família muito grande, sempre achei incríveis os almoços de domingo e nossa união.

Meu amor incondicional ao meu filho me levava a realmente não ter tempo para mim; para não abrir mão do tempo com ele, que era escasso. Ele foi crescendo e eu segui nessa batalha comigo mesma que grande parte das mulheres enfrentam: do prazer de ser mãe e criar seu filho, mas ao mesmo tempo da busca incessante por se dedicar à profissão em prol de construir uma vida sólida, prazerosa e que proporcionasse segurança a ele. Ao longo dessa jornada, fui desenvolvendo uma série de problemas de saúde. Começando por um tumor benigno na medula, do qual foi muito difícil de me recuperar.

Eu tive o tumor e pouco tempo depois já estava trabalhando; novamente, deixei de cuidar de mim. E por escolha própria, reconheço. Era tão prazeroso, sempre gostei tanto do que fiz e a agência tem um ambiente gostoso, com trabalhos incríveis; tudo aquilo me encantava demais. Só que passou a ser maior do que eu e fui suprimindo cada vez mais minhas doenças e minhas dores.

Na pandemia, a reclusão provavelmente nos causou um impacto inimaginável, além da administração de um novo modelo de trabalho e de relacionamento com as pessoas. Minha sensibilidade e amor ao próximo se intensificaram de modo gritante. Coisas que antes talvez não fossem tão visíveis no dia a dia corrido ficaram mais à mostra. Assistir, sem poder fazer nada, tanta gente morrendo, sofrendo, passando fome, foi extremamente sofrido. Tudo isso, mais as dores que não sofri no tempo que vieram, sentimentos, frustrações, decepções que não cuidei, foram mexendo comigo de uma maneira muito profunda; então, fui diagnosticada com depressão crônica severa.

Eu não conseguia sair do meu quarto. Ir ao supermercado ou qualquer lugar era impossível. Tudo me trazia uma tristeza, um medo que eu nunca imaginei viver na minha vida; caí num buraco tão fundo e tão escuro ao ponto de não enxergar saída. Foi a pior coisa que já enfrentei. Eu que sempre fui forte, resolvia qualquer problema e dirigia grandes projetos passei a me deparar com o desafio de não conseguir administrar as minhas próprias emoções, pensamentos e vontades; vi-me perdendo a minha essência. A Ana, cujo nome significa "graciosa" ou "cheia de graça" – características que de fato sempre ouvi das pessoas sobre mim – tinha desaparecido.

Eu que era uma pessoa super alegre, que adorava gente, festas, shows e viagens, não conseguia mais entrar numa festinha de apartamento com trinta pessoas que começava a passar mal, tendo eventualmente crises de ansiedade e de pânico. Conheci um lugar que é absolutamente inerente à nossa força de vontade e que não depende de nada do que a gente acha que é normal.

A depressão me trouxe para um lugar que eu não sabia que existia. Sempre achei que era uma tristeza contornável, uma falta de se conhecer, de se gostar, de não ter muita força de vontade ou até de não ser muito religioso. Essa era a minha ideia de depressão. Eu tive a experiência de ver uma pessoa muito próxima com depressão e perguntava: "Mas como? Você tem tanta coisa! Filhas lindas, uma empresa incrível; você é uma pessoa inteligente, porque você tá nessa cama tomando tanto remédio? Vamos levantar!". Ela me falava: "Você não entendeu, você não sabe".

Fui entender na minha própria pele. E por diversas vezes muitas pessoas fizeram para mim a mesma pergunta que eu fiz um dia para a minha amiga. Não culpo ninguém por "questionar" isso. Muito pelo contrário, apenas rezo para que outras pessoas não passem por isso. Ter que se explicar, detalhar seus sintomas e dificuldades, discutir o porquê de não conseguir comer ou fazer exercício. As pessoas não entendem que é uma luta diária levantar da cama, escovar os dentes, tomar banho e que são grandes conquistas para uma pessoa com depressão.

Levantar a cabeça e seguir adiante, que sempre foi natural para mim, deixou de ser sequer uma possibilidade.

Eu acho que não cabe aqui descrever tudo o que continuo sentindo e vivendo. Mas para tentar passar alguma mensagem, eu precisava contar essa parcela grande da minha história. Expor-me e contar o que se passou comigo tem o intuito de alertar as pessoas para que acolham sem julgamento uma pessoa nessa situação. Ela não está nesse lugar por opção; pelo contrário, luta minuto a minuto para sair.

Meu desafio futuro é trabalhar em como eu posso fazer diferença na sociedade no quesito específico da saúde mental. As pessoas realmente não entendem. Deveria haver um letramento assim como está tendo para a diversidade – e eu não tiro a prioridade disso –, porque ninguém está preparado para entender o que se passa com pessoas que sofrem de doenças mentais.

Queria falar também que no paralelo desse rápido histórico do que eu contei sobre a minha vida (tive que cortar muita coisa), do que eu abri mão por opção e as consequências que me vieram, coisas maravilhosas aconteceram e me considero muito sortuda por todas elas.

Tenho uma família maravilhosa que me apoia, uma mãe guerreira e solidária que está do meu lado o tempo todo, um irmão genial que sempre me acolheu e me inspirou em toda essa jornada, deu-me sobrinhos lindos, inteligentes e amorosos. E um filho inteligente, gato, companheiro, do bem e generoso – deixa eu pegar um babador aqui. Pessoas que nunca saíram do meu lado.

Também tive a sorte de, beirando os 50 anos, encontrar o amor da minha vida, o homem dos meus sonhos, tipo contos de fadas mesmo, sem exagero. Estamos juntos há quatro anos e tenho certeza de que foi um tremendo encontro nessa vida.

Além de amigos sensacionais que estão sempre ao meu lado, dando-me todo amor e atenção. A vida sem eles seria sem graça e vazia. Sou muito grata por ter conquistado e ganhado tanta gente maravilhosa. Talvez eu não tenha uma mensagem específica para passar aqui, mas tenho uma história, a minha.

4

DO SERTÃO DE ALAGOAS PARA A SEDE DA ONU EM NOVA YORK

Sou uma mulher nordestina de origem negra. Nasci no sertão de Alagoas, no povoado de Igreja Nova; considero-me uma sertaneja. Em 1970, houve uma seca muito grande em Alagoas e meus pais decidiram se mudar para São Paulo em busca de uma vida melhor. Éramos em dez irmãos, dois deles faleceram, ainda crianças, de doenças da época, e eu tinha quatro anos de idade quando nos mudamos. Fomos morar em Diadema, que, na época, era uma das cidades mais violentas de São Paulo.

ANA FONTES

Ana Fontes

Contato
Linkedin: linkedin.com/in/anafontesbr/

Ana Fontes é empreendedora social, especialista em diversidade com foco em gênero e empreendedorismo de mulheres. Fundadora da Rede Mulher Empreendedora (RME), primeira e maior rede de apoio a empreendedoras do Brasil, que já impactou a vida de mais de 10,5 milhões de mulheres com geração de renda, e do Instituto RME, que, em outubro de 2022, foi premiado como uma das 100 melhores ONGs do país. Em março de 2022, lançou seu primeiro livro, *Negócios: um assunto de mulheres – a força transformadora do empreendedorismo feminino.* Ana é a delegada líder do W20, grupo de engajamento do G20. Foi eleita uma das mulheres mais poderosas do país pela *Forbes Brasil* em 2019, e foi capa da edição de novembro de 2022 com o tema "Diversidade, Equidade e Inclusão". Foi também ganhadora dos prêmios *Women in Tech Latam Awards 2022*, Top *Voices* do LinkedIn 2020 e empreendedora do ano pela Revista *IstoÉ Dinheiro.* Foi vencedora do Prêmio Folha Empreendedor Social, da *Folha de S. Paulo*, do Prêmio *Fortune Global Women Leaders Mentoring Award* e do Prêmio *Spark Awards*, como Melhor Mentora. A convite do Pacto Global, falou sobre geração de renda e combate ao racismo na sede da ONU, em Nova York, em setembro de 2022, e na sede da ONU em Genebra, na Suíça, em novembro de 2022. Foi painelista do Fórum Mundial de Direitos Humanos, no Marrocos, em 2014, palestrante do TEDx São Paulo, Pajuçara e Belo Horizonte, além de painelista no *Fortune Most Powerful Women* em 2017. É professora do programa Empreendedorismo em Ação, do Insper, conselheira de empresas e organizações como Pacto Global da ONU, Seguros Unimed, Plan Brasil, UAM/Grupo Anima e Instituto Avon.

Sem romantizar histórias de desigualdades e mostrando a realidade de milhões de brasileiros, vivemos em uma situação muito difícil, de extrema pobreza. Meus pais trabalhavam muito para sustentar todos os filhos, então começamos a trabalhar desde cedo. Com 14 anos, tive meu primeiro emprego, sem registro, em um bazar vendendo brinquedos; fiquei lá por 4 meses. Depois, fui trabalhar em chão de fábrica; eu enchia bichinhos infláveis de piscina; e surgiu uma oportunidade interna para recepcionista. Participei da seleção e passei na vaga. Com o passar do tempo, fui mudando de função e fui construindo minha carreira no mundo corporativo.

Minha primeira faculdade foi em Publicidade e Propaganda; foi bem difícil essa época, pois o salário que eu ganhava não cobria os custos dos estudos. Então eu sempre estava devendo. Mesmo com muita dificuldade, consegui concluir os quatro anos de graduação. E depois consegui fazer especializações em marketing e relações internacionais.

Trabalhei por 18 anos em uma indústria automotiva. Passei por muitos processos discriminatórios, afinal, eu era uma mulher nordestina de origem negra, criada na periferia; não era o comum nesses ambientes. Fiz de tudo para me encaixar nesse mundo corporativo; fui me "masculinizando" e mudando meu jeito para ser aceita dentro da empresa, e, ao longo desse período, eu fui adoecendo. Então, chegou um momento que decidi pedir demissão, pois não queria mais viver nesse ambiente. Passei um ano desse período me planejando financeiramente, pois, afinal, tinha contas a pagar e duas filhas pequenas para sustentar – eu e meu marido dividimos as despesas.

Foi entre o final de 2008 e início de 2009 que dei meu salto de fé no mundo do empreendedorismo. Meu primeiro negócio foi uma plataforma digital de avaliação positiva para empresas – o Elogieaki. Foi meu maior aprendizado, e cometemos – eu e meus sócios – inúmeros erros (dá para fazer um livro com os erros). Vendemos a plataforma em 2011 e separamos a sociedade. Na época, além do Elogieaki, eu tinha um espaço de *coworking* (fechei-o em 2015).

Em 2009, fui selecionada a participar do programa 10 Mil Mulheres, realizado pela FGV em parceria com a Goldman Sachs. Era uma turma de capacitação de gestão de negócios que acontecia durante três meses, dois dias inteiros por semana. Fiquei superfeliz; fui uma das 35 mulheres entre mil inscritas.

Ao mesmo tempo que estava feliz, fiquei incomodada pelas outras mulheres que não tinham passado e decidi escrever sobre o que aprendia em um blog chamado Rede Mulher Empreendedora, em uma linguagem muito acessível. O intuito era repassar meu conhecimento, abordando os medos e as dúvidas como empreendedora. O Blog Rede Mulher Empreendedora logo se tornou um sucesso e evoluiu para a Rede Mulher Empreendedora (RME), a primeira e maior plataforma de apoio ao empreendedorismo feminino no país. Em 2017, para somar a esse ecossistema, criei o Instituto RME, com o objetivo de apoiar mulheres em situação de vulnerabilidade social a conquistar independência financeira e autonomia sobre as próprias vidas.

As duas organizações atuam com objetivo de gerar renda para mulheres em todo o Brasil, mas o Instituto RME trabalha, especialmente, em prol de mulheres em diferentes estados de vulnerabilidade. Para isso, são desenvolvidas capacitações com metodologias inovadoras, testadas, avaliadas e adaptadas em projetos, resultando em conteúdo qualificado para as mulheres. Complementando nosso portfólio, também realizamos a mais importante pesquisa sobre empreendedorismo feminino do país. Ela é publicada todos os anos para apoiar o trabalho da organização, sendo utilizada para fomentar políticas públicas.

Como resultado, somamos mais de 1,4 milhões de pessoas conectadas em nossas plataformas, que já impactaram mais de 10,5 milhões de pessoas direta e indiretamente, além de mais de 40 milhões de reais repassados às mulheres a título de microdoações. Dentre as beneficiadas pelos nossos projetos, programas ou demais ações, 88% se sentem mais confiantes para abrirem seu negócio; 47% conseguiram abrir seu próprio negócio e 63% tiveram um aumento na renda do seu negócio. Ainda há 84% dessas mulheres que se sentem mais seguras para participar de processos seletivos, segundo nossa área de Monitoramento e Avaliação.

Durante a pandemia do covid-19, entendemos a urgência de nos adaptarmos às necessidades momentâneas. Por isso, doamos 3,4 toneladas de alimentos para mulheres chefes de família em diferentes comunidades pelo Brasil. E essa é apenas uma das ações que tornam a RME e o Instituto RME referência no apoio e no desenvolvimento de pequenos negócios liderados por mulheres. Atuamos em parceria com importantes organizações, como ONU Mulheres, instituições governamentais, mais de 100 ONGs locais e inúmeras grandes empresas. Acreditamos que, quando uma mulher é empoderada financeiramente, ela não muda só a realidade de sua família, mas também a da sociedade.

Negócios: um assunto de mulheres – a força transformadora do empreendedorismo feminino

Há 13 anos, desde o primeiro post no antigo blog que deu origem à RME, pelo direito à informação, à capacitação e à valorização da mulher empreendedora, em 2022 lancei meu primeiro livro, *Negócios: um assunto de mulheres*.

A favor da desglamourização do empreendedorismo feminino, mostro nesse livro, um perfil e a realidade das mulheres empreendedoras. Sou requisitada em diversos *workshops*, palestras e eventos sobre o assunto. Sempre levo dados atuais e diferentes nuances a serem discutidas sobre o meio. A desigualdade social perante as diversas mulheres, sobretudo as negras (somatória de pretas e pardas), é um ponto recorrente entre as discussões.

No livro, proporciono uma leitura leve, sem deixar os tão importantes dados de lado. Falando para um público de mulheres empreendedoras, conto sobre o primeiro empreendimento, que não deu certo, e abordo a função do W20, grupo de engajamento do G20, do qual sou delegada líder; no W20, juntas, produzimos um documento que faz recomendações de coisas que precisam ser feitas para melhorar a realidade das mulheres, sempre falando de políticas públicas.

Um dos pontos principais do livro é a seção que trata de um assunto temido entre as iniciantes e pouco adorado pelas mais experientes: finanças! Como sempre digo, cuidar de dinheiro não é um bicho de sete cabeças, mas é algo necessário para saber se seu negócio está dando certo, onde é preciso investir e para conseguir sua independência financeira, objetivo da maioria das mulheres que estão no ramo. "O negócio próprio é um caminho para conquistar essa autonomia. Empreender, especialmente para a mulher, tem esse papel extremamente social."

Usando histórias reais, aproveitei para exemplificar situações que podem ocorrer com qualquer empreendedora e dou dicas de como enxergar oportunidades que podem cruzar o caminho dessas mulheres. E ainda falo sobre situações delicadas, como sociedade em família, tempo para empreender e para cuidar de si, além de erros.

O livro não é sobre a minha história. Ele é sobre as empreendedoras, os nossos desafios e as nossas forças; sobre como nós lidamos com as questões das mulheres.

5

50 ANOS, E DAÍ?

Aos 50 anos, corpo e cabeça já não estão em plena sintonia: enquanto um quer correr a maratona, o outro quer ficar no sofá maratonando uma série. Essa luta é diária, assim como outras questões sobre como será daqui para frente. Ana Zamper resolveu encarar esses conflitos questionando o tabu da menopausa e fazendo um balanço de seus 31 anos de trabalho em tecnologia, que a levaram à decisão de abandonar o sobrenome corporativo e fundar sua própria empresa.

ANA ZAMPER

Ana Zamper

Contatos
www.byaz.com.br
anazamper@byaz.com.br

Depois de mais de 30 anos de experiência no mercado de tecnologia, passando pelas áreas de vendas, marketing, sistemas, operações e terminando como VP para a América Latina da IBM, Ana Zamper decidiu abandonar o sobrenome corporativo. Em junho de 2022, ela ingressou na Saint Paul Escola de Negócios, como diretora do Programa Executivo *Leading Digital Reinvention*. Bacharel em Análise de Sistemas pela PUC-CAMP, tem, em sua formação, cursos de prestígio, como o ABPW, na Saint Paul Escola de Negócios, um pós-MBA pela Kellogg University, um MBA Executivo pela FDC, o curso *Executive Education for Supervisory Board*, na ESMT de Berlim, e o *Leading Innovation on Boards,* na Tel Aviv University. Hoje, Ana atua como conselheira de administração do IBEF-SP e como conselheira consultiva das ONGs SAS Brasil e Instituto Ser+. Em março de 2023, Ana fundou a ByAZ, onde irá usar a sua *expertise* para deixar uma marca na trajetória profissional das pessoas que, como ela, buscam se reinventar. Seu novo momento é o resultado de um longo aprendizado: o de que não se faz inovação sem pessoas. Elas são o centro de tudo.

Janeiro, 2018, 5 horas da manhã. Estava escuro e muito frio. Com mais quatro amigas, todas vestidas de Mulher Maravilha, eu nem acreditava que estava na linha de largada para correr 5 km, dentro dos parques da Disney, para celebrar meus 50 anos. Não acreditava porque estava à base de analgésicos e anti-inflamatórios; poucos dias antes de viajarmos, tinha quebrado o dedinho do pé e só andava de *robofoot* e crocs.

Corremos 5 km nesse dia e mais 10 km no dia seguinte, então vestidas de Minnie Mouse. Fiquei feliz por não me conformar com o que a vida parecia me dizer: "Desacelera, Ana". Não. O que eu mais queria, naquele momento, era justamente o contrário.

É claro que aos 50 anos o corpo já não está em plena sintonia com a cabeça e, enquanto um quer correr a maratona, o outro quer ficar no sofá maratonando uma série. A gente aprende a entender que é "o que tem pra hoje", sem maiores conflitos e expectativas. Mas não sem sonhar e lutar. Por isso, no ano seguinte, em janeiro de 2019, comemorei meu aniversário de 51 anos, correndo a meia-maratona da Disney. Desfrutei cada minuto da experiência e chorei como criança, de tanta emoção ao completar a prova. Terminei aquele ano correndo a corrida de São Silvestre, prova que para mim foi bem dura, devido ao calor e às muitas subidas. Mas, no final de tudo, a dor é temporária e a satisfação é eterna.

Aprendi na corrida que ninguém compete com ninguém, nós competimos com nós mesmos, superamos nossos próprios limites e nossa força de vontade (nota importante: não sou atleta, fiz essas provas em busca de superação, realização e felicidade!).

Essas foram as comemorações dos meus 50, 51 e 52 anos de idade. Portanto, se alguém ainda acredita que uma mulher de 50 anos ou mais está no declínio da sua vida, anda meio desinformado. Sou grata por ver todos os dias mulheres se libertando de comportamentos antes tidos como padrão "terceira idade" e vivenciando mudanças radicais.

Meio século de vida me fez olhar adiante com anseio e empolgação. Comecei a me questionar se mais importante que ter dinheiro seria ter tempo. Mais que ter *status*, tranquilidade. E mais que ter poder, ter propósito. Inquietação, inquietação e só inquietação era o que eu sentia. Ao mesmo tempo, comecei a empurrar para longe a síndrome da impostora que sempre me perseguiu.

Olhar para o futuro também me permitiu olhar para trás e fazer um balanço de quase três décadas em uma mesma empresa. Por que, afinal, trabalhei tanto tempo na IBM? Porque lá me reinventei diversas vezes. A cada mudança de área, era como se eu mudasse de empresa.

Percebi que a idade não é barreira para aprender coisas novas. Compreendi que não existe vida pessoal e vida profissional, existe apenas uma vida, e me joguei para fazer dessa "única vida" uma vida melhor. Então, saí em busca de um propósito maior: ser voluntária, e poder desempenhar atividades que irão impactar a vida de outras pessoas significa aprender, amadurecer e renovar as energias. Cheguei à SAS Brasil, um projeto social, itinerante, que leva saúde de qualidade a quem não tem acesso. Sigo como voluntária atuante e sou membro do Conselho Consultivo. Também me tornei membro do Conselho Consultivo do Instituto Ser+, uma organização sem fins lucrativos que contribui com a formação de jovens, com base em uma metodologia focada no desenvolvimento humano. Lá conheci a querida Andréa Mendonça, que me puxou para o grupo Uma Sobe e Puxa a Outra, onde tenho a formidável oportunidade de aprender e compartilhar com mulheres que inspiram e apoiam outras mulheres.

Gostar de pessoas e trabalhar para elas e por elas é o que sempre me moveu. A gente inspira os outros a partir de quem a gente realmente é, por isso a verdade é a palavra-chave para um líder. Demorei para mostrar meu EU interior por pura insegurança. Ser fiel aos meus valores e ao meu jeito mudou minha maneira de ver o mundo e meu modo de liderar. Meus amigos sempre brincam que sou "sincericida", mas foi justamente essa característica que se tornou minha marca registrada: falar o que eu penso, sempre respeitosamente, no intuito de desenvolver novos talentos, principalmente em mulheres.

Na IBM, sempre apoiei grupos de mulheres e seu desenvolvimento para posições de liderança. Ser mentora, compartilhar nossas experiências e proporcionar o crescimento de outras pessoas são a maior riqueza de qualquer profissão.

Olhando para trás, vejo que a maior parte dos meus mais de 30 anos de carreira foi repleta de desafios e vontade de ser uma profissional melhor. Os erros que cometi foram meus melhores professores.

E por falar em erros...

Quem lê meu currículo, os cargos que conquistei, os prêmios que recebi, nunca vai imaginar os erros que eu cometi. As situações mais complicadas e as frustrações me levaram ao crescimento, pois esses desafios me obrigavam a buscar novos caminhos.

Sabe aquela vontade de conhecer o mundo? Eu decidi que queria trabalhar, pela IBM, em algum outro país. Só que essa decisão era um segredo meu. Eu era reconhecida, mas os anos passavam e nada de eu ser expatriada. Então, pensava: como é possível que eu, ganhando prêmios e sendo bem avaliada, nunca tenha sido escolhida? Era muito frustrante. Até que um dia, após vários anos, expus minha frustração ao meu chefe, que se surpreendeu e perguntou por que eu nunca havia falado claramente sobre isso. Minha primeira reação foi de achar que eu tinha deixado claro, mas obviamente não. Três meses depois, fui alocada para um projeto de curta duração na sede da IBM, em Miami. Aprendi a lição! Assim que cheguei lá, deixei bem claro que eu somente regressaria ao Brasil após, pelo menos, 2 anos. E assim foi. Fui, inclusive, promovida nos três anos que fiquei por lá.

Esse aprendizado eu trouxe para a vida: fale, se comunique, se posicione. Ninguém é obrigado a ler a sua mente. Não importa qual momento você viva em sua carreira hoje, alguém já passou por uma experiência muito parecida. Peça ajuda. E seja específico nesse pedido.

Alguns anos após meu retorno para o Brasil, fui chamada para uma reunião pelo presidente da IBM, que era meu chefe direto. O que eu pensava ser uma revisão de resultados, foi na verdade uma oferta do cargo dos meus sonhos: liderar a unidade de *hardware* para a IBM no Brasil, que era uma das áreas-chave da empresa, com direito a uma promoção à vice-presidência. Espetacular! Qualquer pessoa aceitaria a oferta imediatamente, né? Pois bem. Esta que vos fala teve o que eu posso chamar, carinhosamente, de um mini-ataque de nervos – falando, em voz alta, ao meu chefe, que ele estava louco, que eu não tinha condições de liderar a área, que existiam executivos muito mais preparados que eu... e muito mais. Ele ficou impassível diante da minha síncope. E me mandou ir para casa e preparar um plano de transição.

Eu saí de lá furiosa, pensando: como ele não havia me entendido? Preparar um plano para quê? Afinal, eu não assumiria a área... Fui para casa, liguei para um amigo e recebi duras críticas pela situação embaraçosa, além de sábios conselhos sobre como preparar o tal plano.

No dia seguinte, envergonhadíssima, apresentei o plano, que foi aprovado. Mas eu ainda não estava satisfeita com o meu número de vexames. Pedi ao meu chefe que (por favor!) não me promovesse de imediato. Ele fingiu nem escutar essa barbaridade e fui promovida. Naquele mesmo ano, a unidade de *hardware* teve o maior faturamento da história da IBM no Brasil, até então. Imagine o que eu teria perdido, se tivesse deixado a síndrome de impostora falar mais alto? E pensar que quase deixei... Ainda bem que não, e senti na pele a importância de ter uma rede de apoio, que me incentivou a ser resiliente e ter uma atitude de superação.

Como deu para ver, as experimentações e os fracassos foram essenciais para meu desenvolvimento, pois quando eliminamos os erros e riscos, as oportunidades de aprendizado são eliminadas junto.

E por falar em vida...

Aprendi também sobre o poder de nossas escolhas. Eu renunciei, por exemplo, à opção de ter filhos, desde muito jovem, apesar da cobrança social que dizia que não ter filhos era uma grande tragédia. Meu lado materno foi lindamente preenchido pelos meus sobrinhos, Ana Carolina e Thiago, com quem tenho a felicidade de partilhar de seu crescimento, suas incertezas e suas alegrias.

Provavelmente essa minha liberdade de decidir vem dos meus pais. Nascida em Jundiaí, interior do Estado de São Paulo, venho de uma família bem simples, mas que criou os filhos – além de mim, minha irmã Carmen Sílvia e meu irmão Paulo Alexandre – em igualdade de condições: todos arrumavam suas camas, todos cozinhavam, todos ajudavam na casa. Esse exemplo moldou nossa maneira de pensar. Minha mãe, Oswalda, era professora, falecida em 2020 de doença de Parkinson, e meu pai Jácomo é um comerciante formado pela escola da vida, que completará 90 anos, com vigor, em julho de 2023. Meus pais sempre trabalharam na rua e em casa, e um dos seus maiores orgulhos foi ver os três filhos formados.

Escolhi a minha formação em meados dos anos 1980. Meio insegura, tomei a decisão. O que eu conhecia da área vinha do cinema, algo como um misto de mistérios resolvidos pelo FBI e o Command Center da Nasa. No vestibular, decidi fazer o curso de Análise de Sistemas na PUC de Campinas. E, ao contrário do que eu imaginava, a turma era bem equilibrada na quantidade de homens e mulheres.

Formada, meu primeiro emprego foi no Banco Itaú, na área de Inteligência Artificial, trabalhando na programação dos primeiros caixas eletrônicos do banco no Brasil.

Alguns meses depois, um chamado me fez voltar à IBM, onde eu havia feito estágio. Eu me inscrevi no processo de seleção e, na última entrevista, fui informada de que havia boas práticas de *non compete* entre IBM e seus grandes clientes. Era o caso do Itaú.

Então, tive que tomar uma difícil decisão: pediria demissão e ousaria, podendo retornar ao processo seletivo somente após o período do non compete (sem nenhuma garantia!), ou seguiria na área técnica? Segui a minha intuição e decidi arriscar. Foram 30 dias aterrorizantes. Todos os dias me perguntava o que aconteceria se algo desse errado e eu ficasse sem emprego: como iria pagar meu aluguel? Mas tudo foi como era para ser e fui contratada. O retorno à IBM resultou em 31 anos de uma carreira bem-sucedida, onde construí um legado do qual muito me orgulho.

Quando tudo parecia bem, porém... Num dia de julho, muito frio e com temperaturas negativas em Buenos Aires, em uma reunião da IBM, eu era a única pessoa na sala com blusa de manga curta, suando e com as bochechas rosadas. Todos olhavam para mim como se eu fosse um ser de outro planeta. Entendi na hora o que estava acontecendo e simplesmente disse: "Amigos, não estou doente, estou apenas entrando na menopausa". Queixos caídos e caras de espanto, como se eu houvesse cometido um perjúrio. Por quê? Ainda não sei, afinal, é algo natural e que deveria ser falado mais claramente.

A menopausa veio como um despertador para o agora e para o futuro, como um alerta para que eu começasse a me cuidar de maneira mais consciente – tanto física quanto mentalmente. Suor noturno, fogacho, alterações de humor, lapsos de memória e raciocínio, ganho de peso, ressecamento... tive todos esses sintomas. Essa transição não é nada fácil. Porém, como toda mudança, sempre pode representar um recomeço. É preciso aproveitar esse momento para ter um olhar carinhoso consigo mesma.

O desafio é lutar contra estigmas e contra a invisibilidade, já que a maioria das mulheres não quer ser considerada envelhecida, afinal, isso significa admitir o ponto da vida em que estamos. Mas eu tenho sorte. A minha geração encara a idade de um jeito novo, muito diferente da geração da minha mãe, que com 50 anos já era considerada uma "velha".

Aos poucos, fui me encontrando. Descobri que esta não precisa ser uma fase tão solitária e dura. Eu me aceitei e não tenho vergonha de falar sobre o tema: não só não há nada de errado em estar na menopausa, como esta é uma fase de sucesso para mim. E quem não enxergar isso mostrará que está irremediavelmente velho! Se você é mulher, tem mais de 50 e ainda não tomou as rédeas da sua vida, está esperando o quê? O tempo de ser feliz é agora!

Ano 5 D.C. (depois dos cinquenta)

Novamente janeiro, mas de 2022. Completei 55 anos e resolvi abandonar o sobrenome corporativo. O que antes era renunciar, agora significa construir. Hoje, uso minha expertise para deixar uma marca na carreira das pessoas – principalmente de mulheres que, como eu, buscam se reinventar. Assim, oriento pessoas que querem iniciar sua carreira em conselhos de empresas, ofereço treinamento para quem deseja aprofundar seu letramento digital e atuo como mentora de pessoas que querem expandir seus horizontes e viver uma transição de carreira.

Um sobrenome corporativo é algo fácil de identificar; porém, o que precisamos entender é que, embora adotemos sobrenomes corporativos, nós não somos esses sobrenomes. Meu nome é meu valor, meu diferencial. Minhas histórias e vivências são pessoais, ímpares e intransferíveis. Eu sou a minha marca e ponto!

Devemos nos representar com orgulho, imprimindo nossa personalidade e nossos valores por onde passamos. Adoro uma frase do Nobel da Paz, Shimon Peres, que diz: "É melhor ser controverso pelas razões certas do que popular pelas razões erradas". Do alto dos meus 55 anos, estou pronta para levar essa lição cada vez mais a sério.

6

NO MEIO DAS ROUPAS, HAVIA UMA DOR

Neta de lavadeira, filha de costureira, nasci e cresci entre mulheres que cuidavam das roupas de outras mulheres. Minha jornada da comunicação social para a consultoria de imagem foi um retorno para o aconchego daquilo que me parecia tão familiar. Mas o familiar se fez um tanto estranho e se transformou em descoberta. Ser consultora de imagem não era exatamente sobre cuidar de roupas, era sobre cuidar de quem as veste. Dar voz, dar asas, dar apoio, dar ouvidos, dar impulso. Era sobre vestir e puxar a outra.

Ana Vaz

Contatos
anavaz.com.br
butiquedecursos.com.br
falecom@anavaz.com.br
falecom@butiquedecursos.com.br
Instagram: @anavaz_imagem
19 99714 2040

É consultora de imagem pessoal há mais de 20 anos. É idealizadora da Butique de Cursos Ana Vaz, escola para empreendedoras da área de imagem e moda. Forma e mentora profissionais desde 2009. Criadora do Método Liberta, um método que defende a formação de profissionais e negócios de imagem pautados no acolhimento e respeito à diversidade racial, cultural, corporal e estética. Especialista, educadora e mentora em Análise de Coloração Pessoal pelo Método Tonal, com mais de 5 mil análises conduzidas. Único no país com mais de 78 cartelas de cores. Comunicóloga com habilitação em Relações Públicas (UEL), pós-graduada em Marketing (John Moores Universty). Foi profissional das áreas de comunicação e marketing, com passagens pelo Sistema Coca-Cola, Grupo Saint Gobain e ACNielsen. Como palestrante e facilitadora em imagem pessoal, profissional e etiqueta corporativa, tem, entre seus clientes, empresas diversas como AMCHAM, Dafiti, Dow Química, Eurofarma, Grupo O Boticário, Grupo Dakota, Natura, Porto Seguro, Sesc e Unilever.

"Eu estava com muito medo de vir. Muito mesmo. Achei que nosso encontro pudesse me fazer mal. Mas estou aqui tão aliviada e feliz. Vocês não me disseram que eu precisava emagrecer ou que as minhas roupas não serviam para o meu corpo. Eu sofro de anorexia e estou em tratamento. Não quis dizer nada antes porque não sabia como vocês iriam reagir, mas estou aqui, e estou feliz que o meu corpo não foi um problema." Os nossos olhos se encheram de lágrimas. O meu coração se encheu de alívio por não termos alimentado essa dor. Essa era mais uma prova de que ser treinada para enxergar e apontar defeitos não era o caminho que desejava para mim, para minhas alunas, para minhas clientes ou para qualquer outra mulher. Vale lembrar que aquilo que nos dizem ser defeitos são apenas partes de todas nós.

O relato acima é como me lembro desse momento de confiança e confidência que apenas foi possível porque, ao invés de falar, ouvimos. Numa aula prática do meu curso de formação em consultoria de imagem recebemos, como em tantas outras turmas, uma cliente para atendimento pro bono. Uma jovem advogada recém-formada em busca de orientações para a construção de uma imagem profissional que a ajudasse a conquistar a tão sonhada primeira promoção. Um pedido comum entre mulheres nessa fase da vida.

Sabemos que a imagem feminina é sempre alvo de escrutínio e julgamento e que, nessa idade, ali pelos vinte e poucos anos, nos é cobrada uma aparência de maturidade, seriedade e senioridade que acreditam só ser possível se nos fantasiarmos com a roupa do "homem de poder". O pedido mais comum é sempre o mesmo, para nos vestirmos com cores, formas e peças vindas da alfaiataria masculina – como se somente usando algo que remetesse ao sexo que por séculos teve o acesso praticamente exclusivo aos espaços públicos de poder pudéssemos ser empoderadas também. Ou aceitas. Ou acreditadas. Você, mulher, que me lê do alto dos seus 40, 50, 60, 70 ou mais anos provavelmente já passou por essa – ou outra – pressão que ainda insistem em fazer sobre nós. Muda o tempo, muda a pressão.

A estratégia de imagem pensada para nossa jovem cliente não precisaria repetir o estereótipo da advogada sempre vestida de terninho preto e camisa branca, já que entre outras coisas o escritório para o qual trabalhava havia se reposicionado e entendido que seu time poderia em muitos momentos se vestir de maneira mais casual – mais alinhada ao perfil de sua clientela. A partir dessa realidade seguimos nossa anamnese e chegamos ao momento de criar na prática as produções que seriam usadas no seu dia a dia profissional. Nenhuma palavra havia sido dita – nem por ela, nem por mim ou por minhas alunas – sobre seu corpo ou sobre qualquer incômodo com ele. Já há alguns anos eu havia adotado a postura de neutralidade corporal: não falava, escrevia ou postava sobre o corpo de outra pessoa, especialmente se esse corpo fosse o de uma mulher. O corpo do outro é sagrado, não devo falar sobre ele sem sua autorização. E foi esse modo de trabalhar que me permitiu conduzir a aula prática de uma maneira que tornou o encontro seguro o suficiente para que nossa cliente se sentisse confortável para dividir conosco um segredo e uma dor tão profunda.

Desde que entendi quão nociva a exigência por uma imagem "perfeita" poderia ser para nós mulheres, decidi que não queria ser mais uma algoz, e não queria ensinar minhas alunas a serem. Quão mais leve seria a nossa vida se não nos sentíssemos na obrigação de estar sempre em busca do tal corpo ou aparência idealizados para nós? E idealização da imagem feminina é o que não falta. Ela se renova a todo momento e estimula em nós uma ânsia sem tamanho pela perfeição também idealizada. Transtornos alimentares e distúrbios de imagem têm nos acometido cada vez mais. Mulheres e meninas adoecidas em busca de um ideal que nunca será atingido, justamente porque é móvel. Quando entendi que minha atuação como consultora de imagem estava contribuindo para essa cultura de adoecimento não pude mais trabalhar como havia feito por tanto tempo. Infelizmente foram mais de 10 anos de olhos vendados.

O desabafo da nossa jovem advogada me mostrou que eu estava no caminho certo, mesmo quando questionada por colegas e até mesmo por alunas, sobre não usar o vasto arsenal de regras criadas para a valorização do corpo feminino. Deveria continuar ouvindo sobre seu corpo e não falando sobre ele – no tempo que ela quisesse, e se ela quisesse. "Mas se uma mulher pode tudo, então por que ela vai contratar uma consultora de imagem?" A pergunta me era repetida com frequência e em tom de desafio. Como já havia entendido que o valor do corpo feminino não estava em seu disfarce ou na transformação de suas formas, mas em si mesmo, depois dessa confissão ficou ainda mais confortável e necessário responder e seguir adiante com a missão de não adoecer outras mulheres ao vender para elas a ideia da imperfeição perene de seus corpos.

Foi este encontro que me encheu de certezas: a de que toda mulher merecia uma relação mais serena com sua aparência, a de que profissionais como eu poderiam promover uma ética que colaborasse para isso, e de que eu precisava formalizar um novo método de atendimento, pautado nessa escuta ativa e em um olhar que se fizesse generoso e acolhedor para com qualquer corpo feminino. Foi a partir desse encontro, da honestidade e fragilidade da nossa jovem cliente sobre sua condição, que comecei a criar o meu método de atendimento, o Liberta, que começou preocupado com o respeito à diversidade estética dos copos femininos, mas que hoje tem pilares no respeito à diversidade racial e cultural. Um método que entende que, na sociedade em que vivemos, uma mulher é mais cobrada que um homem por sua aparência; que uma mulher negra é mais cobrada que uma mulher branca; que uma mulher gorda é mais cobrada que uma mulher magra; a mais velha é mais cobrada que uma mais jovem. Um método que nos ajude a identificar os marcadores sociais que penalizam nossas clientes e as fazem frequentemente serem percebidas de forma menos positiva. Que nos permita desenvolver uma estratégia de imagem que as ajudem a, de certa forma, suavizar os efeitos desses marcadores sem tirar delas uma identidade visual que pode ser o pilar do seu diferencial.

O Liberta é um método que preza por dar asas em vez de cortá-las, sem deixar de lado os desafios de cada mulher. O Liberta é um método que coloca consultoras e clientes como aliadas. E uma profissional da imagem precisa estar pronta para ajudar suas clientes na construção de uma vida mais leve e uma rotina mais prática a partir de um vestir mais inteligente, autônomo, autêntico, prazeroso e até mesmo divertido. Uma mulher pode contar suas histórias e a celebrar suas vitórias por meio do seu vestir. Pode ter um guarda-roupa onde caibam memórias, carinhos, prazeres e mais dela mesma do que da cultura que a oprime e encolhe.

Se somos grandes, por que nos querem sempre pequenas e obedientes? Com o Liberta, parei definitivamente de treinar consultoras para identificar e apontar defeitos que nunca foram defeitos. Não é um ato de heroísmo, é um ato de sobrevivência – imprescindível para com elas e para comigo. Não identificar e apontar os ditos defeitos de uma cliente me ajuda ainda a olhar para mim mesma com mais bondade e tolerância. Sei que esse é um caminho longo, que não termina na minha escrita ou na sua leitura dessas palavras. E como sei? Aos 50 anos, mesmo com tanta compreensão sobre as opressões que nos imputam por meio dessa busca pela tal imagem perfeita, ainda me pego murchando o estômago para me pesar – hábito que desenvolvi pré-adolescente e que só se fez consciente para mim há poucos anos. Estufo de volta a barriga, desço da balança e me lembro mais uma vez de que não preciso disso. Não mereço. Não merecemos. Pergunto-me se o que vejo no espelho é o que realmente sou ou só a visão de olhos que foram treinados para achar imperfeições e apontá-las – mesmo que agora enxerguem com mais bondade. Amaldiçoo essa estrutura cruel e me sinto aliviada por não contribuir mais com ela – será mesmo que não contribuo? O *looping* infinito entre dúvida e certeza me consome, mas também me mantém atenta e buscando melhorar. Ter consciência de mim, da fragilidade do meu olhar e do treino para me ver sempre incompleta e imperfeita me ajuda a seguir firme, não reproduzindo esse *modus operandi* com outras mulheres.

A história da jovem advogada se fez luz para mim e para minhas alunas – para as que viveram comigo aquele momento e para as que me ouvem contar sobre ele. Fez-me pensar em quantas mulheres adoecidas podem ter passado por mim e sem que eu soubesse tenha alimentado seu sofrimento. Antes de atendê-la já ensinava a minhas alunas que o corpo feminino não era público, que era a cliente quem deveria trazer qualquer desconforto – caso houvesse ou desejasse – e nós a acolheríamos e ajudaríamos a construir um vestir que lhe parecesse mais confortável. Mas foi com ela, com a jovem advogada, que essa certeza amadureceu. A clareza sobre o sofrimento silencioso e envergonhado de muitas mulheres e meninas se materializou, fez-se concreta bem diante dos meus olhos. Se ela não houvesse encontrado um espaço de acolhimento e gentileza, nunca teria nos dito nada.

"Como posso impedir que mulheres adoeçam?" A frase que começou a martelar minha cabeça a partir daquele encontro me ajudou a não alimentar seu adoecimento mas também, a partir de então, a criar meios de alertar outras alunas e colegas o quão vulnerável uma cliente, uma amiga, uma irmã, uma conhecida está diante de algo que pode ser tão devastador. Impedir que esse adoecimento aconteça em uma cultura que sobrevive da nossa insegurança é uma luta de todos os dias. E uma luta que pode ser de todas nós. Talvez você, que me lê aqui, possa engrossar esse caldo. Talvez você possa mudar comportamentos, palavras e percepções sobre outras mulheres, quem sabe até sobre si mesma. Se está numa posição de liderança – na sua família, num grupo de amigas, na internet, em seu ambiente profissional, na sua indústria –, você pode começar simplesmente ficando mais atenta à sua forma de falar sobre a aparência de outras mulheres. Ou simplesmente não falar. Não precisamos oferecer soluções mirabolantes para o que achamos ser um problema de imagem de alguém. Podemos fazer muito apenas olhando com generosidade e oferecendo ouvidos atentos. Uma sobe e é amparo da outra.

E se você é essa mulher que sofre, espero que já tenha encontrado ajuda. Se ainda não encontrou, que a encontre ou tenha forças para procurá-la. Não é vergonha nenhuma sentir o que você sente, fazer o que você faz. A culpa não é sua. A culpa não é sua. A culpa não é sua.

Quero deixar registrado aqui que ter vivido essa e outras histórias, aprendido com elas, transformado minha compreensão sobre as mulheres e suas batalhas, tantas vezes tão silenciosas quanto doloridas, e poder deixar este registro nestas páginas tem para mim sabor de redenção. É como se de certa forma eu estivesse reescrevendo a mensagem que deixei no *Pequeno livro de estilo: guia para toda hora*, publicado em 2007. Nele, naquele tempo, cega pela minha caça aos defeitos femininos, registrei todas as inadequações que acreditava haver com os nossos corpos, bem como todos os esforços infinitos e necessários para corrigi-las. Um mar de regras, o que adotar e o que evitar. Que o texto da Ana de hoje alcance muito mais mulheres que o livro da Ana de ontem. Que possamos contar umas às outras sobre as mentiras ditas a respeito de nossos corpos. Não precisamos afinar ou alongar.

A verdade é que somos do tamanho certo. Imensas.

7

DESISTIR NUNCA FOI UMA OPÇÃO

Fazer planos nunca foi meu forte; sempre tive medo de os planos falharem. Por isso, gosto de viver o hoje, mas, para estar preparada, é importante saber onde e como você deseja chegar. Nem sempre será fácil, mas pode ser divertido. Eu tive todas as oportunidades que a vida dá para desistir, porém, as descartei. Desistir, para mim, nunca foi uma opção. Desejo trazer inspiração para meus filhos dentro da única certeza que tenho: "alguns tombos no meio do caminho nos fortalecem".

ANDRÉIA BARBOSA SANTAMARIA

Andréia Barbosa Santamaria

Contato
LinkedIn: Andreia Barbosa Santamaria

Casada com o publicitário Gian Marco, mãe coruja de Barbara, Gian Luca e da Mile, nossa *pet*, amores de sua vida. Publicitária, com mais de 25 anos de experiência no mercado publicitário, tem passagens pelas principais agências de publicidade; há mais de 10 anos, resolveu mudar de lado e direcionou sua carreira para atuação na área comercial de veículos de comunicação. Hoje é *head* comercial do maior *publisher* do Brasil, UOL - liderando o segmento de CPG junto às principais indústrias de bens de consumo e agências de publicidade. Orientada para os negócios e apaixonada por sua profissão, acredita que a relação humana impulsiona para os grandes resultados e aprendizados da vida.

De onde eu vim?

Nasci na Zona Norte de São Paulo, no Bairro da Vila Nova Cachoeirinha. Sou filha do meio de Maria de Lourdes da Silva e Severino Barbosa da Silva.

Meus pais sempre me relataram que o parto da minha mãe não foi fácil. Naquela época era comum as mulheres quererem o parto normal realizado em casa por uma parteira, mas ninguém nunca contava com os riscos, como o meu caso em que eu estava com o cordão umbilical enrolado no pescoço.

Após horas de tentativa, nasci na maternidade. Meu pai nos contou que o médico perguntou: "qual das duas eu salvo"? E meu pai logicamente respondeu: as duas! Ao me ver, meu pai ficou apaixonado por mim. Era uma paixão tão cega e ele estava tão emocionado que me registrou na cor parda, ele estava tão feliz em tudo ter acabado bem que achou que eu seria a filha que herdou a cor da sua pele, mas na verdade eu ainda estava roxa, devido a toda dificuldade do parto.

Ali mal sabia ele que eu já havia feito um pacto de alma com meu pai. Eu não tinha a sua cor, mas entenderia todas as suas dores extraídas na sociedade racista em que vivemos. Eu e meu pai tivemos uma conexão de outras vidas, muitas vezes eu era mais que filha e isso resultou em um amadurecimento prematuro, pois desde muito pequena eu "cuidava" demais desse negão. Nem eu nem minhas irmãs, Adriana e Fabiana, herdamos sua cor preta, mas herdamos sua coragem, generosidade e sensibilidade.

Estudei o ensino fundamental em uma escola municipal que ficava localizada há poucos minutos da casa dos meus pais. Minha infância foi muito doce e divertida; entre diversos amigos, alguns do morro e outros do bairro onde eu morava me descobri vivendo situações que me faziam refletir sobre o comportamento humano e a sociedade, pois ali – entre a escola e as brincadeiras de rua – eu percebia a tal diferença da classe social.

Sempre muito sensível, eu trafegava entre os dois mundos; e isso tudo só me fazia ter a certeza quanto às minhas escolhas.

Minha criação, minhas referências

Minha escola ficava de frente para a casa da minha madrinha Elizabeth, uma mulher forte de origem alemã e que por meio da culinária expressava todo o seu amor. Ela também cumpria o papel de avó, pois minha mãe havia perdido minha avó muito cedo.

Eu era falante e tinha um olhar curioso para o mundo. Lembro-me desde pequena que tinha em mim um sentimento de "ser" alguém que meus pais e meu avô pudessem se orgulhar e junto desse sentimento também havia o desejo de oferecer aos meus pais uma vida melhor, diferente do mundo que ficava ali restrito à Zona Norte.

O tempo foi passando, fui crescendo e entendendo muitas coisas, entre elas a dificuldade que para mim era a maior e a mais curiosa: a de lidar com a doença do meu pai. Na minha adolescência, entendi que meu pai sofria com o alcoolismo, e por isso tantas incertezas cercavam nossa família. Mas algo me incomodava mais que a doença e as internações, porque a cada momento de altos e baixos parecia que o amor só aumentava entre nós. Todos me diziam que ele me obedecia, mas acho mesmo que ele me amava da forma mais pura que uma pessoa pode amar.

Porque quando ele menos acreditava que me dava algo, mal sabia ele o quanto eu aprendia e me fortalecia. A doença em si não era o mais difícil, mas, sim, todos os julgamentos e preconceitos que o cancelavam por toda a vida.

Conforme eu ia crescendo também pude entender sobre a doença do meu pai; o alcoolismo era algo que deixava muitas vezes toda a família doente. O grau da insegurança de nunca saber como seria o dia era algo que nos atormentava muitas vezes, e eu sei que no fundo atormentava a ele também. Não dava para fazer muitos planos e a gente nunca sabia se estaria bem.

Meu pai foi uma das pessoas mais amorosas que eu já conheci na vida. Um homem que ensinava com o olhar dizendo "obrigado" e "voe longe, minha garota".

Para mim, ainda pequena, olhava e buscava em cada pessoa algo que pudesse me alimentar, sem mesmo que elas pudessem perceber. Minha tia Fátima era uma executiva de sucesso; minha mãe carregava força e coragem; minha irmã mais velha, Adriana, era para mim a inteligente, cheia de habilidades; minha madrinha tinha a determinação e a força de um alemão, cada uma dessas mulheres trazia em si algo que me inspirava, e despertava em mim o desejo de ser como elas.

Será que a Andréia poderia ser uma mulher corajosa, audaciosa, inteligente, amorosa, generosa de sucesso? Viver com essas mulheres me fez crescer, tendo a certeza de que o elo do amor e reciprocidade eram o gás de que eu precisava para ser.

Profissão

Escolher a minha profissão não foi algo fácil; parecia que eu não tinha aptidão, nenhum teste vocacional dava certo, acho que a síndrome da impostora já começava ali. Foi por eliminatória mesmo que escolhi Publicidade.

Quando concluí meu curso técnico e entrei na faculdade, minha mãe estava trabalhando para um publicitário. Dono de uma agência de sucesso "Delta Propaganda", o Sr. Carlos Guntovitch disse para a minha mãe: "fala para sua filha procurar o meu filho e ele vai ver um estágio para ela".

Fiz meu primeiro estágio em uma agência linda, com pessoas incríveis. Mas acabou e a faculdade era cara; eu precisava arrumar algo remunerado. Então, fui ser assistente de mídia em uma agência em Santana chamada R&S Propaganda.

Mas um belo dia, lendo o *Meio&Mensagem*, deparei-me com uma notícia de que uma **mulher** abriria uma nova agência de publicidade, a Cristina Carvalho Pinto. Recortei a matéria e mostrei ao chegar em casa para minha mãe; seria um sonho eu conseguir algo lá.

Minha mãe me incentivou e fiz o meu currículo naquela noite com a ajuda da minha irmã; ansiosa, apostei que não teria algo de mais poderoso e vibratório no planeta do que as palavras de uma mãe. Eis que, após três dias, Marcia Salgueiro me liga pedindo que eu fosse fazer uma entrevista; eu nem acreditava que aquilo estava acontecendo, entrei para a Full Jazz!

Ali me conectei com o mundo, com as pessoas, com a minha área. Comecei a me desenvolver, a fazer amigos e construir minha carreira. A Cristina Carvalho Pinto é uma mulher muito admirável; ali tinha outro salto que eu admirava. O jeito dela de falar com os funcionários, a preocupação com a saúde de todos e ao mesmo tempo tão exigente, criativa. Fiquei três anos na agência e de lá parti para saltos incríveis como profissional da área de mídia.

Entre meus 27 e 30 anos eu estava voando. Casei aos 27 e engravidei aos 30 – a maior alegria da minha vida. Mas como nada era fácil, durante minha gravidez também descobrimos o impacto que a saúde do meu pai viria a ter, diagnosticado com um câncer na faringe. Junto com o nascimento da minha filha, tive que administrar o pior sentimento: o "medo". Pela primeira vez tive medo de perder meu maior amigo, mas a Barbara foi nossa força; meu pai sabia o quanto era importante passarmos por tudo e vencermos juntos. E conseguimos!

Essa nova fase da minha vida me fez refletir muito sobre qualidade de vida, família, trabalho; e muitas coisas começaram a me provocar para uma reflexão e o desejo de novos conhecimentos.

Comecei a me incomodar com o comportamento corporativo. Reparava que as pessoas que subiam eram na maioria "homens". Eles tinham destaque e faziam parte de uma "panelinha" da qual eu não via possibilidades de pertencer. Primeiro porque não imaginava atuar daquela forma, depois porque alguns convites nunca chegavam mesmo.

Mas eu não desistia. Percorri diversas agências grandes e desfrutei de anos incríveis e de muito aprendizado com lideranças incríveis. Apesar de estar deslanchando, percebi que desejava aprender novas coisas, mudar de área; e junto com meu marido começamos a pensar nos caminhos que poderíamos construir. Não foi uma decisão fácil. Eu era apaixonada pela área de mídia, mas a falta de tempo com a família, o não reconhecimento financeiro e a falta de visão para a ascensão profissional foram os motivos pelos quais decidi mudar.

Aceitei então o convite de um grande amigo, Alexandre Barsotti, para trabalhar com ele na Editora Três. Fui contratada como executiva de negócios, atendendo os clientes diretos. Rodava mais de 10 km por dia, prospectando novos clientes, mas estava feliz porque alguém estava dando a oportunidade que eu precisava.

A virada

Não foi fácil. Recomeçar e ver que o "glamour" como profissional de mídia havia acabado era estranho. Nesse momento, validei meus amigos de verdade, ajustei a rota e, junto ao meu marido, que é e sempre foi meu parceiro e minha inspiração, comecei a traçar meu plano de crescimento.

Confesso que foram meses estranhos; parecia que eu não tinha mais o sobrenome das grandes agências. Então, segui firme, porque sabia que meu caminho estava apenas começando e que viriam muitos desafios pela frente.

As coisas foram acontecendo. Continuei até que o Barsotti, meu diretor, me chamou para uma conversa, ele teria uma vaga "digital", pois a Editora Globo estaria se digitalizando; o desafio era atuar em todos os títulos como multiplataforma.

Pensei: será? Minha experiência profissional digital até aquele momento havia sido apenas como mídia nas agências, e não sabia se eu teria *skill* e técnicas para vender.

Virei a chave e comecei a estudar o digital. Contei com o apoio de muitos colegas e lá fiz carreira por nove anos. Entrei como executiva digital, alcancei o cargo de Gerente das Revistas Femininas e Digital, liderei a transformação da *Revista Marie Claire*, junto a um time de cinco executivas incríveis, entre as quais duas são minhas melhores amigas: Rosa e Alexandra.

Anos depois engravidei do meu segundo filho. Foi especial para a família porque nesse intervalo havia perdido uma gestação; então, sabia que seria um presente, porque novamente estávamos vivendo aquela emoção e medo de, junto a minha gravidez, meu pai estar novamente doente. Não havia mais alcoolismo, mas sua saúde já estava muito frágil. Gian Luca nasceu e após nove meses meu pai partiu.

É incrível como às vezes temos que lidar com sentimentos tão opostos ao mesmo tempo. A alegria e a tristeza andam juntas, e cabe a nós entendermos o propósito da vida. Ali eu conhecia uma nova Andreia, mãe, esposa, filha, com uma força que não sabia explicar, parecia que nada mais me amedrontava.

Vivenciei mais alguns anos e meu ciclo na editora finalizou. Agora, com dois filhos e a idade avançando, novas inseguranças apareciam, apesar de me sentir mais preparada, o sabor de me sentir preterida era algo novo e estranho.

Mas a vida continua

Enfim, hora de olhar novos horizontes. Após a editora passei por novas oportunidades e comecei a enxergar que não era só sobre resultado, performance; outras coisas tinham um peso e não era só para mim; sim, o tal do ser político era importante. Comecei a avaliar os sentimentos que me fizeram abrir mão da carreira em agência e que de certa forma contaram na avaliação na nova diretoria da editoria.

Então, fui cuidar da parte mais difícil da Andréia: saber se relacionar, se abrir, sem desconfianças, sem armaduras, sem medo de se planejar.

Após uns três meses, tive a oportunidade de ir para a Disney Company, Rádio Disney. O desejo de mergulhar no digital trazia uma certa inquietação, o que eu não imaginaria é que mergulhar 100% no digital me abriria novas portas e conhecimentos.

Há cinco anos fui convidada para ocupar a posição estratégica no UOL (Universo On-Line), e sou *head* do segmento de CPG (*Consumer Packaged*

Goods). Estar no UOL é desafiador; é uma indústria que me puxa diariamente, acordo todos os dias com o desejo de contribuir e aprender algo.

Neste ano pude vivenciar a viagem para Austin, no SXSW e nem eu mesma imaginei que pudesse visualizar tantas oportunidades. Foram dias incríveis, uma experiência única que recomendo a todos, uma mistura de conhecimentos junto de muita gratidão. Lembram daquela menina da ZN que queria voar? Esse era o sentimento.

Lembro-me de que quando recebi a proposta do UOL falei para meus diretores André Vinicius e Bebeto Pirro: "por que eu?". Naquele momento nem eu mesma acreditava que poderia estar sendo cogitada para a vaga, ir para o maior portal do Brasil liderando a categoria de CPG parecia um sonho. E eles tinham claramente todos os motivos para a escolha do meu nome.

Meu marido me dizia: "você ainda não entendeu o porquê da escolha deles por você?". Logo comecei a pensar em todas as qualidades, qualificações que me levariam para a posição. Hoje me vejo na certeza de que todos os destinos me trouxeram para este momento. Eu construí essa jornada e tem muita coisa ainda para vir.

É incrível como muitas vezes duvidamos da nossa capacidade, do nosso conhecimento, da nossa potência. Hoje sei que podemos ir muito além, que nem sempre temos respostas para tudo, mas que acreditar, preparar-se e atuar fazem a diferença. Busque seu conhecimento, assuma as suas vulnerabilidades, deseje sempre o bem e pode ter certeza que toda a sua caminhada vai te levar para lugares incríveis.

Isso tudo é sucesso. Agradeço as mulheres incríveis que estão comigo nesta jornada, a minha família, em especial ao meu marido, que me apoia e suporta esta vida maluca de executiva, mãe e esposa. E claro, aos meus pais que sempre acreditaram e apoiaram.

8

CONEXÃO + RELACIONAMENTO = ME RECONECTAR

Este capítulo, assim como toda a minha história de vida pessoal e profissional, dedico à minha avó, Helena Zarvos. Minha mentora e grande incentivadora. Eu sou uma pessoa que precisa de gente. Eu gosto do toque, da pele, do abraço, do beijo, do riso, do olhar e do aprendizado com o outro. Sou festeira, celebro qualquer conquista, das menores às maiores. Amo dançar e acredito que a música e as boas histórias mudam nosso humor, visão de mundo, ativação de sentimentos profundos e preenchimento da alma.

BETA WHATELY

Beta Whately

Contatos

LinkedIn: linkedin.com/in/roberta-whately-29543314
Instagram: @betawhately

Libriana, relações públicas formada pela Fundação Armando Álvares Penteado - FAAP; com cursos de extensão em *Branding* na ESPM, Marketing Digital na Columbia Business School e Winning Women 2020 - programa de empreendedorismo feminino global da EY. Sócia-fundadora da Agência Fizz, pioneira no marketing de influência e da Mandato BP, *hub* de transformação de marcas, negócios e gestão de carreira. Apaixonada por música, arte, esporte, viagens, comida e pessoas (não necessariamente nesta ordem). Mulher de fases que já entendeu que não há equilíbrio entre vida pessoal e profissional, principalmente para mulheres inquietas e que almejam um sonho grande. Influenciadora digital, casada, mãe do Valentim de 6 anos e do Francisco de 3, adora estudar e tem como propósito criar conexão e relacionamento entre marcas e pessoas.

Nunca estive sozinha, desde a barriga da minha mãe tive a companhia e o amor da minha irmã gêmea, Vitoria.

Nascemos na primavera de 1986. E assim que cheguei ao mundo, além da minha gêmea, já tinha a companhia e o cuidado do meu irmão mais velho, Guilherme (fruto do primeiro casamento da minha mãe, Luciana).

Nasci em uma família enorme e financeiramente privilegiada, em que as mulheres sempre foram colocadas como a chave principal para a construção da sociedade.

Minha grande referência como mulher foi a minha avó materna, Helena. De descendência grega, uma mulher à frente do tempo, matriarca que impulsionava outras mulheres a serem independentes. Divorciou-se após ter quatro filhos e enfrentou todos em busca da sua felicidade e bem de sua família. Minha mãe formou-se em psicologia e sempre fez com que todos nós buscássemos respostas internas, mesmo que para questões simples ou complexas. Fazer terapia ou análise sempre foi obrigatoriedade em nosso lar, assim como estudar. A psicoterapia e a análise são exercícios difíceis mas necessários e que nos tornam cada vez mais fortes e conscientes.

Os meus pais se separaram quando eu tinha apenas 4 anos de idade. Eu não me lembro exatamente da separação e nunca presenciei grandes brigas, mas, sim, muito desgaste e mudanças de rotas entre um casal. A minha maior dificuldade em relacionamentos é lidar com conflitos, e trabalho diariamente (e semanalmente em terapia) para tentar enxergar que esses possíveis embates não são necessariamente ruins (confesso que ainda não consegui aprender essa lição).

Após a separação, nossa família continuou a aumentar. Meu pai casou-se novamente; e no período de dois anos ganhei mais dois irmãos, o Gabriel e a Mariah. Eu tinha em torno de 10 anos. Sempre fomos muito unidos. Minha mãe sempre fez questão de manter a cordialidade e bom relacionamento entre todos. O seu primeiro marido, pai do meu irmão mais velho, meu pai, minha mãe e as respectivas esposas, sempre juntos e misturados (algo raro e, digamos, não comum nas famílias).

Na minha casa, desde que nascemos, sempre falamos sobre o poder do dinheiro, o quanto devemos respeitá-lo; e desde muito pequena gostei de ganhar meu próprio dinheiro. Nas férias escolares viajávamos em família para o interior de São Paulo, e eu adorava "trabalhar" de garçonete brincando de restaurante com todos os meus primos.

Servíamos os adultos, preparávamos as mesas e em troca ganhávamos moedas reais.

Em outros momentos, eu preparava e criava algo para vender para minha avó e suas amigas. O meu foco era conseguir guardar meu próprio dinheiro desde muito cedo (é claro que não tinha essa consciência, e sim de poder consumir o que quisesse sem ter que pedir aos meus pais).

Apesar de nascer em uma família financeiramente estruturada, eu queria construir o meu patrimônio desde muito cedo e guardava tudo o que ganhava.

Porém, aos 13 anos perdi meu pai de maneira repentina em um acidente e me coloquei como "a responsável" pelo apoio financeiro e emocional dos meus dois irmãos paternos, o Gabriel e a Mariah.

Aos 14 anos comecei a trabalhar como assistente de loja em São Paulo. Trabalhava depois da escola e aos finais de semana. Essa decisão foi apoiada pela minha família por me trazer responsabilidade e maturidade, pelo contato com outras pessoas mais maduras e com mais experiências de vida. O meu foco era ganhar dinheiro para auxiliar no estudo e na saúde dos meus irmãos e permitir que eles tivessem algumas das mesmas oportunidades que eu tinha, até então. Iniciei a minha jornada profissional de maneira consciente e com o respaldo necessário da minha mãe.

Tive uma adolescência muito desafiadora por não ter pai e nenhum suporte importante para a construção da vida de uma mulher (fez-me muita falta não ter o resguardo paterno em momentos cruciais, algo que trabalho até hoje em terapia). Adquiri responsabilidade vendo minha tia paterna, Heloisa, ajudando meus irmãos que eram quase bebês e incluindo-os em sua vida, dividindo e multiplicando o amor.

Aprendi com ela a batalhar, acordar cedo, trabalhar e lutar para ser o que quisesse, onde quisesse e como quisesse. Ela foi a figura feminina mais importante da minha adolescência.

Voltando à minha história profissional, estudei em escolas tradicionais de São Paulo. Sempre fiz muitos amigos, mas não era uma boa aluna (sempre pegava recuperação e quase repetia o ano). Por ser comunicativa, relacionava-me muito bem com todos ao meu redor. Fiz muitos e muitos amigos e era representante e líder de classe (hoje sou amiga próxima de professores que me formaram em minha juventude e tenho certeza de que eles sabem da importância de cada um deles por estar exatamente onde estou).

Durante a adolescência, sempre questionei e achei contraditório termos que decidir a nossa carreira e profissão aos 18 anos.

Acredito ser pouco tempo para definirmos algo que poderá (ou não) ser nossa referência e decisão para o resto da vida. Mesmo com essas indagações, chegava o meu momento de definir o meu futuro acadêmico e profissional.

Nesse período convivi e cresci ao lado de um grande publicitário, Nizan Guanaes, padrasto de uma das minhas melhores amigas. Tinha aproximadamente 16 anos e ele me perguntou o que eu gostaria de fazer como curso na faculdade. Eu disse que queria publicidade, pois gostava de entender o consumo e a forma como as marcas se posicionavam com o consumidor final. Imediatamente ele me perguntou se eu já havia cogitado fazer o curso de Relações Públicas. Voltei dessa viagem me questionando e passei a estudar sobre a profissão e oportunidades de carreira.

Aos 18 anos ingressei em Relações Públicas na Fundação Armando Álvares Penteado (FAAP), no período noturno, pois ainda trabalhava como vendedora em uma reconhecida loja de moda feminina (a mesma que iniciei aos 14 anos).

Durante todo este período eu conseguia juntar um pouco de dinheiro e auxiliar no estudo dos meus irmãos, que se tornaram praticamente meus filhos e, até hoje, motivo de grande orgulho (eu por eles e eles de mim!).

No primeiro ano da faculdade, na Semana da Comunicação, assisti a uma palestra da empresária Vera Simão, na época uma das maiores cerimonialistas do Brasil.

Após a palestra sobre os maiores eventos, casamentos, feiras e celebrações que sua empresa executava, consegui o seu contato e me conectei a ela. Pedi uma reunião e apresentei um estudo sobre o mercado e sobre o que poderia mudar nos próximos anos. Saí desse nosso encontro com o cargo de estagiária em sua empresa e mais um desafio: ganhar menos, porém iniciar uma vida profissional bem-sucedida.

Pedi demissão após quase cinco anos naquela loja, que me ensinou tanto sobre comércio e fidelização de pessoas por meio de uma experiência de compra diferenciada, e fui me aventurar no mundo encantado da realização de sonhos em grandes e pequenos eventos.

Fui estagiária por dois anos, até me unir à minha tia materna para treinar e trabalhar pessoas que precisavam se recolocar no mercado de alto padrão, em lojas e outras empresas.

Comecei, então, minha jornada como recursos humanos, mas na área de comunicação. Trabalhamos muitas marcas e com empresas que tinham diferentes culturas, e isso me desenvolveu profissionalmente para criar a minha própria forma de promover, instruir e liderar uma equipe.

Nesse meio-tempo resolvi empreender e, ao perceber o mercado do mundo sertanejo universitário crescendo ao redor do Brasil, associei-me a dois amigos; criamos uma pequena editora de música sertaneja com foco em angariar e divulgar novos cantores na cidade de São Paulo e arredores. Nessa empreitada, tive muitas frustrações. Senti-me traída de diferentes formas e acabei perdendo o interesse em continuar com a empresa.

Sou uma pessoa movida a tesão pelo que faço. "Graças" a essa decepção, resolvi tirar um semestre sabático para aperfeiçoar meu inglês, aprofundar-me em *branding* e fui para uma experiência única de morar sozinha nos Estados Unidos.

Nunca tive vontade de fazer intercâmbio e sempre fui muito ligada emocionalmente à minha família e, principalmente, minha mãe. Sentimos juntos que eu tinha a oportunidade de cortar esse cordão umbilical e seguir para a minha tão importante jornada da independência emocional.

Em minha estada na cidade que nunca dorme, eu também não dormia. Criava conexões a todo momento com pessoas de todos os continentes do mundo. Amava ouvir histórias de culturas completamente diferentes da minha, prestava atenção e escrevia sobre todos que eu conhecia em um caderno. Entendia quais eram os hábitos de cada um com quem eu conversava para entender o interesse de consumo.

Usava muito o Twitter na época, dividindo com quem me seguia meus perrengues e aprendizados numa cidade enorme e desconhecida, e naquele período fazia as Twittcams, que me aproximavam e "humanizavam" a relação de quem só lia 150 caracteres do meu dia e pensamentos sobre diferentes assuntos.

Voltando de Nova York, conheci meu marido e após 45 dias de namoro nos casamos. Foi intenso e impulsivo, como tudo o que faço até hoje.

A adrenalina da dúvida e o desafio sempre me fizeram agir de maneira repentina. Acredito nas minhas intuições e faço de tudo para que tudo dê certo. (Confesso que aquela frase "vai com medo mesmo, mas vai!" Foi feita para mim, risos)

O Wagner ocupou um espaço desconhecido, sendo meu pilar estrutural, de sabedoria e apoio moral e emocional. Ele me faz ser uma mulher cada vez mais madura e melhor. Acredito que ter um parceiro inteligente, pragmático (nesse ponto somos diferentes e temos alguns conflitos), amoroso, carinhoso e sábio fez toda a diferença nestes anos e faz parte crucial na minha evolução.

Além do apoio de tantas pessoas, sempre me guiei por muita fé. Em momentos de alegria e conquistas ou de desafios e tristezas, rezo, converso com Deus, com os Santos e Orixás pedindo sempre que iluminem minhas escolhas e me façam ter sabedoria para alcançar meus objetivos.

Nesse mesmo período em que voltei de NY, uni-me a duas amigas e criamos uma agência butique de *branding* focada no mercado *premium*, chamada Hi-Brand. Nossos maiores clientes eram marcas de moda que queriam se estabelecer e tornar-se conhecidas no universo digital (bem no início do lançamento do Instagram).

Foi uma ótima parceria, aprendi muito com duas mulheres que admiro e comecei a minha tão incrível jornada com o marketing de influência. Nesse período resolvi fazer um curso na ESPM, focado em *branding*. Conheci outros profissionais, conectei-me a pessoas que estavam em busca do aprendizado e aumentei ainda mais a minha rede de conexões e relacionamentos.

Depois de dois anos, eu e minhas amigas (e até então sócias) nos separamos, pois decidimos seguir caminhos similares (na comunicação). Eu não queria mais trabalhar apenas com moda, então me associei a uma grande amiga a qual admirava muito, com *background* em altos cargos em multinacionais, e criamos a Agência Fizz.

Eu tinha 25 anos e estava em minha quarta e importante empreitada. Tinha que fazer acontecer! Eu e a Priscila Palacios (minha sócia) sempre fomos muito diferentes profissionalmente, mas com objetivos similares: conquistar a independência e a maturidade, fomentando o empreendedorismo feminino. Admiramo-nos muito e principalmente temos orgulho do que estamos construindo. Complementamo-nos. Eu estou à frente da agência com clientes e influenciadores, gerindo relacionamentos, construindo relações e negócios a longo prazo e ela executa o planejamento financeiro.

Nossa agência foi pioneira no marketing de influência. Em tempos em que chamávamos influenciadores de "formadores de opinião", em que tínhamos blogs em alta e o Instagram começando, surfamos nesta onda de maneira perene. Estamos há dez anos nesse mercado, crescemos mais de dois dígitos anualmente e temos uma equipe composta 90% por mulheres. Nesses anos, atendemos e compartilhamos histórias de mais de 150 clientes de diferentes segmentos e portes. E sempre me lembro com carinho de todas as pessoas que conheci nestes dez anos de agência e que me trouxeram até aqui.

Em nosso terceiro ano de agência, um de nossos clientes nos propôs a criação de uma área de marketing *full* digital, com serviços que envolvessem o marketing digital em cada etapa da jornada do consumidor. Foi "enlouquecedor", mas conseguimos e nos tornamos uma agência focada na conexão a longínqua e relacionamento digital entre marcas e pessoas.

No quarto ano da Fizz, tive meu primeiro filho, o Valentim, que mudou a minha visão sobre o mundo e o futuro repentinamente da noite para o dia. Não tive licença-maternidade, fiquei apenas 45 dias em *home office* e levava meu pequeno para o trabalho assim que voltei do início do puerpério. Todos os meus clientes e parceiros apoiavam aquele meu momento de vida. Todas as mulheres me diziam para seguir com ambas as jornadas com dedicação e que não perdesse a oportunidade de vivenciar cada etapa da maternidade, pois esse tempo não teria volta. Todas e todos estavam certos. Foi o início da melhor e mais brilhante fase da minha vida. Passei a ser alguém melhor pelo meu filho. Passei a enxergar o dinheiro como uma consequência de tudo o que eu me dedicaria, passei a ter mais compaixão pela minha mãe e admiração pela minha avó Helena. Uni-me ainda mais com amigas que estavam na mesma fase e me tornei uma mulher ainda mais dedicada. Percebi o quão valioso é o nosso tempo. Desdobramo-nos para dar conta de tudo e percebi que não existe equilíbrio entre vida profissional e pessoal. Quando me dedico muito a uma área da minha vida, certamente sou "devedora" em outra. Costumo brincar que diariamente desço o tobogã do *Topa Tudo Por Dinheiro*, antigo programa do Silvio Santos. Cada copo cheio de líquido, sobre a bandeja, em meu colo, representa uma área da minha vida. Acordo e desço o tobogã. Ao final do dia, alguns dos copos estão vazios e outros cheios. Essa é a minha rotina.

Voltando à minha história, dois anos e meio depois, fui surpreendida por mais uma gestação, e de mais um menino, o Francisco! Finalmente me tornei a rainha da casa! Dessa vez, com uma empresa mais madura e consistente, além de o nascimento ser em um mês mais próximo das férias coletivas, consegui me dedicar com mais afinco à maternidade. Ficamos pouco mais de sessenta dias dedicados um ao outro. E de novo, ter meu marido apoiando minha decisão e mulheres admiráveis à minha volta me fez entender que precisava cuidar do que sempre foi a parte mais importante da minha vida: minha família.

Assim que voltei à rotina profissional, recebemos a terrível notícia sobre a pandemia da covid-19. Muitas incertezas, resiliência e adaptação ao novo modo de trabalho, 100% remoto. Profissionalmente, foi positivo. Os influenciadores (mídias humanizadas) se tornaram o foco de comunicação massiva de grandes campanhas de visibilidade de marcas, pois os consumidores não estavam mais "na rua", e sim nas telas. Para nossa equipe e gestão foi muito desafiador por conta da pressão e saúde emocional de alguns parceiros.

Para a minha família, apesar da angústia, medo e incertezas do momento, aproximamo-nos, conectamo-nos ainda mais e pude vivenciar momentos únicos com meus filhos e marido.

Nesse período, resolvi me desafiar (novamente). Um dos momentos mais marcantes da minha jornada profissional foi me candidatar para o programa Winning Women da EY (desenvolvimento do empreendedorismo feminino de impacto global). Depois de uma negativa (pré-pandemia), recebi a devolutiva de que havíamos sido selecionadas e que teríamos uma mentoria pelo período de um ano com as mulheres mais renomadas do mercado de comunicação, exclusivamente para nós. Para mim, que sempre fui sedenta por conhecer novas pessoas e aprender com as trocas de experiências da vida, era música para os ouvidos. Aprofundei-me em cada conselho e crítica, envolvi-me com dezenas de mulheres diferentes e que me faziam ser alguém maior e melhor como pessoa e como profissional. Dediquei-me em cada etapa e nos tornamos uma das empresas com maior crescimento financeiro do programa.

Ao longo dos dez anos de Fizz, recebemos algumas propostas para vendê-la, mas acabamos optando por manter como estamos, crescendo e ampliando a rede de conexão e relacionamento entre marcas e pessoas, com mulheres à frente do negócio e muitas outras que nos impulsionam a crescer cada vez mais.

Sempre digo que o dia que decidir vendê-la, preciso ter a sensação de que os novos sócios possuem o mesmo prazer em construir campanhas e evoluir a comunicação como nós. Não apenas pelo lucro, e sim pelo propósito.

Em 2021 voltei a estudar e me inscrevi no curso extensivo de marketing digital na Columbia. Foi dificílimo! Eu tinha certeza de que conseguiria me dedicar ao curso, mas a carga horária e as provas me deixaram completamente exausta. Lembro-me muito de uma das primeiras atividades que tive que desenvolver e tinha certeza de que havia "gabaritado". Tirei 3,0 de 10,0! Frustrei-me demais e não conseguia entender o porquê de ter tirado uma nota tão baixa. A frustração me fez ter certeza de que não basta apenas estudar, tudo na vida exige dedicação, prática e tempo para entender e se capacitar, principalmente num mundo cada vez mais digitalizado. Nesse curso estive próxima de grandes executivos de multinacionais que lecionavam diferentes áreas da comunicação e fizeram parte de algumas das minhas solitárias madrugadas. Acabei concluindo o curso (não como eu gostaria, com extrema dedicação) e me aprofundei em dados e *insights* sobre o mundo digital. (Praticamente tudo o que aprendi já é considerado vintage, pois em dois anos a mudança na tecnologia é abissal.)

No final de 2022, querendo uma nova aventura, associei-me a um dos meus mentores de carreira e de vida, que sempre admirei e me inspirei muito, Marcos Quintela, *chairman* da WPP, e sua sócia, a publicitária Flavia Fusco. Eles criaram um *business* diferente de tudo o que eu já havia sido impactada no mercado, um *hub* que desenvolve e impulsiona negócios e marcas, além da carreira de grandes influenciadores e celebridades. Essa sociedade é união da experiência de vida, da gestão de equipe e *networking* entre grandes profissionais do mercado para fomentar grandes marcas e negócios. Tem sido uma das experiências mais encantadoras, engrandecedoras e de aprendizado diário. A Mandato BP cresce três dígitos mensalmente; com um futuro cada vez mais próspero e que apenas demonstra o poder da comunicação digital na construção e propagação de novas e já consolidadas marcas, sejam elas pessoas ou bens de consumo.

Tanto a Agência Fizz quanto a Mandato BP se baseiam nos dados das ações e das pessoas – disponibilizados digitalmente e a partir de tecnologia – para desenvolverem negócios. Uma focada em gestão e outra em comunicação de marcas.

A tecnologia sempre se fez presente em minha vida. Desde a época do Facebook, Orkut, Twitter, Instagram, Club House e agora TikTok. Amo me comunicar com as pessoas por meio das redes. Sou uma influenciadora digital nata. Crio conexões genuínas com quem acompanha meus perfis, mostro minha rotina e aproveito para ter os *insights* e ler as informações e dados que ferramentas e plataformas digitais me fornecem, para identificar oportunidades do mercado, bem como o hábito e a cultura das pessoas. Costumo dizer que temos dois ouvidos e uma boca, pois precisamos ouvir mais o outro e falar menos. (Não que eu siga essa frase à risca, mas tudo bem!)

Eu opto por olhar o avanço da tecnologia mais como uma oportunidade de crescimento e desenvolvimento dos seres humanos do que como uma ameaça.

Assim como tudo na vida, há necessidade de haver equilíbrio e consciência no uso das palavras e exposição, mas se usado de maneira positiva, o ganho para a sociedade é enorme.

Todos somos influenciadores, cada um com sua devida proporção e notoriedade, mas a oportunidade de impactarmos positivamente a vida de alguém é o que nos tornará uma pessoa de sucesso.

A minha história daria um livro cheio de festas, conquistas, tristezas e desafios. Amigos, conhecidos, desamores, mentores e pessoas que me fizeram e fazem crescer como pessoa e como mulher. Sei que tenho alcançado o almejado sucesso, a independência financeira que sempre desejei, além de resultados exponenciais (para a minha "pouca" idade, mas "grande" experiência).

Voltamos então ao início, pois acredito que tudo, assim como nossas histórias, é cíclico ou uma tríade: relacionamento e pessoas. Meu *network* é o meu maior ativo e ele está em construção há 36 anos. Sempre digo que para um bom relacionamento deve haver uma troca. O que você tem para oferecer ao outro que fará com que ele cresça e, consequentemente, puxe você junto?

No meu caso, ofereço experiência e boas histórias (garanto também algumas risadas, pois não há nada melhor do que rir e sorrir com os olhos). Não estou nem perto de onde chegarei, mas sempre me vi com pessoas melhores e maiores que eu profissionalmente e com experiências de vida diferenciadas, pois somente com elas eu chegarei no meu grande sonho. Sei que ainda tenho uma longa jornada pela frente, mas acompanhada de pessoas grandes não cabem sonhos pequenos.

E caso você queira se relacionar comigo, ofereça-me uma boa história e horas de conversa que estaremos eternamente conectados, seja na memória ou em projetos de vida a serem desenvolvidos.

O futuro? Páginas em branco e cheias de histórias, pois isso é o que levarei da minha bem vivida vida! Se minhas páginas em branco darão certo, eu não sei!

Mas como diria meu sócio, "Se não deu certo é porque não chegou ao fim".

E estou apenas começando.

9

MUDANDO CONFORME A VIDA NOS ENSINA

Segundo minha mãe contava, fui uma criança egoísta e, por isso, não tinha amigas. Quando entendi isso, mudei e me tornei outra pessoa, talvez dada demais e com medo de que não gostassem de mim. Como chegar no equilíbrio? Até hoje sigo tentando.

BIA GALLONI

Bia Galloni

Contato
LinkedIn: linkedin.com/in/beatrizgalloni

Profissional de marketing que, depois de 30 anos no mercado de alimentos, migrou para o mercado financeiro, no qual atua como diretora de marketing e ESG do Banco Safra. É membro do Conselho Deliberativo do Ibramerc/Live University e é bastante engajada no tema de diversidade e empreendedorismo feminino, sendo conselheira e mentora do programa EY Winning Women no Brasil. Bia, como prefere ser chamada, é casada, tem dois filhos e adora viajar e cozinhar. Além de mãe e profissional, ainda ajuda o marido na gestão de seu restaurante, Mezzogiorno, atividade que lhe dá uma visão do que é operar uma pequena empresa no Brasil.

Antes de falar de mim, vale contar a história da minha mãe, Apa, apelido de Maria Aparecida, nome do qual ela não gostava. Ela foi filha única e meu avô, Octacílio, deu muito trabalho, pois vivia jogando em cassinos e ora ganhava muito ora perdia tudo. Minha avó Isabel não aguentou essa e outras pressões que não vêm ao caso, e acabou se suicidando quando minha mãe tinha 18 anos. Foi um grande trauma na vida da mamãe, que nunca superou. Assim, ela acabou casando com o namorado da época, um alemão, para ter em quem se apoiar, já que ficou meio sozinha na vida. Com ele teve duas filhas, minhas irmãs queridas, a Maisa e a Stela, e se separou quando elas eram ainda pequenas. Não foi fácil enfrentar a barra de ser uma mulher desquitada na década de 1950, mas valeu a pena. Meu pai, Geraldo, casou-se com minha mãe em 1961 sendo cinco anos mais moço. Era equilibrado, inteligente e, até o fim da vida, foi apaixonadíssimo por ela (e ela por ele); ele cuidou das minhas irmãs como filhas a vida inteira. Era um homem maravilhoso.

Em 1963 eu cheguei a este mundo. Quando nasci, a Maisa tinha 13 anos e a Stela 10. Dizem que fui muito chorona, e que só dormia se estivesse balançando no carrinho. Não sei bem se pelos meus eternos choros ou pelos traumas passados, a mamãe teve uma forte depressão quando eu era pequena, e isso acarretou muitas doenças. Quem acabou fazendo papel de mãe a minha vida toda foi a Maisa, que me paparicou muito, e o papai, que se dedicava todos os finais de semana a me levar ao parquinho, Cidade da Criança e outros programas incríveis.

Com todo esse carinho, não sei por que era egoísta com meus brinquedos. As amigas iam em casa e eu não deixava que elas brincassem com minhas bonecas ou se sentassem no meu balanço. Vai entender! A única amiga que me aguentou desde o segundo ano do primário foi a Didi, que é minha grande amiga até hoje. Ela foi a primeira a me puxar, a me integrar com outras amigas, a me ajudar a ser mais sociável. Até me apresentou meu primeiro namorado.

O tempo foi passando e fui aprendendo que a gente tem que dar para receber e aos poucos fui ficando cada vez mais engajada. Entrei na PUC aos 17 anos e ali fiz grandes e eternas amizades com a Jackie e a Lucila. O ritmo era leve e minha juventude foi bem mais legal que minha infância. O tal primeiro namorado me integrou com uma turma que ia sempre a Bragança Paulista e que me acolheu; convivi com eles por muitos anos. E foi num carnaval em Bragança que o tal namorado me traiu (aliás, já vinha traindo e só eu não sabia hahaha), mas como dizia minha avó, o que os olhos não veem o coração não sente; então, foi bom enquanto durou e melhor ainda quando terminou. Porém os amigos dessa época permaneceram, e o Aldo foi um deles.

E aí, nem bem um namoro acabou, outro começou. O Aldo não me deu a chance de *sassaricar* com outras pessoas, pois logo me apaixonei. É com ele que estou casada há 36 anos e tenho dois filhos, o Alberto de 27 e a Fernanda de 25 anos, os amores da minha vida. Ele me conheceu quando eu estava fazendo estágio na Danone; entendeu que eu adorava meu trabalho e valorizou isso. Depois de três anos decidimos nos casar, e foi muito gostoso ver todos os meus amigos e colegas na igreja, prestigiando aquele momento tão importante.

Após sete anos na mesma empresa, estava na hora de mudar de ares; e surgiu uma oportunidade na Quaker, onde ganhei outra experiência muito importante, que foi o lado do P&L e da análise de preço e margens. Naquela época era o auge da inflação; subíamos o preço dos produtos todo mês e tínhamos que recalcular margens e dosar os investimentos conforme o retorno. Essa vivência me deu um conhecimento complementar que foi muito útil no resto da minha carreira e que recomendo a todos os marketeiros, pois nem tudo em marketing é campanha bonita, eventos incríveis e prêmios. Tem que ralar para dar resultado.

De lá fui para uma outra empresa, na qual não me adaptei. Fiquei quatro meses, num ambiente péssimo. Saí correndo, sem emprego a vista. Concluí que não vale a pena acordar todas as manhãs para fazer algo que vá contra meus princípios. Novamente o Aldo me apoiou a sair de lá, abrir mão do salário e ser feliz. Aí passei um ano diferente, parte dele trabalhando num projeto com meu pai e depois com minha sogra. Descobri em ambos os casos que adoro minha família, mas que prefiro trabalhar em grandes empresas e não como empreendedora.

Dez meses depois, num belo dia, um amigo da época de Quaker me chamou para trabalhar na RMB (hoje Unilever). A RMB me deu muitas oportunidades, e agarrei cada uma delas. Foram dez anos em marketing, e dois filhos. Em 1995 nasceu o Alberto. Foi a melhor coisa da minha vida; curti cada minuto daquele bebê nos cinco meses de licença. Nessa época o Aldo estava abrindo o restaurante, o Mezzogiorno. Durante a gravidez, decidimos que iria funcionar apenas de segunda a sexta-feira na hora do almoço, assim ele poderia estar mais próximo do Beto enquanto eu trabalhava. E assim é, até hoje. E isso me permitiu ter tranquilidade para seguir na minha carreira. Eu voltava para casa à noite e aí me dedicava 100% a ele, brincava, dava comida e punha-o para dormir. Poucas, mas boas horas de convivência e dedicação valem mais do que muitas horas em casa, mas sem dar atenção de verdade.

Antes de sair de licença pedi para ser transferida para a área de vendas, pois precisava aprender a realidade para ser respeitada pelos gerentes comerciais, que eram machistas e davam a entender que eu não sabia como as coisas funcionavam no PDV. Isso foi me dando nos nervos, e a única saída era eu ser tão boa ou melhor que eles. Bom, voltei da licença-maternidade e fui para a área comercial, onde me deram um avental e meu trabalho passou a ser de promotora e repositora de supermercados da periferia. Foi desafiador e exaustivo. Abastecia as gôndolas, montava pilhas, etiquetava os preços, e até lavar depósito eu lavei. Mas descobri a importância dessa rapaziada, que abria espaço para o vendedor vender. Aí virei vendedora, e passei muitas horas em salas de espera aguardando para ser atendida. E, por fim, como não me rendi e consegui entregar as metas, fui promovida a *key-account* do Carrefour. Fui a primeira gerente de vendas mulher na RMB e passei a comandar toda a equipe que atendia o Carrefour no Brasil, e a ter que negociar com a matriz. Foi um baita aprendizado de liderança a distância e de negociação. Ao todo foi uma experiência incrível; e se posso deixar uma dica para o leitor é: não desista nas dificuldades. Vire-se para aprender, para se superar e dar a volta por cima dos desafios.

Em abril de 1998 nasceu a Fernanda, e assim curti ter um casal de filhos com apenas dois anos e meio de diferença, mas tão diferentes entre si. Enquanto o Beto sempre foi mais calmo e comportado, a Fernanda era levada e respondona. Tive que ser bem mais dura com ela, pois ela sempre me desafiava. Mas ela aprendeu que no berro não ganhava a briga comigo e foi se amoldando, até se tornar uma menininha muito divertida e com muita personalidade. Aproveitávamos muito os finais de semana no clube de campo, onde eles ficavam soltos, descalços e enlameados. E sempre que eu não estava trabalhando, eu estava passeando e brincando com eles. Sempre consegui encontrar esse equilíbrio, com a ajuda do Aldo e de uma ótima babá que cuidava muito bem deles durante o dia.

Após o retorno da licença tive uma nova oportunidade, dessa vez para gerenciar uma *joint venture*; e após seis meses definitivamente concluí que essa operação não parava em pé e nunca seria rentável, então recomendei a dissolução dela, o que foi aceito. Depois de alguns meses cuidando de projetos aleatórios, como a análise mercadológica para a aquisição da Arisco, assumi um novo desafio e passei a ser responsável pelo negócio de *food service*.

Mal estava me entendendo na posição quando fomos adquiridos pela Unilever. Acabei sendo escolhida para dirigir a nova área de *food service*, integrando a RMB + Arisco + Vandenberg + Gradina, e de repente estava liderando uma equipe de duzentos funcionários, e com responsabilidade por toda a operação, com *supply chain*, finanças, RH, marketing e vendas. Foram dois anos muito desafiadores para mim, em que tive que aprender a delegar e confiar nas pessoas, e me unir com quem sabia mais do que eu. Nessa época, mais do que nunca precisei do apoio do maridão, pois descobri que ser gerente-geral de uma operação é bastante difícil e solitário. Não foi fácil. Sofri bastante e muitas vezes achava que não daria conta do recado, mas consegui e entreguei o resultado. Depois que saí, fiz *coaching* para entender o que eu queria da minha vida. Enquanto isso, entre uma sessão e outra, curtia as crianças que estavam crescendo e mantive o relacionamento com as pessoas com quem tinha trabalhado, marcando almoços ou cafés e trocando experiências.

Fui então para um novo desafio, na Tetrapak, para assumir a área de Marketing e desenvolvimento de negócios de produtos não lácteos. Cuidava de diferentes clientes, ajudando-os a criar novos produtos. Usava toda a minha experiência passada para ajudar os clientes a crescerem, e como consequência, comprarem mais embalagens. Estava adorando esse mundo B2B, mas aí surgiu um novo convite, dessa vez para ir para a Mastercard, e me animei; afinal, não é sempre que surge uma oportunidade de mudar totalmente de mercado. Fui cuidar da área de marketing que até então era praticamente toda gerenciada por Nova York. Foi um desafio maravilhoso, pois tive que aprender tudo sobre o mercado de cartões. Tiramos a Mastercard de um *awareness* de 60% para 90% e se tornou uma marca muito desejada pelas experiências *priceless* que proporcionávamos.

Estava tudo maravilhoso, fui promovida para cuidar do Cone Sul, até que em 2010 descobri que estava com um câncer muito sério e quase tive que amputar meu pé. Foi uma fase bem assustadora, mas felizmente, depois da cirurgia e de vários meses de quimioterapia e radioterapia, fiquei curada. Nessas horas foi muito importante o apoio de toda a família; de amigas que estiveram ao meu lado, dormindo comigo no hospital quando o Aldo precisava ficar com as crianças; e a liderança da Mastercard, que me deu total apoio e liberdade. Hoje me lembro com muito carinho de cada pessoa que me apoiou nessa fase tão difícil. Meus filhos, e principalmente o Aldo, ficaram muito assustados, mas graças a Deus estou aqui firme, forte e curada. Os bons médicos e o tratamento adequado foram muito importantes, mas a fé e a crença de que eu iria sobreviver foram fundamentais para a minha cura. A cabeça da gente faz milagres ou nos afunda. Depende de como a gente quer reagir às dificuldades que fatalmente vão surgindo em nossa caminhada. Depois disso, a vida ficou mais leve e os problemas do dia a dia perderam a gravidade. Passei a curtir mais a vida, viajar mais, ter mais tempo para mim e para a família. Levava meus filhos em alguns eventos e nas gravações de filmes, e acho que isso até influenciou o Beto a virar diretor de filmes.

Depois de quase 12 anos na Mastercard, não havia muito mais o que eu pudesse agregar na mesma posição, e eu não queria desafios internacionais, já que meus pais estavam velhinhos, então, o desligamento foi algo que tinha que acontecer. Pensei em me aposentar e seguir o caminho de conselho, uma vez que eu já estava certificada pelo IBGC, até que numa mentoria da Luiza Trajano ela me alertou que se quisesse seguir esse caminho eu precisava ter experiência em empresa de dono, já que o mundo das multinacionais é muito diferente da realidade das empresas brasileiras. Refleti e concordei com ela, aí comecei a olhar alternativas.

E mais uma vez, por manter o *network* ativo, tive a oportunidade de reencontrar com o Girardi, com quem tinha feito um projeto sete anos antes, e ele me chamou para um almoço. Desse papo surgiu a proposta de cuidar da área de marketing do Safra, que sempre foi bem *low profile*. Encantei-me com a cultura do banco e da família, com o relacionamento de longo prazo com os clientes e a visão de futuro e inovação equilibradas com valores e princípios sólidos e tradicionais. Fui muito bem recebida, apesar de mulher, num ambiente tradicionalmente mais masculino, com 55 anos de idade e sem histórico de mercado financeiro. Aos 58 fui promovida para diretora estatutária e assumi, além do marketing, o desafio de liderar a implementação do ESG. Tem sido muito bom voltar a estudar, aprender uma nova profissão e me desafiar dia após dia.

Nesse meio-tempo comecei a investir numa *startup* que tem como foco as mães, a B2Mamy – e ao mesmo tempo que posso agregar algo, também aprendo muito com elas, com o entusiasmo, a criatividade e a garra para mudar a vida de muitas mulheres.

Voltando ao começo da história, hoje sou o oposto de egoísta: adoro dividir e me doar para os outros. Sou mentora de várias empreendedoras e de colegas. Como líder, acabei sendo uma chefe querida, mas sei que muitas vezes tenho dificuldade em dizer não, em me impor ou brigar pelo que eu acredito. Ainda tenho muito a melhorar, mas como estou na flor da idade e ainda devo viver muitos anos, acho que vai dar para aprender!

Agora meus filhos já estão adultos, e nenhum deles ficou traumatizado por ter uma mãe que trabalhava muitas horas por dia. O Alberto é diretor de cena de filmes publicitários e a Fernanda é arquiteta. O Aldo continua com o restaurante, que felizmente sobreviveu à pandemia e já tem 27 anos servindo uma massa fresca maravilhosa. E eu continuo trabalhando muito, mas com mais leveza e com muita animação para fazer a diferença e impactar positivamente a sociedade que quero deixar para meus netos.

10

ABRINDO PORTAS

Quantos líderes LGBTQIA+ você conhece? Se eu tivesse que responder a essa pergunta no início da minha carreira, a resposta seria zero! Vinte anos atrás, eram raríssimos os executivos que assumiam a sua orientação sexual. Graças à coragem de muitos de nós, uma nova realidade começa a desenhar um caminho não só real, como libertador e inspirador. A história que vou contar aqui começa no bairro carioca do Grajaú, percorre os corredores do Colégio Pedro II, adentra pelo LinkedIn e se consolida em uma festa linda, na Praia do Espelho.

BRUNA INFURNA

Bruna Infurna

Contatos
LinkedIn: linkedin.com/in/brunainfurna
Instagram: @brusna
Twitter: @brusna

Em 25 anos de carreira, Bruna formou-se em Publicidade e fez especializações em Stanford, Singularity University e no MIT, com passagem pelas principais empresas de Telecom. Está, há quase 11 anos, no LinkedIn, trabalhando diretamente com os maiores anunciantes. Atualmente, a executiva lidera o time de clientes globais da divisão de *Marketing Solutions* na América Latina, responsável pelo relacionamento com os principais e maiores *players* globais e agências da região. Além de apaixonada por tecnologia e inovação, atua em diversas frentes ligadas à diversidade e inclusão. Dá mentoria no grupo Mulheres do Brasil e é líder regional e *sponsor* do grupo de diversidade Wisdom, focado em profissionais 40+ no LinkedIn. Também foi responsável por fundar e liderar o grupo Out@In, focado nos funcionários LGBTQIA+ do LinkedIn na América Latina.

Amor, família, trabalho, amigos, viagens e o Flamengo. Se pudesse resumir a felicidade, ela estaria aí: no que me move e motiva. No que me acolhe e desafia. No que me alegra e emociona.

Quando olho para trás, para os 45 anos da minha jornada, vejo que tudo o que um sonho precisa é de alguém que acredite nele. E sonhar no coletivo é sempre mais gratificante e recompensador.

Mas antes de falar dos sonhos realizados e daqueles que estão por vir, das causas e das paixões com as quais tenho me envolvido nos últimos anos, como as questões ligadas à diversidade, não apenas da comunidade LGBTQIA+, das batalhas que tenho travado e das vitórias conquistadas, quero voltar para 1977, quando essa história começa.

Sou carioca, nascida no bairro do Grajaú, na Zona Norte do Rio, pertinho de Vila Isabel. Filha mais velha de três irmãs – eu, Bruna; Thaisa, a do meio; e Julia, a caçula – nasci em uma família de ascendência italiana com um detalhe pitoresco: meus pais, Jorge Luís e Sandra, são primos de primeiro grau. Meu avô materno, Afonso, e o paterno, Francisco, eram irmãos.

Apesar do "auê" na família e da resistência da minha avó paterna Maria José à união dos primos, o casamento foi realizado em 1974 e, em 1977, eu cheguei. Na época, morávamos em uma casa de vila, no bairro carioca da Piedade, no Méier. Thaisa nasceu dois anos depois; e Julia, a temporã, só em 1985.

A vida era simples, tranquila, feliz. Estudava na escola pública em que minha mãe dava aulas de Geografia, ao lado do Presídio Ary Franco, que, popularmente, é chamado de "Presídio da Água Santa". Fiz o antigo primário ali e, para o ginásio, prestei concurso e passei no tradicional Colégio Pedro II, colégio federal e o terceiro mais antigo em atividade no Brasil.

Naqueles corredores e salas de aula, que também receberam meus pais no período escolar, nos tempos dos Anos Dourados e Rebeldes, aprendi a conviver com pessoas diferentes, de todos os tipos e classes sociais. Daquela diversidade de gente, carrego até hoje algumas amizades e a dedicação das últimas décadas às pautas de inclusão e respeito.

Carrego o apreço pelas diferenças e pelo diverso, não só em gênero, mas em raças, formações, classes, gerações, sotaques, gostos, sexualidades, estilos, preferências e experiências. Comecei a aprender que o diferente (pasmem!) pode ser igual, que existe mudança sem dor e que devemos ter resiliência e coragem, sempre.

Aquela resiliência, por exemplo, de uma amiga do colégio, filha de policial militar e dona de casa, que conseguiu se formar em Medicina na Universidade Federal do Rio de Janeiro (UFRJ) e ser hoje uma das maiores cardiologistas do Rio de Janeiro, vinda da escola pública. Ou a coragem de aceitar a vulnerabilidade e de entender que não existe graça em comemorar sozinho. E que quando um vence, todos ganham e que sucesso é resultado do suor e empenho de cada um de nós. Juntos.

Se no colégio eu aprendia sobre diversidade, em casa eu tinha ainda mais inspiração vindo da minha mãe, professora, e do meu pai, funcionário concursado da Petrobras, que apesar de todos os desafios, relacionados ao dinheiro e à época, sempre me ensinaram o valor do trabalho, da independência financeira e da verdade.

A descoberta da minha orientação sexual também começou nos corredores do Pedro II, de maneira natural e com várias fases. Desde "gostar da amiguinha" quando criança, passando por admirar os "meninos" na adolescência, até chegar à minha primeira experiência com uma mulher, aos 18 anos, sem contar para ninguém.

Lembro-me perfeitamente da sensação da possibilidade de ser pega de calças curtas e do medo de ser descoberta. Daquele sentimento que me tirava o sono e me corroía por dentro. E da minha mãe, que sempre odiou mentiras e que me mostrava, a cada conversa, a importância de sermos verdadeiros. Por mais que eu tentasse esconder o que fosse, parecia que tudo estava sempre estampado no meu rosto.

Comecei a namorar uma amiga aos 23 anos e, mesmo com a certeza de que teria acolhimento em casa, passei cinco anos omitindo aquela relação da minha família. Talvez um bloqueio inconsciente por conta de uma história que envolveu meu tio Miguel, irmão do meu pai, que faleceu aos 33 anos, em 1988, vítima da Aids, doença muito estigmatizada nos anos 1980.

Ele tinha uma vida velada, escondida, mentia sobre seus relacionamentos, e meus avós só descobriram que era homossexual após sua morte, por meio de recortes e cartas. Não sei se por mágoa, vergonha ou só coincidência, meu avô paterno, muito machista, morreu de infarto fulminante três meses depois da morte do filho.

Toda essa experiência vivida pelos meus pais em relação ao meu tio Miguel fez que nada parecido acontecesse comigo. Quando terminei aquele primeiro namoro, aos 28 anos, tomei coragem e contei tudo para minha mãe, pai, irmãs, alguns dos melhores amigos de infância que ainda não sabiam e dois colegas da empresa em que eu trabalhava na época.

Fui acolhida por todos e parecia que um muro havia saído das minhas costas e uma porta havia sido escancarada, soprando ar fresco e luz para dentro de mim. Ao contrário de muitos amigos e pessoas LGBTQIA+ que eu conheço, não fui rejeitada e não tenho do que reclamar. Minha família sempre esteve ao meu lado e nunca, em momento algum, passou por cima da minha individualidade ou deixou de me apoiar no que quer que fosse.

Desde então, apresentei outras namoradas que tive para todos, e elas sempre estabeleceram uma convivência tranquila com minha família e amigos. Mas ainda faltava um quesito fundamental nesta jornada e outra porta a ser aberta, maior e ainda mais emperrada: o trabalho.

Novas fronteiras no mundo corporativo

Se por um lado, na família, tudo corria tranquilamente, por outro não me sentia à vontade para me abrir no ambiente profissional. As "brincadeiras" e frases desrespeitosas sobre os *gays* batiam cartão nas convenções de vendas ou *happy hours* daquela época, no início dos anos 2000.

Como cursei Publicidade, sempre tive e tenho amigos descolados e de cabeça aberta. Mas não demorei muito para entender que, quando se é homossexual, quase todos os dias é preciso abrir uma porta. Pode ser para a mãe da sua amiga, que não entende por que você ainda não se casou e tem filhos; pode ser para o vizinho, que chega dando cantada em você; ou aquele colega de trabalho, que acha que você combina com o primo dele. São inúmeras as situações cotidianas.

Há quase 13 anos fiz uma das escolhas mais difíceis – e ao mesmo tempo certas – da minha vida. Aceitei uma proposta de trabalho em uma agência digital e me mudei para São Paulo, focada em abrir o meu leque de possibilidades e estar mais perto das empresas que admirava. Um ano e meio depois, entrei no LinkedIn.

Confesso que, naquele momento, não sabia ao certo o que aquilo significava. Em meados de 2012, éramos apenas 17 "Linkedinhos Brasil" sentados em uma das salas apertadas da Regus Itaim. Mas conforme a empresa crescia no país, também aumentava em mim a necessidade de me assumir no ambiente corporativo. Foi o que fiz em 2014, quando já tinha entendido a cultura aberta da empresa mais transparente e *people-oriented* que vi na vida. No LinkedIn, eu sou a mesma Bruna que cada um dos membros da minha família, cada um dos meus amigos e todos os que se relacionam comigo conhecem.

Aliás, ali fiz alguns dos meus melhores amigos. Compartilhamos os mesmos valores, somos transparentes, aprendemos a respeitar as diferenças, a ouvir, a ser *open, honest and constructive* sem jamais perder o respeito pelo próximo e pela diversidade.

Aprendi que a excelência de qualquer profissional é resultado de viver 100% sua plenitude e estar em um ecossistema favorável e acolhedor, que empodera.

O que eu vivi ao longo dos últimos 11 anos no LinkedIn, após me abrir como lésbica, foi sem precedentes. Quando a gente pode ser a gente, quando o peso que carregamos durante anos nas costas desaparece, o espaço que se abre é preenchido com o que realmente importa. E em pouco tempo percebi que, além de liderar pelo exemplo e ser inspiração, também abriria portas e mais portas para que outros viessem.

Mas o mundo ainda é muito diferente fora da bolha das *Big Techs* e das empresas mais modernas. Ainda existe muito preconceito em algumas indústrias e muitas pessoas ainda lidam com o dia a dia da vida dupla, sem conseguirem se entregar 100% ao trabalho.

Para se ter uma ideia, de acordo com um estudo da ONG norte-americana *OutNow*, o Brasil é campeão mundial em homofobia no trabalho. Quase 70% dos funcionários LGBTQIA+ já ouviram comentários preconceituosos nas organizações e 33% das empresas brasileiras afirmaram que não contratariam pessoas LGBTQIA+ para posições de liderança. Dá para acreditar?

Em pleno século 21, isso ainda acontece e não é só no Brasil. Nos Estados Unidos, menos de 0,5% dos CEOs da lista das 500 maiores empresas do mundo, publicada pela *Revista Fortune*, são LGBTQIA+. Entre eles, apenas três presidentes declarados abertamente: Dame Inga Beale, que foi do Lloyd's of London até 2018; Tim Cook, da Apple; e Jim Fitterling, da Dow Chemical.

Quando li a lista, imediatamente comecei a procurar o que esses três CEOs têm dito por aí e me deparei com a seguinte frase de Tim Cook: "Ouvir que o CEO da Apple é *gay* pode trazer algum conforto a qualquer um que se sinta sozinho ou inspirar as pessoas a insistir em sua igualdade. Então, vale a pena trocar isso pela minha privacidade".

E vale. Segundo o mesmo estudo da *OutNow*, um em cada três gestores homossexuais do Brasil já não sente medo de esconder sua orientação para líderes e pares.

Assumir sua orientação no ambiente corporativo é ser referência. Os líderes precisam deixar um canal aberto com seus times, criar um espaço seguro para que as pessoas sejam elas mesmas. Ser uma líder mais humana e transparente me permitiu me aproximar mais das pessoas, e como consequência me permitiu retribuir todo tipo de admiração e ajudar a torná-las também exemplo para outros times da companhia.

Gestores precisam promover a diversidade e pessoas LGBTQIA+. Precisam ser inclusivos, buscar representatividade, não só embaixo, como em cima e ao lado. Líderes precisam ser exemplo, *no matter what!*

No dia em que a maioria das empresas entenderem que o que mantém um bom profissional feliz e produtivo não é pura e simplesmente o salário, passaremos a ter um mercado muito mais justo, inclusivo e inspirador para todos nós.

Porta escancarada no trabalho, faltava ainda abrir uma última fechadura: a do coração. E essa se abriu em Austin (EUA), em 2017, quando conheci em uma viagem de trabalho para o South by Southwest (SXSW), o maior festival de inovação do mundo, minha esposa e companheira Stéphany Fleury, a Teti. Estamos juntas desde então e nos casamos no ano passado, com tudo o que tínhamos direito: uma festa linda na Praia do Espelho (BA), vestidos de noiva, 40 madrinhas e padrinhos, nossas famílias e amigos.

Com ela, divido minha vida, os cuidados com o Gin (nosso cão), o amor pelas minhas sobrinhas Clara, Catarina e Ema, a paixão pela música, por desbravar o mundo e ir à Itália, sempre. E meu maior sonho: ser mãe, uma porta que se abre por dentro.

Referências

BRAZIL 2017 Report. LGBT2030 Study. *OutNow Global.* Disponível em: <https://www.outnowconsulting.com/>. Acesso em: 12 abr. de 2023.

WISCONSIN LGBT Chamber of Commerce. Disponível em: <https://wislgbtchamber.com/>. Acesso em: 12 abr. de 2023.

11

FORJADA NO MACHISMO

Criada num ambiente machista, sem notar, usei as lições de minha ancestrais – avós e mãe. Dedico minha participação neste livro a elas e à Patrícia; às amigas; às sobrinhas, Rebecca, Valentina, Letícia e Isadora, cujo futuro busco melhorar; a meus irmãos, Pedro e Junior. Em especial, dedico ao Rodrigo e aos meus filhos, Thiago e Rafael, que, pelo amor, ajudaram a me tornar a melhor versão de mim.

BRUNA MILET

Bruna Milet

Contato
LinkedIn: linkedin.com/in/brunamilet

A carioca Bruna Milet é formada em Comunicação Social pela PUC-RJ e tem MBA em Marketing de Serviços pela FIA-USP. Já liderou o marketing e a comunicação de empresas como Comgás, Smiles, Decolar, entre outras experiências, tendo sido a primeira brasileira a assumir uma posição de diretoria global no grupo argentino Decolar/Despegar. Atualmente, é CMO da Sympla, a maior plataforma de experiências do Brasil, e mentora do programa *Scale Ups* da Endeavor. Com forte experiência em reposicionamento de marca, canais digitais, gestão de crises e responsabilidade social corporativa, atua nas causas da valorização feminina e educação, sendo mentora da edutech SoulCode e de jovens mulheres profissionais. Apaixonada por livros e viagens, é casada, tem dois filhos e acredita no amor e sua capacidade de construir pontes.

Nasci numa família bem tradicional e tive uma criação machista. O sobrenome Milet que uso é libanês, herdado do meu bisavô materno, Naja Milet. Mas costumo dizer que minhas raízes são nordestinas e que minha genealogia parece música do Chico Buarque. Do lado materno, minha avó Simone era cearense e meu avô Clodomir, do Maranhão. Por parte de pai, o avô Eduardo nasceu no Recife e a avó Lygia é do Piauí. Minha mãe maranhense conheceu meu pai carioca após ambas as famílias se mudarem para Brasília na época da fundação da cidade. Casaram-se e voltaram para o Rio de Janeiro, onde eu e meus irmãos nascemos e fomos criados.

Foi minha mãe, Maria da Graça, que me ensinou, pelo exemplo e repetição constante, que a mulher precisa trabalhar para ser independente. E na minha memória, minhas duas avós me pareceram muito mais leves e livres depois que ficaram viúvas de seus maridos controladores, apesar de dizerem amá-los: passaram a administrar seu dinheiro, tomaram suas próprias decisões, viajaram o mundo. Minha ancestralidade me deu o recado.

Meu pai, Paulo Jorge, era o sétimo de treze irmãos – oito homens e cinco mulheres. Seu pai era muito rígido e quando se casou proibiu minha avó de trabalhar no cargo público para o qual tinha sido aprovada num concurso. Ela conta que ele não deixou sequer que ela fosse à repartição pedir desligamento para que se configurasse o abandono de emprego e ela nunca mais pudesse voltar.

Essa minha avó passou quase 10 anos grávida, e olha que ela achava que morreria de parto. Por sorte não morreu: teve 13 filhos, 29 netos e mais 29 bisnetos. Meu avô queria ter quinze filhos. Quando o filho mais velho deles se casou, ela estava grávida do mais novo, envergonhada da barriga no altar. A partir daí ela não quis mais engravidar e, sendo muito católica, pediu autorização especial ao bispo para tomar pílula (escondida do marido), e assim encerrou a procriação. Essa é apenas uma de muitas histórias de como ela não era senhora de sua vida e sexualidade. Dona Lygia é uma mulher fantástica: forte, obstinada e afetuosa, e hoje tem 105 anos. De todas as pessoas que conheço, é ela quem eu mais admiro e agradeço por tê-la por perto por tanto tempo.

Esse machismo chegou à minha geração. Minha mãe trabalhava fora, diferentemente da maioria das mães do meu círculo de convivência na minha privilegiada juventude de jovem branca, de classe média da Zona Sul do Rio de Janeiro. Eu tive acesso a uma excelente educação com escola particular, idiomas, acesso à cultura e todos os livros que eu desejasse. Mas mesmo assim, as regras em casa eram totalmente diferentes para mim e meus dois irmãos. Um deles é três anos mais velho, o Junior, e o outro, Pedro, é meu irmão gêmeo (o que só deixava a diferença mais gritante por termos a mesma idade e os mesmos amigos). Meu horário para chegar em casa era mais cedo que o deles. Eu só podia ir às festas se meu próprio pai fosse me buscar. Já meus irmãos podiam voltar como quisessem, "precisavam aprender a se virar". Quando tinha viagem da escola era ainda mais duro, pois meus irmãos iam e eu não podia. A diferença era assumida: "solto meus bodes, mas prendo minha cabrita" era o que eu ouvia. Vez ou outra eu ficava chateada, mas não percebia aquilo como um comportamento machista – achava que era ciúme de pai.

Quando meu irmão mais velho começou a trabalhar ainda adolescente na empresa de um dos meus tios, gostei de ver a independência que ele conquistou. Assim, embora tivesse uma vida confortável, aos 15 anos, logo após me formar no inglês, eu pedi a meu tio Evandro um emprego, e ele me deu. Não havia meninas trabalhando ali, só rapazes, e eu adorava não ter que pedir dinheiro para meus pais graças ao meio salário mínimo que recebia. Não descuidei dos estudos e entrei na faculdade que eu queria após ser aprovada no vestibular antes mesmo de me formar no segundo grau.

Tudo ia bem até que, quando eu tinha 19 anos, meu pai precisou fazer uma cirurgia no coração. Eu estava de férias em Brasília na casa da minha avó, mãe dele, e meus pais me encontrariam lá alguns dias depois. Mas um exame identificou obstruções graves nas artérias e meu pai teve que se internar com urgência. Operou-se em São Paulo, duas pontes de safena e uma mamária. Minha mãe, meu irmão gêmeo, que estava estudando medicina na época, e meu irmão mais velho o acompanharam. Eu, que tinha viajado antes, queria ir também, mas fiquei em Brasília com minha avó, pois os parentes diziam para cada uma de nós que não podíamos ir encontrá-los porque a outra iria querer ir também e precisávamos cuidar uma da outra. No fundo achavam que iríamos dar trabalho.

A cirurgia correu bem e após uma semana ele foi liberado pelos médicos para voar até Brasília, onde eu e minha avó o aguardávamos ansiosamente para sua temporada de recuperação. Meu pai chegou no aeroporto numa cadeira de rodas e foi recebido com festa pela família. Chorei de emoção ao encontrá-lo e me impressionou vê-lo fragilizado pela primeira vez na vida, sentado naquela cadeira. A família se reuniu num grande almoço para celebrar sua recuperação e dar-lhe muito carinho. Foi uma despedida.

No dia seguinte, ele fez uma caminhada com minha avó pelo jardim da casa, tomou banho, pediu para eu e uma de suas irmãs ajudarmos a colocar a meia de compressão na perna dele e, enquanto fazíamos isso, entre risadas e conversas com ele e minha avó no quarto, ele teve uma tremedeira, um espasmo e morreu ali, na nossa frente. Ele era tão brincalhão que inicialmente todos acharam que era mais uma de suas piadas de mau gosto. Não era. Minha avó dizia rindo para ele parar, até que notei que sua língua estava ficando roxa. Chamamos a ambulância, esmurrei a porta do banheiro avisando minha mãe que estava no banho, mas não foi possível fazer mais nada. Quando os paramédicos chegaram, ele já estava morto. E eu, dilacerada. Mesmo sendo tão rígido, eu era muito ligada a ele e até hoje sinto muito a sua falta. Só agradeço a Deus por ter podido me despedir, algo que quase não tive a chance de fazer por pensarem que eu era uma menina muito frágil. Eu novamente nem percebi, mas ali naquele quarto deixei para trás a Bruna que todos achavam que devia ser protegida por ser menina e emotiva. E após um período de pausa e luto, segui com minha vida muito mais forte, e agora de igual para igual com meus irmãos, apoiando emocionalmente minha mãe, que nunca se recuperou dessa perda.

Meses se passaram e voltei a trabalhar, conquistando uma vaga como a primeira estagiária da agência FSB, onde eu cismei que queria trabalhar após ver um folheto deles. Um professor da faculdade me apresentou, consegui uma entrevista e insisti tanto que acabaram me contratando mesmo sem ter um programa de estágio. Foi lá que tive minha primeira chefe mulher, a potente Sonia Rezende, que muito me ensinou (até agora foram apenas duas chefes em mais de 25 anos de carreira, ambas incríveis).

Tirando a Sonia, todos os cargos mais altos da agência eram ocupados por homens. Eu me inspirava nela e nas minhas colegas assessoras e me comportava como uma delas, não como estagiária. Sempre fiz isso. Agir e entregar como se já tivesse um cargo maior me ajudou nas diversas promoções que recebi na vida. Era a época do início das privatizações no Brasil e muitas empresas estrangeiras vieram participar e precisavam de assessoria. Falar inglês e francês me abriu portas e abracei a oportunidade, mesmo que isso significasse trabalhar até mais tarde, fazer reuniões nos finais de semana e receber executivos estrangeiros no aeroporto para já iniciar as reuniões no carro. Em pouco tempo, enquanto algumas colegas me diziam que eu era boba e estava sendo explorada, conquistei minha efetivação na agência antes mesmo de me formar; e logo depois fui promovida.

Trabalhei lá até que, aos 22 anos de idade e com apenas três meses de formada, mudei-me sozinha para São Paulo para assumir minha primeira função de liderança, iniciando minha carreira de executiva como Gerente de Comunicação Interna da Comgás, distribuidora de gás canalizado para a qual eu tinha trabalhado como consultora pela agência.

A ideia de mudar de cidade no início foi assustadora, mas mergulhei no trabalho e me adaptei rápido. A Comgás era um ambiente muito masculino, uma empresa de engenheiros e com cultura de estatal. Eu ignorava o fato de ser, na maior parte das vezes, a única mulher no recinto. Instintivamente me portava como homem, ria de piadas inapropriadas e só usava calça, cabelos curtinhos e quase nenhuma maquiagem. Com o tempo conquistei a confiança das pessoas, até ser identificada como profissional de alto potencial pelo mesmo RH que questionou minha contratação quando entrei. Todos os anos no meu aniversário o time comprava um bolo para mim e o então CEO, o querido Oscar Prieto, com quem também muito aprendi, vinha cantar parabéns e se assustava com a idade revelada pelas velas : "Eu fui doido de te contratar com essa idade, ainda bem que deu certo", repetia ele rindo.

Mas o preconceito aparecia de vez em quando, e o curioso é que eu achava que era apenas pela minha pouca idade e não pelo gênero, fruto da minha total falta de conexão com outras mulheres em situação similar – eu quase só convivia com homens e não tinha pares ou líderes mulheres com as quais conversar ou para me espelhar. Nunca me envolvi com nenhum colega de trabalho, mas soube de vários boatos de que eu estava tendo caso com superiores, o que justificaria minha contratação tão jovem e as promoções. Os boatos incluíam meu então chefe e até hoje grande amigo Cesar Fernandes, uma das pessoas que mais me puxou na vida. Ele me ensinou a importância de não deixar o coração em casa quando a gente vai trabalhar e foi um líder realmente inspirador.

Trabalhei na Comgás por 12 anos, indo de gerente júnior a *head*, com passagem por diversas áreas, como comunicação, responsabilidade social e marketing. Aprendi muito, inclusive sobre gestão de crise, e fiz uma migração planejada de carreira de Comunicação para o Marketing.

Nesse período conheci meu marido Rodrigo, meu grande amor, num improvável voo na volta do Carnaval de Salvador. Casamo-nos e tive meus dois filhos e maiores orgulhos, Thiago e Rafael. Meu marido não poderia ser mais diferente de mim, e ao mesmo tempo mais apropriado: um incrível parceiro de vida que me incentiva e que percebeu desde o início a importância da independência para mim.

A terapia, o relacionamento e a maternidade me tornaram mais leve e adoçaram meu coração, que relaxou após anos travestido de durão, desde a morte de meu pai. Entendi que não é necessário sufocar os sentimentos para ser forte ou respeitada. Passei a lidar melhor com minhas emoções, reconhecendo o meu poder de empatia como um diferencial. Reconectei-me com outras mulheres, resgatei meu feminino e revi meus próprios preconceitos e comportamentos, passando a atuar com intencionalidade. Finalmente ficou claro que eu não precisava agir como homem para sentar à mesa, e ser mulher não me desabona em nada. E a partir de então essa seria minha fortaleza. Já o trabalho com responsabilidade social que assumi nessa época me trouxe orgulho e a clareza de um propósito: impactar positivamente o mundo e o ambiente de trabalho por meio de minha posição de influência. Passei a defender outras mulheres, identificar e atuar em situações de assédio (e não minimizar como fiz comigo mesma quando o sofri) e me senti revigorada.

Eu estava mais uma vez me tornando uma nova Bruna e eis que, após tantos anos trabalhando numa mesma empresa, surgiu uma excelente oportunidade para assumir o Marketing da Smiles, que havia recentemente se tornado uma empresa independente da Gol. E a indicação veio por meio de uma dessas novas conexões femininas, a talentosa Renata Battiferro, com quem eu havia trabalhado.

Foi como se as peças finalmente se encaixassem: vi-me com aquele desafio e certa do meu propósito, do porquê eu queria realmente ser parte do comitê executivo e influenciar as empresas, despida de alguns preconceitos, ciente de meus privilégios e de minhas responsabilidades e aberta a uma nova relação de parceria e afeto com outras mulheres, mais segura e com mais autoconhecimento. Agarrei a oportunidade e minha carreira deslanchou: primeiro como CMO da Smiles, depois como Marketing Brasil e Diretora Global de Mídia na Decolar e atualmente como CMO na Sympla, a maior plataforma de experiências do Brasil. Não sou mais a Bruninha, nem a jovem promessa.

Sou uma mulher de 46 anos, forte porém gentil, profissional, mãe, esposa, amiga, mentora, que acredita no amor e em sua capacidade de construir pontes. E embora saiba que ainda tenho muito a aprender e construir, orgulhosamente sinto que cheguei lá e estou em minha melhor versão. Agora é tempo de puxar outras mulheres.

12

PORTAS ABREM-SE O TEMPO TODO

VOCÊ SABE RECONHECER AS OPORTUNIDADES?

Ser autêntica, eterna aprendiz, respeitada, estar atenta aos sinais. Esses são alguns dos mantras sugeridos nesta surpreendente história da executiva da área de inovação, produtos digitais e desenvolvimento de negócios. Na eterna busca por equilíbrio, ser livre e enxergar o trabalho como forma de impactar positivamente pessoas é seu objetivo. Uma inspiradora narrativa com exemplos de resiliência, coragem, ousadia e volta por cima.

CAMILA GUARDIA SERRANO

Camila Guardia Serrano

Contatos
camilaguardiaserrano@gmail.com
LinkedIn: linkedin.com/in/camilaguardiaserrano
Instagram: camilaguardia

Executiva de inovação, produtos digitais, desenvolvimento de negócios, transformação digital e cultural. Sólida carreira nos mercados de tecnologia, *airlines*, viagens e fidelidade. Passou por empresas como IBM, EDS, LATAM, Multiplus, Livelo e, por último, foi *head* de inovação na Smiles. Atua como *head* de desenvolvimento de negócios na Telostot; conselheira de inovação, mentora, agente de transformação e polinização.

Ser uma mulher de 42 anos, com uma considerável trajetória no mercado de inovação, produtos digitais e desenvolvimento de negócios, significa conviver com pensamentos sabotadores praticamente todos os dias. Se eu dissesse que planejei estar nessa área, que me preparei para atuar em um dos cenários mais interessantes e bem remunerados de todos os tempos, seria uma ficção.

A verdade é que a vida real supera a ficção. Se você pensar em momentos de tensão, em reviravoltas, em heróis, ou melhor, heroínas, a realidade costuma ser melhor. Minha biografia é repleta de grandes mulheres. Mulheres que me puxaram para cima em momentos dramáticos e decisivos. Até hoje elas me incentivam e me inspiram. Em toda a minha história, fui puxada também pelo Vinicius, meu único irmão, que sempre se preocupou em ampliar minha visão de mundo.

Cresci em meio a duas famílias bem diferentes. Do lado da minha mãe, um perfil tradicional, de imigrantes espanhóis. Do lado do meu pai, uma família boêmia, que dava festas com música ao vivo no quintal dos meus avós, frequentado por todo o tipo de pessoas. Éramos quatro: meu pai, minha mãe e meu irmão mais velho. Morávamos em um bairro de classe média, na cidade de São José dos Campos/SP.

Quando eu tinha nove anos meu pai ficou desempregado por pelo menos cinco anos e nossa situação financeira mudou. Passei por longos momentos críticos para uma criança. Minha mãe, que sempre trabalhou como dona de casa, teve papel fundamental na gestão do lar, de modo que nada nos faltasse. Um exemplo clássico da Economia do Amor, termo criado pela economista Hazel Henderson para se referir a um tipo de trabalho que não é mensurado nos parâmetros financeiros que regem a economia. Uma função muitas vezes invisível. Foi então que de maneira leve e divertida fazíamos bombons. Eu era encarregada pelas vendas no condomínio. Na época, meu irmão também já trabalhava fora e, juntos, conseguíamos trazer algum dinheiro para casa. Essa sensação era bem legal.

Ter aprendido isso tão cedo – trabalho-esforço-recompensa – moldou a pessoa que sou hoje. Aos 14 anos, consegui uma vaga temporária no shopping como vendedora e não fazia ideia de que na época eu ganharia habilidades como encantar clientes. Lá fiquei até os meus 17 anos, quando já era sub-gerente em uma loja de roupas. Tudo o que eu queria era estudar, aprender línguas e explorar o mundo. Meu sonho era fazer intercâmbio. Durante aquele período, minha avó Didi, sabendo desse sonho, patrocinava meu curso de inglês.

Passar um ano no exterior, naquela época, era fora da realidade. Mas não importa o que você queira fazer – eu já pensava assim desde cedo – sempre tem um jeito. Até que um dia a família se reuniu e me disse que, economias aqui e acolá, parecia que seria possível. Lembro-me do orgulho que senti por ter juntado economias suficientes para minhas passagens aéreas.

E lá fui eu para Topeka, a capital do Kansas, minha primeira viagem internacional. Lá cursei o último ano do Ensino Médio. Lembro-me da sensação de conhecer uma escola de primeira linha. Para quem tinha estudado a vida toda na rede pública, foi indescritível. Um mundo encantado.

A vida nunca mais foi a mesma

Para quem sempre gostou de ter liberdade, morar em uma cidade maior foi um caminho sem volta. Assim que retornei ao Brasil, seis meses depois já estava morando em São Paulo. Não havia família nem amigos. Era uma nova história. Mas autonomia é algo que, depois que a gente experimenta, fica impossível voltar atrás.

Passei no vestibular para a faculdade de turismo e consegui um emprego em uma fábrica de *software* como assistente administrativa. Eu era curiosa, ia perguntando e estudando por conta própria. Ofereceram-me um curso de pl/sql (uma linguagem de programação) e, quando vi, já estava desenvolvendo softwares. Ao notar que estava em uma área promissora, transferi minha vaga para a graduação em Gestão de Sistemas de Informação. Foi assim, quase sem querer, que entrei na área de tecnologia. Uma área que abre portas, abre a cabeça, dá acesso ao mercado de trabalho. Eu não fazia ideia de onde estava mergulhando. Fui me aperfeiçoando, tornei-me desenvolvedora Oracle. Pratiquei habilidades que até hoje são relevantes quando falamos em tomar decisões baseadas em dados. A evolução da minha carreira passou por analista de negócios, gestora de sustentação, operações, gerente de projetos e consultora de negócios. Nesta última, destaquei-me em grandes empresas de tecnologia para os maiores programas de fidelidade do Brasil. Uma característica minha que permeia toda essa história é a inquietude. Eu tinha uma enorme curiosidade em entender a real necessidade do cliente, ter empatia. Queria – e quero – mobilizar as pessoas em prol de um objetivo em comum para fazer grandes feitos.

Já estava formada, com algumas especializações, casada com um homem alguns anos mais velho do que eu. Tivemos juntos dois filhos, Pedro e João, meus grandes amores. Passado um tempo, percebi que eu e meu marido éramos muito diferentes. Eu queria conquistar o mundo e crescer. Mas me sentia diminuída, censurada. Mesmo assim, espremia-me para caber em uma relação que não me fazia bem. Fui me distanciando de mim mesma, sentia-me feia e incapaz. Andava para lá e para cá com os meninos no banco de trás do carro, sozinha. Minha carreira seguia sem grandes avanços, como um carro andando com o freio de mão puxado.

Ninguém constrói uma família pensando que ela pode acabar. Mas quando estar em uma relação é gatilho para síndrome do pânico, crise de ansiedade e outras ameaças à sua saúde, hora de abortar a missão. É como a história das máscaras de oxigênio no avião: salve-se primeiro, para depois salvar os demais. Sucumbindo nesse processo, recebi uma proposta profissional dos sonhos, que seria um salto na minha carreira. Mas eu estava frágil e adoecida. Recusei.

Não sou capaz de falar sobre a minha vida sem falar das minhas amigas. Nessa época, foi essencial a puxada de pessoas muito importantes para mim: Marcela, Maisa e Michele, entre outras, mulheres fortes e independentes. Sou muito feliz em poder contar com uma rede de apoio. Elas são a família que construí longe da minha cidade, uma rede de afetos.

Foi com a ajuda dessas grandes parceiras que consegui reencontrar meu eixo para sair daquela relação que há muito tempo não fazia mais sentido. Hoje, digo com toda a certeza: nunca se afaste das suas amigas. Maridos, namorados e empregos às vezes vêm e vão. Amigas são para sempre. Dedicar-se a essa nutrição, a essa intimidade, é um investimento.

O ponto final do meu casamento foi em 2018. Na época, eu tinha liderado o projeto do primeiro *chatbot* de uma empresa de fidelidade no Brasil, baseado em inteligência artificial. Fui convidada a participar de uma conferência anual, realizada pelo Facebook, no Vale do Silício. Embarcando de volta ao Brasil, contagiada por aquele universo tão interessante, tive a certeza de que aquela união havia chegado ao fim.

As viagens sempre têm um tom transformador para mim. Elas abrem horizontes, colocam-me para refletir. Foi desafiador reorganizar toda a minha vida, garantindo que meus filhos estivessem bem. Mas consegui. E reencontrei a Camila que eu conhecia.

De volta ao jogo

Com as questões pessoais nos trilhos, voltei com tudo. Como se eu estivesse recuperando o tempo perdido. Liderei projetos grandes e inovadores para programas de fidelidade, de concepção de novos programas para clientes de baixa renda, gamificação baseada em inteligência artificial, *wallets* com pagamentos instantâneos a planejamento de viagens e reestruturação de times. Sempre aplicando as metodologias que mais se adequassem ao cenário econômico em plena transformação.

Dentro do cenário em que fui inserida, acabei me tornando uma pessoa apaixonada por desbravar o novo e encontrar caminhos não óbvios. Minha cabeça estava sempre voltada a oportunidades, de olho nas portas que se abriam. Daí chegou a pandemia. Mesmo na situação de caos que o mundo vivia, enxerguei uma oportunidade de impulsionar mais uma vez minhas especializações em estudo de tendências, comportamento do consumidor, futurismo, empreendedorismo, produtos digitais e estratégia.

Naquela época, eu era responsável pelo planejamento estratégico de transformação digital. Até que Camilla, uma colega que atuava como Gerente de Inovação, puxou-me para implementar o Laboratório de Inovação. Para explicar de um jeito simples, é um dos melhores lugares para se estar, onde criamos novas soluções, modelos de negócios e testamos parcerias a partir da necessidade dos clientes. Podemos experimentar, errar e, de novo, aprender, lançando novos produtos e serviços no mercado.

Camilla me ensinou o valor da autenticidade. A importância de você ser quem é, não importa onde esteja. É uma baita quebra de paradigma, quando se pensa no ambiente corporativo. Reconheci qualidades das quais eu não tinha me apropriado, como ser resiliente, agregadora, polinizadora e grande gestora. Foi tão libertador assimilar isso! Passei a confiar mais em mim mesma e pude entregar grandes projetos. O resultado dessa parte da história é que me tornei *head* de inovação. Eu consegui.

Diante da área de inovação, tive a oportunidade de compilar meus conhecimentos de uma forma simples. Digo que ajudo as pessoas a tirarem ideias do papel, a entenderem inovação de uma forma prática, a se conectarem. Gosto de contribuir com oportunidades de desenvolvimento de negócios impactantes, escaláveis, baseadas em tecnologia e que geram valor e fazem a diferença.

No mesmo ano, fui convidada a assumir a liderança do grupo de equidade de gênero na companhia, tendo a oportunidade de compartilhar um pouco da minha história e construir iniciativas para puxar pessoas a jogar luz sobre a relevância do tema.

Ainda somos poucas mulheres na carreira de tecnologia e em cargos de alta liderança. Não é o foco da narrativa aqui, mas passei por assédio e vi muitos colegas homens serem promovidos antes de mulheres que já estavam prontas. Para conseguirmos algo, temos que provar muito mais.

Ter a rotina de estudar – qualquer coisa, do jeito que for – é um dos pontos que eu considero fundamentais para você se manter crescendo. Lembrando aqui da minha história, vejo que o gosto por aprender algo novo sempre foi crucial para que eu tivesse a oportunidade de me desenvolver e tornar-me uma mulher bem-sucedida. Aprender, aprender, aprender. Faço isso me aventurando em cursos rápidos de atualização, participando das principais conferências e festivais, sendo ativa nas comunidades, estando perto de pessoas que me inspiram e me ensinam, estando conectada.

Tornei-me quem eu sempre fui

Hoje atuo como mentora de pessoas, conselheira de inovação e com iniciativas relacionadas a empreendedorismo, transformação digital, estratégia, desenvolvimento de novos negócios e produtos digitais. Estou no meu melhor momento, gestando o que será o próximo capítulo da minha vida profissional. Ao mesmo tempo que sou uma mãe dedicada e carinhosa, que se diverte com os meninos e, juntos, fazemos nossos agradecimentos e orações antes de dormir, sou a Camila que sempre fui. Livre, inquieta para aprender e motivada a costurar todos esses conhecimentos em prol de algo que de fato melhore a vida das pessoas – hoje isso é o que mais me empolga. Desatar um nó. Impactar positivamente. Deixar um legado.

Não se pode construir algo verdadeiro se você não é autêntica. Quando me perguntam se trabalhar com inovação significa fazer coisas difíceis, eu respondo que inovar é resolver um problema de uma forma simples e que a tecnologia é apenas um dos viabilizadores para tudo isso. Ela possibilita a escala. Agora o transgressor a é a habilidade de entender pessoas, de ter a sensibilidade de compreender diferentes realidades, conectar pessoas para resolver problemas complexos. Quando me lembro do ambiente em que cresci – com famílias por parte de pai e de mãe com culturas e valores completamente diferentes – percebo que conviver com visões plurais é algo que nasceu comigo.

Se eu puder dar a você um último conselho, demorei anos para entender isso, é não esperar um reconhecimento de fora para ter a certeza da sua capacidade. A validação que vem de fora provavelmente nunca vai acontecer. Não do jeito que você imagina. Se ela acontecer, vai ter um efeito que acaba rápido. E você nunca ficará satisfeita. A autoconfiança é como uma plantinha: tem que cuidar todo dia, demora para ficar firme e está sujeita a intempéries. Mas só você é responsável por ela.

Pode soar meio clichê – clichês têm sua função –, mas nunca permita que te diminuam, te desrespeitem. Nunca deixe de fazer algo porque um comentário ou avaliação negativa abalaram sua confiança. Sei que é complicado preservar isso nesse nosso mundo ultraconectado, em que todo mundo fala sem parar e estamos mais expostas do que nunca. Se, ainda assim, um dia você estiver muito perdida, querendo desistir, faça algo simples: ligue para alguém que te puxe para cima!

13

DE ORLÂNDIA PARA O MUNDO

UM SONHO QUE SE TORNA REALIDADE

Ao abordar o assunto força das mulheres, remeto-me automaticamente aos meus tempos de infância. Lembro-me daquela menina que subia em seu cavalo e saía galopando fazenda adentro. Coração batendo forte, cabelos ao vento e uma sensação de liberdade que extravasava pelos poros. Lembranças que me dão forças quando preciso de coragem para desempenhar os atuais papéis de executiva, mentora, mãe, filha e amiga. Se não fosse pelos sonhos dessa pequena Camila, eu não teria saído do ninho. E se tem uma coisa que ela me ensinou é que sair da zona de conforto é o melhor presente que podemos nos dar.

CAMILA JUNQUEIRA

Camila Junqueira

Contatos
camila.junqueira@flowef.com
LinkedIn: linkedin.com/in/cjunqueira/
Instagram: @camiladjunqueira

Graduada em Administração de Empresas. Tem formação em *Coaching* pelo ICI International. *Headhunter* desde 2003, já passou por companhias como Citibank, Bloomberg e Michael Page. Em 2005, mudou-se para o México, onde foi responsável pela estruturação de uma *startup* de recrutamento. Ela está no time de consultores da Flow desde 2014 e, atualmente, é sócia da companhia.

Flor do campo

Nasci na cidade de São Paulo e com 3 dias já estava na cidade de Orlândia, no interior do Estado, cidade fundada pelo meu tataravô em 1890 e onde morei até meus 10 anos. Fui criada praticamente na fazenda, em meio aos bichos e às plantações, de uma forma bem "tradicional", podemos dizer. Desde cedo eu tinha "lições" sobre quais brincadeiras e comportamentos eram permitidos para as meninas, enquanto o que eu gostava mesmo era de jogar bola, andar de bicicleta no barro, fazer cabana no meio do mato, entre outras coisas – ou seja, coisas de menino, como minhas próprias irmãs diziam. Já naquela época, eu não entendia o motivo de ter tantas restrições no meu dia a dia apenas pelo fato de ter nascido mulher.

De maneira orgânica, essas restrições foram me aproximando da leitura e da escrita; nelas eu não via nenhuma barreira para meus comportamentos e a minha criatividade. Então, aos sete anos, ganhei uma máquina de escrever e minha cabeça começou a mudar. Passei a querer viver as aventuras que eu escrevia nas minhas histórias. Eu queria ter a liberdade de conhecer o mundo além da cidadezinha na qual vivia. Enquanto esse dia não chegava, eu me sentia viva quando subia no meu cavalo e galopava pelos campos. Cabelos ao vento, braços abertos, adrenalina e uma sensação maravilhosa de liberdade. Era meu momento de voar.

Girassol

Aos 10 anos, nos mudamos para Ribeirão Preto para ficar mais perto da escola, pois viajávamos todos os dias (60 km ida + 60 km volta) a fim de estudar, já que a infraestrutura escolar era muito precária na cidade. Com 12 anos, meus pais se separaram e vi minha mãe assumir as rédeas da criação das três filhas, com toda força e sempre com sorriso no rosto. Ela sempre teve um objetivo claro em mente: formar mulheres de bem e do bem. Eu, a terceira filha, escutava com muita atenção tudo o que ela dizia, mas uma frase em especial nunca saiu da minha cabeça: "Minha filha, estude, trilhe o seu caminho e nunca dependa de ninguém". E eu vi nessa primeira mudança de cidade uma oportunidade de trilhar um caminho diferente. Aos 17 anos, nos mudamos para São Paulo. Ingressei na faculdade e realizei o curso de Administração de Empresas.

Quando cheguei à "cidade grande", fiquei deslumbrada com tamanha diversidade. Logo me acostumei com as diferentes pessoas, lugares e atrações que, até então, eu sonhava em viver. Mas meu sonho era maior, eu queria mesmo era morar fora do país e aprender bem o inglês – iniciativa que parecia muito distante para a minha realidade na época. Em uma manhã, indo para a faculdade, li no jornal um anúncio de emprego para trabalhar nos Estados Unidos, mais especificamente no Estado da Califórnia. Não pensei duas vezes e iniciei o processo seletivo escondida da minha mãe. Fui aprovada e só contei quando estava praticamente com as malas prontas.

Meu emprego era um "*summer job*" em um parque de diversões da cidade de San Jose. Foram tempos de muitos aprendizados e "perrengues" nada chiques. Eu trabalhava 6 dias por semana, morava com uma família bem "diferente" e ainda dividia a moradia com um alemão e uma francesa, o que me fez aprender o inglês na prática e ganhar independência.

Comigo-ninguém-pode

Meses depois, de volta ao Brasil e com o inglês afiado, retomei a faculdade e consegui um estágio na então BM&F. Tempos depois, tive a minha passagem pelo Citibank, na área de *corporate banking*, e, então, migrei para a área comercial da Bloomberg. Sempre trabalhei rodeada por homens e não era incomum para mim ser a única mulher da sala. Fui criando a famosa "casca", mesmo assim os ambientes me remetiam ao meu desgosto da infância ao perceber que os homens podiam tudo, enquanto das mulheres era esperado um certo tipo de postura.

Em busca de um ambiente meritocrático, resolvi dar um salto de coragem ao embarcar no mundo de *hunting*, em 2003, quando ingressei em uma multinacional de recrutamento e seleção. Esforcei-me ao máximo para "pegar o jeito" da profissão. Fiz longas jornadas de trabalho que beiravam as 14 horas diárias e sempre busquei aprender com os profissionais mais experientes do que eu. Se aparecia um desafio, eu estava lá junto com a equipe.

O resultado veio 12 meses depois, quando recebi vários prêmios por *performance*. Foram bonificações, viagens internacionais e diversas experiências que faziam me sentir motivada. Era a tal meritocracia que eu tanto almejava, visto que os frutos estavam sendo colhidos pelo meu trabalho, independentemente do gênero, credo ou alianças organizacionais. Essa realização me fez acelerar ainda mais o ritmo nos dois anos seguintes, o que chamou a atenção da empresa.

Fui convidada pela multinacional a me mudar para o México e realizar a estruturação de uma filial, o que foi maravilhoso, pois meu marido na época tinha sido transferido e já estava trabalhando lá. Aceitei o convite e me mudei. À primeira vista, eu estranhei os costumes locais. Por mais de uma vez, eu fui ignorada por clientes pelo simples fato de ser mulher. Muitos queriam apenas falar sobre negócios com homens, o que mais uma vez me trouxe uma sede de fazer diferente. Esse cenário me fez criar um time extremamente capacitado para a operação mexicana e majoritariamente feminino. Tenho muito orgulho em dizer que duas de minhas estagiárias da época trilharam carreiras de sucesso e hoje são respeitadas diretoras de empresas multinacionais.

Gerânio

Em 2008, eu e meu marido decidimos voltar ao Brasil e nos mudamos para o Rio de Janeiro. Tive que passar por uma grande adaptação na minha rotina porque, pela primeira vez em muito anos, eu desacelerei. Tive minha primeira filha e tomei a decisão de me dedicar 100% à maternidade; eu precisava de um tempo para cuidar dela e de mim.

Um ano depois, retornei a São Paulo e pude estar ao lado da minha rede familiar de apoio, o que me ajudou muito a voltar ao trabalho. Na ocasião, fui convidada pelo presidente da consultoria de recrutamento e seleção a retornar à empresa, três propostas me foram oferecidas: duas na linha de frente do negócio e uma terceira para estruturar a área de Desenvolvimento Organizacional no Brasil e nos escritórios América Latina. Escolhi a terceira opção, motivada pelo desafio. Nesse meio-tempo, tive minha segunda filha, e a adaptação já foi muito mais fácil do que na primeira gravidez. Cresci na carreira e meu reporte passou a ser para o time de Londres. Enfim, eu estava confortável.

Lírio

Em um dia qualquer de 2013, eu estava andando na rua quando encontrei um ex-colega de trabalho, Bernardo Cavour. O breve encontro virou uma reunião de negócios e fui convidada por ele a integrar o time da Flow Executive Finders, no cargo de diretora. Na ocasião, eu estava com 35 anos e sentia falta da adrenalina de construir algo novo, daquele frio na barriga de encarar um desafio. Aceitei. Vi nascer a consultoria de recrutamento e seleção de executivos, que foi construída com base em propósito, estratégia e com o lema "maior não é melhor".

Uma vez que estava imersa nos processos de *hunting* de empresas brasileiras de diversos tamanhos e setores, abracei a causa de colocar executivas em cargos de liderança, de acordo com seu perfil, bagagem e qualificações. Entendi que meu propósito era o de abrir caminhos para que elas cheguem ao topo. Em resumo, se minhas filhas puderem ter um caminho menos turbulento neste universo corporativo, quero contribuir para que isso aconteça. Pouco tempo depois, tornei-me a primeira sócia mulher da consultoria.

Coincidência ou não, depois que abracei a minha causa, diversos grupos de liderança feminina começaram a cruzar meus caminhos. Em 2022, em busca de melhorar a minha qualidade de vida, ingressei no grupo de ciclismo feminino Lulufive, que pertence a mulheres de várias idades, corpos e profissões. Atualmente, subir em uma bicicleta com as minhas colegas me dá a mesma sensação de quando a pequena Camila subia em seu cavalo.

Cabelos ao vento, braços abertos, adrenalina e uma sensação maravilhosa de liberdade. Todas as semanas, ainda tenho meus momentos de voar e me conectar com todas essas Camilas que fazem parte da minha jornada. Hoje, eu digo com segurança que eu uso uma botina ou um salto alto com a mesma delicadeza.

Agradecimentos finais

Dedico esta retrospectiva à minha mãe, Maria Amélia, que sempre foi e será a minha inspiração. Em sua simplicidade, ensinou-me a ser uma mulher de coragem e determinação. Dedico também este capítulo às minhas filhas, Carolina e Suzana, que são a minha razão para lutar por uma sociedade mais inclusiva e igualitária.

14

O UNIVERSO SEMPRE NOS CHAMA AO NOSSO PROPÓSITO. DE UMA FORMA OU DE OUTRA, SEMPRE ESBARRAMOS NELE

Uma vida corrida. Planos, metas e reconhecimento. Pouco tempo para cuidar de si. Até que a conta chega e seu propósito grita em sua frente.

CARLA RIGHI

Carla Righi

Contatos
carlarighi.com
health.coach@carlarighi.com
Instagram: @carlarighicoach
Facebook:@carlarighicoach
Youtube: bit.ly/CarlaRighiHealthCoach
Whatsapp: +1 408 656 2708

Advogada com especialização em Administração de Empresas. Com experiência em grandes bancos e no mercado de aviação executiva, Carla Righi não teve medo de se reinventar após a maturidade e de buscar sua grande paixão desde a adolescência, a nutrição integrativa. Formada pelo The Institute for Integrative Nutrition de Nova York com especializações em *Hormone Health, Gut Health* e *Emotional Eating Psycology*, é *coach* de Nutrição Funcional Integrativa e, por meio de seus programas de acompanhamento individuais e em grupo, já ajudou centenas de mulheres espalhadas pelo mundo a atravessar as mudanças hormonais, gastrointestinais e físicas que se iniciam após os 35 anos e que se estendem até depois da menopausa.

Meu nome é Carla Righi, sou brasileira morando no Vale do Silício, Califórnia, casada com o Edu, mãe do Lucas e do Gabriel, advogada com Especialização em Administração de Empresas por formação, mas, após dois grandes chamados do Universo, decidi largar uma carreira extremamente promissora no mundo corporativo e seguir minha grande paixão, a Nutrição Integrativa. Mas para contar um pouquinho sobre mim, sinto que preciso falar de um dos pontos mais relevantes na minha personalidade: a minha ansiedade e a minha tendência perfeccionista.

Desde pequena, eu sempre senti uma necessidade muito grande de cuidar de tudo e de todos, tentando minimizar ao máximo qualquer possibilidade de erro.

Minha forte cobrança sempre foi interna e não externa. Eu nunca me senti diretamente pressionada pelos meus pais nesse sentido. É claro que percebia o quanto eu os deixava orgulhosos a cada nota máxima, ou a cada vez que me destacava em alguma coisa. E essa sensação de bem-estar proveniente da aprovação externa ia crescendo e crescendo dentro de mim a cada nova situação de minha infância e adolescência, períodos extremamente críticos na formação de nossa personalidade.

O grande problema é que esse tipo de sensação de bem-estar proveniente de elogios externos foi me viciando sem que eu percebesse e foi me gerando uma dependência inconsciente.

O tempo foi passando, fui crescendo, amadurecendo e aprendendo do jeito mais difícil e dolorido sobre a impossibilidade de controlar situações de nossa vida, por mais esforço e energia que possamos colocar para minimizar nossas possibilidades de erro. Afinal, para quem tem uma tendência perfeccionista, lidar com erros e fracassos não é algo simples; a autocrítica é tão afiada e exagerada que machuca muito mais do que o necessário.

Bom, posso começar confessando aqui que minha vida profissional começou na base da frustração. Ou seja, mesmo tendo muita vontade de fazer uma faculdade de Nutrição, acabei seguindo o conselho do meu pai (com toda a sua boa intenção na época) e cursando uma faculdade de Direito, já que "Nutrição não dá dinheiro, filha. Você escreve e fala muito bem, faça uma Faculdade de Direito que você terá um futuro muito melhor."

Após me formar na Faculdade de Direito e passar no exame da OAB, eu até cheguei a atuar na área, mas, em pouco tempo, senti que a realidade formalista e burocrática do sistema judiciário brasileiro me deixava extremamente frustrada e que, definitivamente, eu não queria seguir aquele caminho profissional.

Na sequência, fiz uma Especialização em Administração de Empresas e segui meu caminho profissional pelo mundo corporativo, em grandes bancos e no mercado da Aviação Executiva.

Durante a minha trajetória no mundo corporativo, posso dizer que tive uma história de bastante sucesso, considerando a minha idade, o número de promoções que tive e o salário que recebia. Contudo, em termos de rotina, a história se repetia como para a grande maioria de nós mulheres no mercado corporativo: muito estresse, prazos, metas, jornadas de trabalho intermináveis, viagens nacionais e internacionais constantes, alimentação totalmente desregrada (muitas vezes eu ficava sem comer o dia inteiro sem perceber) e rotina de exercícios do tipo "se der eu faço, se não der, fica para amanhã."

E foi nessa época que eu comecei a sentir os primeiros impactos diretos que o estresse pode causar ao nosso corpo fisiologicamente.

Aos 26 anos, eu sofria crises fortíssimas de enxaqueca e dores abdominais paralisantes devido à uma síndrome do intestino irritável que os médicos só conseguiram diagnosticar e tratar depois de mais de um ano de sofrimento crônico. Naquela época, essa síndrome era pouquíssimo conhecida e os remédios extremamente ineficientes.

Aliás, há mais de 20 anos, ninguém falava em síndrome do intestino irritável e, muito menos, em *burnout*.

E foi nessa época que eu realmente tive o meu primeiro chamado. Dores de cabeça incapacitantes (que inclusive chegaram a me gerar uma paralisia temporária na fala) e cólicas abdominais que me faziam deitar no chão do banheiro do escritório todos os dias eram literalmente o meu corpo gritando comigo: "Carla, pode parar por aí que eu já estou chegando no meu limite e você vai sofrer consequências cada vez piores..." Mas enfim, movida por todo o meu *mindset* perfeccionista de quem precisava se provar para o mundo, eu fiz ajustes na minha alimentação na base da tentativa e erro e sem nenhum suporte, uma vez que não existiam estudos nutricionais direcionados à minha síndrome naquela época e fui seguindo minha vida corrida. Afinal, como a maioria das mulheres executivas, eu não tinha "tempo para investigar mais a fundo" essa conexão entre nossa mente (estresse e perfeccionismo) e os efeitos sobre o nosso corpo. Porém, com o nascimento do meu primeiro filho, veio o meu segundo chamado...

Por volta dos seus seis meses, ele começou a apresentar problemas de saúde, sem nenhuma causa específica ou diagnóstico. Era como se seu sistema imunológico não respondesse corretamente aos estímulos de patógenos, e qualquer pequeno gatilho inicial que pudesse ser uma doença comum de criança evoluísse de maneira extremamente brusca em questão de um ou dois dias.

Paralelamente a isso, ele apresentava reações respiratórias fortíssimas toda vez que ingeria algum alimento com a proteína do leite de vaca. É como se tivesse microssangramentos no pulmão, toda vez que ingerisse leite ou derivados.

Eu realmente perdi a conta de quantas vezes tive que correr com meu filho para o hospital para internações de emergência, em que um aparente simples resfriado três dias depois se tornava uma pneumonia seríssima que estava comprometendo parte de seu pulmão. Ou quando, após uma diarreia comum de criança, ele foi internado às pressas e, depois de três dias, descobrimos que uma bactéria havia se instalado em um de seus rins e danificado 30% de seu funcionamento de maneira permanente.

O fato é que TODOS os exames imunológicos conhecidos na época, tanto no Brasil quanto no exterior, davam resultados negativos e nenhum dos médicos (muitos deles renomados, inclusive) conseguiam chegar a alguma conclusão sobre o problema do meu filho. Dessa forma, quando meu filho estava com seis meses, eu pedi demissão da minha carreira superpromissora como a única mulher gerente de vendas de jatos executivos no Brasil naquela época e passei a cuidar do meu filho de maneira integral, acompanhando-o entre suas idas e vindas para o hospital.

E foi nessa época que novamente mergulhei no mundo da nutrição, a fim de tentar buscar caminhos alternativos para ajudar meu filho que, infelizmente, chegou a tomar mais de 10 remédios diferentes em um único dia.

Com certeza absoluta, posso afirmar que os primeiros cinco anos de vida do meu filho foram os mais difíceis de toda a minha vida. Mas também, por outro lado, posso afirmar que toda aquela angústia e sofrimento me tornaram uma pessoa mais forte e mais madura. E não falo que me sinto mais "forte" apenas no sentido de estar mais pronta para enfrentar momentos difíceis, mas, sim, porque aquela situação extrema que vivi, de "quase perda" de um filho, me fez despertar para a importância de vivenciarmos e "experienciarmos" de maneira consciente cada momento presente.

A maior lição que tirei dessa fase foi a de que as pequenas dádivas de nosso dia a dia são presentes diários que recebemos de Deus e que devem ser apreciados conscientemente, pois não sabemos como será o nosso amanhã. Mas como sabem, a nossa vida vai mudando e nos trazendo novos desafios para deixar tudo mais divertido…

Quando tudo parecia estar mais tranquilo com relação à saúde do meu filho, que por volta dos seus sete anos começou a apresentar respostas imunológicas mais normais, e eu já havia retomado minha vida profissional, surgiu a oportunidade de nos mudarmos para os Estados Unidos, por meio do trabalho do meu marido.

E lá estava eu, uma perfeccionista de nascença, tentando organizar toda a mudança e adaptação dos meus filhos em outro país de uma forma que eu "ilusoriamente" achava que poderia ser "perfeita", caso eu conseguisse pensar em todos os detalhes antecipadamente.

Chegamos nos Estados Unidos em 2017, eu com 40 anos, na época. Ou seja, longe de ser uma garotinha e com algum conhecimento sobre mim mesma e sobre como o estresse poderia afetar meu corpo e minha saúde. Contudo, mesmo assim, toda a ansiedade gerada pela mudança, pela adaptação das crianças na nova cultura, pela frustração natural com a língua, pela saudade da família e dos amigos e pela falta de apoio doméstico fizeram-me entrar novamente em um outro espiral de estresse com efeitos em meu corpo, mas, dessa vez, com os agravantes da minha idade e de meus hormônios.

O fato é que, após essa nova mudança de capítulo na minha vida, novamente meu corpo começou a somatizar meu estresse e o reflexo veio dessa vez em formato de depressão e ansiedade, que se manifestaram por meio de uma relação extremamente conturbada com a comida.

E parece que tudo começou a fazer sentido. Todos os problemas de saúde que enfrentei, tanto meus quanto os do meu filho, me fizeram enxergar algo que parecia estar "gritando" em minha frente há muitos anos sem que eu conseguisse enxergar. Esse era o momento em que eu deveria começar do zero e estudar aquilo que sempre foi a minha grande paixão, mas que, por pressões internas e por uma necessidade enorme de corresponder às expectativas dos outros, eu decidi não seguir… a nutrição.

E foi a partir daí que comecei a estudar na Escola de Nutrição Funcional Integrativa mais bem reconhecida nos Estados Unidos e a navegar profundamente sobre a conexão dos alimentos com nosso metabolismo, nossos hormônios, nossa imunidade, nosso intestino e nossas emoções.

Hoje, enxergo-me de uma forma bem mais profunda, tanto física quanto emocionalmente. E entendo que tudo o que passei foi extremamente necessário para que eu pudesse ajudar outras mulheres com uma empatia verdadeira de quem já viveu na pele os problemas de saúde delas e não apenas de quem domina o conhecimento técnico sobre eles.

Preciso confessar que me sinto realmente uma pessoa privilegiada. Não por meu cargo ou pelo meu status profissional, mas sim por ter o privilégio de trabalhar com algo que sou extremamente apaixonada e que me proporciona ajudar outras mulheres de maneira integral, seja por meio de sua saúde física ou de sua saúde emocional.

Mais que um trabalho, sinto que esse caminho, literalmente construído a partir dos desafios de saúde pessoais que enfrentei, se tornaram realmente a minha missão de vida.

Hoje, como *coach* de Nutrição Funcional Integrativa, já ajudei centenas de mulheres espalhadas pelo mundo todo a lidar com as mudanças físicas, hormonais, gastrointestinais e emocionais que chegam "sem pedir licença" junto com a nossa maturidade.

E, com o coração cheio de orgulho, posso falar com todas as letras que meu maior aprendizado foi que nunca é tarde para escutarmos os chamados do Universo e para buscarmos os nossos propósitos verdadeiros de vida, mesmo que, para encontrá-los, tenhamos que quebrar nossos próprios pré-conceitos e nos reinventar do zero.

15

DA VIDA PESSOAL À ASCENSÃO PROFISSIONAL

CONSTRUINDO UM LEGADO DIGITAL DE EMPODERAMENTO, IMPACTO POSITIVO E TRANSFORMAÇÃO INSPIRADORA

Neste capítulo, a autora apresenta sua trajetória pessoal, ilustrando como seu vasto legado cultural e experiências multifacetadas contribuíram para a formação de sua perspectiva global e habilidades comunicativas. Superando desafios, ela se reinventa e encontra seu propósito em auxiliar profissionais a se sobressaírem no ambiente digital. Carolina salienta a relevância do legado digital e da "liderança inspiradora" na construção de uma marca pessoal robusta e perene.

CAROLINA DOSTAL

Carolina Dostal

Contatos
linktr.ee/caroldostal
carolinadostal.com.br/
Instagram: @caroldostallinkedin
LinkedIn: linkedin.com/in/especialistalinkedin/
YouTube: @DostalCarol
TikTok: @caroldostal
Twitter: @caroledostal

Especialista em LinkedIn, ajuda executivos na construção de sua autoridade digital e influência corporativa. Além disso, é diretora de regionais da ABRH-SP e voluntária no Instituto Vasselo Goldoni. Atuou como professora da ESPM e é fundadora de uma empresa voltada para a criação, estratégia e remodelagem de perfis profissionais. Formada em Administração de Empresas e pós-graduada em Marketing de Serviços pela FAAP, possui especializações em Marketing Digital, Empreendedorismo e Técnicas de Negociação pela FGV. Como pioneira no uso do LinkedIn, ajuda a promover o conceito de *thought leadership* entre *C-Levels* brasileiros e compartilha sua experiência por meio de palestras ao redor do mundo. Carolina acredita na importância do contato com o mundo digital para alavancar a carreira e enxerga o LinkedIn e a inteligência artificial como ferramentas cruciais da atualidade. Aprecia temas voltados ao futuro do trabalho, inovação, *employer branding* e inteligência relacional.

Sempre acreditei que todos nós temos um propósito de vida. O meu é empoderar profissionais, mostrando-lhes o enorme poder que possuem e como as redes sociais são fundamentais atualmente. O Brasil é conhecido por sua diversidade e minha história pessoal é reflexo dessa riqueza cultural. Filha de um imigrante da antiga Tchecoslováquia e de uma mãe brasileira, eu sempre soube que minha trajetória seria incomum.

Eu era diferente porque tinha uma meia-irmã que não falava minha língua, um pai que era tcheco-alemão e que, volta e meia, estava falando de maneira complicada, viajando pelo mundo e me trazendo de presente coisas bem exóticas. Desde roupas que fugiam completamente ao padrão das crianças brasileiras da década de 1980 até livros e materiais escolares chamativos. Naquela época, o mercado de importação no Brasil era limitado, e era difícil ter tanta variedade.

A convivência com minha meia-irmã e meu pai tcheco-alemão também me ensinou a importância da comunicação. Lidar com as barreiras linguísticas entre nós me fez perceber o quão fundamental é saber se expressar e entender os outros, especialmente em contextos culturais distintos. Essa habilidade se mostrou valiosa ao longo da minha vida, tanto em situações pessoais quanto profissionais.

Constantemente, eu era enviada para estudar fora, sozinha, desde os 11 anos de idade. Viajava com aquela bolsinha da Varig escrita: MENOR DESACOMPANHADA. Lembro-me do aperto no coração, da insegurança e do medo que sentia. Primeiro, fui estudar na Alemanha, em uma escola que era praticamente frequentada só por europeus. Naquele momento, senti o peso de ser uma estrangeira. Eu era a única sul-americana da escola. E logo nos primeiros dias, aborreci-me com as perguntas idiotas que me fizeram: se eu morava com cobras, macacos, se eu tinha TV etc. Prefiro nem entrar em detalhes...

Com 12 anos, fui, mais uma vez sozinha, dessa vez para os Estados Unidos, para uma cidade chamada Winston Salem, na Carolina do Norte. Lá, pude praticar meu inglês e fazer amigos bem diferentes. Fiquei hospedada na casa de uma família europeia que havia acabado de perder a filha para uma doença rara. Em meio a essa dor, consegui levar muita amorosidade brasileira para eles e tenho certeza de que ajudei no processo de luto pelo qual eles passaram. Foi uma experiência linda!

Essa diversidade cultural e a exposição a diferentes idiomas e tradições desde cedo me proporcionaram uma visão mais ampla do mundo e me ajudaram a desenvolver habilidades de adaptação e comunicação.

Cresci em um ambiente cheio de desafios e aprendizados, mas também fui vítima de uma sociedade machista. Minha mãe, apesar de se considerar moderna e progressista, acabou por me ensinar conceitos equivocados sobre relacionamentos afetivos e sobre o papel das mulheres na sociedade. Isso me levou a enxergar os homens como inimigos, desprovidos de sentimentos. No entanto, a vida me surpreendeu e me tornei mãe solteira de um menino maravilhoso. Essa experiência mudou completamente minha perspectiva, mostrando-me que os homens, assim como eu, possuem sentimentos. A chegada do meu filho me deu força para descobrir quem eu realmente era e me reinventar diante das adversidades.

Aos poucos, fui me transformando e construindo minha própria história, repleta de superações e descobertas. Formei-me em Administração de Empresas e obtive uma pós-graduação em Marketing de Serviços pela FAAP, além de especializações em Marketing Digital pela CommSchool e Empreendedorismo e Técnicas de Negociação pela FGV.

Foi aí que encontrei minha verdadeira paixão: ajudar profissionais a se destacarem no mundo digital e construírem uma autoridade digital forte no futuro do trabalho. Fundei a Carolina Dostal Assessoria LinkedIn, empresa especializada em elaboração e remodelagem de perfis do LinkedIn para profissionais de diversos setores, e tornei-me diretora regional da Associação Brasileira de Recursos Humanos (ABRH).

Sempre acreditei que cada pessoa possui um poder imenso dentro de si e que as redes sociais desempenham um papel fundamental na sociedade atual. A internet revolucionou a forma como nos conectamos com pessoas ao redor do mundo e como construímos relacionamentos e negócios antes inimagináveis. Nesse contexto, o desenvolvimento de uma marca pessoal tornou-se fundamental para nossa projeção profissional e uma diferenciação em meio à concorrência. Acredito que cada um de nós tem algo único a oferecer e é por meio do compartilhamento dessas qualidades que podemos construir um legado digital que reflita nossa melhor versão. Por esse motivo, comecei a ministrar palestras e *workshops* destacando a importância da imagem para a reputação de um profissional e do LinkedIn como uma ferramenta de *networking* e de conteúdo na era digital. Com esse trabalho me aproximei de muitos líderes admiráveis e cada vez mais sigo com a crença de que o contato com o mundo digital é essencial para alavancar a carreira e que o LinkedIn é uma das ferramentas mais importantes para isso.

Eu queria muito compartilhar um fato interessante com vocês, principalmente para aqueles que têm medo de falar em público. A primeira palestra que ministrei poderia ter sido mais tranquila... mas não foi! Fiz uma palestra para 900 pessoas. Eu não tinha a menor ideia de técnicas de comunicação, tom de voz, posicionamento no palco... nada! Juro que isso me deu muito medo. Porém, logo me lembrei da voz da minha mãe dizendo que ninguém é melhor do que ninguém e que a vergonha pode vir de uma vaidade extrema. Então, aprendi que não preciso ser a melhor, preciso, sim, me preparar, mas, acima de tudo, preciso ser eu mesma. Esse é o segredo. Muitas vezes, quando queremos impactar mais pessoas, teremos que ser canais de comunicação para o mundo e a vaidade não tem espaço aí. Generosidade em compartilhar se expande de tal maneira que passa por cima da vaidade como um caminhão de três milhões de toneladas.

Um dia, em visita ao escritório do LinkedIn, aprendi com uma grande amiga o conceito de *thought leadership*, que desde então começou a fazer parte do meu trabalho. Esse conceito fez meus olhos brilharem de verdade! Eu pensei: os *C-levels* que atendo, em sua grande maioria, não querem apenas visibilidade, mas construir um futuro melhor. A partir daí, comecei a ajudá-los a se tornarem influenciadores digitais e de vida.

Um *thought leader* – ou um líder de pensamento – propaga ideias que demonstram sua experiência, sua competência e seu conhecimento em um determinado assunto, tornando-se uma referência e uma autoridade máxima naquele setor. A liderança de pensamento é um lugar privilegiado de fala e de escuta no mercado, por meio dela o líder orienta e desenvolve uma reputação positiva, tornando-se uma referência cada vez mais respeitada em sua área. Ensino para eles que o *thought leader* pode falar de assuntos já tratados, mas com a diferença de fazer isso sob o ponto de vista da sua própria percepção e repertório. De maneira legítima, respeitando suas crenças.

Acho que passei a ser um canal seguro para apoiá-los nesse processo de ser autêntico. De tomar as rédeas da própria carreira e vida profissional! Por meio do meu trabalho, percebi que é crucial apresentar nossas qualidades ao mundo. E isso com certeza não tem só a ver com ganhos financeiros. Aprendi com Edu Lyra que nem tudo é sobre dinheiro. Se você trabalha apenas por dinheiro, você é pobre de espírito. É preciso buscar propósito e significado em tudo o que fazemos.

Acredito que a construção de um legado digital é essencial. Somos responsáveis por alimentar a inteligência artificial generativa com informações o tempo todo. Isso porque vivemos em uma era em que a inteligência artificial (IA) está cada vez mais presente em nossas vidas, e é primordial que alimentemos a internet com informações que contenham nossa melhor versão. Ao fazê-lo, estamos contribuindo para que esse gigantesco banco de dados tenha insumos positivos para gerar conhecimento e sabedoria a partir do nosso pensamento de "líder inspirador". Inspirando gerações a unirem esforços para criar um mundo extraordinário, onde todos possam florescer. Nosso legado digital deve ser motivo de orgulho para as futuras gerações e contribuir para o conhecimento e a sabedoria que elas herdarão.

Quando seus netos buscarem por você na internet, o que eles vão pensar a seu respeito? Deixo aqui essa importante reflexão!

Referências

SCHOOLEY, S. What Is Thought Leadership, and Why Does lt Matter? *BND*. Disponível em: <https://www.businessnewsdaily.com/9253-thought-leadership.html>. Acesso em: 12 abr. de 2023.

THOUGHT leader. *Cambridge Dictionary*. Disponível em: <https://dictionary.cambridge.org/pt/dicionario/ingles/thought-leader>. Acesso em: 12 abr. de 2023.

16

EU GOSTO DE DESAFIOS

Depois de ler *Uma sobe e puxa a outra vol.1*, dei-me conta de que uma mulher é capaz de realizar qualquer coisa na vida. Ela só precisa encontrar o que a faz avançar, seu propósito, o que lhe dá a força para superar os desafios da vida. Eu demorei para me dar conta de que minha história podia servir de inspiração para outras mulheres. Agora compartilho sempre que tenho oportunidade.

CATHERINE PETIT

Catherine Petit

Contatos
catherine.petit@moethennessy.com
Instagram: @catherinepetit2012

De dupla nacionalidade, francesa e britânica, Catherine nasceu em Toulouse na França e se formou em Administração de Empresas na École Supérieure de Commerce de Paris, em 1996. Iniciou sua carreira em auditoria e consultoria na Arthur Andersen e trabalhou, respectivamente, em Marrocos, Inglaterra e Argentina. Em 2001, chegou ao Brasil e trabalhou como *business controller* em várias empresas francesas, até ser contratada, em 2007, pela Moët Hennessy, como diretora de *Business Support* da Região América Latina, África, Oriente Médio e Canadá. Em 2016, foi promovida a *general manager* para África do Norte, Oeste, Central e Médio Oriente, responsável por 25 países, entre os mais importantes estavam Marrocos, Costa do Marfim, Gana, Camarões, República Democrática do Congo, Líbano e Israel. Em 2020, voltou para o Brasil como *managing director* Moët Hennessy do Brasil, responsável pela distribuição do portfólio Moët Hennessy no país e *estate director* da Chandon do Brasil.

Eu gosto de desafios. Vencer desafios faz parte da minha personalidade e a vida decidiu que eu teria muitos desafios no meu caminho. Ou talvez tenha sido eu tomando decisões de vida que incluíram complicadores. O próprio contexto no qual estou escrevendo este capítulo é uma prova disso. Há três dias, num evento da empresa, falei do livro que estava lendo e adorando: *Uma sobe e puxa a outra*. Depois de 48 horas, fui convidada a entrar no grupo e contribuir com minha história nos 45' do segundo tempo! Estou resfriada, com febre e com muito trabalho neste fim de semana, mas vou fazer esse texto porque eu gosto de desafios, e isso mostra o quanto a vida é feita de coincidências e de oportunidades que devemos saber aproveitar.

Eu também posso

Eu nasci em Toulouse, no sudoeste da França, uma pequena cidade linda e ensolarada, com atividades voltadas à indústria aeronáutica e universidades. Eu tive uma infância feliz. Sou a filha mais velha de três, com um irmão e uma irmã. Cresci na classe média francesa e recebi uma educação bastante estrita, com um foco grande nos estudos. O centro de atenção do meu pai, na época, era meu irmão, o único homem da família, que imprescindivelmente deveria ser aquele que realizaria os melhores estudos e seria o destaque da família. Então, apesar de me esforçar, o que eu fazia era bom, normal, esperado. Depois do "Baccalaureat[1]", eu quis estudar na Inglaterra. Já estava com vontade de ir embora da França e descobrir outros horizontes, mas fui também recebida no curso "Classe préparatoire", que é uma espécie de vestibular francês, só que com duração de um a dois anos, dependendo do desempenho do estudante. Lá, você trabalha sem parar e presta concursos onde só são recebidos os primeiros colocados. Ou seja, um exercício pesado que requer bastante sacrifício para um jovem de 18 a 19 anos. Meus pais me convenceram de

1 Qualificação acadêmica que franceses e estudantes internacionais, ao final do segundo grau, obtêm para ingressar na educação superior.

entrar nesse curso e eu fiquei em Toulouse. No primeiro ano, não levei muito a sério a parte do "ter que estudar muito e se fechar dentro de casa"; estava namorando e querendo curtir a vida noturna de Toulouse. Quando vieram os resultados do concurso, não fui recebida em nenhuma escola. Fiquei tão chateada que no segundo ano me tranquei, trabalhei muito e entrei na ESCP, uma das três melhores *business schools* francesas em Paris. Eu me lembro de que quando saíram os resultados, meu pai pediu para minha mãe verificar se era bem eu, porque Petit é um nome muito comum na França; ou seja, meu próprio pai duvidou que eu tinha conseguido...

Estou contando este capítulo porque são acontecimentos que só agora vejo como definiram o resto de minha vida e minha vontade de superar qualquer desafio e demonstrar do que eu sou capaz. E porque depois de tanto tempo, num lugar tão pequeno e fechado, estava ansiosa por conhecer o mundo lá fora.

Depois de me formar, entrei na Arthur Andersen, na época uma das Big Five que mandavam no mundo. Comecei em Paris com algumas missões na França e no segundo ano apareceu uma missão em Casablanca, Marrocos. Era um projeto de um ano para três consultores do escritório francês que iriam se juntar ao time de Casablanca. Uma oportunidade única para mim, finalmente poderia começar a conhecer o mundo. Candidatei-me para escutar um "sinto muito, mas não aceitamos mulheres neste projeto", que me deixou furiosa. Consegui armar coragem para falar com o sócio do escritório de Paris, dizer que era discriminação e que exigia mais explicações. Ele me disse que eu estava certa, pediu-me desculpas e eu fui passar um ano maravilhoso em Marrocos. O projeto era extremamente inovador e desafiador: a concessão de água, saneamento e eletricidade de Casablanca, que pertencia ao rei, foi vendida para um grupo francês com a missão de fazer a empresa literalmente voltar a funcionar e redesenhar a integralidade dos processos. Eu tive a oportunidade de descobrir um país lindo, um povo extremamente simpático e uma cultura totalmente diferente. Conheci mais da religião muçulmana, cheguei a acompanhar o Ramadã; fui convidada para algumas festas e vi a vida difícil das mulheres marroquinas numa sociedade bem machista.

Quando voltei a Paris, não demorei para constatar que a França não era para mim; queria conhecer outros países, culturas etc. Na época, não existia o conceito de "mobilidade internacional", mas consegui graças a esse mesmo sócio que apostava em mim. Depois de dois anos em Londres, pedi de novo para me mudar, mas, desta vez, para o escritório de Buenos Aires; porque meu namorado da época jogava rúgbi num clube francês e foi convidado a passar uma temporada na Argentina. Porém a temporada se transformou em emprego fixo e optei, então, por tentar minha chance lá também.

Levanta, sacode a poeira e dá a volta por cima

Uma mulher gerente e estrangeira era uma aberração absoluta na Argentina da época, ainda mais atuando na área de auditoria-consultoria. Acho que foi minha pior experiência profissional; nunca me senti tão rejeitada. Estava claro que eu não era bem-vinda, e que na primeira oportunidade eu estaria fora. Felizmente, para mim, minha vida pessoal estava maravilhosa, então não fui muito impactada pela adversidade do trabalho, mas fiquei bastante marcada pela falta de respeito e pelas armadilhas dos homens lá. Havia consultores que recusavam projetos porque não queriam ser liderados por uma mulher.

Esse era o contexto global argentino (estávamos na véspera do *Corralito*[2]). Fizeram-me entender que precisaria em breve de um plano B; e graças a conexões fui indicada para um cargo de controle de gestão na Região América Latina da seguradora AGF, em São Paulo. Meu namorado foi transferido pela empresa dele e partimos de carro para essa enorme cidade. Não falávamos nenhuma palavra em português e todos achavam que éramos argentinos. Na AGF, cuidei da Colômbia e da Venezuela; e como não tinha filho ainda, aproveitei para viajar muito e descobrir esses dois países de modo intensivo. Foi uma experiência muito rica, de novo descobrindo novas culturas e fazendo novas amizades. Foi quando conheci a Virginie. Chegamos com 15 dias de intervalo na AGF do Brasil e, desde então, nossas vidas sempre foram interligadas.

E chegou o fatídico ano de 2003. Separei-me e poucos meses depois fui desligada da AGF, que foi comprada pelos alemães da Allianz; e eu fazia parte do plano de reestruturação. Fiquei solteira e desempregada, com um filho de 13 meses, bastante abalada e com dúvidas grandes sobre o que faria da minha vida. Na França, família e amigos estavam em pânico; parecia que eu tinha adquirido uma doença terminal. Era inimaginável se separar tão cedo, na época, e todos me falavam para voltar para casa. Eu estava numa encruzilhada: sofrendo com minha separação, mas também sentindo esse carinho e acolhimento brasileiro, que sabia que me ajudaria a levantar. Preocupada com minha carreira, estava pensando em empreender, com a própria Virginie,

2 Corralito foi o nome informal de um conjunto de medidas econômicas tomadas na Argentina no final de 2001 pelo Ministro da Economia para impedir uma corrida aos bancos e a retirada em massa de depósitos nas contas-corrente e cadernetas de poupança.

quando tudo aconteceu; porém, não podia mais tomar esse caminho com um filho para criar sozinha. Também não imaginava voltar para Toulouse, para a casa dos meus pais, desempregada e com um bebê! Finalmente, decidi tentar refazer minha vida no Brasil; e se após seis meses eu não tivesse arrumado emprego, voltaria para França. Três meses depois estava contratada como controladora de gestão na Região América Latina da Pernod Ricard, baseada no Rio de Janeiro. Mudei de cidade, voltei a viajar e descobri os charmes dessa linda cidade brasileira. Foram anos muito felizes.

Em 2007, tive que sair da Pernod Ricard; fecharam a Região América Latina no Rio e me ofereceram um cargo em Montreal, mas amava demais o Brasil para recomeçar uma vida em outro país. Sempre tinha falado que se era para ir embora seria para voltar à Europa e ficar mais perto da minha família. Mas dessa vez não houve estresse de mudança de cargo. Minha amiga Virginie era DRH na Moët Hennessy e fui contratada como diretora de Business Support na Região LatAMEC. Além de América Latina, iria descobrir a África... Foram nove anos extremamente ricos; profissionalmente cresci muito, trabalhando com projetos desafiadores e viajando muito e para longe. Pessoalmente estava feliz. Meu filho crescia e estava de volta a São Paulo com meus amigos.

Preciso dizer que não teria conseguido ter a carreira que eu tive se não fosse pela ajuda que encontrei aqui no Brasil. Podia contar com uma estrutura que permitia muitas viagens e longas horas de trabalho e, ao mesmo tempo, assegurava um entorno seguro para o desenvolvimento do meu filho; apesar de não poder contar com uma família próxima. Sempre digo que devo uma parte da minha carreira à babá do meu filho, uma mulher fantástica que cuidou muito dele e foi o meu braço direito em casa. E também ao carinho e o apoio das minhas amigas, que nunca me deixaram na mão.

Em 2016, mais uma virada: a região foi cortada em dois. A América Latina foi recolocada na Argentina e uma Região África foi criada na África do Sul. Eu fui convidada a assumir um cargo de negócios como *general manager* para África do Norte, Oeste e Central e Oriente Médio (25 países). Então, foi preciso deixar o Brasil após 15 anos. Pedi para ser baseada na França por causa do meu filho, que tinha 14 anos e nunca tinha vivido em outro país além do Brasil; e achava desafiador demais viver em um país no qual eu não teria estrutura. Deixei o Brasil com o coração partido. Expatriei-me para a França, mas foi como chegar num novo país depois de 20 anos fora. Comecei uma bela aventura de quatro anos, descobrindo novos países e culturas e um continente extremamente fascinante pela energia das pessoas e a transformação que está acontecendo lá. Foram anos de crescimento importante para mim. Aprendi a negociar com clientes, conduzir reestruturações estratégicas e me afirmar como líder num entorno bastante masculino. Adorei. Ao mesmo tempo, observei com tristeza as dificuldades que estava enfrentando meu país de coração, o Brasil: crise econômica, escândalos políticos, crescimento da extrema-direita e mais e mais divisões na sociedade.

Un monde de possibilités

Em 2020 veio o convite tão esperado: assumir a direção-geral da afiliada do Brasil, junto com a adega Chandon no Sul. Meu *dream job* e voltando para meu querido Brasil! Mas eu sabia que o prêmio vinha com uma agenda desafiadora: transformar a empresa e recolocá-la no eixo do crescimento, depois dessa longa crise. Quando fiz as entrevistas para o cargo, a presidente da Chandon me disse: "Você é altamente recomendada e não vou me opor a sua nomeação, mas saiba que faz tempo que eu desisti do Brasil." Desafios pela frente...

Faz pouco mais de três anos que estou liderando a Moët Hennessy do Brasil. São duas entidades: a empresa de distribuição do portfólio de bebidas, baseada em São Paulo; e a Chandon do Brasil, com a adega e os vinhedos no Sul do país. Foram, e continuam sendo, inúmeros desafios, começando pela pandemia. A necessidade de repensar toda a estratégia da empresa, a reestruturação de vários departamentos e a luta na França para obter mais investimentos, demostrando que o Brasil vale a pena. Mas também foi a chance de liderar um time incrível, que acredita em mim e está extremamente dedicado. Tive o prazer de atingir objetivos e implementar projetos novos e inovadores, e a alegria de poder acompanhar iniciativas que importam para nossas marcas: diversidade e inclusão, empreendedorismo feminino e apoio a causas.

Estou feliz e exausta. Sinto falta do meu filho, que ficou na França para estudar, mas toda manhã levanto sabendo que me esperam novos desafios; e que esses virão juntos com aprendizagens, encontros com pessoas inspiradoras e que vou sair mais madura e realizada.

Gostaria de dedicar este texto a Virginie Fernandez. Nossas vidas são parecidas e foram bastante interligadas, mas além de tudo ela é um perfeito exemplo de "Uma sobe e puxa a outra". Ela me apoiou em momentos difíceis e me puxou muito profissionalmente. Trata-se de uma excelente profissional, além de uma grande amiga.

17

UMA JORNADA CRIATIVA DE ERROS, APRENDIZADOS, CORAGEM E, SEMPRE, MUITA BELEZA

Para contar um pouco da minha história, tive que fazer escolhas corajosas, como muitas das que fiz ao longo de toda a minha vida. Escolhi relatar momentos decisivos, que mudaram o rumo das coisas e me desafiaram a ir atrás dos meus sonhos: e jamais abandonar os meus valores, as minhas crenças. Inspirei-me em homens e mulheres, e acho que inspirei homens e mulheres. Fui me reinventando ao sabor das janelas que se abriram diante de mim, sem pensar demais, e, principalmente, sem medo de errar. Errei muitas vezes, e os erros me ensinaram mais do que os acertos. Sinto orgulho, sobretudo da energia, que ainda tenho para tocar vários projetos ao mesmo tempo, acordando todos os dias cheia de energia para desbravar o mundo.

CHRIS AYROSA

Chris Ayrosa

Contato
Chris.ayrosa@ayrosadesign.com.br

Pioneira no design de experiências de eventos, com seu olhar único para a estética de ambientes e cenografia, a cenógrafa Chris Ayrosa tem 42 anos de profissão e é fundadora do grupo Ayrosa & Co, que se tornou referência no Brasil e no mundo. Trabalhou no Masp, ao lado do professor Pietro Maria Bardi, e sua trajetória inclui milhares de projetos de cenografia, paisagismo e decoração, como o lançamento do Ford EcoSport na floresta amazônica; o lançamento do Zafira, da Chevrolet, em Portugal, na ocasião dos 500 anos do Brasil; a realização inédita, em quatro capitais brasileiras, da tradicional parada da Disney; e o *World Tour* da Philips, uma experiência tecnológica que inaugurou a iluminação da Ponte Estaiada, em São Paulo. Sua carreira como designer de experiências teve início realizando cenografia, paisagismo e decoração de leilões de cavalo e gado, torneios hípicos e de polo. Chris teve espaços premiados no Casa Cor, criou vitrines e espaços no SPFW. Recebeu, em 2010 e 2018, o prêmio Caio como "Personalidade do Ano". Ela é professora dos MBAs em Gestão de Eventos e Cerimoniais de Luxo e Design de Experiências para Arquitetura de Restaurantes na Universidade Roberto Miranda. Hoje, é consultora criativa para grandes empresas, como Grupo Iguatemi, BMW, Grupo Naturale, Ornare, Artefato e Samsung.

Não foi fácil escolher um caminho para contar um pouco da minha história. Nunca quis escrever um livro, ou algo do tipo, pois confesso que sempre fui muito detalhista e incapaz de chegar ao momento de finalmente considerar um texto pronto, finalizado, perfeito. "Nada é suficientemente bom que não possa ser melhorado" é uma frase que sempre me acompanhou na vida, e acredito que tenha sido fundamental para construir a profissional que me tornei: uma designer de experiências, uma facilitadora de bons encontros, uma apaixonada pela beleza em todas as suas dimensões. E reconheço, em retrospectiva, que esta sensação de que as coisas sempre podem ser aprimoradas nunca me paralisou, mas me impulsionou a melhorar, melhorar e melhorar; e a ajudar a melhorar também as pessoas que vieram comigo nesta jornada. Nesta minha aventura de mais de 40 anos de profissão, devo dizer que, em primeiro lugar e acima de tudo, foram os meus erros, e não os meus acertos, que me trouxeram até aqui.

Sou historiadora, e cedo me apaixonei pela possibilidade de encontrar fios para conectar fatos e dados, e assim organizar o tempo. Minha atração pelo belo e uma infinita liberdade criativa autorizada pelo meu pai me levaram a trilhar caminhos que eu nunca planejei, mas que ganham um sentido imenso quando me dou ao trabalho de olhar mais atentamente para trás. Antes de mais nada, preciso reconhecer o imenso privilégio que tive, desde sempre. Privilégio de fazer minhas próprias escolhas, privilégio de trabalhar com o que eu gosto, privilégio de estabelecer parcerias profissionais com pessoas e empresas no segmento de luxo – que tem suas próprias demandas e peculiaridades, mas também permite voos altos. Voei alto porque a vida me deu essa possibilidade, mas também por escolha, porque nem todo mundo aproveita as chances que a vida apresenta, é preciso dizer. Muito cedo aprendi sobre a potência de colocar em prática as coisas que saíam da minha própria imaginação, sem medo de errar.

Tenho cinco irmãos – dois homens e três mulheres – e sou mãe de duas mulheres. Ganhei asas inspirada tanto por homens como por mulheres, e acredito que a primeira grande mulher da minha vida foi minha avó (mãe da minha mãe) Maria Antonieta Medeiros, que foi uma mulher completamente fora do seu tempo. Ela criou o Instituto Sanitas, no segundo andar do Conjunto Nacional, na avenida Paulista, um spa onde havia inovações como o pilates e cardápios de alimentação saudável. Ela era extremamente erudita, interessante, revolucionária, e entendia as pessoas de um jeito que me fascinava.

Mais uma mulher que me impactou e ainda me impacta é a Maria Regina – a dona Régis, minha sogra há 50 anos. Conheci-a aos 16 anos, quando comecei a namorar seu filho, Alcides Ayrosa, que se tornou meu primeiro e único companheiro de vida. E até hoje dona Régis é minha melhor amiga, do alto de seus 95 anos. Eles tinham uma casa de campo, em Cotia; e lá ela montava mesas lindas para as refeições, sempre temáticas, incrementadas. Eu achava lindo o que ela fazia, e ajudava nas arrumações. Isso apertou um botão em mim sobre a potência que a mesa e as refeições, e mesmo os ambientes, têm de aproximar e emocionar as pessoas, proporcionando experiências únicas.

Dito isso, preciso confessar que meu pai foi possivelmente a maior de todas as inspirações da minha vida. Ele era um homem muito simples na origem, mineiro, doce, que tinha uma visão de negócios privilegiada, e veio para São Paulo e começou a trabalhar com exportação, entendendo que havia mercado para produtos brasileiros no exterior. Realizou coisas grandiosas, mas ao mesmo tempo organizava as festas juninas da igreja Nossa Sra. de Fátima, perto da nossa casa, para ajudar a comunidade.

Foi meu pai quem desapegou do desejo de ver uma filha formada em medicina e me permitiu escolher ser quem eu quisesse ser. Eu que já quis ser freira, era fascinada por arqueologia, acabei entrando na USP para cursar História, aos 17 anos, em plena ditadura. Eu não queria dar aulas, queria algo lúdico e ativo, e certa vez, ao caminhar pelos corredores da USP, deparei-me com uma sala denominada "Hemeroteca", onde havia pilhas e pilhas de jornais amarrados em fardos, aparentando abandono. Intrigada, fui me informar na secretaria, e ao saber que a USP tinha recebido de um instituto de pesquisa uma coleção do jornal *O Estado de S. Paulo* desde o seu primeiro número, e que não havia quem pudesse organizar o material (microfilmá-lo e colocar a disposição para consulta), meus olhos brilharam, e me ofereci para fazê-lo.

Fui na farmácia e comprei algumas fraldas de pano, que eu umedecia e amarrava no rosto para controlar minha rinite alérgica naquele ambiente repleto de ácaros centenários. Assim fui organizando todo o material, microfilmando tudo em ordem cronológica. Foram quatro anos pondo as mãos na história, de maneira prática. Lembro-me de chorar copiosamente ao ver a capa do jornal do dia em que nasci: 31 de julho de 1955. A construção dessa memória se transformou no meu TCC.

Lembro-me de que outro trabalho de conclusão de curso, apresentado por uma colega de turma, Cláudia Marino Semeraro, chamou-me a atenção: era sobre a obra do inventor, desenhista, polígrafo e fotógrafo francês Hercules Florence. Ela era muito tímida, filha de um arquiteto, e trabalhava no Masp. Fiquei tão encantada que pedi para conhecer o trabalho dela, junto ao grande Pietro Maria Bardi, e acabei indo trabalhar com ela na biblioteca do museu: um espaço no subsolo, bem embaixo da linda escada vermelha projetada pela esposa do professor Bardi, Lina Bo Bardi. Lá, naquele espaço encantado, precisavam ser catalogadas publicações de arte que chegavam diariamente, de todos os lugares do mundo. Organizávamos manualmente esse material imenso, por temas e ordem alfabética.

Na época, eu não tinha a conexão com a arte que passei a ter mais tarde na vida. Eu trabalhava em uma mesa renascentista do século XVII diante, ora de esculturas de Degas, ora de coleções da Mesopotâmia. Certa vez eu e Cláudia recebemos um convite – eu diria mais uma intimação – do professor Bardi para almoçarmos com ele e Umberto Eco. Lembro-me do pânico se instalando ao nos darmos conta de que não lembrávamos quase nada das aulas sobre ótica e semiótica da faculdade. E lembro-me da Cláudia me tranquilizando ao dizer: "Vamos apenas escutar...". E assim foi: mesmo sem entender muito bem toda a conversa em italiano, saímos orgulhosas por termos participado de um acontecimento tão importante. Foi uma experiência que carreguei comigo durante muito tempo, e é apenas um exemplo das muitas coisas incríveis que aconteciam nas nossas vidas naqueles tempos.

Fizemos três livros, na época, com base no material da biblioteca: *Perfume e maquiagem – uma exposição*, *História da tipografia no Brasil* e *A viagem fluvial do Tietê ao Amazonas de 1825 a 1829*, de Hercules Florence. Eu e Claudia nos envolvemos profundamente com esses projetos e foi muito intenso.

Uma pesquisa muito abrangente sobre a história da imigração italiana no Brasil me levou, por exemplo, a conversas com a Condessa Mariângela Matarazzo, quando eu já estava casada e esperava a minha primeira filha, Carolina. Ela me recebeu com muito carinho na mansão da Avenida Paulista, onde conheci os vários salões repletos de arte, de pratarias, porcelanas da Companhia das Índias, e conversamos na antessala do seu quarto. Ali ela me contou suas memórias de família, especialmente do seu avô, e ainda me deu de presente uma manta, feita por ela, com a qual a minha filha saiu da maternidade.

Viver tudo isso, tão jovem, mexeu muito com a minha estrutura humana, e sobretudo me abriu o olhar para o mundo. E preciso destacar que a Cláudia, de quem fiquei muito amiga, foi uma pessoa muito importante na minha trajetória. Ao lado dela, trilhei caminhos fundamentais na minha formação.

Saí do museu para ter a minha filha, e acabei optando por me dedicar mais à maternidade, e fui mãe uma segunda vez, da Juliana. Devo dizer que durante muito tempo me emocionei ao passar pela Paulista e avistar, pelo vidro, a minha antiga mesa na biblioteca. Mas eu sabia que estava em um outro momento, e não havia como trabalhar meio período naquela função, naqueles tempos. Eu era apaixonada pelo que fazia e senti muito, mas uma outra porta imensa se abriu. Meu pai trabalhava com gado holandês e meu irmão, Luciano Cury, começava a criar cavalos árabes (depois ele veio a se tornar um dos maiores criadores do mundo). Passei a frequentar leilões e exposições em espaços que na época eram precários: sentávamo-nos em arquibancadas de circo, debaixo de lonas, onde os animais eram expostos. Eram eventos frequentados por grandes empresários, e era assim que funcionava.

Um belo dia, fomos em um evento no espaço do Parque da Água Funda (hoje Expo Imigrantes), que havia sido "arrumado", por ocasião dos 50 anos do gado holandês no Brasil. Encantei-me com aquela arrumação, que na realidade era bem simples, com revestimentos em tecido e bancos usados em casamentos, mas me lembro de ouvir da namorada do meu irmão, Adélia – filha de um grande criador de cavalos árabes –, que nos Estados Unidos as exposições e leilões de animais eram sempre assim, mais bem apresentadas. Ela sugeriu que eu passasse a fazer isso no Brasil. Naquele instante, pensei: eu quero fazer isso da minha vida!

Assim nasceu a minha carreira como cenógrafa. Naquele mesmo evento, procurei o secretário de Agricultura, que era amigo do meu pai, e pedi que me passasse os contatos de todos os presidentes de Associações de Cavalos que participariam da Expande, uma exposição de todas as raças de animais que aconteceria dali a dois meses, em São Paulo. Expliquei que gostaria de tornar o espaço da exposição mais agradável, com mesas onde se pudesse beber algo, e me lembro do seu olhar de incredulidade. Liguei, na frente dele, para o presidente da Associação do Cavalo Lusitano, apresentei-me, expliquei o projeto e só lembro de pedir: "confie em mim". E assim foi.

Comecei a colocar as pessoas sentadas em mesas com toalhas e arranjos de flor, os cavalos e bois em palcos para que as pessoas pudessem vê-los melhor. Pintava a serragem com cores que valorizavam os animais, criava os temas de acordo com as raças. Levei leilões para o Palace (hoje em Moema), o espaço de espetáculos mais sofisticado do Brasil naqueles tempos, que entre quarta e domingo recebia shows de música, e desenvolvi um *know-how* tão grande que ninguém sonhava que às segundas-feiras bois e vacas circulavam por aqueles palcos. As pessoas passaram a frequentar os leilões usando *black-tie*, consumindo o *buffet* do Gallery, ao som de orquestras e a sonorização que eu mesma coordenava: se uma égua prenha, de linhagem espanhola de cavalo árabe, entrasse no palco; o público ouviria uma música espanhola suave, veria uma iluminação toda especial, e um puxador com uma roupa caprichada. Eu tentava levar para os palcos um pouco da atmosfera da origem de cada animal, e devo dizer que eram mesmo espetáculos únicos.

Naquele ambiente muito masculino, fui ganhando a confiança das pessoas. Passei a fazer também torneios hípicos, torneios de polo (eventos realizados na Hípica Paulista), além de leilões de cavalos para grandes criadores pelo Brasil. Fiz, por exemplo, as clássicas exposições de Uberaba/MG. Mas o negócio da pecuária foi entendendo a importância do cuidado com o bem-estar, tanto das pessoas quanto dos animais durante os eventos. Nesse ritmo frenético de trabalho, e tendo contato com muitas pessoas diferentes a todo momento, eu tinha muito medo de ser confundida com uma pessoa oportunista, e queria que meu (bom) trabalho sempre aparecesse para além de qualquer outro atributo. Por isso, acostumei-me a fazer as refeições dentro dos quartos dos hotéis, nunca nos restaurantes, para não parecer "disponível". Nunca contei isso para ninguém. Preservei-me, e funcionou. Consegui passar por todos esses anos sem jamais ser assediada ou viver qualquer experiência constrangedora.

Também é interessante lembrar como me virei para formar mão de obra, porque não havia pessoas para executar os serviços que eu necessitava. Havia muito preconceito em torno do trabalho com os animais. Eu me lembro de ir para a Marginal Tietê convidar pessoas que descarregavam carga de caminhões, para me ajudar com a limpeza e a organização dos palcos, retirar os animais das baias que eu montava, desmontar os palcos, higienizar para que não sobrasse nenhum resquício no Palace. Essas pessoas passaram a trabalhar comigo em todos os eventos, e houve quem fez disso um negócio e expandiu Brasil afora.

Tive muita sorte; conheci pessoas muito bacanas, e fiquei pelo menos 30 anos trabalhando com isso em todo o Brasil. Hoje não tenho vergonha de dizer que eu era mesmo a pessoa que mais entendia de feiras e exposições de gado e outras raças de animais, principalmente pela capacidade de trazer para perto pessoas que faziam isso com amor. O olhar meramente mercantilista não funcionava, e seja para eventos com animais ou produtos, o objetivo é sempre o mesmo: construir uma moldura afetiva em torno do que precisa ser celebrado – sejam bois, uma novela da Globo ou um automóvel.

Eu trouxe para perto, por exemplo, a Denise, uma mulher que trabalhava com o marido no Ceasa; ela passou a fazer os arranjos de flores para os eventos. Ela, como eu, não dizia não: sempre dava um jeito de resolver qualquer problema que se apresentasse. Ensinei, mas também aprendi muito com pessoas como ela. E não "me gabo" de qualquer feito, porque sempre tive a humildade de reconhecer que tive e tenho o privilégio de usar o dinheiro dos meus clientes – em geral marcas de luxo – para realizar tantos projetos incríveis.

Tive fases difíceis, enfrentei uma doença autoimune que me fez engordar muito e fazer escolhas complicadas, como a de ser uma das primeiras pessoas no Brasil a realizar uma cirurgia bariátrica. Paguei e ainda pago um preço alto por isso (mas essa é uma outra história, que quem sabe vou detalhar em outra oportunidade). Sempre fui vaidosa, e enfrentei essas diversas fases acreditando, incondicionalmente, na beleza que eu trazia dentro de mim.

É curioso olhar para trás e refletir sobre a origem dessa atração pelo belo, pelas coisas organizadas e bonitas visualmente, e sobre o desejo de realizar festas em torno de um tema. Frequentemente me vem a imagem das festas juninas da igreja Nossa Sra. de Fátima, organizadas pelo meu pai, e a sensação gostosa que elas me traziam, ainda bem criança. Eu tive a sorte de ter uma família que amava celebrar a vida – e também me lembro da minha mãe, que amava carnaval, realizando grandes festas de carnaval lá em casa. Foram momentos que me construíram como pessoa. Que ajudaram a moldar esta minha profissão de designer de experiências, que resume tudo o que eu faço.

Aos 67 anos, depois de 42 anos de profissão, de fazer tantos eventos inesquecíveis no mundo todo, sigo na ativa, com energia para muito mais, e com desejo de realizar eventos com alegria, simplicidade, humanidade e propósito. Sou fã de recomeços, e minha vida é repleta deles; vale contar que estou vivendo um deles neste momento, com o homem da minha vida, com quem fui casada durante 45 anos e de quem me separei porque não estávamos felizes. Voltamos a namorar desde a pandemia, totalizando 50 anos juntos.

Desta vez, cada um mora na sua casa, e entendo melhor os nossos limites e afinidades. Aprendi muito, às vezes na marra, sobre respeito. Mas ainda bem que há o tempo para nos ajudar a amadurecer emocionalmente – e nos dar segundas, terceiras, novas chances para recomeçar.

Alcides é um dos grandes homens com quem trabalhei – que esteve sempre ao meu lado, seja na minha empresa, seja cuidando das nossas filhas enquanto eu passava às vezes 15, 20 dias, viajando pelo Brasil. Enquanto chorava silenciosamente na decolagem do avião, de saudades das minhas filhas.

Nesta jornada, eu trouxe também muitas mulheres potentes para perto, e me orgulho ao dizer que duas delas são minhas filhas: Carol trabalhou comigo 25 anos e a Ju, 7. Como eu, elas encontraram janelas abertas e se jogaram. São mulheres brilhantes, que encontraram seus caminhos e me abastecem de juventude.

E também me tornaram avó, uma das maiores descobertas da minha vida: descobri nos gêmeos João e Maria (filhos da Carol) um amor que eu nem sabia que era capaz de dar, que me restaurou como ser humano e me leva a brincar com eles, como se o tempo jamais tivesse passado, ou melhor: como se não houvesse tempo, como se o tempo fosse uma abstração suspensa no ar.

Neste ano tomei coragem e fui ao SXSW pela primeira vez; devo dizer que foi desafiador, mas muito bom. Sinto-me forte, e isso me faz levantar pela manhã e desbravar mundos, todos os dias. Realizar coisas belas, faz-me sentir viva. Tenho muito orgulho de ter chegado aqui com a ajuda preciosa de muitas pessoas que me "puxaram", como diz o título deste livro, mas de nada vale puxar alguém se essa pessoa não lhe estende a mão.

18

TODO TEMPO DO MUNDO

Assim como nas horas iguais, tipo 11:11 ou 22:22, existe uma crença de que quando uma pessoa olha para o relógio e os dígitos daquele horário aparecem de forma invertida, é um sinal de que algo irá acontecer. A explicação está no *Dicionário Popular*. Você a encontra dando um Google.

CILA SCHULMAN

Cila Schulman

Contatos
cila.schulman@ideiausa.com
Instagram: @cilaschulman
LinkedIn: @cilaschulman
Twitter: @cilaschulman

Cila Schulman é CEO do Ideia Instituto de Pesquisa e sócia do Pinion, um aplicativo de impacto social que tem 3,5 milhões de usuários. Jornalista, tem pós-graduação em administração de campanha eleitoral pela George Washington University. É especialista em gerenciamento de crise e reputação, foi secretária municipal e estadual de comunicação social e é vice-presidente do Camp (Clube Associativo dos Profissionais de Marketing Político).

Quando fui trabalhar em um jornal, como repórter, em 1978, não existia nem Google nem celular, tampouco dicionário on-line. Existiam relógios de LED que mostravam horas iguais ou invertidas. Eu tinha 16 anos de idade. Hoje tenho 61 e converso com o ChatGPT, enquanto visualizo na minha mente os números 61:16. Será um sinal de que algo está para acontecer?

Na verdade, acontece a toda hora. "Ah… vá que você tem 61!", escuto a cada minuto, assim como ouvia ser impossível eu ter 16 anos e fechar a página de política de um jornal diário. Foi possível porque tive a sorte de ser iniciada por um gênio do jornalismo chamado Reynaldo Jardim (que, por exemplo, inventou o Caderno B do *Jornal do Brasil*, mais um grande jornal que já deixou de existir) e que resolveu confiar em mim. Como diz o meme, o Jardim não era apenas louco, era *crazy*.

Assim como eu, tão *crazy* e menor de idade, que precisei de autorização do juizado para trabalhar no jornal *O Globo*, no Rio. *Crazy*, e ainda de menor, levei cascudo de militar ao tentar arrancar declaração do General Figueiredo, o presidente da abertura. Corri risco de vida ao escrever sobre contrabando de soja no Paraguai para o *Jornal da Tarde*, e passei apuro ao revelar os primeiros acampamentos do Movimento dos sem-terra no Sudoeste do Paraná para a Rádio Eldorado e o *Estadão*.

Aos 18 anos eu me casei numa festa para 1.200 convidados e fui morar em Bruxelas. O casamento, destino natural a uma moça de fino trato como eu, não floresceu.

Eu tinha 21 anos quando, já de volta ao Brasil e ao meu rumo, reportei o primeiro grande comício pelas Diretas Já; na sequência, cobri a campanha e a morte de Tancredo Neves. Até hoje não consigo ouvir Coração de Estudante, trilha sonora daquela tragédia democrática da qual fui testemunha; tão jovem quanto atônita.

Aos 24 anos me mudei para Brasília, a convite da *Veja*, e vi no Plenário a Constituinte acontecer. Fui promovida à editora-assistente de Internacional da revista, com planos superiores de ser correspondente no exterior. Aos 26, apesar da promessa de uma sucursal em Milão, encerrei a minha precoce, porém intensa carreira no jornalismo e fui empreender. Especializei-me em Comunicação Empresarial e abri uma assessoria de imprensa. Meu primeiro cliente foi um candidato. Vencemos a eleição e este passou a ser o meu ofício, o de coordenar campanhas eleitorais e assessorar governos.

Aos 31 anos fui Secretária municipal de Comunicação Social e, aos 33 anos, estadual. As duas vivências me ensinaram demais sobre política pública e me deram uma visão singular sobre as dores e as delícias de ser governo, que só estando do outro lado do balcão a gente consegue aprender.

Aos 35 anos, fui mãe. Dez meses depois, perdi o pai do meu filho para um câncer de fígado.

Eu era vice-presidente de uma das maiores agências de propaganda do país e coordenava equipes em mais de uma dezena de estados. Ao fim daquele período, acho que tive um *burnout*, embora aquilo não tivesse nome.

Em busca de uma saída para a série de dificuldades que vieram com a morte do Geraldo, achei a mais óbvia, a do aeroporto. Aos 37 anos me mudei para DC a fim de estudar na Graduate School of Political Management, da George Washington University. Essa experiência, além de me fortalecer emocionalmente, mudou para sempre a minha perspectiva sobre planejamento estratégico e campanhas eleitorais, e me abriu um universo de contatos e de atuação profissional.

A decisão de fazer parte de um mundo tão masculino quanto o da política não foi pensada. Nem imaginava o tamanho da encrenca. Colaborou para essa irresponsabilidade o fato de eu vir de um lugar de enorme privilégio. Nasci numa família branca, com mais dinheiro, mais poder e mais acesso do que a maioria. Meu pai foi presidente de estatais, do terceiro maior banco privado do país, da Febraban. A minha mãe empreendeu na moda quando as mulheres da geração dela eram tão somente mulheres, não empreendedoras. Fui criada com viagens, livros, línguas, almoços em casa com ministros, vestidos Fiorucci e reloginho Cartier.

Por vir desse lugar, eu me sentia protegida. Bobagem. Fui assediada, fui passada para trás, fui desrespeitada, fui magoada; sem a menor cerimônia. Ter vivido tudo isso me faz pensar o quanto era e ainda é infinitamente mais difícil para mulheres sem as facilidades que eu tive. No meu caso, não iremos generalizar. Até porque entrei em muitas portas por ter a chave. Mas logo entendi que abrir a porta não era sinônimo de ficar lá dentro. Muitas vezes, ao contrário. *A priori* as pessoas imaginavam que eu não tinha competência. Uma carta de apresentação do Jardim para a família Marinho resumiu o pensamento comum: "Quando ela entrou na redação, torci o nariz. Era uma grã-fininha! Só depois descobri que era muito talentosa [...]". Por fim, recomendava-me vivamente, sem, contudo, deixar de observar o quanto eu causava rejeição à primeira vista naquele ambiente.

Ser alta, magra e educada tanto me ajudou quanto me atrapalhou. Outro dia mesmo, após assistir a uma entrevista minha sobre cenário político, uma criatura escreveu numa rede social que pelo tempo que eu me dedicaria a cuidar da minha juba [*sic.*] eu não teria tempo para cultivar a minha mente. "Não pode ter nada na cabeça", concluiu, reproduzindo um pensamento arraigado de que mulher bem-cuidada e bem-vestida não pode ser inteligente.

No jornalismo eu sofria preconceito imediato por ser diferente. Mas não por ser mulher. Quando eu cheguei, já tinha uma penca de mulheres repórteres fortes e brilhantes. Logo fui bem recebida e passei a fazer parte da gangue das meninas. Eu desconhecia a palavra *sororidade*, porém sei que a vivenciei plenamente nos anos 1980 em todos os veículos de comunicação por onde passei. Ao longo da minha vida fiz, e continuo fazendo, grandes amigas – e amigos – no jornalismo, uma atividade inclusiva, de equipe.

Já assumir a feminilidade em um mundo masculino e machista, como é o da política e das finanças, foi, e é, um desafio em outro patamar. Na minha cabeça, eu não precisava ser um homem, mas precisava agir como tal para concorrer em iguais condições profissionais com eles. Ser mulher não podia ser um impeditivo, eu pensava. Exemplos triviais, como sair para jantar, eram fonte de risco e de fofoca. Eu definitivamente considerava que não havia nada de mais em ir sozinha com um cliente num restaurante. Que obviamente era tão somente uma ocasião para trocar informações, como ocorre entre homens todas as noites em Brasília ou em São Paulo. É claro que inúmeras vezes eu virei assunto da fantasia alheia, atribuindo-me casos que nunca tive. Inclusive nunca tive um único sequer, *ça vas sans dire*[1].

Agir num clima de camaradagem, de "homem pra homem", nas minhas interações profissionais me colocou mais de uma vez em situação de risco. Não era incomum que, depois da segunda taça de vinho, o colega tentasse colocar a mão na minha perna. Nem precisava de álcool, a aproximação acontecia

1 "É evidente" em francês.

também depois de um cafezinho morno, já sem a presença do garçom na sala de reunião. A minha reação era sempre a mesma. Eu tinha um sonoro e patético ataque de riso. Aquela risada ridícula tinha o poder de desarmar o cara e invariavelmente funcionava. Olhando para trás e tendo a consciência que tenho hoje, sei que só pude escapar porque eu tinha segurança financeira e sobrenome. Ser bem remunerada sempre foi parte da minha valorização profissional, mas não era uma questão de subsistência. Hoje entendo também o tamanho da violência que eu e outras mulheres sofremos, sem sabermos que aquilo era muito errado.

Fiz campanhas memoráveis e me abasteci de cada gota da adrenalina que só uma eleição oferece. Eis uma atividade que consegue ser mais excitante que fechamento de jornal. Entrar numa campanha é como ir para uma guerra, exceto que, entre mortos e feridos, todos sobrevivem. Quer dizer, nem sempre. As derrotas têm gosto amargo, demoram para cicatrizar, desfazem amizades. Estabeleci relacionamentos sólidos e para a vida em campanhas. Curti demais cada vitória, mas também fui culpabilizada, atacada e cancelada – a expressão não existia, mas a sensação sim. Nunca foi simples ser uma das únicas mulheres na posição que eu exerci.

Em 2009, logo após Barack Obama inovar com as redes sociais em sua campanha nos Estados Unidos, fui contratada por um grande partido para estruturar tudo o que dizia respeito à Web em preparação às eleições presidenciais que aconteceriam no ano seguinte no Brasil. Já na campanha, em 2010, conduzi uma estratégia no Twitter, rede social pouco usada por políticos até então, com grande reconhecimento. Em 2013, com meus *skills* de gerenciamento de crise, desenvolvidos ao longo dos anos anteriores na política, integrei o restrito núcleo de uma das maiores disputas empresariais da história do país, contratada pelo empresário Abílio Diniz, outra experiência profissional extraordinária. Eu tinha 51 anos e me sentia realizada.

Apenas dois anos depois, quando entrei na menopausa, minha impressão era de que a vida desmoronava. Eu só chorava. Um dia comecei a fazer reposição hormonal e parei de chorar. O processo do climatério foi doloroso e mexeu com a minha autoestima. Demorei anos para acertar o tratamento adequado. Foi custoso me reencontrar com o meu corpo e com a minha saúde mental, além da minha disposição.

Se fisicamente eu me sentia péssima, do lado profissional, cessadas as lágrimas, a minha vida seguia pulsante. Em 2016, eu havia me tornado sócia e vice-presidente do IDEIA Instituto de Pesquisa. Hoje sou CEO da companhia e trabalho com gente que admiro e confio, e com tudo o que gosto e sei: opinião pública, inovação, estratégia, consultoria, impacto, gerenciamento de crise e política pública.

Há algum tempo, além de falar de política, decidi falar sobre menopausa no meu perfil do Instagram. A cada *post* percebo o quanto esse tema é tabu. É como se, ao não falarmos sobre o tema, evitássemos passar por essa fase da vida. Se envelhecer é um assunto que incomoda, estou aqui para perturbar, pois tenho a convicção de que é preciso falar para que homens e mulheres entendam esse processo. Afinal, se uma mulher bem-informada como eu passou por tanto perrengue no climatério, o que será da maioria da população, que tem zero acesso? Quais políticas públicas estão sendo debatidas nesse sentido? Quanta força de trabalho perdemos por não tratar disso, com uma população cada vez mais feminina e idosa? Por isso, eu falo.

Aos 61 anos eu não busco o corpo dos 40 nem a pele dos 50, mas me sinto confortável com o que eu tenho. Isso certamente me deixa mais bonita e interessante. Aos 61, eu me dedico a tudo o que é mais novo na minha área. Sou CEO de um instituto de pesquisa que usa o que tem de melhor e mais atual em inovação, dados e tecnologia. Nas eleições, auxiliamos o mercado financeiro a compreender o cenário político e a tomar melhores decisões para seus clientes. Sou sócia de uma ferramenta de monitoramento, o v-tracker, que combate as *fake news*, uma das pragas da nossa era. E do Pinion, um aplicativo que tem mais de 3,5 milhões de usuários inscritos para realizarem missões de impacto social e ambiental em troca de renda imediata. Sou fã da ideia de remuneração por microtarefas do Pinion, ainda mais num mundo que vai expelir milhares de pessoas por segundo com o avanço da inteligência artificial.

Minha maior contribuição para o mundo é, evidentemente, meu filho, que é também meu parceiro em um perfil do Instagram, no qual produzimos conteúdo exclusivo sobre política e aprendizados para um mundo policrise. Daqui a alguns meses, o Felipe e eu, juntos, seremos 62:26. Quando esse dia chegar, tenho a crença de que alguma coisa irá acontecer. E vai ser boa.

19

A VIDA PUXA

O ato de nascer é o primeiro "puxa" que recebemos para existir e fazer a diferença no mundo. Mesmo que muitas de nós tenham sido geradas em meio a inseguranças, ameaças, dores, conflitos, medos... precisamos lembrar que chegamos aqui por uma força intrínseca muito maior que nós mesmas. Essa força é parte da nossa primeira identidade, e faz de cada gestação um milagre. Algumas são milagres mais improváveis. Fui assim... um bebê improvável que a luz da vida "puxou" desde o momento em que uma mulher guerreira me aceitou em seu ventre. O convite a desatar nós e desenrolar caminhos esteve comigo desde o início... em mim, ou à minha frente. E foi no amor e na convivência com as emoções dessa mãe querida, de fé sublime e coração elevado, que comecei a me construir como gente. Nasci ariana, com uma baita fome de viver. Isso assustava a família. Então, cresci mais reservada, mas bem curiosa. Saber como os seres humanos funcionam e são como são, como fazem suas escolhas diante de tantas possibilidades, o que é necessário para uma vida extraordinária... coisas assim me intrigavam desde cedo; tanto quanto ser livre para seguir o próprio rumo, encontrando maneiras de lidar com todas as forças que atuam sobre nós e mudam nossos destinos. Então, o que vou dividir com você agora é um pouquinho desse caminho de aprendiz, onde uma luz acende outra, e nunca acaba aqui.

CINARA CRISTINA
BASTOS DE ALMEIDA

Cinara Cristina Bastos de Almeida

Contatos
www.cinarabastos.com.br
Instagram: @cinara.bastos / @luminarea.brasil
YouTube: Luminárea Brasil
LinkedIn: linkedin.com/in/cinara-bastos-28333a18/

Psicoterapeuta, escritora, professora, mentora, pesquisadora em metaconsciência e uma mulher apaixonada pelo potencial humano. É especialista em integrar, com simplicidade, conhecimentos aparentemente distintos para contribuir com o desenvolvimento de pessoas e organizações. Enfrentando todo tipo de adversidades, vem empreendendo sua própria vida desde que saiu de casa para estudar em São Paulo, aos 16 anos. Aos 21, já era pioneira no setor de *branding* no Brasil. Colaborou em empresas multinacionais com projetos de visão sistêmica e construiu uma carreira premiada, associando o olhar da filosofia à ciência do *branding*. Trouxe as questões socioambientais para o centro de projetos empresariais muito antes do termo ESG ser criado. Colocou a essência do PROPÓSITO como compromisso inegociável no posicionamento das organizações e também a consciência humana como principal vetor na comunicação quando esses assuntos ainda eram estranhos ao meio corporativo. Seus estudos e os 25 anos desenrolando biografias para desenvolver marcas fortes (com significado e propósito) reuniram a experiência necessária para avançar no campo da IDENTIDADE HUMANA. Foi uma sucessão de fatos incomuns que a levaram a idealizar a Lumin'área Brasil – Lab de Consciência e Desenvolvimento Humano – onde pessoas, em diferentes fases e contextos de vida, são estimuladas a alinhar corpo-mente-emoções, com experiências que desobstruem caminhos para edificar vidas. Ali, de braços abertos, recebe gente interessada em desenvolver-se na direção do autoconhecimento, do autocuidado e da autogestão. É um pouco sobre isso que você verá agora.

Desenrola e vai!

Imagine. Mais de meio século atrás, nas últimas semanas de gestação, o médico mais experiente no assunto olha fundo nos seus olhos, dizendo: "Seu bebê está em posição muito ruim, com o cordão umbilical enrolado no pescoço. Será um parto de altíssimo risco... não posso dar nenhuma esperança."

Sinta comigo esse momento. Minha mãe, uma jovem de 23 anos, grávida do segundo bebê, já enfrentava outros sofrimentos insuportáveis quando recebeu essas palavras. Cheia de coragem e medo, atravessou um estado inteiro, cruzando estradas precárias para estar ao lado da mãe e enfrentar o risco de perder o bebê, ou de morrer com ele.

Era sexta-feira, 13, Santa, de 1968. Data bendita, com uma lua preenchendo o céu da Páscoa. De repente, o milagre aconteceu: a bolsa estourou e mal deu tempo de chegar à maternidade, o bebê que fora desenganado semanas antes, agora se desenrolava sozinho... deslizando com pressa até as mãos da parteira para chegar logo ao colo da avó mais sábia e amorosa que Garça conheceu, dona Dirce Schiante Zago. Esse bebê era eu.

Agora, enquanto escrevo essas linhas, a menininha que nasceu, apesar das piores projeções, está completando 55 anos. Curioso contar essa história exatamente na mesma data, semana de Páscoa! Olhando pelo retrovisor da história, vejo os tantos momentos em que estive com a "corda no pescoço", em que fui desafiada a ir além de mim mesma, como eco simbólico do meu nascimento. Experiências que, desde cedo, convidavam a confiar na vida e me lançar nas possibilidades de crescimento que ela sempre traz.

Perguntas abrem caminhos

Toda criança saudável adora fazer perguntas, mesmo que sejam inconvenientes. Fazia muito isso... e me lembro dessa: "Se a vida já é tão difícil lá fora, por que os adultos insistem em criar problemas quando chegam em casa?"

Fiquei sem resposta. E entre os meus sete e oito anos, questões de outra ordem começaram a me instigar. Eu amava pintar, correr, brincar... e não abria mão de um tempo sozinha, em silêncio. Costumava ficar sentadinha na soleira da porta do quarto que dava para o jardim. Era o meu oásis. Enquanto observava tudo... ia sentindo o *flamboyant* florescendo nos tons laranja, as formiguinhas trabalhando duro, a leveza do voo de um bem-te-vi, e o movimento das raras nuvens acontecendo abaixo do céu azul... e me perguntava coisas do tipo: "O que será que existe além do que consigo enxergar?", "Que força é essa que faz bater as asas dos pássaros, que move o vento e tudo o que existe no mundo?", "Como será que Deus é de verdade?", "Pra que será que eu nasci"?

Soltava essas questões ao vento sem expectativas de respostas (e nem sabia ainda que isso era uma forma de meditação). Apenas permanecia em silêncio, sentindo e contemplando. De repente... algo muito mágico aconteceu. É como se tivesse sido puxada para outra dimensão sem sair do lugar. Fui tomada por um estado indescritível. Olhava para minhas mãos, os bracinhos, pés... naquele instante descobri que eu não era apenas um corpo físico. Foi como se a noção de "eu" tivesse dado lugar a uma compreensão mais real e intangível da substância da vida, onde os átomos eram visíveis. Ali comecei a compreender que nada do que existe no mundo pode realmente estar separado do TODO. Foi como uma epifania mesmo. A realidade mais real que eu já tinha visto. No entanto, faltava vocabulário e coragem para contar isso a alguém. E a busca por pertencimento me fez manter segredo sobre esse momento de luz, a ponto de quase me esquecer dele nos anos seguintes. Tinha medo de ser julgada "louca" e preferi conter o impulso de compartilhar essa experiência que deve ter durado poucos segundos, mas parecia uma eternidade, um lugar fora do tempo.

Hoje vejo como tudo se conecta. Aquele foi o primeiro puxão da vida despertando em mim o interesse por descobrir as entrelinhas da realidade. E à medida que vou avançando no desenrolar da minha biografia, vai ficando mais nítido o mosaico de circunstâncias cheias de sinais que formam o incrível **holograma da vida**. Observá-lo com abertura e curiosidade nos leva a compreender os porquês da nossa história, e a ocupar nosso papel no mundo. Já notou como isso acontece?

A escola da vida

Cresci em um ambiente rigoroso, onde a liberdade era um sonho distante, que exigia doses diárias de resiliência para sobreviver emocionalmente e caminhar até o futuro com as próprias pernas. No ambiente da casa, ter nascido mulher me excluía dos direitos de filha. Tudo era dificultado, mas o contexto me ensinava sobre força interior. Descobri logo que essa era a primeira musculatura que deveria desenvolver, se quisesse crescer com dignidade e alguma autonomia.

Foi assim para conseguir sair de casa, estudar e me formar em São Paulo, mesmo a contragosto da família. Também foi assim para superar privações básicas, vencer medos e situações abusivas – sempre sozinha... Para começar o meu primeiro negócio, aos 21 anos, sem nenhum recurso, sem apoio, e no período mais caótico na história da economia brasileira. Depois, para mantê-lo enquanto me recuperava do impacto das cirurgias, de reveses na sociedade, e de sucessivas crises na economia do país e do mundo. Aprendi que não caminhamos sem nossa força interior. Mesmo quando ela parece ter perdido o brilho, ela reacenderá se nutrirmos o propósito de seguir em frente.

Desatar nós e abrir caminhos faz parte do programa existencial inato da ariana. Mas, em termos de saúde e longevidade, deve haver um senso de limite até para os compromissos que adotamos visceralmente como missão de vida. Porque nossa paixão por realizar o que amamos sem medida também pode nos cegar para outros aspectos importantes do nosso existir, pagando caro demais por isso.

Aos 26 anos, tive a primeira experiência de *burnout*. Já trabalhava sem pausa para sustentar meu negócio em condições bem adversas. A lição que esse "apagão" trouxe foi sobre aprender a identificar e respeitar os limites do corpo, em vez de exigir que ele seja uma máquina imparável. Quando aconteceu, eu estava tentando me refazer de um roubo na empresa, em que perdi tudo o que havia conquistado em muitos anos de trabalho exaustivo. Tudo, exceto a credibilidade. Aprendi ali que são coisas assim, intangíveis, que mais têm valor na vida e que ninguém pode nos tirar. Naquele momento, só me faltou incluir o autocuidado na equação daquele recomeço. Essa era a lição do momento.

Recomeços acontecem sucessivas vezes. Porque a vida é VIVA, incessante. Só perde seu brilho quando tentamos retê-la. Quando, por exemplo, o sonho de me radicar na Califórnia estava finalmente se realizando, foi interrompido por um acidente que causou a implosão do meu cotovelo direito – o que me tornaria fisicamente deficiente para sempre. Pensando no meu nascimento, preferi acreditar que – com uma ajuda extra da VIDA conseguiria restaurar o dano. Foram dois anos intensos, de cirurgias e investimentos diários cuidando da minha parte para o milagre acontecer. Aconteceu! Restou apenas a grande cicatriz, que inclusive poucos notam. Aprendi que momentos assim ampliam a percepção de outras oportunidades que não enxergamos, e trazem lucidez para alinhar a rota. Quando estamos bem interiormente, não importa tanto o lugar, a paz e a felicidade seguirão conosco, onde estivermos. Aquilo que a princípio parecia uma "puxada de tapete" se revelou um livramento disfarçado de "azar". Quando não enxergamos isso de pronto, o tempo dá conta de trazer esse entendimento.

A vida sempre encontra maneiras de entregar a lição de cada etapa do caminho. Existe uma certa pedagogia divina embutida nos fatos. É assim que ela vai revelando oportunidades que estão melhor alinhadas aos valores inegociáveis que nos fazem florescer. Muitas vezes, as emoções funcionam como indicadores no painel da consciência, mostrando se estamos seguindo o curso em consonância com esses valores essenciais... ou se entramos em uma zona de perigo e ficamos desbussolados. São muitas lições até começar a fazer essa leitura.

Em casa era proibido chorar ou mostrar qualquer tipo de fraqueza. Como se as emoções fossem um problema e não parte essencial da natureza humana. Acontece muito por aí. Temos medo das emoções apenas por não sabermos como lidar com elas.

Em mais de 25 anos trabalhando com todo tipo de empresa e de gente, convivi com pessoas notáveis, empreendedores visionários, realizadores imparáveis. Vi as razões que fazem um sonho ganhar forma e corpo... e depois, alcançar um sucesso longevo ou se perder no vazio. Dentro e fora de multinacionais, pude testemunhar casos onde profissionais de todas as idades foram impedidos de desfrutar suas conquistas por terem ignorado suas emoções, insistindo nos excessos disfuncionais que lhes custavam a saúde física, os relacionamentos e até a sanidade.

Observar essa realidade me impactou muito. Comecei a fazer perguntas incômodas, enquanto pesquisava a respeito. Busquei formações que não costumam ser do interesse do meio. Aos poucos fui percebendo como é fácil se perder no modo acelerado e automático de uma rotina ansiosa, ou cair em um estado de autoabandono que nos condena à depressão incapacitante. Independentemente da idade, ficamos sujeitos a tudo isso quando estamos sob o efeito hipnótico daquela busca insaciável por "resultado a qualquer custo". Eu também me vi caindo nessa armadilha algumas vezes. E está tudo bem, porque cair faz parte do aprender a se levantar bem. Isso foi especialmente assimilado quando fui forçada a entrar na menopausa e reaprender a ler meu organismo em um período em que estava pivotando a carreira, atravessando série crise financeira, assimilando rompimentos e lidando sozinha com cinco lutos em apenas um ano.

O que me ajudou a dar meu próximo passo foi pesquisar mais e mais sobre espiritualidade e metaconsciência – o principal atributo humano (e a ciência mais antiga que existe). Fiz programas dentro e fora do Brasil, mas é o tipo de formação que começa hoje sem nunca ter fim. Para mim, é o assunto mais apaixonante da existência. Ele toca todos os demais porque inclui tudo o que envolve o ser, o sentir, o pensar e o agir do ser humano. Deveria ser oferecido aos poucos, desde cedo. Mas quem estaria apto a ensinar as crianças se andamos todos hipnotizados até os dentes, pelos próprios pensamentos?

Olha que interessante: as tradições milenares, as ciências humanas, a psicologia, a psiquiatria, as neurociências, a epigenética, a mecânica quântica etc., todo o conhecimento acumulado e disponível no mundo são apenas pistas para buscar nossa essencialidade e encontrar as condições internas para viver bem e ter uma passagem significativa por aqui. Isso toca a habilidade de **autogestão**, que tem como pré-requisito o autoconhecimento. Afinal, ninguém consegue administrar bem aquilo que desconhece.

Quando trabalhava com desenvolvimento de identidade empresarial, era fascinante perceber as entrelinhas dos sonhos empreendedores. É muito curioso notar como cada um conduz sua autorrealização, e perceber que nem sempre estamos conscientes do valor intrínseco do percurso. Às vezes, nem notamos quando já chegamos "lá", e então permanecemos "correndo atrás do vento".

Quanto mais estudo, percebo que a simplicidade é o jeito mais saudável e elegante de lidar com nossas complexidades. Veja bem. Intuímos e então descobrimos o átomo, depois a relação entre prótons, elétrons e nêutrons... então, os quarks, Bóson de Higgs... e por aí vai, até a existência de galáxias, buracos negros, buracos de minhoca, universos paralelos e dimensões inomináveis. Quanto mais pesquisamos a vida, no micro ou no macrocosmo, mais infinita ela se torna. E é fascinante descobrir esse infinito na simplicidade de cada instante.

Somos parte dessa potente dança atômica, onde cada um vai descobrindo seu ritmo, intensidade, e jeito de dançar com a vida enquanto estiver por aqui, buscando desfrutar essa dança que não é linear e que acontece sem *scripts*, sem rascunhos, sem pontos finais. Só reticências...

Aprendi um pouco sobre isso na maior lição que recebi até o momento. Foi em 2012. Estava em uma UTI. Foi onde experimentei o que muitos chamam de EQM – experiencia de quase morte. Para mim, o nome correto seria EVP – Experiência de Vida Plena. Depois de ser levada para um lugar de PLENA LUZ, onde a sensação era de total completude, fui literalmente puxada de volta para habitar meu corpo físico. Impossível esquecer as sensações desse momento! Foi como se, de repente, aquela dimensão (de infinita liberdade e plenitude) tivesse sido comprimida e sugada para dentro do corpo, entrando pelo topo da cabeça em direção aos pés. Não havia um "eu" nessa experiência. Era fluxo de vida, potente e sutil. Voltar ao mundo com a consciência do que vivenciei mudou tudo pra mim!! Nenhum título, nenhum prêmio, nenhum tipo de poder, nada se compara ou poderia valer mais do que esse momento da minha história. Só por esse instante já teria valido a pena ter nascido! Foi como receber um toque de midas abrindo a consciência para enxergar do que somos feitos em nossa essencialidade, que é a nossa primeira identidade. Desconhecer essa identidade é o que vem causando toda sorte de divisão e sofrimento no mundo!

Não existe linguagem para descrever a magnitude dessa INSPERIÊNCIA na UTI. Nela, pude vivenciar "na pele" o fato de que somos parte singular de um TODO INTELIGENTE, ETERNO e INDIVISÍVEL... um "lugar" onde a consciência transborda os limites da razão. E onde tudo o que existe é LUZ. Considero realmente que esse foi o presente existencial mais importante que recebi, depois da graça de poder nascer. Foi intenso, libertário! E trouxe um nível de saciedade para o espírito que eu jamais encontraria por mim mesma.

Observe isso... Desde cedo, temos sede de conexões de verdade, de pertencimento, e de transcendência. Viver é tão bom que temos essa sede de saborear mais e mais VIDA. Cada um faz isso à sua maneira. Mas 'INTEGRAR E TRANSCENDER' são verbos essenciais de toda existência consciente, emocionalmente saudável e com um propósito significativo. E ninguém realiza isso sozinho. Precisamos de apoio mútuo para integrar as nossas diferenças, alimentar os vínculos, realizar sonhos e transcender limites... Todo dia um pouquinho. Até o dia em que vamos olhar para trás com a sensação de que nossa passagem "valeu a pena".

Sabe, nessa escola da existência, experimentei um grande alívio quando pude compreender que ninguém é "especial". Somos, cada um, parte essencial de um mosaico-vivo, infinito e interdependente... onde vamos, passo a passo, aprendendo a enxergar a luz e o sentido de cada fase da nossa própria biografia.

Também entendi que ninguém fará por nós o que só nós podemos fazer por nós mesmos. A possibilidade de nascer um ser humano traz esse privilégio!! Não importa quão longevos seremos, a nossa passagem será rápida demais, e, ainda, o tempo suficiente para aprender a cultivar aquilo que não morre... Enquanto estivermos aqui, precisamos estar sempre nos lembrando disso: o que semeamos intencionalmente no mundo e nos corações das pessoas é o que levaremos conosco para a eternidade.

20

REINVENTANDO A MATURIDADE

INFINITO COMO INSPIRAÇÃO

Na virada dos meus 50 anos, resolvi deixar o mundo executivo após 30 anos de uma carreira sólida e bem-sucedida para empreender em um negócio para preparar mulheres para a liderança em conjunto com uma rede de mulheres reconhecidas nas mais diversas áreas de especialidade. Juntas, na AngelUs, apoiamos empresas a terem mais mulheres prontas para suas posições de liderança. Acredito que envelhecer é descobrir um novo tempo todos os dias e exercitar a flexibilidade diante de novos limites, e que o passar dos anos pôde trazer clareza e o entendimento do meu papel no mundo. Eu sempre soube que queria impactar outros à minha volta e pensei que ser gestora de pessoas fosse a maneira de fazer isso. Mas descobri que tinha que adaptar às necessidades do novo tempo, e isso é, tornar possível para outras mulheres o sonho de chegar aonde merecem. Cada semente que conseguimos tocar nesse novo caminho da rede AngelUs traz a certeza de que teremos mais frutos e que é possível sonhar. VAMOS #MULHERAR?

CLAUDIA COLAFERRO

Claudia Colaferro

Contatos
www.angelus.network
Claudia@angelus.network
LinkedIn: @claudiacolaferro

Claudia é nascida no interior do Brasil e educada com bolsas acadêmicas na Fundação Getulio Vargas. Ela sempre aspirou ser uma executiva e uma mulher influente nos negócios. Ela é mestre em Comportamento do Consumidor pela Faculdade de Economia da Universidade de São Paulo, especializada em Neurociência. Com mais de 30 anos de liderança executiva, Claudia foi presidente américas e CEO da América Latina nos últimos dez anos, e, antes disso, executiva *C-level* em multinacionais como: Dentsu, Philips, Motorola, Coca-Cola, Unilever e Natura. Desde 2020, seguindo sua experiência pessoal, é a fundadora e atual CEO e investidora da rede AngelUs, com mais de 250 mulheres reconhecidas nas mais diversas áreas, que, junto a empresas, preparam colaboradoras na luta para equidade de gênero na liderança. Claudia foi nomeada, em 2014, uma *Women to Watch*, homenagem a executivas reconhecidas como catalisadoras de mudanças na indústria. Além disso, foi reconhecida como uma das principais líderes de agências do país em 2016. Claudia ainda foi júri em diversos eventos como: Prêmio Effie América Latina; FOMLA, Festival de Mídia e Festival de Cannes, em que foi a primeira mulher latino-americana na categoria "Glass", que premia trabalhos que estão mudando a desigualdade na sociedade.

A minha história se inicia na cidade de Itapetininga, interior de São Paulo, um lugar tranquilo, onde estão ainda quase todos os meus familiares. Venho de uma família matriarcal em sua quarta geração, e minha mãe foi a primeira pessoa da família a cursar uma universidade. Aliás, meus pais são primogênitos e ambos inauguraram a possibilidade de ter uma beca. Sou a primogênita de três filhos do casal Dona Vasti e Senhor Gerson – ela professora de música, pianista e regente de coral e ele contador e advogado. Formam um casal apaixonado até hoje e exemplo de amizade, cumplicidade e amor. A origem de ambos é de família simples, religiosa, e o estudo conseguiu abrir possibilidades e sonhos.

Cresci com autonomia, muita liberdade e responsabilidade dada pelos meus pais na mesma dimensão. Eu e meus irmãos sabíamos o que era esperado de nós. A escola era nosso trabalho e nunca tivemos dificuldade alguma nos estudos, ou mesmo presença ou qualquer interferência de nossos pais. Acho que por essa razão fui sempre uma das melhores alunas da escola. Estudamos todos em escola pública. Itapetininga tinha excelente tradição de ensino e, por essa razão, tinha o codinome de cidade luz, ou terra das escolas.

Além da escola básica, meus pais ofereciam outras áreas de conhecimento em atividades extracurriculares. Passei por aulas de pintura, dancei no ballet e jazz, fiz datilografia (talvez parte dos leitores nem saibam do que estou falando), fui do time de vôlei da cidade e estudei no Conservatório Dramático e Musical Dr. Carlos de Campos, de Tatuí. Desde muito cedo viajava mais de uma vez na semana de ônibus para a cidade ao lado na preparação para ser a próxima organista da igreja, onde minha mãe tinha esse posto; e, antes dela, a minha avó. Mas aos 14 anos de idade entendi que, apesar do talento e ouvido absoluto que tenho, minha criatividade não combinava com o ensino clássico oferecido pelo Conservatório. Portanto, ali ficou claro que o piano seria um *hobby* para mim. Eu acredito que fui estimulada a experimentar desde cedo e que fui preparada pelos meus pais para ser o que eu quisesse ser.

Nem sequer houve qualquer exigência sobre o que ou onde estudar. Mas a expectativa deles sempre foi que todos fizessem uma universidade.

Como qualquer adolescente, eu também tive muitas dúvidas sobre o que cursar na universidade. Sempre gostei muito de matemática, tive facilidade no aprendizado e, portanto, fazia parte escolher algo que tivesse matérias que envolvessem a área de exatas como opção. Porém, na verdade, eu me encantava e ainda me encanto com conhecimento em geral. Portanto, minhas escolhas no vestibular foram muito abrangentes. Elas passavam por matemática, ciência da computação, administração de empresas e medicina.

Fui aprovada em meu primeiro vestibular para Administração de Empresas na Faculdade Getulio Vargas, a melhor opção da época e a única que eu me candidatei para o exame. Para mim, a opção era ter a melhor formação possível em qualquer área que escolhesse. Passei na primeira lista de aprovados em Administração de Empresas daquele ano, porém em uma faculdade particular. Nessa época, passamos por um processo de falência na família e não tínhamos condições financeiras para arcar com os custos do meu ensino ou ainda pagar minha moradia na cidade de São Paulo, para onde teria que me mudar. Eles pagaram minha matrícula e para o restante, 80% do valor do curso, consegui bolsa com a escola para pagamento após minha formatura.

A vida na cidade grande era cara e dura para mim. Morei em república, apartamento dividido com outras estudantes para baratear a estadia de todas. Um dos maiores aprendizados sobre respeito ao outro veio dessa época. Nós éramos em cinco mulheres e morávamos em um apartamento de dois dormitórios com apenas um banheiro. Havia acordos desde a hora de usar o banheiro pela manhã até como dividir espaço para comidas na geladeira.

Iniciei trabalhos em minhas tardes e noites a fim de ajudar no custeio dessa vida na capital. Entendi que tinha que buscar algo que interferisse o mínimo possível em meus horários de estudo. Na faculdade fiz amizade com a Marie, grande amiga de origem francesa, que me trouxe uma ideia. Na França é muito comum o trabalho de *au pair*, cuidadora de crianças, ou *babysitters*, universitárias que cuidam de crianças nos Estados Unidos para custear seus estudos. Inspirada nessa ideia, busquei em colégios internacionais a possibilidade de oferecer meus serviços e fui babá de um francesinho, o Florian, pelos três anos iniciais da faculdade. E, à noite, dava aula de reforço escolar para vestibulandos, adolescentes que precisavam de aulas extras em algumas matérias específicas.

Com isso consegui ajudar a custear minha vida em São Paulo. O que eu posso dizer dessa época é que não tenho preguiça de trabalhar e que tenho repertório para ajudar muita gente, caso ainda precise disso em minha vida. Mas confesso que, ao contrário das memórias felizes de meus amigos estudantes que aproveitavam o "DA", vulgo diretório acadêmico das escolas, onde passavam a tarde rindo, tomando cerveja e jogando sinuca, eu não tenho tanta saudade assim desse tempo. Acredito que minha vivência nesses anos de ter turno triplo todos os dias me propiciou excelentes ganhos, como poder estudar na melhor escola, fazer parte da roda de estudantes e pessoas que, no futuro, ocupam cargos nas melhores empresas, ter uma referência acadêmica reconhecida e ter portas abertas para as melhores vagas ao me formar.

No último ano da faculdade, tive que trocar o trabalho de babá por estágio em empresas, exigido para minha graduação, e fui trabalhar em um banco. O que posso dizer é que estágio é muito importante. Ele poderá mostrar o caminho a seguir ou qual não, o que foi o meu caso. Soube, dessa experiência, que eu queria direcionar minha vida profissional para área de marketing, em que ele fosse estratégico para a empresa. Eu me formei no meio do ano e, portanto, nenhum processo de seleção para as empresas maiores estava disponível. Contudo, uma colega de sala me chamou para me juntar à primeira equipe de marketing da empresa Natura, que estava iniciando a profissionalização de suas equipes. Essa época foi muito produtiva. Estava próxima aos fundadores, em um ambiente lindo e cheiroso, podendo pensar e propor atividades em uma categoria de produtos femininos. Gostei demais da experiência, mas isso não me impediu de participar do maior programa de seleção de *trainees*, na empresa Gessy Lever, atual Unilever. Fomos 3 mil estudantes no processo de seleção e apenas 30 selecionados em um processo de quatro etapas bastante concorrido. Fiquei muito feliz com minha aprovação. A Unilever era reconhecidamente uma universidade em marketing e assim foi. Lá fiquei por quase dez anos.

A Unilever foi realmente uma escola e me ofereceu oportunidades muito distintas, o que me ajudou a formar minha bagagem de experiências e aprendizados que até hoje me estrutura para os desafios. Desde a minha entrada na faculdade, eu sabia que o mundo executivo era o que eu queria. Estipulei metas claras para minha carreira, cargos aos quais teria que ascender e os tempos ideais para atingi-los, caso realmente eu quisesse me tornar presidente de empresa.

Iniciei como *trainee* na divisão de alimentos. O início se deu na área de finanças. Passei pela área de compras e somente após esse período acabei chegando em minha meta. Iniciei em marketing em uma empresa recém-adquirida, a Cica, famosa líder de produtos de tomate sediada em Jundiaí. Lá tive minha primeira experiência de me reportar a um inglês recém-chegado ao Brasil. Nessa época já estava casada. Depois de quase dois anos viajando diariamente, e aprendendo demais, recebi uma proposta de expatriação desse chefe gringo para me mudar para Santiago do Chile, onde havia sido adquirida uma empresa similar à Cica; a empresa Malloa também líder naquele país. O convite surgiu para ida imediata, em um país que fala espanhol, idioma que iniciei naquela mesma oportunidade.

Uma das primeiras experiências em que vivenciei a diferença entre ser uma mulher no mundo de negócios em comparação aos meus colegas homens ocorreu nessa oportunidade. Eu fui a primeira mulher a receber um pacote de expatriação na América Latina. Normalmente, para os executivos, o pacote inclui moradia, pagamento extra, aulas de idioma, plano de saúde e carro. Quando recebi oficialmente meu contrato, os benefícios vieram somente para mim, excluindo meu marido de qualquer benefício. Foi minha primeira negociação para equidade no mundo dos negócios de que me lembro. O mesmo ocorreu chegando ao Chile. Na abertura da conta salário no Banco de Santiago, fiquei sabendo que como mulher não poderia ser titular de conta e meu marido o dependente. São inúmeras histórias, todas com final feliz, que se iniciaram desde essa época.

Depois de quase dois anos nesse desafio, engravidei de minha primogênita, a Carolina, e resolvi voltar para o Brasil. Fui realocada agora em outra divisão, a de sabonetes, e gerenciei a marca Dove para toda a região latina, fruto de minha experiência anterior. A Unilever tem meu maior respeito. Foi lá que tive meus melhores chefes. Costumo dizer que minha vida teve uma curva normal de lideranças masculinas. Alguns excepcionais, outros muito ruins, mas na média tive bons chefes, todos homens. Os dois melhores chefes, que me influenciaram seja tecnicamente seja na forma de inspirar equipe, foram dessa empresa.

Depois de quase dez anos, recebi a oportunidade de uma posição de diretoria na Coca-Cola, com sede no Rio de Janeiro, e resolvi sair da Unilever. Foi uma oportunidade imperdível para a família toda, e o Fabio, meu marido, também conseguiu se deslocar para lá. Cuidar de uma das marcas mais icônicas do mundo, acrescido de uma cultura norte-americana, mas com implementação local pelos engarrafadores, na época as 15 famílias mais influentes em seus estados, me parecia muito interessante. E assim foi. O período de quase seis anos na empresa me trouxe muitos colegas que viraram amigos e muitos projetos incríveis que tenho orgulho de ter participado. Na Coca-Cola atingi uma posição hierárquica que buscava e tinha em meus planos. Essa época foi de muita exposição e autonomia. Uma empresa gringa que precisa de interlocutores locais que conseguissem negociar e planejar em conjunto com engarrafadores e parceiros brasileiros. Foram parcerias que duraram anos após minha saída. Fizemos promoções com a Avon, em que as tampinhas de Coca--Cola valiam dinheiro para aquisição de itens do catálogo focado nas classes C e D. Criamos um calendário de eventos para nos reconectar com jovens em parceria com a família Medina, famosa pelo Rock in Rio, chamado Vibezone, focado em adolescentes e esperado anualmente por esse público; levou milhares a participarem no Rio de Janeiro e em outros estados brasileiros por vários anos. Além disso, implementamos duas copas do mundo com direito a contrato negociado diretamente com o Pelé, quando recuperamos todo o seu acervo pessoal de prêmios, imagens e momentos para montar o Museu Pelé. A Coca-Cola foi outra escola para mim, onde pude exercer criatividade em toda estratégia de negócios que levou a marca a abrir sua vantagem competitiva para 55% do mercado brasileiro. Após anos na posição de diretoria, o próximo passo seria a vice-presidência, mas eu precisaria sair do país. No entanto, naquele momento, já com o Henrique, meu segundo filho nascido carioca, não seria possível. Foi quando parti para outra experiência, agora no mundo da tecnologia, mais precisamente no mundo dos telefones celulares.

A Motorola foi minha terceira experiência como executiva. Fui diretora da marca e havia o desafio de melhorar a simbiose com as operadoras de celular, por onde toda a interação e aplicativos torna-se possível. Sem a "linha telefônica" o aparelho é somente enfeite. Contudo, na época, o Motorola era considerado pelo mercado o aparelho mais bonito. Foi um desafio de aprendizado enorme, pois tem muito de tecnologia e sistemas que precisei aprender e decodificar para mim e para os usuários. Fizemos vários lançamentos de sucesso; e o maior deles: o lançamento do Razr, o aparelho mais fino do mercado, que cabia no bolso traseiro de uma calça jeans, teve todas as suas unidades vendidas em todas as operadoras. Trabalhar para tecnologia e com entrega de serviço pela primeira vez foi desafiador, mas as parcerias com os engarrafadores da Coca-Cola me ensinaram muito como buscar isso agora com as operadoras de celulares. Obtivemos várias parcerias lucrativas. Aqui o mundo era muito mais masculino do que eu havia visto antes.

Após dois anos de tecnologia, em que vi que podia navegar bem nesses mares, resolvi dar uma turbinada em meus conhecimentos de marketing. Achei que deveria me aprofundar e entender melhor as razões das decisões de nossos atos como consumidores. Resolvi me inscrever no processo de mestrado da Universidade de São Paulo. Voltar aos bancos universitários e passar pelos exames admissionais foi um processo interessante. Foi nesse momento que eu compreendi o quanto minha formação é sólida. Minhas revisões para o exame de admissão foram feitas com aulas gratuitas no YouTube. Em meu primeiro ano, concentrei-me em cursar todas as matérias que iam desde aulas na faculdade de biologia – onde estudei fisiologia cerebral –, aulas na faculdade de medicina – e os diagnósticos sobre funcionamento cerebral –, aulas na faculdade de psicologia – quando estudei os diversos processos de decisão – e na faculdade de comunicação – onde o foco é o estudo do discurso e formas de impactar pessoas e, portanto, o consumidor. Minha aprovação se deu na Faculdade de Economia e Administração, onde concluí com um estudo sobre Neuromarketing e suas contribuições para entendimento do consumidor. Fico orgulhosa por ter feito essa opção em uma idade mais madura, o que me permitiu ter mais questões que queria responder e saber onde buscar os conhecimentos além da área de administração. Minha tese tem acumulado quase 10 mil visitas pelo site da USP, o que me deixa bastante satisfeita pela utilidade que meu produto de investigação tem trazido às pessoas que querem se iniciar na área.

Durante meu segundo ano no Mestrado, fui convidada para ser a vice-presidente da empresa Philips, que, na época, buscava alguém maduro, capaz de ajudar na estratégia de marca para suas três divisões de negócio: Eletrônicos, Iluminação (*Lighting*) e Médica (*Healthcare*). O desafio era ser parte de um *board* das três divisões, cada uma com um objetivo de resultado e buscando atingi-lo individualmente. Foi mais uma prova do poder de negociação e influência para entender cada negócio e buscar a contribuição de cada um nessa história a ser construída em conjunto. Essa jornada durou dois anos, quando recebi um convite muito especial por meio de minha rede profissional.

Fui chamada por um grupo internacional, do qual eu havia sido cliente em marketing, para fazer parte de um projeto de montagem de uma rede de agências na América Latina, focada em produtos digitais por meio de aquisição de *startups*. Meu caminho como CEO havia chegado, e eu acredito ter sido minha maior experiência de intraempreendedoríssimo. Adquirimos quinze empresas em sete anos, montando uma rede inovadora e completa de serviços digitais, presente da Argentina até o México. A Dentsu, grupo japonês de renome com sede no mundo ocidental em Londres, foi minha casa pelos últimos dez anos. Foi onde explorei muito o mundo do feminino e do empreendedorismo em particular. Analisamos o empreendedorismo em uma pesquisa de 1.500 mulheres, para entender seus desafios, dores e possíveis formas de apoio em nosso programa de voluntariado. Foi nesse momento que entrei mais a fundo nos desafios enfrentados pelas empreendedoras em nossa região. Elas declaram ter dificuldades na concepção da ideia de seus negócios, quanto aos conhecimentos técnicos necessários para estruturá-los, em toda a parte burocrática das leis presentes em todos os países latinos, bem como na estruturação financeira e em sua viabilização na busca de recursos e administração deles. Além disso, faltam exemplos de outras mulheres que empreenderam e obtiveram sucesso para que sirvam de inspiração para outras. O programa serviu de inspiração e de guia para o que vim a desenvolver anos depois.

Depois do sucesso de montagem da estrutura na região latina, fui convidada a fazer parte da liderança dos Estados Unidos, levando toda a família que também fez planos para esse país. Vivi quatro anos em terras norte-americanas e aprendi demais sobre liderança em geral, pois agora fazia parte do *board* da maior operação do mundo do grupo. Um mundo feito por empreendedores, em sua maioria homens.

Contudo, foi a vida das colaboradoras, principalmente no mundo das agências, onde vi de perto o que acontecia com elas nas empresas. Elas desistiam de continuar suas carreiras assim que decidiam se casar ou ter filhos. Nos Estados Unidos não existe a obrigatoriedade nas empresas de oferecimento da licença-maternidade e, após três semanas depois do parto, as mulheres têm que voltar a trabalhar e deixar seus bebês em berçários, mutas vezes nos subúrbios próximo de suas casas e longe de onde trabalham. Fica inviável economicamente para elas continuarem seus projetos nas empresas.

Inspirada pelo valor da igualdade norte-americano, onde todos são iguais e não existe a prática da equidade no mundo dos negócios, inspirei-me para uma palestra em um evento do tipo TED chamado DisruptHR, no qual se abordam desafios na área de recursos humanos e desenvolvimento profissional. Nessa palestra expus meu ponto de vista sobre possíveis soluções caso as mulheres quisessem liderar suas carreiras para chegarem aonde merecem.

Ali, em fevereiro de 2020, nasceu a AngelUs – empresa que fundei e na qual debutei como empreendedora.

A AngelUs foi concebida como uma rede de mulheres, reconhecidas nas mais diversas áreas, que preparam outras para a liderança em um atendimento 100% digital, idealmente concebido para preparar mulheres em qualquer estágio profissional de suas vidas: início, em uma mudança de curso de carreira ou mesmo uma reinvenção dele. O nome dessa rede tem inspiração em uma recente descoberta de um santuário de árvores na floresta amazônica, onde 15 árvores estão juntas desde 1500 e são as mais altas da floresta graças ao ecossistema de suporte desenvolvido pelo entrelaçamento de suas raízes, que as faz gigantes. O nome da árvore é Angelim, um nome lindo que pode também remeter a Anjo, investidoras em mulheres.

Na concepção da empresa levou-se em consideração todo o aprendizado de anos com mulheres e seus desafios profissionais. As maiores dores de mais de 50% das mulheres brasileiras são: não saber o que querem fazer; não saber do que são capazes, suas limitações, seus sonhos; elaboração de um plano para colocar seu projeto e prazos em prática; não saber onde buscar ajuda; faltam exemplos de outras que possam servir de inspiração.

Empreendi no início da pandemia global criando a AngelUs, uma plataforma digital. Nela concebemos o que chamo de "fábrica de mulheres líderes", em um processo linear, com desenvolvimento em três fases. Na primeira elaboramos um processo de autoconhecimento para ajudá-las a entender o que querem fazer com a força, o talento e a aptidão em suas vidas. Após acordarem com essa visão como objetivo, desenhamos, na segunda etapa, um plano customizado de atividades que elas deverão realizar para que o projeto possa ser colocado em prática. Essas atividades são priorizadas em curto, médio e longo prazo. A próxima etapa é escolher as mulheres que as ajudarão em cada uma das tarefas, oferecendo conhecimento, experiência, treinamentos ou ainda serviços para que o projeto ou carreira evolua conforme o plano. Assim, em um mesmo local, conseguimos apoiar mulheres em toda a sua trajetória, construindo uma autonomia de aprendizado e acompanhamento por outras que já chegaram lá.

Entendi que a AngelUs é um projeto importante e de longo prazo, uma vez que, nós mulheres, fomos ainda mais impactadas durante anos de isolamento, e caímos ainda mais em nossa lista de prioridades, tendo que cuidar muitas vezes de todos no entorno. A receptividade, desde então, de mulheres na rede tem sido alta; e o mercado está começando a entender o que entregamos.

Como investidora única, sofro das dores do empreendedorismo. A dúvida, várias vezes ao dia, sobre qual direção tomar em áreas que não são minhas fortalezas me fez, desde o princípio, investigar o mundo das Venture Capital, empresas que aportam capital e muitas vezes ajudam na estruturação do negócio. Encontrei aí um mundo ainda mais masculino do que eu estava acostumada no mercado das empresas. Acredito que, por ser um negócio ainda em seu estágio inicial, o mundo dos investimentos em *startups*, empresas digitais que podem ter um alcance e crescimentos altos, ainda possui cultura e fatores masculinos de fazer negócio. Empreender é mais um capítulo a ser explorado dentro da rede e com muitas oportunidades de letramento para todas nós. Eu acredito que estou no meu propósito, em um momento de vida em que meu arsenal de conhecimentos segue crescente e que pode impactar pessoas, o que me move. Eu tenho momentos de dúvidas sobre empreender; às vezes, no mesmo dia, questões me perseguem. Mas quando atendo uma mulher entendo que consigo abrir caminhos, inspirar e realmente apoiá-la. E aí, nessa hora, eu tenho a certeza de que estou no caminho certo!

Acho importante ressaltar o papel do meu parceiro em todas as jornadas profissionais que resolvi enfrentar. Eu acredito que encontrei meu "homem trampolim". Eu uso essa metáfora em palestras, mas ela não é minha. Ela explica que eu nunca achei que tinha que fazer tudo sozinha na vida. Apesar de ter um papel de organizadora da minha casa e ser mãe (feliz) de Carolina e Henrique, sempre soube, com mais clareza em algumas horas do que em outras, que a perfeição não era o que eu buscava. E que eu precisava e preciso de ajuda. Sempre. E aí é que entra o papel do homem trampolim. Aquele que catapulta você para cima, ajudando, apoiando, dividindo, cobrindo, dividindo trajetórias e projetos que são seus e dele para muito além do imaginado somente por você, pois adiciona a visão dele. Sempre falo que há que ter cuidado com companheiros âncoras. Aqueles que puxam você para baixo. Que ancoram e deixam você estática com a falsa sensação de segurança em um mundo que está permanentemente em mudança. Eu vi muitas colegas apostando nesses tipos de companhia. Naqueles que erroneamente dão estabilidade momentânea, mas que na primeira curva de rio podem deixar você ali, presa. Sem deixar fluir. Porém, ter clareza do caminho que você quer cursar ajuda na escolha da parceria correta. Eu sempre tive certeza do que queria e esperava da minha vida profissional. Queria ser uma executiva, aprender culturas do mundo, viajar muito, liderar e inspirar pessoas. Sigo nessa trajetória, hoje viajando pela rede e vendo isso possível e tangível todos os dias.

Sobre meus filhos, criamos ambos para que possam voar e ter autonomia de voo. Oferecemos o que para nós é mais valioso e que costumo dizer: dar asas para voar e motivos para voltar. Sempre. Hoje estamos vivendo em três locais diferentes. Eu e Fabio no Brasil – empreendendo –, Carolina em Miami – já formada e trabalhando – e Henrique em Boston – estudando. Esse é um lugar conquistado para cada um de nós, nada gratuito, muito construído e sempre alimentado. Muitas conversas, acordos que são resultantes de companheirismo, respeito, papéis claros, sonhos compartilhados e vida idem. Eu sinto, olhando para trás, que estou onde queria estar. Estou bem na minha pele, mas tenho ainda muito a realizar. Por mim, por eles e por todas as mulheres que hoje me dedico para ajudar no desenvolvimento e encontro com suas vocações e realizações profissionais. Vamos #mulherar?

21

CONTRADIÇÕES

À primeira vista, eu nunca me encaixei no que poderia parecer ser aos olhos dos outros. Minha vida, até aqui, foi marcada pelo contraditório e por desafiar o senso comum. Eu jogava todos os esportes possíveis, competia nos intercolegiais, mas também era monitora de química e professora particular de amigos. Eu ajudava os professores com os bagunceiros e vice-versa, e os treinadores com os atletas, em busca de melhorias no boletim. Fui presidente de turma, coordenadora da liturgia da igreja da escola, toquei na banda. E diversas vezes em detenção por customizar meu uniforme e matar aula para ir à praia. Eu fazia parte de grupos aparentemente opostos, mas não encontrava motivos limitantes para não ser assim. Essa capacidade de mutação, de adaptação, de compreensão é um dos combustíveis para todos nós irmos nos encaixando no mundo.

DANI MIGNANI

Dani Mignani

Contatos
daniela.mignani@me.com
LinkedIn: linkedin.com/in/danielamignani/
Instagram: instagram.com/dani_mig/

Lá se vão 31 anos de carreira. Trabalhei no Banco Nacional, Multiplan, Infoglobo, Globosat e Globo. Uma trajetória cujo pilar foi a construção de grandes marcas, marketing, comunicação e publicidade, até chegar à Direção Geral de Unidade de Canais Pagos não esportivos Globo. Estudei Comunicação, fiz pós-graduação em Marketing pela PUC-RJ e MBA em Administração pelo PDG/IBMEC. Cursos sem fim por aí. Vem sendo uma trajetória rica de aprendizado e surpreendente. Recebi destaque como profissional de mídia pelo *Meio & Mensagem*, ganhei o Caboré como Profissional de Veículo e *Women to Watch* no Brasil. Fui jurada em três Emmys Internacionais, fui integrante do Comitê Impulsor da ONU Mulheres, no Brasil, e trabalhei voluntariamente no *Junior Achievement RJ*, apoiando a pauta empreendedora em escola pública. Sou mentora há quatro anos pela Top2You, Edutech no ranking Top 10 da Open Startup na América Latina. Simplesmente adoro. Até agora, mentorei 145 executivas, com o objetivo principal de apoiar o crescimento e o fortalecimento dessas novas lideranças femininas. Minhas preciosidades, amores e impulsionadores nessa longa caminhada são Jose Luis Volpini - há 29 anos - e Juliana, minha filha tão sonhada - há 27. Que sorte a minha.

Uma orquídea no meu caminho

Minha aparência de surfista não facilitou na procura do meu primeiro estágio. Cabelos longos superlouros, bronzeada e sempre descascando no rosto. Tempos de pasta d'agua e caladryl, pela inexistência de filtro solar. O *Jornal do Brasil* era o grande jornal impresso naquela época em nosso país, e mirei nele. Candidatei-me para uma vaga, passei na fase de análise curricular e fui feliz para a primeira entrevista da minha vida.

A gerente de marketing era uma profissional supersacudida e conhecida, e liderava a *Revista de Domingo*, uma referência. Conheci a minha futura coordenadora e começamos a conversar. Fui analisada de cima a baixo, e nada levada a sério. No fim, ao passar no corredor que desembocava ao lado da sala da gerente, uma série de aquarelas da Margaret Mee me fez reagir pela beleza e dizer:

— Nossa, como são lindas essas orquídeas da Margaret Mee.

A gerente saiu da sala imediatamente e me perguntou:

— Você sabe quem é, e conhece o trabalho dela?

— Sim.

Falei meia dúzia de coisas sobre a botânica inglesa e ouvi:

— Está contratada.

Ao voltar na data combinada para iniciar o estágio, minha recepção foi com esse comentário:

— Você está aqui por ela e não por mim. Você não era a minha escolha.

Perguntei o motivo e não me disse nada substancial. Aquilo não saiu da minha cabeça e não sosseguei enquanto ela não me revelasse o porquê. Em duas semanas, já mais próximas e com alguma entrega da minha parte, ela se sentiu confortável em me dizer que a minha aparência não inspirava credibilidade. Sabe o contraditório que menciono no texto de abertura? É isso.

Uma experiência incrível com uma mulher que apostou em mim logo de cara, pelo conteúdo que eu poderia oferecer e sem olhar para a minha aparência, e uma outra mulher, que me viu de maneira oposta, mas que teve a grandeza em reconhecer.

Bom dizer que viramos melhores amigas e nos apoiamos pelo ano que seguiria.

Com esse episódio, aos 17 anos, inicio uma reflexão que mexe e remexe em minha cabeça até hoje, que é sobre as relações complexas que nós mulheres podemos ter umas com as outras. Heranças estruturais, culturais, e a certeza de que há quem se beneficie com a manutenção de relações conflitadas.

Mais velozmente, há duas décadas, esse contexto vem se alterando todos os dias em direção ao apoio, ao impulsionamento para ocuparmos cada vez mais os espaços públicos, e os privados, cada vez mais, dividirmos com os homens.

Assim, vamos avançando de maneira belíssima e com uma união jamais vista. Mais do que nunca, estamos nos educando, nos aceitando, revendo nossos modelos e exercitando o hábito diário de puxarmos umas às outras.

O volume 1 e agora o volume 2 deste livro são uma das provas concretas de que vem dando muito certo. Histórias fantásticas com perspectivas muito diversificadas. Certeza de que os volumes 3, 4, 5 já estão logo ali.

Heforshe & Sheforshe

Não tenho condição de pensar e compartilhar a minha caminhada sem dar o valor aos homens que passaram em minha carreira até aqui. Particularmente, com exceção de alguns meses ao longo desses 31 anos, todos os meus chefes foram homens.

Conrado, Jorge, Guilherme, Bocayuva, Paulo, Wilson, Alberto, outro Paulo, Erick. Todos sempre me ouviram atentamente, consideraram meus pensamentos e contribuições, e também tiveram ouvidos abertos às minhas contestações.

É meio doido falar isso hoje, mas ao fazer uma retrospectiva, decidi muito jovem construir uma carreira. Impulsionada pela ideia de ser absolutamente independente, fui criando ferramentas internas para lidar com esse mundo masculino; afinal, eles ocupavam os lugares de desejo. Tive uma convivência e aprendizados extraordinários com todos, e cresci com a gestão de cada um deles.

Machismo? Muitas vezes. Mas nada que uma boa conversa não tivesse resolvido. Sempre tive forças internas para estabelecer esse diálogo. Por outro lado, minha única chefe mulher, por um período curtíssimo de tempo, também foi de uma importância absoluta na minha vida. A Letícia, que tinha um trabalho marcante na TV Brasileira, depois que juntas fizemos um lindo projeto de *rebranding* do GNT, apostou em mim para o comando do canal ao aceitar outro desafio. Um caminho enorme se abriu, sendo um divisor de águas pessoal e profissional.

E ao sentar numa cadeira com poder de decisão mais amplo, minhas escolhas foram em sua grande maioria estar próxima delas. Times majoritariamente femininos marcaram a minha jornada. Nem sempre foi simples e suave, altos e baixos, choros e risadas, mas a minha convicção interna é que se não ocupamos os espaços, não nos desenvolvemos e não nos aperfeiçoamos em todas as dimensões. E afirmo: os aprendizados mais profundos e recompensadores foram com elas.

Quero abrir caminhos mais fáceis para minha filha, sobrinha e todas, mas prefiro agir sem a ideia da exclusão, pois esse lugar conhecemos bem e não é nada confortável.

Exalto a nossa união como a melhor solução para a criação de medidas orientadas para a paridade.

E mais uma vez, pode parecer contraditório.

Humor funciona, e deveríamos usá-lo ainda mais

Tenho histórias muito gostosas a respeito da Globo, e essa é do GNT, um dos canais sob minha direção. Os territórios editoriais eram Comida – Casa – Diálogo. Era um canal que explorava a energia feminina, mas longe de ser um canal para mulher.

Ao apresentar um novo posicionamento para o comitê executivo majoritariamente masculino, lançamos mão da astrologia. O ponto aqui era informar que todos os seres humanos tinham energia masculina e feminina, independentemente do seu gênero. O que nos define é um conjunto de características e atributos que nos aproximam mais do feminino ou masculino. A Box1824, com a Paula à frente, e minha grande aliada em projetos incríveis, teve essa ideia; trouxe o Edu Conte, astrólogo, costurei com cada assistente do comitê o dia e hora do nascimento dos diretores, e bingo.

Antes da apresentação, cada um recebeu o seu mapa astrológico com a gradação das suas energias; quebramos o gelo, ficaram entretidos com as informações, e a essa altura já tínhamos conseguido trazer a ideia que queríamos. Adoraram e foi bem divertido. Tudo aprovado com louvor.

Naquele momento, não podíamos mais falar de canal voltado para mulher, pois aquilo era um conceito reducionista, deslocado do tempo e inadequado.

Nunca foi simples driblar um *board* masculino com o conteúdo que tínhamos na mão. Era mais engajador e universal o esporte, o jornalismo, a música e o humor do que gastronomia, decoração, debates femininos e documentários que jogavam luz sobre os novos comportamentos da sociedade.

Aprendi que usar o humor e a criatividade para despertar a atenção– mesmo em circunstâncias corporativas mais formais – dava muito certo. Em nossas apresentações, éramos eu e mais cinco gestoras; tinha sempre algum acontecimento. Um supervídeo ou uma edição fora do comum, uma programação visual mais provocante, um *slide* fora de contexto, enfim. Superávamo-nos.

Construímos juntas um grande caso de conteúdo, de marketing, de elenco, de faturamento, de audiência segmentada. Todas as metas batidas em todos anos, e a confiança irrestrita do Alberto. Uma união entre homens e mulheres que deu muito certo.

A revolução da longevidade

Com cuidado e alguma sorte, estamos caminhando para a finitude por volta dos nossos 95 anos. Deixamos para trás o período industrial, quando nosso corpo era utilitário e morríamos mais cedo. A vida era dividida em brincar – estudar – trabalhar – descansar. Tudo bem demarcado cronologicamente.

Enfrentamos hoje a revolução exponencial da informação, em que produzimos símbolos, estética, ética e serviços. Teremos que brincar, estudar, trabalhar e descansar concomitantemente em nossa longa existência.

Um carrossel de transformações cada vez mais velozes que nos exigirá desenvolver um conjunto de habilidades que acompanhem o espírito do tempo. Teremos um portfólio de carreiras, e isso pode parecer assustador; desafiador sim, mas muito promissor. Ao me deparar com mudanças em mim e na minha vida profissional, aos 50 anos, finalizando um ciclo para lá de vitorioso, a única certeza é que vou iniciar uma nova fase do tamanho da que já vivi. É um portal de possibilidades que se abre para chegar aos 95 explorando muitos dos caminhos que o mundo nos apresenta. Eu sempre penso sobre os *trade-offs* da vida: vamos perdendo o viço, mas vamos nos tornando cada vez mais interessantes. E isso é uma beleza arrebatadora.

E ainda temos a maturidade em nosso favor, que nos ajudará a não mais atender somente a expectativa do outro.

Quem me puxou para esse grupo foi uma das amigas que a Globo me deu, a Thais Chede.

Eu puxei a Adriana Alcântara, outra amiga que a Globosat me deu, e também estou sendo puxada por ela nessa minha nova fase. A Lucia, a Andrea e a Leticia me puxaram. Um dia eu puxei a Mari, a Fabi, a Flávia, a Carol, a Steph, a Bel, a Andrea, a Beth, a Astrid, a Sabrina, a Fernanda e muitas e muitas. E todas elas me puxaram para um lugar de grande evolução.

E segue o baile.

A vida não é só trabalhar. Tem que se deixar um bom capítulo para as loucuras que cada um tem.
JOSÉ MUJICA

22

RENÚNCIAS E ESCOLHAS, VIVA SEU SONHO

Toda grande jornada passa por grandes perdas, desilusões, renúncias e incertezas, o seu solo só será fértil a partir do momento que estiver pronta para fechar as portas e janelas, que precisam ficar no passado, e se abrir para o novo, para a luz e a aceitação. Foi desafiador me abrir e colocar, em poucas palavras, o turbilhão que foi minha vida profissional e pessoal, que me fez chegar aonde estou hoje. Desfrute do meu capítulo, o qual me liberto das amarras e limitações para uma caminhada leve, serena e guiada por Deus.

DANI RESTUM

Dani Restum

Contato
Instagram: @danirestum

Campinera, cristã e apaixonada por moda. Filha de Valdenora Peixoto, cearense que veio nova para o interior de São Paulo e é símbolo de força, proteção e amor, e de Roberto Restum, paulistano, grande empresário, referência no varejo do segmento de moda no Brasil; sua maior inspiração. Ambos são sua base e estrutura, que mapeou sua evolução e jornadas pessoal e profissional.
Mãe de Valentin e Mariah, por meio da vida deles, hoje, sente-se uma mulher mais forte e destemida. Formada em Moda na Fundação Armando Álvares Penteado (FAAP), atuou na Top Brands Fashion Group (TBFG) desde seus 18 anos. Foram 16 anos lá. Tornou-se diretora de estilo e produto e cofundadora da Polo Wear, que hoje detém 173 lojas próprias e 25 franquias, a maior e mais rentável marca do grupo. Lá, teve a verdadeira escola para seguir com suas próprias pernas e lançar sua marca em 2020, em meio à pandemia, a Secrets Lounge, marca de moda íntima que tem como propósito: "Permita que cada pessoa potencialize sua íntima verdade".

Sou fruto de alma cearense e tempero libanês; meus avós maternos, minha mãe e seus irmãos vieram do sertão e não tiveram os privilégios e oportunidades que meus pais me deram. Sou grata por ter como referência em minha família materna mulheres fortes, que encararam com garra e determinação as dificuldades e os obstáculos que a vida as apresentou.

Minhas tias se chamam de "As três Marias". Elas são mais que uma constelação representativa para mim, são lobas, que me ensinaram a andar como tal.

Meu avô paterno Khalil nasceu em Chadra, no Líbano. Veio aos 17 anos de navio com cerca de 1.500 italianos e apenas três libaneses, contando com ele. Veio tentar a sorte que não teve em seu país de origem. Foram trinta dias até chegar ao porto de Santos.

A cultura rígida da nossa família o fez um homem duro, enérgico e desbravador, qualidades passadas ao meu pai, que com sabedoria desenvolveu inteligência emocional e habilidades para driblar a firmeza e a ditadura que viveu, junto aos seus irmãos e à mãe.

Eu

Nasci em Campinas, interior de São Paulo, no da 17 de junho de 1985. Minha mãe tinha 22 anos e meu pai ia completar 23 anos em agosto – jovens e cheios de vida, que me deram a vida.

E adivinha de onde vem meu dom pela moda, ou melhor, quem foi o precursor? Meu avô Khalil, que começou cedo como mascate, batendo de porta em porta vendendo roupas, juntou seu dinheiro e abriu sua primeira loja, que meu pai usava como seu parque de diversões. Em vez de brincar na rua com seus amigos, deliciava-se em montar a vitrine da loja, atender os clientes e ficar no caixa. Essa herança passada de pai para filho também foi passada de pai para filha. Lembro-me até hoje, nas férias escolares, meu pai me levando na loja para ajudar; e eu amava fazer aquilo, montar caixas de presentes. Dava-me prazer em ver as pessoas felizes ao adquirirem uma vestimenta, que enaltecia sua beleza. Tinha apenas dez anos, mas essa passagem me marcou, porque desde sempre sabia que era isso que queria para a minha vida!

Quando estava no meu primeiro ano de faculdade de Moda na FAAP (Fundação Armando Álvares Penteado), soube por meio de uma amiga do curso que tinha um anúncio de vaga para estagiária no setor de estilo na Planet Girls – uma das marcas do grupo da minha família – e quis me inscrever por ser da família, minha vaga de estagiária seria garantida, mas quis passar pelo processo e conquistar a oportunidade como qualquer outra estudante de Moda. Consegui a vaga.

Lá aprendi muito ao lado do meu pai e da Adriana, criadora da marca Planet Girls, e minha madrasta. Foi bem desafiador estar ali, mas foi minha escola base para o voo que em breve alçaria.

Fiquei no auge dessa marca, que foi fenômeno, desejo e referência de calça jeans para a mulher brasileira. De estagiária no primeiro ano de faculdade, em 2003 fui efetivada como assistente; pulei para estilista, até alcançar o cargo de coordenadora. Em 2006, recém-formada estava já de malas prontas para fazer um curso de especialização de Moda em Melbourne, na Austrália, quando recebi a proposta da Dri para ficar no Brasil e participar do SPFW BUSINESS – São Paulo Fashion Week Business. Proposta tentadora, a qual aceitei, e dela foram mais três anos no mundo das estrelas com a Planet Girls.

Em 2009, percebi que não tinha mais como crescer na área em que me encontrava, e fui conversar com meu pai, colocando a ele o anseio por algo novo, que me desafiasse. Meu pai, com muita calma e estratégia, me propôs encarar uma nova marca, que ele tinha o registro e que gostaria de colocar no mercado. Eu, como adoro e sou movida a desafios, escolhi mergulhar na nova empreitada. Saí do mundo das estrelas, *glamour*, brilho para o universo dos cavalos, inicialmente focado no homem e com um toque elegante, esportivo e casual.

Era tudo o que eu precisava e foi ali que me encontrei de verdade, afinal, era tudo novo e tive o prazer de colocar a minha visão, meus valores na marca, ver crescer e se tornar a maior marca do grupo, a Polo Wear. Como cofundadora da marca, tenho-a como um filho; e ver cada fase e passo dado me enche de orgulho, tendo meu pai como fundador e apoiador, que me entregou seu sonho, deixou-me mais próxima dele e da nossa essência.

Finalizo meu ciclo com a Planet no final de 2009, e já assumo a linha de frente da Polo no começo de 2010. Da mesma maneira que foi tudo tão rápido e avassalador na vida profissional, na vida pessoal também, do primeiro beijo, em maio de 2009 a morar junto em meados de julho, ao pedido de casamento em outubro e oficializado em novembro.

O ano de 2010 foi intenso e passou voando, nascimento da Polo Wear, preparativos do meu casamento, construção da nossa casa, e em 12 de novembro de 2010, com 25 anos, me caso.

A Polo Wear foi ganhando corpo e notoriedade, e meu pai enxerga no meu parceiro de vida um grande potencial para nos ajudar na empresa. Em 2012, convida-o para assumir a parte de logística, que na época precisava de uma dedicação e evolução.

Nesse mesmo ano, introduzo a linha feminina na marca, que até então só era focada no masculino. Vejo essa oportunidade ao termos como base nas informações dos consumidores que 65% das compras eram efetuadas por mulheres, e vejo que temos um gancho e a faca e o queijo na mão para atrair essas clientes.

Em 2014, grávida do Valentin, ao me deparar com esse universo da maternidade, percebo o quanto o mercado brasileiro era carente no segmento de moda infantil, e em plena Copa do Mundo no Brasil lanço a linha *baby* e infantil da marca.

A grande virada

Foram anos de crescimento e aberturas de lojas da marca; e em 2016, logo depois do nascimento da Mariah, minha filha caçula, veio latente o desejo de uma marca minha: a Secrets Lounge nasceu do desejo de trazer o íntimo e fortalecer a mulher de dentro para fora. Fiz o esboço junto a minha equipe na época e apresentei ao meu pai, meu líder e chefe na empresa, e ao meu marido. Ambos amaram a ideia, mas como a Polo Wear estava com apenas seis anos, não acharam interessante me dedicar a uma marca nova, com o tanto que a Polo tinha ainda para crescer, alcançar, e de potencial. E, como sempre, deixei meus desejos e sonhos de lado, para fortalecer e obedecer a vontade do outro.

Final de 2018, meu marido recebe uma proposta tentadora de trabalho em outra empresa e seu último dia no grupo foi em janeiro de 2019.

Ao retornar com meus filhos de uma viagem de férias, um familiar do meu marido me chama para conversar, me abre os olhos e me alerta quanto à sua suspeita de o meu marido estar me traindo, era 11 de março de 2011. Nesse mesmo dia, peço a ele que volte mais cedo do trabalho para podermos conversar. Quando o questiono se está me traindo, ele olha nos meus olhos e responde: "Tá louca? Não dou conta de uma, quanto mais de duas".

Na madrugada de 14 de março, após fazer uma oração pedindo à Deus para proteger minha família e para me mostrar o que preciso ver, recebo como um comando: "pega o celular dele"! Quando desbloqueio o celular dele, tenho a prova do adultério. Meu chão se abriu, minhas mãos ficaram trêmulas e fiquei perdida.

Naquele mesmo dia, conversamos e pedi que ele se retirasse de casa.

Depois disso lhe dou mais duas chances para nosso casamento, e recebo informações que ele continua com o caso, e no dia 5 de julho, dou um basta.

Encontramo-nos no dia 11 de novembro de 2019, um dia antes de completarmos nove anos de casados na audiência de conciliação. Como diz minha advogada, que me representava, eu entrei uma leoa e saí uma gatinha.

Ele estava uns 15 quilos mais magro, era nítido que estava sofrendo. Ali, diante da mediadora, das advogadas e escrivã, pediu perdão, pediu para eu dar a mão a ele e, depois, me pediu um abraço.

Saí de lá estranha, sem saber ao certo o que fazer.

O que levo de lição da minha jornada é busque seu autoconhecimento, sua segurança e estabilidade financeira, independência emocional, e o principal: caminhe e tenha sua vida pautada, fortificada, enraizada nas palavras do nosso criador. Ele tem a resposta para tudo, é a melhor direção que devemos seguir. Por meio do seu agir, conseguimos ter clareza, criar a intimidade necessária para estarmos atentas aos seus comandos, seguir nossa intuição e saber falar não.

Tenho traumas de infância, que achei que os estivesse enterrado, mas quando a cura não é por completa, eles voltam e voltam até que você entenda que, se não se aprofundar neles, não reconhecê-los, podem emergir novamente. A ferida, quando aberta, precisa ser limpa, e limpar dói, machuca, a faz ter memórias que desejava nunca mais tocar, reviver ou sentir. Uma vez limpa de verdade e aceita, entende que tudo isso foi necessário para sua evolução, seu amadurecimento. O que pesava se vai, o que atormentava e era turvo se clareia, e a paz volta a reinar.

Estar entre os dois homens que eram referências em minha vida me recolocou em uma posição injusta, porque até hoje eu tenho perguntas sem respostas e ambos traíram minha confiança, um quando eu ainda era uma menina de apenas 5 anos, e o outro ao cometer o adultério e entrar em uma guerra de poder, em meio a nossa separação, mas nunca foi sobre eles, sempre foi sobre mim. Por meio da vida deles, por meio das escolhas deles, entendi e estou em processo de cura. Quando nossos olhos são desvendados, nossos ouvidos abertos e nossa boca não se cala, ou aceita a situação, o limite é colocado e sua liberdade lhe é dada por direito, direito esse que eu conquistei e venho conquistando todos os dias, cada vez mais.

Sempre me perguntava se expor isso tudo seria benéfico, por envolver meus familiares, mas como o meu próprio título diz, "renúncia e escolhas", por muito tempo da minha vida eu renunciei a mim mesma para me enquadrar, e tanto como eu, as pessoas aqui citadas tiveram suas escolhas. Não estou aqui para julgar, apenas para por meio da minha experiência auxiliar outras pessoas a despertarem e se conectarem com a sua essência. Não permitir que seus limites sejam excedidos e fortalecer seus pontos fortes.

O que mais me feriu foi o que mais me fortaleceu, aqui estão alguns trechos da minha vida, uma história real. Por meio da minha vida, outras mulheres podem ser tocadas, se identificar, buscar ajuda, ou servir como um alerta para nossas filhas, familiares e amigas.

E o desfecho final desse ano conturbado que foi 2019 foi que reatei com o meu marido após a audiência de conciliação, e meus familiares foram contra, o que acarretou o meu afastamento da minha paixão que era a Polo. Foi dolorido e bem traumático, hoje entendo o posicionamento deles. Quiseram me proteger, e ao me colocarem numa posição de escolha, entre o meu trabalho ou eu dar mais uma chance à minha família, não poderia ter os dois. Seguindo meu coração e sem ter ciência da minha codependência emocional em relação ao meu marido, abdiquei de tudo o que havia conquistado profissionalmente para me dedicar à família. E só assim tirar o meu sonho da Secrets do papel.

A marca para chamar de minha

A Secrets vai muito além de um sonho, uma marca. Ela me mostrou e me mostra todos os dias as conexões e ligações que se revelam, da minha vida pessoal para a profissional. Inconscientemente, escolhi o logo de um cadeado para representar a logomarca. No primeiro momento, vem a ideia de guardar seus segredos, de algo que é secreto, íntimo, profundo. Vejo que esse cadeado, na verdade, para mim, representava essa prisão de me encaixar na vida do outro, sem ter de fato a liberdade que todos merecemos.

Escolhi a roupa íntima sem nunca ter tido realmente contato e experiência nesse ramo. Sempre estive envolvida com o mundo da moda, mas ligada ao segmento de moda casual. São universos diferentes e bem específicos. Quando trago essa vontade, bem desafiadora, vejo que precisei ter esse contato do íntimo no profissional para entender que só estamos verdadeiramente bem quando nosso interior está em paz, curado, feridas tratadas e fechadas, sem máculas, sem culpa, sem dor. E isso é possível? Afinal, todos temos dores, feridas, ninguém possui uma vida perfeita, mas vivemos em busca dela.

Não é à toa que estou no segundo volume e que escrevi o capítulo da minha história durante o feriado de Páscoa. Somos templos de Deus e formados por corpo, alma e espírito.

> Sim, eu sou a videira; vocês são os ramos. Quem permanece em mim, e eu nele, produz muito fruto. Pois sem mim, vocês não podem fazer coisa alguma.
> (João 15.5)

Pare com esse medo de perder pessoas e entenda que você também é uma grande perda.

Talvez o "para sempre" seja sobre memórias e não pessoas.

Você precisa ter vontade de passar o resto da vida antes de tudo com você.

Você é forte o suficiente para começar de novo.

Não se enxergue por meio do olhar do outro.

Não se sinta culpado por fazer o que é melhor para si.

Vai doer hoje e por mais alguns dias, até não significar mais nada.

Uma boa escolha para a eternidade compensa milhares de escolhas erradas na Terra.

A escolha é sua.

Eu espero que você não tenha que admirar de longe o que você tinha tão perto.

23

NA UTI

Hoje, ela é uma bandeira empunhada pela realização dos sonhos, paixão pelo que faz e brilho nos olhos. Ela é um manifesto pela vida, cheia de sorrisos e propósito. Ela é um protesto contra gente opaca, infeliz e sem sentido. Mas ela também já perdeu tempo, como erva daninha, crescendo sem rumo. Ela já achou sua vida medíocre, automática e desequilibrada. Achou que faltava, sobretudo, a si mesma na sua própria história. Não tinha sonho nem paixão. Sobravam esforço, traumas e boletos. Foi aí que caiu em queda livre, cada vez mais perto da certeza de que "isso tudo vai acabar", ela deu a maior pivotada da sua carreira.

Daniela Abreu

Contatos
danielaabreupaula@yahoo.com
LinkedIn: linkedin.com/in/danielaabreupaula
Instagram: @danielaabreupaula

Jornalista, formada pela Universidade de Brasília (UnB), com especializações em Comunicação Transmídia e Marketing. Atua, há mais de 15 anos em jornalismo, na cobertura *hardnews* e na coordenação de projetos integrados de comunicação. Já passou pelas maiores emissoras de televisão do país e está, desde 2014, na GloboNews. No maior canal de notícias da América Latina, participou do planejamento e gestão de alguns dos principais produtos da marca, como grandes coberturas, programas especiais e telejornais, com destaque para: *Central das Eleições* (2014, 2016, 2018, 2020 e 2022), *Central GloboNews, Em Foco com Andréia Sadi, Papo de Política, Fatos e Versões, Jornal das Dez, Edição das 18h*, além da cobertura das crises política, econômica e sanitária nos últimos anos. Também fez quatro documentários (*Sol Nascente, Paranoá – O início de Brasília, Mel e Lis e 25 anos GloboNews – Política*) e participou de produções que foram indicadas ou venceram importantes premiações internacionais, como o New York Festivals – TV & Film Awards.

Para minha rainha e minhas ancestrais, muito obrigada!

Eu estava na Bahia, na Unidade Coronariana da UTI do Hospital das Clínicas (HUPES), quando chegou em uma maca um homem forte, com jeito de quem malhou a vida inteira, com uns 45 anos, sorridente e espalhando brincadeiras. Ao seu lado estavam sua mulher, igualmente bonita e forte, duas filhas adultas e os médicos. Ninguém parecia preocupado, as irmãs faziam carinho no pai, enquanto a esposa perguntava à equipe quando seu marido seria liberado, e ele, por sua vez, levava o ambiente às gargalhadas, fazendo piadas com o avental hospitalar.

Por que aquele homem tão bem-disposto estava ali? Puxei conversa e tentei entender, uma das filhas, com cara de consternação pela minha situação, só me disse que o pai era policial e estava bem, que havia sentido uma fisgada no peito durante o trabalho, mas não devia ser nada demais. Afetuosa, colocou a mão em meu ombro e perguntou: e ela, o que ela tem?

Segurei com todas as forças as lágrimas que insistiam em cair e só soube dizer que estava difícil para ela. Intubada, com os olhos fechados por esparadrapos, veias aparentes, o corpo roxo e muito inchado, ela tinha passado por uma grande cirurgia que precisou ser interrompida no meio. Ela teve duas paradas cardíacas e uma hemorragia seríssima durante a implantação de safenas e mamárias, o que levou a equipe a desistir de concluir a operação. Chamaram a família e disseram que, infelizmente, a situação era muito grave, que o coração pararia a qualquer minuto. Naquele momento, eu estava me despedindo... da minha mãe.

Minha cabeça girava, como se meu cérebro não conseguisse absorver o que estava acontecendo. Em nada aquele corpo frágil se despregando da vida parecia com o de dona Francisca, ou a minha "rainha", como sempre a chamei. Ela era a mulher mais doce e resiliente que conheci. Nascida no semiárido baiano, fez jus a Euclides da Cunha quando definiu que "o sertanejo é, antes de tudo, um forte".

Minha mãe repetiu à risca a saga retirante. Saiu ainda jovem do sertão para fugir das mazelas da seca e acudir a família. Em São Paulo, conheceu o preconceito e uma pobreza ainda mais cruel. Arregaçou as mangas e, aos poucos, ajudou irmãos, pais, amigos, salvou a si e, sobretudo, a milhares de mulheres. Tinha uma vontade absurda de viver, via beleza até em fresta de sol, um riso frouxo e uma fé capaz de mover montanhas. Casou-se, conheceu o terror do machismo na face do homem que mais amou. Adormeceu seus sonhos e fiou sua vida na religião, nos filhos e no trabalho voluntário com mães da periferia de Diadema, São Paulo. "Filha, é nossa obrigação ajudar. Nunca se esqueça de que quando você salva uma mãe, você salva a família. Uma mãe feliz é capaz de mudar o destino de várias gerações. Vamos!"

Assim, desde cedo, conheci a tal força da sororidade. Testemunhei-a dando palestras, cestas básicas, enxovais, livros, roupas, formando redes de apoio, ajudando incontáveis mães a seguir em frente. Dona Francisca foi o meu primeiro exemplo de uma *Uma sobe e puxa a outra*, na veia, nos braços e na alma, muitas vezes sem um real, dividindo apenas o amor.

Vendo meus olhos encharcados, a menina não me perguntou mais nada. Abraçou-me e disse: "Vai ficar tudo bem". Dali a pouco, o médico se aproximou e me deu mais notícias ruins. O choro, se estava contido, desaguou de vez.

Nos minutos finais da visita, fiquei em silêncio, chorando, ajoelhada aos pés dela, agradecendo-a pela mãe espetacular que havia sido. O homem forte parou de contar piadas e, antes de eu ir embora, me disse: "Ei, moça, não fique assim, a coisa melhor do mundo é sorrir. Enxugue seu rosto e vá em paz. Não se preocupe, ninguém morre no meu plantão, aqui tem médico e policial, ela tá bem guardada". Eu sorri e, de alguma forma, aquelas palavras carinhosas me deram um suspiro. Voltei para casa de ônibus, cruzei Salvador rezando, refletindo sobre a vida severina da minha mãe, das minhas ancestrais e de tantas nordestinas que caminhavam ao meu lado.

No dia seguinte, ao chegar para a visita, estranhei a movimentação. Notei algumas pessoas tristes na porta, médicos reunidos em uma sala, funcionários andando rápido e, logo, o meu coração disparou com a possibilidade de ser algo com a minha rainha. Apressei-me para vestir a roupa hospitalar e pedi para entrar, queria saber logo se o pior tinha acontecido.

Demoraram a liberar minha entrada e, nesse meio-tempo, vi enfermeiros saindo por outra porta, com um corpo coberto dos pés à cabeça. Comecei a tremer por inteiro, como se estivesse com muito frio. Quando finalmente pude entrar, antes mesmo de falar com alguém da equipe, com o olhar eu busquei a maca dela, no canto direito da UTI. Encontrei-a deitada, do mesmo jeitinho que estava no dia anterior. Respirei profundamente e, dessa vez, chorei de alegria. Aproximei-me, conferi os monitores e tive certeza, "ela está viva!" Se no dia anterior aquele cenário me deixava triste, dessa vez eu só conseguia agradecer.

Depois de alguns minutos, olhei no fundo da sala e vi as filhas do homem forte, aquele que contou piadas na véspera, serem recebidas pelos médicos. Pelo olhar, busquei a maca onde ele estava e vi as cortinas fechadas. Instantes depois, vi as irmãs chorarem descontroladamente. Ali entendi que toda aquela movimentação realmente tinha um motivo. Levantei-me para confirmar se era isso mesmo e não pude acreditar quando ouvi que sim, aquele homem havia morrido. Eu estava em choque.

A cabeça voltou a girar, o corpo parecia se descolar da realidade e tudo o que me disseram depois eu não consegui escutar. Era a primeira vez que eu via a morte, assim, ao meu lado e ainda de alguém que, poucas horas antes, estava gargalhando e me acolhendo... "a coisa melhor do mundo é sorrir". Como, meu Deus? Como? Ao mesmo tempo que estava agradecida por ver minha mãe agarrada a um fiapo de vida, eu não conseguia entender como aquele homem forte e sorridente estava morto.

As filhas, ao passarem por mim, me cumprimentaram e desejaram força, "com a gente aconteceu o pior". Entrei em parafuso. Comecei a olhar para as pessoas e pensar que qualquer um que estava ali poderia não voltar amanhã. Pensei no meu marido, nos meus filhos, nos meus amigos e, dali em diante, um senso de urgência e desespero tomou conta de mim.

Dona Francisca, contrariando todas as expectativas, seguiu agarrada ao fiapo de vida por muitos dias. Tempo suficiente para me revirar do avesso.

Pude testemunhar outras tantas mortes e, em cada uma delas, me sentir num precipício, em queda livre, deparando-me cada vez mais perto com a certeza de que isso aqui acaba. Ao mesmo tempo, pude olhar longamente para ela e sentir a força da vida brigando por cada suspiro. Pude revisitar toda a minha história, diminuir enormemente o tamanho dos problemas e, numa mistura de medo e desejo de viver, pude decidir com todas as minhas forças que iria realizar os meus sonhos... antes que fosse tarde demais.

No ambiente em que cresci, o machismo era uma regra e não havia nem clareza de que aquilo não era legal. Pelo contrário, esse questionamento não existia ou, quando ameaçava existir, vinha acompanhado de um soco na boca, nos olhos ou nos sonhos. Uma reprimenda moral tão inviolável que você acreditava que merecia aquela agressão.

Nesse cenário, mesmo com a educação amorosa e empoderada que minha mãe me deu, por motivos que dariam um livro, eu e ela, em algum momento, sucumbimos. Soltamos – sem perceber – as rédeas dos nossos planos de vida.

Ela entrou em depressão, adoeceu e voltou para a Bahia. Enquanto eu, na periferia de São Paulo, atormentada pela fome e pela solidão, passei a agir obstinadamente em busca da minha sobrevivência.

Puxei de meu pai uma força impressionante para trabalhar e o foco ferrenho nos resultados. Por instinto, foi exatamente isso o que fiz. Foquei em virar o jogo e trabalhei muito, loucamente, em três, quatro empregos, ao mesmo tempo, muitas vezes 18 horas por dia, de segunda a segunda. Desdobrei-me em mais profissões do que os meus dedos das mãos e dos pés podem contar. Sofri, chorei, mas sorri com cada pequeníssima conquista material e, desde então, nunca mais permiti que o fantasma da fome me assombrasse.

Deitava a cabeça no travesseiro e pensava: virei o jogo. Acreditava piamente que estava no caminho certo; minha autodeterminação parecia bonita e até louvável, não fosse por um motivo: essa não era eu. Essa não era a Daniela que eu sonhei para mim quando criança. Essa era a Daniela refém do medo e dos traumas, não dos sonhos. Mas eu só percebi isso, em queda livre, na UTI.

Com o tempo passando, entre idas e vindas ao hospital, olhei com ternura para os meus sentimentos mais íntimos. Resgatei, uma a uma, as rédeas dos meus planos de vida e tomei uma porção de decisões, as mais fortes e inegociáveis, até hoje. Duas delas, especialmente, mudaram e continuam mudando o curso da minha vida. Uma foi decidir voltar a estudar. Passei minha adolescência me imaginando na USP, na UFRJ, na UFBA, ou em qualquer universidade federal... Uma besteira, eu sei, mas sonhei isso. Ah, e decidi que faria Jornalismo. A pequena Daniela, questionadora e falante, sempre achou que levava jeito para a coisa. A outra decisão, ou a mais forte e arrebatadora de todas, veio mais adiante.

Aos poucos, minha mãe acordou, até que, um dia, ainda em estado grave, ela me reconheceu, lacrimejou e começou a balbuciar que queria água. O hospital ficou em festa, a família mal acreditou, os médicos ficaram cabreiros e muita gente chamou aquilo de milagre. Eu mesma olhava para ela e só conseguia pensar em Deus. Não havia explicação na Medicina que pudesse acomodar tantas reviravoltas.

Alguns dias depois, voltei para Brasília, onde já morava com o meu marido e os meus dois filhos (lindos!). Eufórica e com lágrimas nos olhos, contei que estava decidida a realizar os meus sonhos, antes que fosse tarde demais.

O Eduardo, meu esposo e melhor amigo, que me conhece desde a época da fome e do medo, sorriu e me abraçou. Disse a frase de milhões que sempre ecoou na nossa relação: "Seja feliz, é só isso que importa!".

Não demorou muito e eu pedi demissão. Não podia gastar meu precioso tempo de vida em algo que não fizesse mais sentido para mim. Para diminuir as despesas, fomos morar de favor, enquanto eu tentava me organizar. Esse movimento repercutiu entre familiares e amigos que, por preocupação, ou só por maldade mesmo, me diziam coisas do tipo: "Dani, não faça isso de uma hora para a outra"; "Você é mãe, não pode jogar tudo pra cima"; "Sonho é coisa de gente rica, que tem herança, não de gente pobre"; "Sua mãe está doente e você pede demissão? Não seja doida!". Precisei me isolar.

Passei a focar o meu tempo livre nos estudos para entrar na UnB, a federal de Brasília. Meu marido me ajudou a traçar um plano, o qual eu persegui com a mesma força e determinação que outrora usava para trabalhar. Meses depois, o que parecia impossível aconteceu. Eu entrei na UnB! Ao ver meu nome na lista de aprovados, gritei tão alto que o Eduardo quase desmaiou. Corri pela casa, batendo palmas e dando socos no ar.

Hoje, vejo que aquela conquista foi fundamental para eu seguir adiante, perseguindo as outras decisões que tinha tomado. Ali eu tive certeza de que todos os meus sonhos estavam vivos e que, sobretudo, eu estava mais viva do que nunca.

Fecho os olhos e sinto o arrepio que tomou conta de mim quando atravessei, pela primeira vez, o corredor central da UnB. Com um filho no braço e o outro no carrinho, ninguém era mais feliz do que eu naquele momento. Uma força descomunal parecia brotar do meu peito, e a certeza de que essa era a Daniela que eu havia sonhado para mim escancarava um sorriso em meu rosto.

Eu era a mais velha da turma e a mais motivada também. Os dias contados aos minutos ou as noites em claro, cuidando dos meus filhos, nunca me impediram de estudar dobrado. Cada dia parecia irreal, mágico e me alegravam coisas bobas, como frequentar um laboratório. Vivi intensamente cada instante na tão sonhada "federal". Reinventei-me, descobri horizontes que só a universidade pública é capaz de proporcionar, mas também encontrei muros, alguns quase intransponíveis.

"O problema é que você já tem uma bagagem que não comporta o perfil da vaga que eu tenho"; "Puxa vida, você já é mãe? Não sei como você dá conta"; "Deve viver cansada, melhor passar o projeto para outro". Sim, ouvi tudo isso, incontáveis vezes. Sofri e lutei demais para superar esses e tantos outros preconceitos.

Aqui, tem um ponto importante: realizar meus sonhos nunca foi um conto de fadas, mas, antes, a vida medíocre, automática, obstinada em trabalhar e pagar boletos também não era. Agora, tinha uma enorme diferença: intimamente eu tinha um propósito, intimamente a paixão pelo que eu fazia gritava alto. Nos momentos em que cheguei a duvidar dos meus sonhos, bastava eu respirar fundo que de dentro vinha a certeza: "Siga em frente!".

Eu segui e vi a vida decolar. Depois que juntei sonho e paixão com o meu foco e a minha força de trabalho, é como se meus braços tivessem criado asas. Em pouco tempo, eu tinha superado enormes obstáculos e estava trabalhando ao lado de alguns dos melhores jornalistas deste país. Convicta quanto às minhas escolhas, esforçando-me muito para superar minhas limitações, estudando, buscando a excelência nas entregas, batalhando, aguentando muita pressão e comemorando cada dia. Foi assim que, desde que tomei a decisão que transformou a minha vida, vi meus sonhos se realizarem, sem mágica.

Nessa jornada, frequentemente cheguei exausta à minha casa, mas, com o sentimento de missão cumprida, olhei para trás e sorri para a pequena Daniela. Da mesma forma, olhei para o meu futuro, feliz e grata, perguntando-me: "E agora, aonde eu quero chegar?".

Para encontrar essa resposta, sempre esbarro naquela outra decisão que eu citei, a mais forte, difícil e arrebatadora de todas: um dia, ao voltar da Bahia, cheguei em casa e encontrei meus filhos brincando (lindos!), pequenos e cheios de luz. Com eles no colo, no meio da sala, desejei com todas as minhas forças que jamais passassem pelos mesmos sofrimentos que seus ancestrais. Decidi que eles mereciam crescer em um lar com muito amor, respeito, sonhos e uma mãe feliz.

Pode parecer bobagem, mas quando a gente foca nas contas, ou nas conquistas profissionais, os problemas em casa ficam muito maiores do que são, os sonhos se perdem e a vida familiar escorre pelos dedos. Eu já conhecia o final desse filme e não queria esse destino para mais ninguém. Desde então, quando persigo meus sonhos ou olho para o futuro, eu penso: serei uma mãe feliz? Esse se tornou um balizador fundamental nas minhas realizações, com ele eu vou buscando o tão almejado equilíbrio, sonhando novos sonhos, encontrando forças e redesenhando a minha história.

"Uma mãe feliz é capaz de mudar o destino de várias gerações. Vamos!"

24

CONSTRUINDO UMA HISTÓRIA

Neste capítulo, Daniela De Luca conta a trajetória da criação da Tuc Glasses (@tuc.glasses) com a sócia Fernanda Sarno, e fala das alegrias, dificuldades e realizações na aventura (ou loucura?) que é empreender no Brasil. Ela traz também algumas histórias tristes que viveu, que representam bem as dificuldades das mulheres no ambiente de trabalho. E mostra a importância da atitude "Uma Sobe e Puxa a Outra" na vida das mulheres.

Daniela De Luca

Contatos
dani_deluca@yahoo.com.br
LinkedIn: linkedin.com/in/danieladelucabrandao

Empreendedora, mãe, estrategista, sócia-fundadora da Tuc Glasses, sócia investidora dos restaurantes Saj e Manish. Formada em Engenharia de Produção pela Escola Politécnica da USP, com 15 anos de experiência no mercado financeiro, tendo trabalhado com mercado de capitais no Credit Suisse, com gestão de grandes fortunas na GPS e como sócia de uma securitizadora que realizou a primeira oferta pública de CRA no Brasil. Entrou no mercado de *Food & Beverage* como sócia e CEO do Grupo Capim Santo, concluiu o curso de Conselheiros pelo IBGC, atuou como consultora estratégica de negócios, foi membro do Júri da United Nations Women USA Rise and Raise Others Award e membro do *board* do grupo Uma Sobe e Puxa a Outra desde sua criação. Foi a 3ª mulher presidente da Associação Atlética Acadêmica Politécnica, na época com 39 anos de existência. Seu "superpoder" é transformar uma boa ideia em um plano de ação, com uma capacidade gigante de realização. Enxerga ordem no caos e acredita que, sem disciplina, um sonho é só um sonho.

Era início de 1981, eu tinha 6 anos de idade. Primeiro dia de aula no Colégio Santa Cruz, a professora coloca sentada do meu lado uma menininha loira, que eu achei linda, chamada Fernanda. Logo ficamos melhores amigas, inseparáveis. Eu era tímida, e ela extrovertida, e funcionava muito bem. Além da escola, passávamos os finais de semana juntas, ou na minha casa ou na dela. Não demorou para que nossas mães também se tornassem amigas, e assim seguimos por anos. Até que a vida foi lentamente nos afastando. Cada uma seguiu para uma faculdade diferente, carreiras diferentes. Eu engenheira e ela publicitária, novas amizades, casamento e filhos. Encontrávamo-nos apenas esporadicamente.

Em julho de 2021, ainda vivendo um momento de incertezas e desafios devido à pandemia covid-19, a Fê estava abrindo seu próprio negócio, após encerrar uma sociedade anterior. Eu havia terminado minha sociedade no Grupo Capim Santo dois anos antes, logo antes do início da pandemia, e sabia bem dos desafios de pilotar uma empresa. Queria muito que esse novo projeto desse certo para ela, então ofereci ajuda para construir o seu *business plan* e algumas planilhas de controle, para que ela pudesse seguir de maneira saudável. Durante nossas conversas, ela comentou o quanto gostaria de ter uma marca própria de óculos e me deu vinte argumentos convincentes de por que seria um sucesso. Três meses depois, estávamos abrindo nossa empresa, criando nossa marca, a TUC GLASSES, e começando a construir uma nova história juntas. Resolvi contar essa história aqui porque é um exemplo real de um projeto que começou com a atitude "Uma Sobe e Puxa a Outra" de ambas. De verdade. Sem agendas paralelas.

A criação de uma marca e de uma empresa pode ser um processo emocionante e desafiador. Neste capítulo, vou contar um pouco de como chegamos até aqui e para onde estamos indo, dos obstáculos que o nosso país impõe para os empreendedores, da construção de uma relação societária saudável, de como experiências profissionais anteriores, tanto as boas quanto as não tão boas, contribuem nessa construção, e como estamos trabalhando para torná-la um sucesso.

A proposta inicial era bastante ambiciosa: criar uma marca de óculos que unisse qualidade internacional com a essência brasileira, transmitindo alegria e boas vibrações. Nosso objetivo era oferecer um produto com design moderno, mas com preços acessíveis. A ideia era captar o espírito de um país alegre, vibrante e colorido, sem deixar de lado a sofisticação e o estilo dos óculos das empresas internacionais.

O primeiro passo foi definir a essência da marca e o nosso propósito. A nossa marca foi criada com um forte pilar socioambiental, pois acreditamos no poder do coletivo e que todos devem devolver para o planeta um pouco do tanto que ele nos dá todos os dias. Nossa inspiração foi a Floresta Amazônica, e nosso compromisso é apoiar instituições que promovam o plantio de árvores nativas em áreas de reflorestamento. Queremos, por meio dos nossos óculos, atrair os olhares de todo o mundo para questões importantes e urgentes e, em parceria com outras marcas, criar coleções cápsula que gerem arrecadação para seus respectivos projetos, a exemplo da *collab* que fizemos com a Associação Onçafari, com parte da renda revertida como apoio à preservação das onças-pintadas no Pantanal.

Então, chegou a hora de escolher um nome. A marca precisava ser registrada no INPI, ter um domínio disponível na internet e Instagram, e ainda deveria ser um nome sonoro, curto e de fácil memorização. Com tantos atributos necessários, a criação da nossa matriz de decisão foi apenas o primeiro passo. Ideias de nomes na horizontal, pré-requisitos na vertical e lá fomos nós... Nosso nome TUC foi escolhido com muito cuidado e carinho. É o nome do nosso personagem, um tucano simpático, moderno, com traços finos e elegante.

Os óculos que queríamos precisariam ser importados, e os desafios aqui eram enormes. Encontrar fornecedores, aprender a se comunicar com eles, trabalhar no fuso invertido, desenhar os produtos, sacar as entrelinhas, aprender o processo de importação e, em especial, digerir os custos de importação – que são pornográficos no nosso país. Sim, empreender no Brasil é um exercício diário de resiliência e paciência, e exige uma dose extra de determinação (além de muito estômago).

Trabalhar com a Fernanda tem sido uma experiência incrível. Temos competências complementares, mas os mesmos valores e princípios, o que faz toda a diferença na condução diária da sociedade, e temos uma visão clara do que queremos alcançar e estamos comprometidas com o sucesso. Nossa história está apenas começando, mas já temos muito a celebrar. Com cada etapa vencida, sentimos a emoção de estar construindo algo único e especial.

Obstáculos iniciais: a jornada de uma mulher em um ambiente masculino

Desde pequena, eu nunca soube ao certo o que queria ser quando crescesse. Talvez não saiba até hoje. Durante anos, tive vergonha de assumir que não sabia. Hoje já sei que a maioria das pessoas não sabe, e está tudo bem. Mas chegou o último dia para inscrições na Fuvest e não tinha mais como fugir. Minha irmã disse que se fizesse Engenharia de Produção na Poli eu teria muitas portas abertas. Eu nem sabia direito do que se tratava, mas segui em frente. Meses depois, estava começando o curso junto com outras 16 mulheres, no meio de 80 homens na sala. Melhor do que na sala da minha amiga Karine, da Mecatrônica, onde ela era a única. Durante os cinco anos de faculdade, confesso que não me lembro de conviver com machismo. Éramos todos iguais; afinal, as provas eram as mesmas para todos e os critérios de avaliação eram puramente técnicos. Um eventual "clube do bolinha" não traria benefício algum para seus membros. E logo me engajei na Atlética, primeiro como diretora de modalidade e depois como presidente, sucedendo outra mulher – a Marcinha. A turma do esporte é sempre a mais legal. Pelo menos eu acho que sim. Éramos as mais engajadas e o fato de sermos mulheres não impediu que liderássemos a Associação Atlética de uma escola com 5 mil alunos, dos quais talvez menos de 10% eram mulheres na época. E foi assim, moldando-me em um ambiente masculino, e acreditando que estava tudo bem, que ingressei no mercado financeiro me achando muito bem preparada.

Não vou entrar em detalhes aqui, mas queria dizer que não estava tudo bem. E na época eu não percebia que não estava tudo bem. Mas não se falava sobre isso. Usava *tailleur* com cabelos presos e óculos falsos para visitar clientes homens (sim, todos os CFOs das empresas clientes eram homens). Era chamada em reunião com o chefe na salinha para ser convidada para jantar (sim, o chefe era casado). Jamais era convidada para os eventos do departamento, afinal, meus colegas não queriam contato meu com suas esposas (sim, eu sabia demais). Tive meu bônus anual dilapidado quando me recusei a sair com meu chefe e, mesmo não tendo embarcado nessa aventura, ainda escutava diariamente que "mulher só vem trabalhar em banco para arrumar marido rico". Vale contextualizar que os bônus em bancos de investimentos são a principal parcela da remuneração anual. História resumida, poupando vocês, leitores, de detalhes mais sórdidos, mas suficiente para dizer que não deu muito certo e saí de lá jurando que só voltaria a trabalhar depois de casada. E então mergulhei em um período sabático que durou quatro anos, nos quais fiquei tentando entender o porquê de aquela menina superinteligente, superpoderosa, bem formada, atleta e bem resolvida não ter dado certo... Como em banco nosso valor é medido em dinheiro, o recado havia sido dado. Fizeram-me acreditar que eu não era suficiente. E é muito louco como na época as coisas não eram claras. Pelo menos para mim não eram.

Até que conheci o Fábio, meu marido há 17 anos, que insistiu para que eu voltasse para o mercado, dizendo que era um desperdício de talento. Ele sempre me admirou, me incentivou e topa embarcar em todas as minhas "loucuras". Obrigada, Fábio, por ter me colocado de volta no prumo e ter feito eu acreditar de novo em mim. É lógico que sou suficiente! Hoje sei disso.

Eu nunca me vitimizei e jamais contei essas histórias em público, até que – 20 anos depois – encontrei aqui o lugar e a hora certa. Obrigada Natasha por ter criado nosso grupo "Uma Sobe e Puxa a Outra". Por meio dele, descobrimos que histórias como essas são tristemente comuns, o que nos dá uma pequena ideia da enorme dimensão do problema. É importante que falemos sobre essas dificuldades para as novas gerações, a fim de que elas possam estar preparadas para enfrentá-las. Eu não estava. Além disso, é fundamental que as empresas e a sociedade como um todo trabalhem juntas para eliminar essas barreiras e criar um ambiente de trabalho mais justo e inclusivo.

Aprendendo a empreender: superando as dificuldades e desenvolvendo as características necessárias para o sucesso

Empreender no Brasil é um verdadeiro campo de batalha. Não é novidade que cerca de 50% das empresas fechem suas portas antes de completar quatro anos de atividade, segundo o IBGE. As dificuldades são muitas, desde o excesso de burocracia até a falta de incentivos fiscais, passando pela alta carga tributária, pela instabilidade econômica e pela alta complexidade administrativa. Porém, para quem está disposto a superar esses obstáculos, empreender pode ser uma grande oportunidade de realização pessoal e profissional. Logo nos nossos primeiros meses de atividade, nossa carga ficou presa na Receita Federal por quase um mês, pois eles estavam em greve. Fornecedor pago, impostos de importação pagos (que no Brasil dobram o custo do produto), e carga presa. Aluguel vencendo, funcionários a serem pagos, clientes aguardando e a Receita sentada em cima do processo. Não há o que possa ser feito. No

Brasil, o empresário é o último da fila. Senta-se, toma um Rivotril, aporta mais capital na empresa, acredita e espera.

Em geral, os empreendedores são pessoas criativas, visionárias, determinadas e persistentes. São capazes de enxergar oportunidades onde a maioria das pessoas só vê problemas, e não se deixam abater pelos obstáculos que inevitavelmente surgem no caminho. Mas o mais importante é ter muita disciplina e resiliência, em especial para as mulheres empreendedoras. Empreender é um trabalho árduo e exige muita dedicação e esforço. Outra coisa que aprendi com o tempo foi a buscar a ajuda certa e que pedir ajuda não é sinal de fraqueza, mas sim um sinal de inteligência. Minha trajetória profissional me ensinou a ser mais generalista do que especialista. Atuei em diversas áreas e adquiri um conhecimento amplo e variado, e isso tem me ajudado muito.

Por fim, acredito que a chave para o sucesso é manter o foco. É muito fácil se perder no trabalho operacional, deixar-se levar pelas demandas do dia a dia e pelas emergências, e se esquecer de planejar a longo prazo e de definir objetivos claros. Precisamos estar sempre atentas ao planejamento estratégico, definindo metas e acompanhando indicadores de desempenho, para garantir que a empresa esteja sempre na direção e no ritmo certos.

Empreender não é fácil, mas pode ser muito gratificante. E é essencial ter muita humildade para reconhecer que você vai precisar de ajuda. Mas é possível superar os obstáculos e transformar uma ideia em um negócio de sucesso. Para quem está pensando em empreender, eu digo: siga o seu coração, trabalhe duro e nunca desista! O sucesso está aí, esperando por você!

Dedico este capítulo à minha filha, Maria Alice, que me inspira todos os dias, que me mostra o lado doce da vida, que é meu maior presente e a maior realização da minha vida. Por ela, quero transformar o mundo. Te amo muito!

25

O PODER TRANSFORMADOR DA PÉROLA

Aos 57 anos, estava decidida a me aposentar depois de uma longa trajetória profissional com reconhecimento internacional. No entanto, em meu âmago, senti que o propósito da minha vida como agente de transformação social não havia sido cumprido em sua totalidade. E, assim, tudo mudou. Como uma revelação, o colar de pérolas que carreguei comigo durante toda a minha trajetória profissional me mostrou um novo caminho. Percebi, naquele momento, que podia não só orientar como ressignificar a capacidade de superação, dando luz ao protagonismo e ao poder de realização das mulheres.

EDNA VASSELO GOLDONI

Edna Vasselo Goldoni

Contatos
edna@institutoivg.com
LinkedIn: linkedin.com/in/ednavasselogoldoni/
linkedin.com/company/ivginstitutovasselogoldoni/
linkedin.com/company/66211740/admin/
Instagram: @edna_vgoldoni

Esposa de Léo Goldoni e mãe de Lara e Leonardo. Presidente e Fundadora do Instituto Vasselo Goldoni. CEO da VG Desenvolvimento Humano. Representou o Brasil no Congresso Mundial da Onu Mulheres em 2017. Única mulher indicada ao prêmio Top Of Mind - Profissional de Vendas por dez anos consecutivos, sendo vencedora em três edições. Indicada ao Top of Mind - HR Inluencer em 2023. HR Influencer 2021 mais votada do Brasil. HR Inluencer 2022 mais votada do Brasil na categoria Groundbreakers. Integrante do Global Network - G100. Condecorada com a Medalha Paulo Freire. Conselheira do Conselho Consultivo (CMEC) e do Amor em Mechas. Membro vitalício da All Ladies League Global. Embaixadora W-CFO Brasil. Idealizadora do programa de mentoria para mulheres Nós por Elas. Idealizadora da Ação Social Semeando Pérolas, na qual já entregou mais de 60 mil colares de pérolas no Brasil e no mundo. Idealizadora do Congresso Mulheres do Mundo e do Congresso da Mulher Brasileira. Idealizadora do Encontro de Mulheres pela Transformação. Coidealizadora do Mãetoria. Coidealizadora da Academia da Mulher. Coidealizadora do Programa de Mentoria para Mulheres Refugiadas. Coidealizadora da Rota VCM. Idealizadora do História de Mulheres Brasileiras. Coordenadora dos livros: *Mentores e suas histórias* e *Mentores e seus cases de sucesso*. Coautora dos livros: *Hub mulheres* e *História de sucesso*. Palestrou para mais de 35 mil mulheres. Formada em Biomedicina, pós-graduada em Administração Hospitalar, Administração de Empresas, Marketing de Serviços e cursando Neurociência e Psicologia Positiva.

O sucesso é fruto da decisão de vencer todos os dias.
EDNA VASSELO GOLGONI

Sou uma mulher entusiasmada pela vida e escrevi a minha história com a caneta na mão. O que significa dizer: consciente de que todas as decisões que tomei foram necessárias para conquistar os meus sonhos. Nasci em Torrinha, interior de São Paulo, cidade da qual tenho muito orgulho e faço questão de representar. E lá cresci, aprendendo muito com os meus pais e compartilhando parte da minha vida com as minhas cinco irmãs. Sim, somos seis mulheres.

Costumo dizer que, com essa vivência, aprendi os valores que herdei da minha educação familiar. Uma herança valiosa que me permitiu viver a vida com base em princípios consistentes que me sustentam até hoje.

Da minha mãe Nair, herdei a capacidade de empreender e o verdadeiro sentimento de sororidade. Lembro-me quando ela dizia para amar, respeitar, ajudar e sempre homenagear as mulheres com flores. Ela me ensinou na prática a como fazer isso. Também dizia para todas as filhas que podíamos chegar aonde quiséssemos e ninguém poderia impedir, bastava estudar muito e trabalhar com entusiasmo. E ainda hoje ela me pergunta o que estou fazendo em prol das mulheres, e minha resposta tem sido: tudo o que posso, sempre.

Do meu pai, Hilário, herdei a coragem para enfrentar todos os desafios da vida, pois ele sempre me motivou a acreditar em mim, na minha capacidade de superação, a ser honesta e compartilhar as minhas conquistas, aprendizados e experiências. Creio que tudo o que compartilhamos, multiplicamos. Tudo o que sonhamos, temos a capacidade de realizar.

Aos 18 anos, decidi deixar minha família e cursar faculdade de Biomedicina em Piracicaba. Tão logo me formei, voltei e iniciei minha carreira profissional em Torrinha. Mas por pouco tempo. Resolvi que não seria lá que escreveria os próximos capítulos da minha história. Assumi, então, a responsabilidade dessa decisão e parti de trem para São Paulo, com uma mala de comida e outra, de roupa. Meu último abraço foi na minha mãe, que me acompanhou até a estação de trem.

Lembro-me até hoje do que minha mãe me disse antes que eu embarcasse: "Filha, vá viver o seu sonho, mas volte só pra celebrar as suas vitórias". Guardei as palavras dela no meu coração e, daquele instante em diante, determinei que a minha meta era vencer. Contudo, a realidade em São Paulo não era a que eu esperava. Vivenciei muitos desafios, medos e incertezas. Ainda mais, sendo mulher em uma grande cidade, sozinha, em uma época ainda carregada de machismo. O que me dava força era a minha vontade de vencer e sempre vinha em minha mente as palavras de minha mãe.

Comecei a atuar na área de Biomedicina. No início, estava feliz com o trabalho, mas, com o tempo, percebi que não era o que me atraía como profissão. Mesmo a contragosto da minha família, resolvi começar a carreira na área de vendas, em uma grande companhia de seguros. Apesar de todas as dificuldades nesse mercado, por ser mulher, principalmente, tinha como meta ter a melhor performance como vendedora. Aliás, não só atingi as minhas metas, como me desenvolvi na carreira executiva, atuando no mercado segurador e, em 2018, decidi me tornar empreendedora, tendo como sócio o meu marido Leo Goldoni, que está ao meu lado até hoje.

Durante esse período, além de uma carreira de sucesso, reconhecida e premiada, engajei-me em prol das mulheres. Fui uma das pioneiras na realização de eventos para o público feminino, como o Encontro "Mulheres de Sucesso", que aconteceu por mais de dez anos. Nessa trajetória profissional, conquistei um importante reconhecimento, sendo a única mulher a ser indicada por dez vezes consecutivas ao prêmio Top Of Mind RH, e vencedora por três vezes. Além disso, um momento muito especial foi quando representei o Brasil no Congresso Mundial da ONU Mulheres, em 2017.

Chego aos meus 57 anos orgulhosa de todas as minhas conquistas pessoais e profissionais, com uma carreira de sucesso e uma família linda, com meu marido e nossos dois filhos. Ao retornar ao Brasil, após o congresso, entretanto, tive a certeza de que precisava começar uma nova história. Então, decidi me tornar uma empreendedora social e fundar o Instituto Vasselo Goldoni.

Estava claro que era o momento ideal para dedicar todo o meu tempo, energia e amor em prol do protagonismo feminino, com o propósito de ajudar as mulheres a acreditarem no seu potencial de realização.

Nasce o Semeando Pérolas

Dizem que cada um de nós terá a sensação de vários recomeços durante a própria trajetória, mas a realidade é que a vida nunca parou. É assim que me senti durante esse capítulo que nem imaginava que começaria em minha vida, e talvez isso seja o mais singular, que de uma superfície dissonante emergiu o propósito mais motivador da minha história. Essa etapa teve início em uma bela manhã de terça-feira, quando acordei entusiasmada para realizar minha primeira palestra em um evento na cidade de Jundiaí, interior de São Paulo. Sentia um misto de medo, vergonha, dúvida, insegurança e um verdadeiro sentimento do fenômeno da impostora. Já havia pensado por inúmeras vezes o que diria, qual o material que deveria utilizar, como faria a sequência, enfim, minha cabeça não parava de pensar em cada detalhe da apresentação. Contudo, enquanto me preparava, veio uma inspiração e decidi contar a minha história em forma de entrevista, pois assim ficaria mais tranquila e confortável. Já mais calma, tive como intuição levar um colar de pérolas para todas as mulheres que estariam me ouvindo. Até porque a pérola sempre esteve presente na minha vida. E por que pérolas? Um dia antes, havia lido que a pérola traz como simbologia o poder transformador que existe dentro de cada um de nós. Além disso, a pérola é produzida na natureza a partir de um processo de dor, quando um grão de areia ou outro organismo entra na ostra e causa uma irritação; como proteção, o molusco produz uma camada em volta desse elemento, que dá origem à única joia orgânica da natureza.

Assim, decidi entregar para cada mulher um colar de pérolas, convidando-a a transformar cada desafio da vida em pérolas em seu interior, fortalecendo suas atitudes de coragem, fé, perseverança, força de vontade, resiliência, perdão e amor, para dinamizar o poder transformador que há dentro de cada uma, e edificar as capacidades que permitirão superar os próprios limites.

Ao ser chamada para subir ao palco, peguei meu colar na mão e comecei a contar a minha história, compartilhando os momentos mais desafiadores, minhas conquistas e realizações. Compartilhei o simbolismo das pérolas e, quando terminei, para a minha grande surpresa, todas as mulheres presentes se levantaram e fui aplaudida de pé. Chorei de emoção! A minha mensagem havia tocado o coração das mulheres. Nasceu naquele momento um novo propósito e uma força de vontade para iniciar o maior projeto social da minha vida.

Ao descer do palco, uma das convidadas me abraçou e disse: "Suas palavras eram tudo o que eu precisava ouvir". Abraçamo-nos carinhosamente, um abraço que jamais esquecerei. Voltei para casa com o meu coração radiante de alegria e certa de que deveria semear pérolas pelo Brasil e pelo mundo. Ainda não sabia como, mas sempre acreditei que, quando temos um POR QUÊ, encontramos o COMO. E foi exatamente isso que aconteceu.

A história que compartilhei naquela manhã é um recorte da minha vida, com todos os altos e baixos e curvas de uma trajetória, mas ao me entregar e dividir meus aprendizados e vulnerabilidades, ganhei um multiplicador de motivação, a conexão. Ao me abrir sem barreiras com toda a paixão que tenho pela vida, percebi que baixei os escudos e toquei a alma, os sentimentos daquelas mulheres. Compartilhar experiências é sobre transformação, aprendizado, autoconhecimento, e é nessa troca que o desenvolvimento e a evolução têm morada.

Desde essa palestra em 2017, vieram muitas outras em empresas, hospitais e eventos. Cada olhar, cada abraço, cada palavra me fortalecia mais. Faço todos esses encontros sempre com muita energia, e sinto o poder da transformação, porque nada é mais contagiante do que o entusiasmo. E de colar em colar, já estamos a 60 mil entregues no Brasil e em outros países como Inglaterra, Itália, Estados Unidos, México, Luxemburgo, França, entre outros. Assim, o Semeando Pérolas se tornou um grande programa social na vivência da sororidade, sentimento que une as mulheres pelo amor e pelo respeito. Ele impacta positivamente milhares de mulheres, as quais recebem atenção e uma mensagem de reconhecimento e incentivo, para que acreditem na sua força, na sua coragem e na sua capacidade de realização. E aqui também faço um convite. Se você é mulher, pratique a sororidade. Olhe ao seu redor e perceba se existe uma mulher que precisa de atenção, de acolhimento, de incentivo ou de um ombro amigo. Parece pouco, mas muitas vezes é exatamente o que falta para que ela levante a cabeça e siga mais forte. Quando temos consciência da nossa força, da nossa capacidade, do nosso poder de realizar, nada nos limita. Podemos nos capacitar tecnicamente, investir em conhecimento, em construir boas relações – e sim, tudo isso é fundamental –, mas a chave só vira quando entendemos que a voz de cada uma é única e necessária.

Como você pode fazer isso?

- Não julgue outra mulher.
- Reconheça e elogie as habilidades de outra mulher.
- Abra caminho para outra mulher, sempre que possível.
- Acredite que o sucesso de outra mulher não é seu fracasso.
- Seja empática com outra mulher.
- Mentoreie uma mulher.
- Ajude mulheres empreendedoras.

E não parou por aí

No início da pandemia, em 2020, eu tinha a meta de entregar dez mil colares de pérolas, mas tive de me isolar na minha casa, ficando impedida de continuar o projeto. Comecei a fazer a prática do "milagre da manhã"; acordava todos os dias às 5h, orava, meditava, escrevia, lia um livro e fazia atividade física. Em oração, pedi a Deus que me desse uma luz, que me inspirasse a fazer algo a mais pelas mulheres. Afinal, todos nós estávamos passando por um grande desafio.

Eis que numa linda manhã veio a inspiração de construir um programa de mentoria para mulheres. De novo, não sabia como fazer, mas decidi compartilhar com outras mulheres e, mais uma vez, a sororidade mudou o rumo da minha vida.

Liguei para uma das mulheres mais corajosas que eu conheço, minha amiga-irmã Glaucimar Peticov (diretora-executiva do Banco Bradesco). Compartilhei minha ideia e, com sua sabedoria e boa vontade, ela me orientou a fazer alguns ajustes no que eu havia desenhado. Na verdade, ela se tornou a maior incentivadora e apoiadora desse programa, sugerindo o nome e se prontificando a me ajudar. Assim, nascia o Programa de Mentoria para Mulheres "Nós por Elas". Um programa gratuito que começou com a participação de 75 mentores (homens e mulheres) voluntários que decidiram acreditar nesse sonho, contribuindo com o desenvolvimento humano, doando seu tempo, seu amor e toda a sua experiência para as mulheres que se inscreveram na primeira edição.

Um programa idealizado para expandir o entendimento da potência e da grandiosidade feminina, algo que permite romper com ciclos que por anos aprisionaram as mulheres, nos quais encaixaram nossos talentos dentro de rótulos e estigmas, que nunca nos pertenceram. Ao compartilhar histórias, aprendizados e lições em nossas mentorias, tornamos as mulheres cada vez mais visíveis, fazendo-nos ser vistas e notadas, em movimento contínuo e constante, remando, juntas, contra a maré, conquistando e buscando novos e antigos territórios.

Em junho de 2020, na primeira edição, inscreveram-se 1.200 mulheres. No início de 2023, após 16 edições, somos o maior Programa de Mentoria para Mulheres do Brasil. Uma rede mundial formada por mais de 600 mentores de países como Brasil, Alemanha, Polônia, Costa Rica, México, Inglaterra e outros. Geramos um ROI Social que ultrapassa 18 milhões de reais.

Já transformamos a vida de mais de 4.500 mulheres e seguimos firmes a cada edição, porque acredito que podemos mudar a realidade da sociedade para melhor, com a força da mulher. No diálogo, na união, construindo pontes e elos, conceberemos mais equidade, porque acreditamos que, quando uma mulher avança, toda a sociedade avança também.

Para finalizar, quero compartilhar uma mensagem de Cora Coralina: "Mesmo quando tudo parece desabar, cabe a mim decidir entre rir ou chorar, ir ou ficar, desistir ou lutar; porque descobri, no caminho incerto da vida, que o mais importante é o decidir".

Eu decido vencer, e você?

Vamos juntas!

Aos meus pais, Hilário e Nair, meu marido, Léo Goldoni, meus filhos, Lara e Leonardo, minha família e amigos. Minha GRATIDÃO.

26

ELENA, EDITORA DE IDEIAS

Desde o meu primeiro dia como organizadora e curadora de conferências e eventos, assumi o compromisso de que pelo menos metade dos nossos palestrantes sejam mulheres. Naquela época, isso não era comum... "tudo era mato". Mas foi justamente meu compromisso em fazer convites para mulheres, muitas que nunca tinham falado em público antes, que me tornou uma preparadora de palestrantes profissional. Eu queria ajudar cada uma delas a brilhar no palco, para que pudessem oferecer a sua mensagem da melhor forma e, por fim, deixar a sua marca no mundo. E foi ajudando outras pessoas que encontrei, também, meu lugar no mundo.

ELENA CRESCIA

Elena Crescia

Contatos
ecrescia@gmail.com
LinkedIn: linkedin.com/in/elenacrescia
Instagram: @ecrescia
Twitter: @ecrescia

Preparadora de palestrantes e curadora de conteúdo para conferências. Curadora e organizadora dos eventos TEDxSãoPaulo. Curadora do Wellbeing Summit (Bilbao 2022 e Vienna 2025), do Skoll World Forum (Oxford 2023) e da conferência SOCAP - Social Capital Markets Conference (San Francisco 2023). Diretora do programa educativo Clubes TED-Ed no Brasil. Falou no TEDxVitoriaGasteiz, na Espanha, e se tornou TED *speaker* entrevistando a Cristina Junqueira. Participou de 20 conferências TED oficiais. Elena tem mais de 11 anos de experiência como preparadora de palestrantes e curadora de conteúdo. Já ajudou mais de mil pessoas a falar em público, incluindo equipes inteiras de líderes de grandes empresas. Tem mestrado em Relações Internacionais pela Columbia University e mestrado em Avaliação Financeira de Projetos de Desenvolvimento pela Sorbonne. Estudou também na Singularity University e na FIA-USP. Elena estudou e trabalhou nos Estados Unidos, na França, na Suíça, na Argentina e no Brasil em diferentes funções e organizações.

Autoestima da alma

Acordar um sábado frio de inverno às 7 horas da manhã... só por uma causa maior, não é? Marcamos o encontro com a Vivi Duarte para irmos juntas ao Grajaú. Chegamos na escola estadual Samuel Weiner e encontramos um grupo de alunas do ensino médio com sede de conhecimento, de conexões, de conversas e de escuta.

Passamos uma manhã deliciosa e rica. Contei sobre o meu trabalho como curadora e preparadora de palestrantes do TEDxSãoPaulo e sobre a importância de respeitar e ouvir as ideias de todos, inclusive das pessoas tímidas, introvertidas e inseguras.

As alunas pensavam que teriam uma aula de autoestima, mas logo expliquei: "Não vou falar sobre como se olhar no espelho e gostar da sua imagem nele, o que eu quero mesmo é que você respeite, valorize e fale sobre o que você pensa, sem medo. Seu olhar sobre o mundo importa. É a autoestima da alma."

Perguntei como era a experiência de falar na frente dos colegas quando uma professora faz uma pergunta ou quando precisam apresentar um trabalho.

Na escola, estamos acostumados a ter algumas pessoas mais falantes e outras pessoas mais quietas. E geralmente essas pessoas continuam com esses hábitos no ensino médio, depois na faculdade, e mais tarde no trabalho. Levamos a vida ouvindo mais as ideias das pessoas mais extrovertidas e carismáticas, e ouvindo menos as ideias das pessoas tímidas, inseguras ou introvertidas.

Mas pensa comigo, você realmente pensa que só quem é extrovertido tem ideias boas? É claro que não! As boas ideias estão nas cabeças de todos! Então, como fazer para poder ouvi-las?

Expliquei como a gente pode se preparar para falar em público e até curtir a experiência. Falar em público não é só para as pessoas carismáticas, é para quem tem algo interessante a dizer. Falar claro, curto e saber qual é a mensagem que você quer passar são ferramentas que devíamos aprender na escola. Isso é importante para todas as carreiras.

A gente cresce junto com cada menina e renova nossa esperança de que vale a pena acreditar em nossos planos e nos planos delas. Elas têm grandes planos e uma vontade imensa de realizá-los. Estão se preparando para ocupar os espaços que são delas por direito!

Mas não são só alunas do ensino médio que se sentem inseguras na hora de falar em público. Isso acontece com muitos de nós. Eu mesma me lembro como eu, lá nos meus 30 e poucos anos, sentada numa sala de aula da FIA-USP, ficava vermelha, com meu coração batendo a mil e a minha voz saindo estranha; a boca ficava completamente seca cada vez que levantava a mão para fazer uma pergunta ou compartilhar alguma ideia. Não é só se sentir nervoso, a gente tem sintomas físicos de mal-estar nessa hora. A causa? O medo de errar, de passar vergonha, de ser julgado.

A minha interpretação é que quem se sente nervoso está sentindo o peso da responsabilidade. A responsabilidade de saber que irá ocupar o tempo de outras pessoas. É uma pessoa que leva a sério essa tarefa e que quer que cada minuto que vai pedir para os ouvintes possa valer a pena.

Adoro palestrantes com frio na barriga! Quem sente o frio na barriga se dedica, se prepara, e arrasa. São os inseguros que estão mais abertos para aprender coisas novas, para se relacionar como iguais, para ouvir os outros...

Gosto dos inseguros que trabalham duro para serem confiantes. Gosto dos confiantes que não perderam a empatia, o olho no olho, a vontade de aprender e melhorar.

Editora de ideias

Já organizamos mais de 60 conferências TEDx em São Paulo. Em cada uma delas, vamos criando novos heróis e heroínas, novas referências. Ouvir pessoas alinhadas com o seu propósito e apaixonadas pelo que fazem é libertador, inspirador. Ouvir pessoas que foram atrás de soluções faz que você também tente resolver um problema ao invés de cair nas constantes reclamações.

Também organizamos eventos anuais em que damos protagonismo para as ideias de mulheres, de muitas áreas de conhecimento diferentes. Podemos ter uma mulher que fala de filosofia e outra de urbanismo, seguidas de outra que fala da forma que encara a cozinha ou de uma artista que fala da sua obra. O fio comum no evento é que celebramos ideias de mulheres. Sinto muito orgulho por cada uma das mulheres que enfrenta seus medos e aceita o nosso convite para compartilhar boas ideias.

Parte da minha função é encontrar pessoas com uma ideia que merece ser ouvida e ensiná-las a falar sobre ela.

E foi assim que me tornei uma editora de ideias.

Pelo que o seu coração bate?

No dia 29 de setembro de 2015, Luciana Fornari publicou este texto:

> "No dia mundial do coração eu, como cardiologista, deveria exaltar os benefícios de uma dieta saudável, exercícios físicos regulares e a importância de se manter longe do cigarro. E na verdade quero fazer isso, faço isso todo santo dia para uma infinidade de pacientes, e acredito piamente que prevenir é tudo (não só cardiologicamente). Mas talvez hoje eu queira dizer um pouquinho mais do que isso. Falar não só do coração que pulsa, mas também daquele coração que sente, sofre, ama. E além da dieta e do exercício gostaria de prescrever um pouco mais de compaixão, um pouco mais de empatia pelo outro, um pouco mais de perdão e compreensão, um pouco mais de amor... Porque, acreditem em mim, de nada vale um coração com artérias coronárias perfeitas sem a capacidade de amar, um coração estruturalmente intacto sem a capacidade de enxergar o outro... Porque esse coração de carne dentro do peito vive um tempo e um dia para, é o caminho de todos. Já o outro, esse bate para sempre dentro das almas que encanta pela vida...
>
> Dia mundial do coração. (Dos dois!)"

Adorei a mensagem da Luciana! Mais ainda vindo de uma cardiologista, a ideia que precisamos cuidar do coração de carne, e também do coração que sente e das nossas emoções. Lindo demais. Pensei que seria bom entrar em contato com ela para convidá-la a ser palestrante no nosso evento de novembro na Sala São Paulo.

Entrei no perfil da Luciana e mandei uma mensagem:

"Amei seu texto, Luciana! Gostaria de marcar um café para conversar com você."

Sempre direta e ao ponto. Agora que fui buscar essas primeiras trocas de mensagens acho que fui um pouco direta demais. Mas a Luciana, educada e gentil como ela é, respondeu no dia seguinte:

"Oi Elena, você ter gostado é um grande elogio! Vamos sim... quando quiser."

A gente teve uma longa conversa por telefone.

"Elena, acho que eu não sou a pessoa certa para você. Eu nunca falei em público antes. Se quiser posso te apresentar o diretor do Hospital do Coração, ele sempre é convidado para falar em congressos e conferências e fala muito bem."

Era tudo o que eu precisava ouvir para ter ainda mais certeza de que era ela que eu queria. Aquele texto era dela. A ideia era dela. E era ela que não estava sendo ouvida. Fiz de conta que não ouvi o intento dela de fugir do convite e deixei o convite mais simples.

"Esquece a palestra e o evento, vamos marcar um café para conversarmos?"

Uns dias depois, encontramo-nos num café da Faria Lima. Quando vi que ela ainda estava insegura sobre falar no evento, decidi mostrar que esse momento difícil era feito de pequenos momentos bem simples. Falei que o primeiro passo era passar do parágrafo para uma página, ampliar um pouco a ideia original daquela publicação no Facebook.

"Acho bem legal essa mensagem de mais empatia e mais compaixão vinda de uma cardiologista. A minha sugestão neste momento é você escrever esse mesmo texto um pouco mais longo, pensando que vai falar em voz alta, numa linguagem oral mesmo. E se puder, vê se existe alguma pesquisa e dados científicos dos benefícios da compaixão. Algumas pessoas fazem direto no computador, outras se gravam no celular e depois digitam o áudio, faz do jeito que ficar mais natural para você."

"Vou fazer! Adoro uns desafios... e mando pra você ver."

Só dois dias depois, ela mandou o texto amplificado daquela ideia original.

"É um esboço... Veja o que você acha." Ela mandou um arquivo com a palestra praticamente pronta!

O texto começa assim:

"Pelo que seu coração bate? Meu trabalho é garantir que seu coração, essa bomba de carne que existe dentro do seu peito, bata a quantidade de vezes que ele veio programado para bater...

Eu estudei pra isso, para contribuir para que seu coração bata direitinho até o fim, e aliás continuo estudando arduamente, já que a cardiologia é uma das especialidades médicas que mais acumula avanços tecnológicos nas últimas décadas. O que não é pra menos, já que as doenças que atingem seu coração e o fazem parar são a principal causa de morte no Brasil e no mundo. E ninguém quer morrer, quanto mais antes da hora....

Mas sempre que olho para um coração dentro de um paciente, me intriga uma questão que vai um pouco além das questões médicas e fisiológicas: enfim, pelo que esse coração bate?..."

A palestra da Luciana na Sala São Paulo está publicada no YouTube. Recomendo muito.

No caso da Luciana, meu papel foi dar um empurrãozinho; a mensagem estava dentro dela, estava clara e potente, mas ela pensava que isso de falar em público não era para ela. Uma vez que aceitou o convite, Luciana levou muito a sério esse desafio. Escreveu o texto e ensaiou muito. O resultado foi uma ovação de pé de mais de 1.200 pessoas.

Amo ver o efeito que falar em público tem nas pessoas, ganham segurança, credibilidade, vejo um crescimento como pessoas e como profissionais. Funciona como divisor de águas.

Ao longo dos anos, vejo o papel que a gente teve para criar novos heróis e heroínas, novas referências. De certa forma, acredito que funcionamos como selo de qualidade, da credibilidade.

Boas ideias merecem ser compartilhadas

"Quais são os critérios que você usa na hora de fazer curadoria de palestrantes do TEDxSãoPaulo? O que você busca nas pessoas que convida para palestrar?"

Essas são algumas das perguntas que escuto com bastante frequência.

Nós curadores de eventos TED e TEDx não procuramos grandes comunicadores, oradores experientes, palestrantes profissionais, pessoas carismáticas, contadores de história surpreendentes. Acreditamos no poder das ideias para mudar atitudes. Trabalhamos para fazer ótimas ideias acessíveis para todos. Juntamos pensadores, inspiradores e almas curiosas.

Procuramos grandes ideias e boas mensagens. Ideias que merecem ser espalhadas. Mensagens que movem as pessoas, que tocam o público. Qualquer pessoa com uma boa mensagem merece estar no palco.

Posso garantir que ninguém precisa ter experiência prévia como palestrante para falar no TEDxSãoPaulo. Não busco palestrantes profissionais e não busco pessoas que "falam bem". Busco ideias que merecem ser ouvidas. Se uma pessoa tem uma boa ideia que merece ser compartilhada, é isso que importa.

Buscamos palestrantes para ensinar, inspirar, surpreender e encantar todos os participantes do evento. Cientistas, educadores, inventores, empreendedores, pensadores, profissionais de todas as ocupações e carreiras são bem-vindos.

Para nós o "x" do TEDxSãoPaulo é multiplicador. Multiplicador de ideias que merecem ser espalhadas, multiplicador do bem, multiplicador de conexões, multiplicador de sorrisos, multiplicador de sonhos.

Estava falando com um amigo e ele recomendou uma palestrante. "Ela é muito boa, mas é meio insegura. De repente você passa segurança para ela com a tua experiência."

"Adoro inseguros, meu problema é com os egos grandes que chegam se achando." Quer me conquistar? Cultive a humildade.

Acho o máximo convidar para o palco e dar o microfone para quem ainda não foi ouvido. Surpreender quem participa do nosso evento. Trazer novas ideias e novos temas para as conversas de família e amigos. Oferecer novas pessoas para admirar.

Na busca pelas melhores ideias, achamos pessoas memoráveis.

"Pelo que você está disposto a passar vergonha?"

Este é o título da palestra do Felipe Simi no TEDxSãoPaulo. Este título resume o que aconteceu com ele. Foi a raiva e o fato de se sentir inconformado que deram a força para ele, fizeram-no sentir que estava disposto a passar vergonha pela causa que era importante para si.

Uso muito esta pergunta com as pessoas que preparo para falar em público, porque acho que é uma pergunta fundamental. Precisamos mudar o foco, não é sobre você que pode passar um pouco de vergonha, é sobre uma ideia que merece ser ouvida; e você só será o meio para essa ideia chegar em outras pessoas.

Com uma boa preparação e edição de conteúdo, você vai oferecer um verdadeiro presente para os ouvintes. É isso que queremos. Fazer com que a fala seja um presente que você oferece para o seu público e que as pessoas sintam que foi um privilégio estar lá para ouvir.

Use os nervos ao seu favor, é justamente por se sentir inseguro que você vai garantir os momentos para se dedicar à preparação do roteiro e aos ensaios.

Gabi Prioli fala que logo antes de falar em público você pode lembrar: Fiz meu melhor, e estou aqui para oferecer o que fiz para quem possa precisar desta mensagem.

Pelo que você está disposta a passar vergonha? Afinal, se você está disposta a passar vergonha por aquilo, já é meio caminho andado. Passar vergonha é uma das piores coisas que podem acontecer. E se você está disposta a pagar esse preço pela sua causa, então, está esperando o que para falar sobre isso?

Sou Elena. Sou editora de ideias. E a minha forma de subir e puxar outra é literalmente subir no palco e chamar mulheres para subir no palco também, a fim de oferecer ideias de mulheres para o mundo, uma palestra por vez.

> *Se você tem uma laranja e troca com outra pessoa que também tem uma laranja, cada uma fica com uma laranja. Mas se você tem uma ideia e troca com outra pessoa que também tem uma ideia, cada um fica com duas.*
>
> CONFÚCIO

27

MENOS *HYPE* MAIS *HIPPIE*

Assim como os astronautas relatam o *overview impact* ao ver aquele ponto azul vulnerável no meio do nada, foi assim que me vi diante do diagnóstico duro de uma doença grave e da fragilidade da vida. Mas o que seria a fase mais dura foi o início do despertar. Um novo setor, um olhar para além do meu muro e uma mudança de atitude em relação à vida e à capacidade de transformar.

FABIANA FRAGIÁCOMO

Fabiana Fragiácomo

Contatos
www.gloppies.com.br
contato@gloppies.com.br
LinkedIn: linkedin.com/in/fabianafragiacomo/
Instagram: @fabianafragiacomo / @gloppies

Fabiana é uma caipira que, levada pelo amor ao Balé, foi para São Paulo buscar o sonho de ser bailarina. A dança a levou para o Japão, mas outros desafios para mais de 25 anos como executiva de marketing do Unibanco, do BankBoston e do Itaú. Liderou grandes campanhas e as comunicações das maiores fusões do mercado. Em 2016, começou a estudar futuros e, depois de uma imersão na Singularity, assumiu como *head* a comunicação do Instituto Ayrton Senna, cuidando de *branding*, conteúdo ao marketing de causas. Idealizou e produziu o 1º fórum de marketing de causa e, com a missão de apoiar pais traduzindo o impacto da inovação, cofundou o @gloppies, uma organização para desenvolver cidadãos com mente global e alma *hippie*, à qual se dedica integralmente. É *board* do Oneyoungworld. Tem graduação e pós-graduação em Comunicação e Marketing (ESPM), especialização em Políticas Públicas (Insper) e Estudos do Futuro (IED). É mãe de dois adolescentes incríveis, apaixonada por artes, livros, natureza e pela engenhosidade humana.

O ano de 2014 estava se apresentando com boas perspectivas. Tudo numa zona de conforto. Família, casamento, nem um perrengue financeiro, meus dois filhos amorosos e saudáveis, e equilibrando agendas e tarefas como a maioria das mulheres desse país. Vinha trabalhando com uma equipe engajada e com laços que se estendiam para além das baias do banco. Naquele momento, liderava a equipe de marketing de seguros do Itaú e tinha entregue uma plataforma de conteúdos de educação que foi bem recebida pelo banco e deu grande visibilidade ao negócio e ao diretor da área. Projeto que me gerou ótimas avaliações, com direito a ações do banco e patrocínio para participar de um congresso internacional. Para completar o pacote generoso da vida, embarquei para uma viagem de quinze dias de princesa com meu marido pelo Leste Europeu, depois de oito anos sem qualquer momento a dois – com direito aos melhores hotéis e restaurantes da região, patrocinados pelo trabalho dele. Com uma sinusite, que não cedia de jeito nenhum, iniciei a viagem. No banho, senti um caroço no seio esquerdo, mas sem muita preocupação, a viagem seguiu seu rumo, e desfrutei, mesmo com a sinusite imortal, de todos os memoráveis momentos, como uma ópera exclusiva no palácio em Viena e a melhor viagem de trem que fiz num vagão imperial. Um sonho. Aí terminam as boas notícias.

Do sonho ao pesadelo

Na consulta marcada com certa tranquilidade com Dr. Guilherme Moreira Porto, meu ginecologista há mais de 30 anos, dou início à saga. Ele pediu que fizesse o ultrassom com sua parceira de imagens, uma ativa médica que, ao pé do ouvido, comentou que tinha se curado de um câncer e procurou me tranquilizar com a frase "é melhor câncer que diabetes, afinal, o primeiro ainda tem chance de cura". Não sabia se tinha entendido o comentário feito com tanta tranquilidade e confiança. Mas a sequência foi a confirmação de um câncer de mama. O médico, amável e acolhedor, que viria a fazer minha cirurgia, inicia as más notícias com relação à extração e a suas possíveis sequelas, mas ainda assim me recomenda desfrutar da viagem que tinha para os Estados Unidos.

Apesar dos lindos dias que passei em San Diego desfrutando do Congresso, já era outubro rosa, e a televisão tinha propagandas massificadas de prevenção ao câncer de mama. E eu ainda em estágio de digestão das notícias sobre minha saúde, ia assimilando minha nova condição.

Quinze dias depois, entrei para a mesa de cirurgia para acordar 7 horas depois com próteses e uma dor tremenda na musculatura frontal.

A recuperação foi lenta, e um mês depois tenho meu início nas quimioterapias, passando pela estranha experiência que foi entrar na loja de perucas com cabelo e sair de lá com a cabeça raspada e uma peruca castanha com madeixas bem cuidadas. A cabeça foi raspada com minha face virada opostamente para o espelho, para não eternizar esse momento cruel para uma mulher de 40 anos ainda bastante vaidosa.

Continuei a trabalhar e enfrentar semanalmente as doses sinistras da quimioterapia. Ficava três dias em casa e três dias no trabalho sob os olhares estranhos e inquietos de muitos que talvez estivessem desconfortáveis com o tema finitude. Enfrentar o calor infernal da peruca, a mudança de paladar, as dores e a fraqueza do corpo... nada era tão intolerante frente aos medos que vinham no meio da noite. Com filhos entre 8 e 3 anos, me via indispensável na vida deles, não conseguindo lidar com minha possível ausência, mesmo sabendo que meu marido foi um gigante nesse período com minha vulnerabilidade extrema e afogando a sua.

O ponto alto desse período foi que, para tentar "acelerar" minhas doses de químio, meu oncologista sugeriu que eu tomasse uma dose dupla a fim de reduzir em um mês o tratamento. Eu questionei se não seria pior e se não aumentaria minhas dores no corpo, ele disse que não. Assim, após a primeira dose, dois dias depois entrei num colapso corporal, com dores tremendas e o diagnóstico demorado de que tinha uma infecção na prótese. A infecção me manteve 25 dias no hospital, com desencontros e desentendimentos entre os médicos da equipe multidisciplinar que me atendia. Até que resolvemos por uma nova cirurgia para trocar a prótese no 20º dia de internação. A cirurgia foi um sucesso e ficaria somente mais dois dias internada. Antes de sair dessa fase roteiro de terror, ainda internada, meu filho de 3 anos, na visita, pede, com um sorriso brilhoso, que eu fosse à escola no dia das mães. Com esse inocente comentário que abalou minha estrutura já danificada, segurei as lágrimas e tomei uma decisão, "lançada" pelo meu médico.

Os pacientes têm saídas para caminhadas matinais incentivadas pela equipe médica. E com essa frase o médico lança, com segundas intenções: "Será que as enfermeiras sentiriam sua falta se você ficasse uma hora fora do quarto?"

Com essa missão em mente, no dia das mães, saio do quarto para minha caminhada matinal. Com a pulseira acolhida no moletom, encaminho-me até o ponto. Peguei o primeiro táxi, cujo motorista estava um pouco embriagado, até a escola do meu filho. Desci do táxi pensando na loucura que tinha feito e me dirigi até a sala, onde me deparo com todas as mães sentadas em roda e meu marido, o único homem, é claro, sentado com meu filho no colo. Escrever isso ainda me causa muita emoção ao lembrar do seu rosto solar para mim naquele momento. A alegria superou a loucura. Voltamos para o Hospital e – acredite – entrei como visitante de mim mesma.

2016 – do banco para a sala de aula

No início de 2016, eu já tinha cabelos, já fazia atividades físicas e minha vida começava a voltar ao "normal". Mas eu já era uma mulher com uma história mais dura, medos e novos sonhos.

Estava envolvida em um projeto de inovação com a Box1824, no qual conheci a Paula Englert numa das reuniões. Ela mencionou sobre a Singularity, o comentário me deixou intrigada e encantada pelo lugar que ainda iria descobrir e me descobrir. Perguntei um pouco sobre a escola e na sequência me organizei para ir em agosto.

Em maio, o Itaú passou por uma reestruturação que não me favoreceu. Com medos, mas com a certeza de que não queria mais aquela vida, aquele setor e aquela cultura, meu gestor, sabendo que tinha outros sonhos, me deixou uma abertura para buscar outras oportunidades em outras áreas, mas a decisão de sair já estava tomada. No dia seguinte, recebo a ligação do querido Edson Britto, do Instituto Ayrton Senna, dizendo-me que estava deixando a organização para empreender e que via em mim o perfil para substituí-lo no Marketing. Iniciei as conversas e entrevistas sem muita empolgação, mas ao mesmo tempo eu tinha uma página em branco no meu colo. Aceito a vaga ainda um pouco insegura, mas negocio meu começo no instituto após uma viagem para São Francisco.

A experiência em São Francisco foi uma explosão de *insights*. O contato com pesquisadores, cientistas e futuristas abriu não uma janela, mas um portal de conexões e possibilidades. Foi só ali que aprendi a fazer *networking*. Conheci pessoas de diversas áreas que sentavam ou compartilhavam um momento de café interessadas em saber o que eu estava fazendo por lá. Um simples aperto de mão, um sorriso e "o que te traz aqui" já pode ser uma passagem para um outro mundo.

Na volta, já totalmente transformada, mais ondas gigantes no tsunami que ainda nem tinha acabado. Depois dos impactos em inovação, começaram os de educação, desigualdade, e o mundo do terceiro setor. Minha chegada no instituto foi de puro deslumbramento. Das falas cuidadosas e mansas das educadoras ao nível educacional dos profissionais. Diferente do mercado corporativo, no instituto tinha mais mestres e doutoras por metro quadrado que o banco na *holding* inteira. *Do hype para hippie*. Foi um tsunami porque fui me dando conta de que vivia num cercadinho e que tinha muito menos conhecimento sobre as questões sociais do que minha presunçosa mente imaginava. Minha leitura de mundo era de uma mulher branca, de classe média, que estudou em colégios particulares e trabalhou em empresas sem qualquer diversidade. Esse mergulho no universo das escolas públicas descortinou uma realidade e despertou em mim um olhar crítico para meu passado e minha própria experiência profissional. Eu era uma outra cidadã.

Aportei minha bagagem profissional do segundo setor em marketing, recebida no começo com uma certa cautela pela equipe zelosa de educação, minha experiência em gestão de equipes e inquietação pelo novo. E em troca recebi um laboratório de pesquisa em educação e desenvolvimento humano e políticas públicas, pessoas generosas que me puxaram e confiaram na minha capacidade, como Thiago Fernandes, Bianca Senna, Emilio Munaro e a incansável Viviane Senna, sem contar a equipe e as relações que construí por lá.

De trabalho de posicionamento, conteúdos e eventos disruptivos de educação até a criação do Primeiro Fórum de Marketing de Causa. *Podcasts*, pesquisas, artigos, entrevistas, palestras. Estava feliz com os novos conhecimentos, estava produzindo, criando e gerindo. Contudo, o conhecimento gera angústia também. E ele revelou o abismo da educação, não só dos alunos da rede pública, mas também dos pais da rede privada.

Fiz algumas reuniões no colégio dos meus filhos e busquei levar o conhecimento que estava no meu colo. Porém, ao participar das reuniões de pais, percebia que o colégio não mudaria se os pais não mudassem. Essa constatação me despertou para criar um grupo de pais que chamei de Pais Antenados, no qual passei a distribuir conteúdos de inovação. Em paralelo, conheci a que se tornaria uma grande amiga e minha grande "puxadora", Veronica Filgueira, uma argentina agitada, generosíssima e mãe de quatro crianças, que ajuda todo mundo. Com muitas afinidades em valores e propósitos, juntamos nossas iniciativas. Ela como produtora de conteúdo da Accenture, distribuía seus conteúdos nas suas redes como Gloppies. E com esse nome, que para nós significa criar cidadãos com mente global e alma *hippie*, unimos nossas atividades e fundamos o movimento Gloppies. Nosso foco foi impactar e transformar a visão dos pais, buscando traduzir como a tecnologia e o contexto demandam novas habilidades para nossos filhos. Por meio de *workshops*, eventos e conteúdos no grupo de WhatsApp, falamos desde a Sociedade 5.0, competências socioemocionais a computação quântica e causas sociais. Habilidades para empoderar pais a empoderar filhos.

Empreendendo uma causa

Com a pandemia e minha filha entrando na adolescência, os desafios tornaram-se maiores. Para além da aprendizagem em que ela e os estudantes do mundo inteiro foram prejudicados, o isolamento social deixou suas marcas.

A Verônica voltou para a Espanha e eu resolvi levar adiante um programa para adolescentes. Assim, em 2022, iniciei um novo capítulo na minha vida. Um sonho antigo, que era uma carreira mais autoral. Transformei o Gloppies numa organização que, além dos pais, atua diretamente com adolescentes e comunidade escolar. Inspirada não só em fortalecer a autoestima dos adolescentes, mas prepará-los para a nova Revolução Verde pela qual o planeta está passando por conta da crise climática. Assim, o programa *Revoluteen* desenvolve *Greenskills* (habilidades para a Bioeconomia), conectando-os com a natureza e ampliando conhecimentos como Biomimética e Economia Regenerativa, entre outros, e também congrega um letramento em futuros para que possam lidar com incertezas e ser protagonistas de futuros mais saudáveis, inclusivos e sustentáveis.

Nesse momento em que estou iniciando uma nova jornada, olho para minha mãe e me espelho na sua força, a minha grande puxadora. A pedagoga, diretora, fundadora da faculdade da terceira idade e de uma escola. Ela foi um montão de coisas, mas seu maior legado foi ser uma referência de uma pessoa que sempre pegou sua vida nas mãos guiada por valores. Obrigada, Dona Vera, sua força e sua coragem fluem em mim. Com ela, cheguei até aqui, e com ela vou continuar a puxar mais gente para que essa sociedade seja diversa, de paz e centrada na natureza. Menos *hype* e mais *hippie*.

28

FILHA DE PEIXE, PEIXINHA É

Sou uma mulher de sorte, mas de muita garra e perseverança. Sorte de ter pais extremamente amorosos, generosos e tão presentes em minha vida, que não mediram esforços pela minha formação e, principalmente, pela minha felicidade. Ensinaram a acreditar em mim, a me respeitar e ao próximo. Se conseguir ser metade disso para minha filha, serei a mãe mais realizada deste mundo. *So far*, acho que *so good*.

FABIANA FREUA ANTACLI

Fabiana Freua Antacli

Contatos
fabiantacli@gmail.com
LinkedIn: linkedin.com/in/fabianaantacli/
11 99312 1114

Executiva com trinta anos de experiência em grandes agências de publicidade brasileiras nas áreas de comunicação e relações públicas. Em 2022, Fabiana se uniu à BETC HAVAS como diretora de comunicação e cultura. Em sua reconhecida trajetória, atuou, em grande parte, no Grupo ABC/DDB. Na DM9, trabalhou por 21 anos até ocupar a posição de diretora de relações internacionais. Em parte desse mesmo período, também ocupou o cargo de diretora de comunicação da DDB Latina, responsável pela imagem da rede DDB no mercado latino, hispano-americano e espanhol. Depois, tornou-se diretora de comunicação internacional da agência Africa e, posteriormente, responsável por todo o departamento de comunicação da agência. Fabiana também traz, na bagagem, a participação como jurada em alguns festivais como El Ojo e PRWeek Global Awards. Por dois anos, participou como voluntária convidada no julgamento do Clio Awards. Em 2016, recebeu o Prêmio Cultura do Grupo ABC, na categoria "Atitude de Dono", como guardiã e disseminadora da cultura da empresa.

Tenho 50 anos e, apesar de acreditar piamente que meu RG esteja errado, minha carreira diz o contrário. São mais de trinta anos trabalhando com comunicação, relações públicas e internacionais em algumas das maiores e mais importantes agências do país.

Comecei a estudar Publicidade e Propaganda meio que por acaso, por não ter entrado na faculdade de Administração que queria e porque, naquela época, era o curso mais concorrido dentro de Comunicação. Sempre gostei muito de falar e, apesar de ninguém acreditar, era introvertida e tímida até começar a trabalhar. Talvez porque na minha adolescência tenha sofrido um pouco pelo fato de ser gordinha, cabelo enrolado, de não estar entre as ditas populares, mas sempre fui muito feliz e sempre rodeada de muitas amigas, que me têm como conselheira e ouvinte até hoje. Então, como não sabia exatamente o que queria estudar e gostava de me comunicar, caí nessa profissão onde orgulhosamente ainda estou.

Quando estava na faculdade de Comunicação, em uma época em que o QI (quem indica) era tudo nessa área, resolvi também fazer Letras, pois achava que não conseguiria emprego em uma agência e poderia ser professora de inglês. Tive até aulas de latim! Cheguei a fazer teste em uma escola, mas não passei. E foi por meio de uma amiga dessa faculdade, que viu um anúncio de vagas de estágio em uma das maiores e mais cobiçadas agências do país em um jornal, que minha vida começou a mudar. Eu nem entrei nessa seleção, mas fui conhecendo pessoas, indo a palestras, entrevistando-as para trabalhos de faculdade, e as coisas começaram a acontecer. Trabalhei até em um comitê político, como que representando a agência em que iria passar duas décadas da minha vida, sem nunca ter de fato nem pisado lá. Deu tudo certo, logo em seguida conquistei meu tão sonhado estágio, larguei Letras e fui estudar à noite para me dedicar a trabalhar durante o dia na agência mais bacana do momento, responsável por campanhas memoráveis que ficaram na história da propaganda brasileira.

Um pouco de sorte? Pode ser. Mas, sem dúvida, também por muita garra e perseverança. Por dois anos ganhei um salário-mínimo e mais nada. Naquela época as empresas não eram obrigadas a isso. Muitas pessoas diziam que eu deveria sair de lá, que estava sendo explorada, porque não me contratavam e trabalhava dias e noites como louca (aliás, várias noites adentro), mas nada foi em vão e não me arrependo de ter insistido e permanecido ali.

Comecei como estagiária e passei por inúmeros perrengues, diversas puxadas de tapete de algumas mulheres (sim, mulheres). Porém, com muita honestidade, generosidade, vestindo realmente a camisa da empresa, ajudando a todos em minha volta e com muita, muita resiliência fui galgando meu espaço, construindo minha carreira. Tornei-me diretora e até trabalhei para a América Latina. Não foi fácil, mas cheguei lá. Por meu próprio mérito e esforço, porque desistir é uma palavra que não consta no meu dicionário.

Quando ainda estudava comecei a namorar com meu hoje ex-marido e amigo, pouco antes de começar a trabalhar. Após alguns anos me casei e um tempo depois engravidei da minha filha Giovanna, que veio ao mundo quando bem quis, quando eu ia completar 41 semanas de gravidez! Por pouco não nasce na agência, já que trabalhei até o último dia possível, pois queria aproveitar cada segundo da minha licença-maternidade. E foi o que eu fiz. Infelizmente não podia "me dar o luxo" nem tinha condições de tirar um ano sabático, como muitas faziam, para me dedicar à maternidade, mas sempre prezei pela qualidade do tempo que passávamos juntas.

Sempre viajei muito a trabalho e quando ela ainda mamava, aos dez meses, tive que ir a Miami. Não me esqueço das muitas mamadeiras congeladas que deixei com meu leite tirado por semanas antes e, também, o quanto sofri no quarto do hotel para tirar o leite que queria empedrar. Ufa. Mas deu tudo certo, voltei e ela continuou mamando mais alguns meses, para meu alívio.

Desde pequena ela teve que se acostumar com minhas viagens – é claro que esperava presentinhos na volta – e sempre deixei claro para ela que eu era muito feliz no que eu fazia e que era uma mulher muito realizada profissionalmente, que fazia o que realmente gostava. Diferentemente de algumas pessoas que conheço que não são felizes até hoje. Como sempre digo, passamos a maior parte do nosso tempo trabalhando, então tem que ser algo que nos satisfaça, faça-nos feliz e nos dê muito prazer; se não, não vale a pena.

Mas eu imaginava que ela nunca ia querer chegar nem perto desta profissão, por algum trauma, por eu trabalhar tanto e talvez não ter dado tanta atenção a ela – aquele sentimento de culpa que nos acompanha mesmo quando sabemos que fizemos o melhor trabalho possível com nossos filhos –, mas não. Para minha surpresa, ela decidiu seguir meus passos. O que me encheu de orgulho.

Desde pequena ela era a cara do pai. Mas de uns tempos para cá dizem que ela está cada vez mais parecida comigo. Até fisicamente, mas principalmente quanto à atitude, ao jeito de tratar e lidar com as pessoas, no trabalho e fora dele. Generosa, carinhosa, dedicada e perfeccionista em tudo o que faz e, com certeza, uma versão muito melhor de mim, o que me deixa ainda mais orgulhosa.

Giovanna sempre se interessou pelas minhas histórias e aventuras de viagens pelo mundo. E eu sempre a ensinei a apreciar as diferentes culturas e tradições e a incentivei a explorar novos lugares e experiências, a descobrir suas paixões e talentos.

Com 18 anos foi para a Costa Rica fazer trabalho voluntário, limpando praias e cuidando de animais. Após passar por vários testes conseguiu o trabalho dos sonhos, ser *cast member* em um parque da Disney em Orlando, por três meses, vendendo pretzel e pipoca. Ainda na faculdade, ela conseguiu seu primeiro emprego, um estágio em uma multinacional de bebidas por mérito e conta própria, em meio à pandemia de coronavírus.

Hoje trabalha em uma grande agência de publicidade, concorrente da que estou, e vem conquistando reconhecimento e admiração de seus colegas e superiores e, assim como eu, está sempre disposta a ajudar os outros e a fazer a diferença na vida das pessoas ao seu redor.

Voltando a falar de coragem, ano passado saí de um grupo no qual trabalhava por 30 anos. Lá fui muito feliz, tenho muito orgulho pelo trabalho que fiz, pelos resultados que ajudei a conquistar e tenho eterna gratidão. Senti que era mais do que hora de começar uma nova aventura, assim que completei meio século de idade. Pois acredito que nunca é tarde para começar e ressignificar seus sonhos, estrear um novo capítulo na vida, assumir novos desafios e começar a escrever uma linda nova história.

O que sempre busquei para com quem trabalha comigo é ser, antes de mais nada, uma amiga. Para mim, não sou chefe de ninguém porque, como costumava dizer, quem tem chefe é índio. E é sendo amiga que faço meninas-mulheres se sentirem fortes, seguras e confiantes para tratar com quem quer que seja na empresa ou fora dela, confortáveis para se abrir comigo diante de qualquer questão, tendo a certeza de que podem contar com a minha pessoa para tudo e a qualquer hora, para aconselhar na vida profissional ou pessoal, dar um empurrãozinho para tomar alguma atitude ou decisão, sabendo que nunca soltaremos as mãos.

E faço o mesmo com minha filha. Acredito nela e no seu potencial e a motivo a tomar decisões e a fazer coisas sem medo de errar. Sair da zona de conforto e estar sempre aberta ao novo e aos desafios que virão, com garra e coragem. Como Nizan Guanaes, com quem tive a honra de trabalhar e aprender por mais de vinte anos, costumava dizer "Erre, mas erre rápido", assim podemos mudar a rota e seguir em frente, porque é errando que se aprende. E ela sabe que estou e estarei sempre aqui, para ela e por ela.

Sempre incentivei minha filha a não ter medo do mundo, mesmo diante dos obstáculos e desafios. Ser forte e acreditar em si mesma; dessa maneira, poderia tornar seus sonhos realidade. Respeitando a si mesma e ao próximo. Não obstante, a frase que mais falo para ela desde pequena é "Não faça com os outros o que não gostaria que fizessem com você".

Emociono-me em ver a Giovanna se tornar uma mulher tão incrível, forte e determinada, e, modéstia a parte, seguindo os passos da mãe. Amável e generosa, com uma carreira de sucesso pela frente e um coração cheio de amor e empatia.

Ensinei valores e sempre acreditei em seu potencial. Dividimos histórias, erros, aprendizados, planos e sonhos – dentro e fora do trabalho. Eu sempre a deixei caminhar com as próprias pernas, fazer suas próprias escolhas e, ainda mais importante, se responsabilizar por elas. Mas ela sabe que estou e sempre estarei ao seu lado para aconselhá-la, orientá-la e apoiá-la em todas suas escolhas e decisões, ainda que difíceis ou desafiadoras. Jogo a boia longe na piscina, mas sempre estou ali na borda segurando a cordinha.

Confesso que, quando ambas estamos em *home office* e, inevitavelmente, acabo às vezes, a escutando participar de algum *call*, seguro meu ímpeto de querer me meter na conversa e palpitar no que deve ser feito. Às vezes, é mais forte que eu (hahaha), mas sei que ela tem que aprender por si só. Vira e mexe conto histórias de coisas pelas quais passei e o que fiz para superar as intempéries dessa vida. Mas não posso e não fico me metendo em assuntos de trabalho, porque acho importante ela tomar seus tombos, passar por situações adversas, para realmente aprender e crescer com seus erros, saindo ainda mais forte.

Como eu me sinto? Realizada em ver que estou deixando um legado de amor e inspiração, de trabalho com dedicação, comprometimento, determinação e paixão não só para minha filha, mas também para muitas outras "filhas" que tive e tenho profissionalmente espalhadas por aí.

Meu desejo? Que ela tenha muita saúde e seja sempre muito feliz em todas as áreas de sua vida. Que eu possa realmente ter servido de exemplo e inspiração, que ela tenha sucesso e se sinta realizada e feliz no trabalho, como eu me sinto. E seguimos juntas, colegas na profissão, parceiras da vida e meu grande amor, buscando fazer a diferença na vida das pessoas e de nosso país por meio do nosso trabalho.

Justamente para fazer essa diferença, eu a puxei para o grupo Uma Sobe e Puxa a Outra, para ela se inspirar com as histórias de sucesso e superação de tantas mulheres maravilhosas que estão lá e, também, para que ela possa puxar e incentivar outras mulheres da sua geração.

29

SEJA INTERESSANTE, SEJA INTERESSADA. NÃO SEJA INTERESSEIRA

A forma como nos relacionamos com o mundo, com as pessoas e com nós mesmas impacta diretamente nossa felicidade. Em um cenário cada vez mais digital, é o humano que faz a diferença. Este capítulo apresenta minha jornada pelo universo das relações, como me tornei uma especialista em relacionamentos e como construí oportunidades a partir desse entendimento.

FABRICIA NAVARRO GASPAR

Fabricia Navarro Gaspar

Contatos
fabricia.navarro@frat.ag
LinkedIn: bit.ly/43zqGNd
Instagram: @fabricianavarro

Publicitária, estou há mais de 25 anos no mercado de comunicação e marketing em diferentes disciplinas, porém com foco na comunicação integrada por meio de uma abordagem colaborativa. Trabalhei em agências renomadas e atendi marcas globais. Tornei-me *coach* e pude atuar também junto a grandes empresas e executivos. Tendo como princípio um olhar apreciativo, sistêmico e empático sobre as questões, sejam empresariais, de carreira ou pessoais, pude contribuir para o crescimento real de diversas organizações e profissionais. Nessa jornada, venho desenvolvendo meu olhar e meu entendimento sobre as relações, sejam entre pessoas, sejam entre marcas de consumidores. Há cinco anos, participei da fundação da Frat, que remodela o formato de agência, propondo para o mercado um conceito de trabalho mais ético, saudável e sustentável.

Eu me vejo como uma colecionadora de histórias. Ao longo da minha carreira, tenho tido a oportunidade de escutar, observar e, muitas vezes, participar das histórias de pessoas, de marcas e de empresas. Esse conjunto de vivências e relatos tem me mostrado que o que nos aproxima da felicidade (sucesso profissional, amor e tudo o que pode nos dar a sensação de completude) ou do sofrimento é a qualidade das nossas relações. Pode ser clichê, mas aprendi que, no final das contas, qualquer questão, desafio ou oportunidade trata sobre pessoas – como as compreendemos, interagimos e acolhemos.

Um dos princípios básicos da publicidade é entender como as marcas se relacionam com seus consumidores e vice-versa. Os estudos de comportamento do consumidor foram meu primeiro contato mais estruturado sobre como se dão as relações. Porém, meu grande salto nessa direção aconteceu aos 27 anos, quando me tornei diretora de uma grande operação que trabalhava com uma gigante global. Eu liderava cerca de 60 pessoas e mais dezenas de colaboradores que eram plugados aos projetos quando havia necessidade, além de clientes e fornecedores. Posso dizer, sem medo de errar, que eram centenas de pessoas conectadas diariamente. Eu era responsável por assegurar que todos estavam fazendo seus papéis da melhor forma possível, cumprindo suas responsabilidades em perfeita sintonia.

Esse foi o momento em que eu realmente tive a percepção de que precisaria me aprofundar nas nuances das interações humanas e passar a entender aquelas relações a partir de uma visão sistêmica, em que a ação de um impacta diretamente a do outro. Entendi rapidamente que não poderia ser espectadora dos relacionamentos e que precisava ampliar meu próprio repertório para ser capaz de interpretar de maneira diligente os sinais que aquele ecossistema me fornecia.

Meu primeiro – e acertado – passo foi mergulhar em mim mesma. Antes de olhar para o outro e para o mundo, comecei uma viagem sobre mim, em um processo de verdadeiro autoconhecimento. Conheci diversos tipos de terapias em busca de enriquecer minha "caixa de ferramentas" para, então, conseguir ajudar as pessoas.

Esse processo de internalização, aliado ao olhar para o todo, me permitiu ver as especificidades de cada interação, detalhes que eram cruciais para o andamento dos projetos e que poderiam passar despercebidos, ao mesmo tempo que eu era capaz de analisar o cenário macro. Isso se tornou uma habilidade e me abriu portas para novos desafios profissionais.

Fui chamada para estruturar departamentos do zero, assinar campanhas publicitárias, desenvolver projetos de inovação, vendas e novos negócios. Passei por grandes agências do mercado, trabalhei com famosos publicitários, ajudei a construir marcas, atendi clientes desejados e fiz entregas das quais me orgulho até hoje. Atuei no planejamento, na criação e na produção sem perder de vista os objetivos do negócio.

Vi tendências e novas tecnologias dominarem o mercado e aprendi que tudo muda. Os avanços chegam e precisamos nos adaptar, mas o que é permanente – e realmente valoroso – é saber se relacionar.

De dentro para fora

Mas em algum momento desse caminho adoeci. Em 2009, passei por uma crise de *burnout* que mudou meu entendimento sobre o que era trabalho, sucesso e produtividade de maneira contundente. Sentia um esgotamento paralisante e era tomada por uma sensação negativa a respeito de tudo o que envolvia o trabalho. Olhava para as tarefas e para as entregas pensando que nada daquilo fazia sentido ou daria certo. Minha eficácia despencou e eu me arrastava para a empresa todos os dias de manhã.

Assim como eu, uma multidão sofria. Isso despertou em mim uma necessidade de entender essa tendência como um fenômeno para que pudesse atuar a fim de mudar essa realidade. Foi assim que mergulhei em multiterapias para alicerçar meu conhecimento sobre o que acontecia e poder me preparar para meu próximo passo: ser *coach* para ajudar as pessoas a reencontrarem suas histórias de felicidade.

Nesse papel, atendi muitas pessoas na mesma situação. Profissionais excelentes que estavam exauridos por um sistema voraz que não permitia mais que brilhassem e explorassem suas potencialidades por completo. Muitos deles também com passagens pelas maiores agências de publicidade do país.

A agressividade na cultura corporativa ganhou notoriedade com a explosão das crises de estresse crônico por causa do trabalho nos últimos anos. Questões ligadas à saúde mental estiveram presentes em discussões nas mesas de corporações de todos os tamanhos. Apesar de a toxicidade no ambiente de trabalho existir há muito tempo, foi só em 2022 que a Síndrome do *Burnout* tornou-se doença ocupacional reconhecida pela Organização Mundial da Saúde (OMS).

Mais uma vez, no cerne da questão, estão os relacionamentos.

Curiosidade pelo outro

Quanto mais eu refletia (e estudava) sobre as relações – sejam entre pessoas, entre consumidores e marcas, empresas com funcionários, de cada um de nós consigo mesmo e com o mundo –, mais eu compreendia que era preciso haver interações reais, verdadeiras e com sentido. Em resumo: seja interessada, seja interessante. Não seja interesseira.

Demonstre interesse genuíno pelas pessoas e pelos seus assuntos. Aprenda o que puder e compartilhe da forma que for mais adequada. Conecte pessoas e saberes, use seu conhecimento para construir pontes para além dos seus limites óbvios e para além de seus ganhos imediatos. Cada um de nós é um universo complexo e único.

Vou usar como exemplo o famoso e desgastado *networking*. Em tempos de alta conexão entre as pessoas, em especial fruto das diversas redes sociais, esse tipo de relacionamento voltado para o mundo profissional ganha ainda mais importância. Quando você precisa de recomendação, apoio ou uma informação, contar com uma rede de contatos saudável, qualificada e ativa pode ser um "atalho" para novas oportunidades. Ficamos mais seguros ao receber e trocar informações com aqueles em quem já confiamos, seja para a escolha de um novo sócio, para formar uma equipe ou para contratar um fornecedor.

Contudo, não é na hora que se precisa de alguém que devemos lembrar de acioná-lo. As relações de *networking* – assim como todas as outras – são construídas com base na confiança e na troca mútuas, de maneira equilibrada, verdadeira e respeitosa. Muitas vezes, as pessoas só se lembram de seus contatos na hora de mudar de emprego ou pedir informações. Ou seja, resumem a interação à medida do interesse imediato e não aportam valor real para aquela relação. Manter um contato ativo é relacionar-se com o outro independentemente de precisar dele. É estar disposto a ser generoso e a dar antes mesmo de receber.

Ao mesmo tempo, extrapolando o mundo corporativo, é preciso ter consciência de suas potencialidades e daquilo que a torna interessante para os outros em todos os relacionamentos para os quais nos dispomos ou somos impelidos. É um movimento natural e constante de empatizar com o outro e de buscar entender também o que torna os outros interessantes para você, quais são suas sinergias e conexões.

Evidentemente, é essencial ser congruente e adequado. O discurso deve estar alinhado com seu pensamento e sua proposta de vida. Alguém que só concorda com os outros ou ri de todas as piadas para mostrar-se interessado, por exemplo, pode ser visto como pedante ou sem personalidade. Tenha consciência de você, coloque-se educadamente nas relações.

Quando olhamos para o universo feminino, a empatia e a potência que nascem dos laços relacionais são ainda mais poderosos. Na minha jornada, muitas foram as mulheres que me estenderam a mão e abriram portas e – mais do que tudo – os braços quando precisei. De professoras a chefes, de familiares a amigas que marcaram de maneira indelével minha caminhada e se mostraram interessadas em mim. Conforme eu avanço, levo-as comigo. Conforme eu sigo, tento ser o que elas foram para mim para outras mulheres.

As relações bem-sucedidas atuam como uma corrente do bem, na qual as pessoas estão dispostas a cooperar mutuamente, com equilíbrio entre dar e receber – sabendo que uma coisa não está condicionada à outra. Esse entendimento ampliou minha convicção de que o mundo corporativo não deve adoecer as pessoas e de que é possível estabelecer relações – de todos os níveis – salutares com o trabalho. Movida por essa certeza e pelo desejo de impactar positivamente o mercado publicitário, resolvi empreender e montar minha própria agência.

Dá para fazer

Quando a Frat Digital foi fundada por mim e pelo meu sócio, Fernando Mello, criar um ambiente saudável e de respeito absoluto era condição essencial. Saímos da cadeira de funcionários e assumimos a posição de donos, com o entendimento sobre os desafios e oportunidades de criar métodos e procedimentos que garantem a preservação da saúde mental de nossos colaboradores. Não queríamos reproduzir modelos esgotados do mercado publicitário e incentivar a cultura do sacrifício em nome das entregas.

Buscando saber como as pessoas pensam, o que sentem e como agem, temos uma visão mais ampla para trabalhar redes sociais, *performance* e tecnologia para as marcas. Mas além de entregas primorosas – construção de marca, presença digital e ampliação de visibilidade –, nosso diferencial está no jeito de ser, de atuar e de nos relacionarmos com clientes, colaboradores e consumidores, em como elaboramos nosso ecossistema. Fundamos a agência onde sempre sonhamos trabalhar e nos asseguramos de que seria a empresa dos sonhos também para aqueles que trabalham para a gente e com a gente.

A fim de garantir que nosso desejo caminhe no mesmo passo da nossa execução, desenvolvemos um método de cultura e gestão. Primeiramente, priorizamos qualidade e não volume. Ou seja: a estrutura é desenhada para garantir a expectativa dos clientes. Esse item é fundamental porque dimensiona a quantidade de trabalho pela qual cada um será responsável e a sua remuneração, que deve ser justa e clara.

É o desejo genuíno sobre as pessoas – de dentro e de fora da companhia – que faz que possamos entender aquilo que desperta seu real interesse. Só assim um relacionamento autêntico e permanente pode evoluir e contribuir positivamente com a reputação das marcas. Por isso, a Frat Digital não é para clientes agressivos e manipuladores. Para nós, um ambiente em que é possível confiar e ser confiável é condição inegociável.

Selecionamos as pessoas que trabalham com a gente pela experiência, mas contratamos pelo comportamento e habilidade relacional. Das 9h às 18h, estamos à disposição de maneira altamente produtiva e comprometida. Antes e após esse horário, não temos crachá e somos livres para crescermos como indivíduos da maneira que mais convier a cada um. Além de manter a saúde mental das equipes, isso permite que as pessoas se abasteçam de bons sentimentos, de repertório e de experiências que voltam para o ambiente de trabalho como boas ideias, vontade de estar junto e dedicação.

Entendemos que o bem-estar é composto também pelo reconhecimento financeiro. Por isso, 100% do lucro é repartido com todos os funcionários, por meio de uma metodologia desenvolvida por nós e apresentada de maneira transparente para nossas equipes. Ao mesmo tempo que garantimos a rentabilidade da agência, partilhamos o sucesso com quem ajudou a atingi-lo.

Queremos contribuir para que o mercado de comunicação – e todos aqueles que puderem se inspirar em nossa experiência – seja mais justo com quem se dedica a ele. Por isso, estamos de portas abertas para compartilhar nossas práticas e mostrar que elas podem ser replicadas, multiplicadas e aprimoradas. Dá para fazer. Talvez o passo mais difícil seja desapegar de velhos vícios e redesenhar hábitos. Exige retidão de propósito, mas é gratificante e lucrativo para todos.

Um novo passo

Agora, chegou o momento de extrapolar meu universo particular e focar em algo que realmente está a serviço do coletivo. Eu tenho como hábito o movimento pendular de, ao passo em que olho para o mundo, refletir sobre mim. Há muito tempo tenho observado a forma interesseira com que me relaciono com a natureza. Seja pelo uso constante de seus recursos ou até pela contemplação, percebi que ela me faz bem e me cura em vários sentidos. Por isso, repensei meu relacionamento com ela para perceber o que ela precisa, para que eu possa atuar em nome de seus interesses. Essa decisão já trouxe grandes mudanças para a minha vida. Saí de São Paulo e me mudei para uma cidade de praia, reduzi meus processos de exagero – de compras, comida, bebida – e estou fazendo serviços comunitários junto à população mais carente do meu município. Como sempre, sigo a serviço das pessoas, mas agora em uma causa mais ampla e impactante para o coletivo.

Para mim, ainda não basta. Quero mobilizar empresas, marcas e pessoas na direção dos interesses da natureza. Quero provar que todos nós podemos nos beneficiar de uma relação justa, cuidadosa e respeitosa com o meio ambiente. Meu próximo capítulo vai ser sobre a Frat Ambiental. Aguarde.

30

PROPÓSITO

Fátima nasceu de uma promessa feita pela mãe em Portugal. Desde a infância, foi ensinada a respeitar a si mesma e aos outros e a ser independente. Após cursar Jornalismo, trabalhou por dez anos em empresas de marketing e buscou apoio na espiritualidade para lidar com a ansiedade. Sempre motivada, aprendeu a transformar "nãos" em "sins" e decidiu empreender. Fundou a Mynd, uma empresa de comunicação criativa e inovadora que busca mudar o mundo.

FÁTIMA PISSARRA

Fátima Pissarra

Contatos
fatima.pissarra@mynd8.com.br
LinkedIn: linkedin.com/in/fatima-pissarra-12560a/
Instagram: @fatimapissarra
Twitter: @fatimapissarra

À frente da maior agência especializada em marketing de influência e entretenimento do Brasil, a psicóloga, jornalista e profissional de marketing, *expert* em conectar marcas e artistas, Fátima Pissarra, conta com mais de 25 anos de carreira, passando por grandes empresas como BCP, Claro, Terra, Nokia e VEVO. Em 2012, decidiu empreender e inaugurou a Music2!, empresa especializada em projetos de música para marcas, representante exclusiva da VEVO no Brasil. Em 2017, nasceu a Mynd, em parceria com Preta Gil e Carlos Scappini, que auxilia empresas e agências na identificação de oportunidades, planejamento de estratégias e execução de projetos de entretenimento e marketing de influência na área digital, com seu *casting* exclusivo de mais de 450 influenciadores e mais de 400 colaboradores, que hoje realizam os projetos mais inovadores do mercado. A agência, que tem seu foco em diversidade, conta com mais de 50% dos colaboradores pretos e LGBTQIA+, oferecendo um discurso plural nos projetos que realiza. Mãe de três, Carolina, de 15 anos, e os gêmeos Luiz e Beatriz, de 8 anos, em seu dia a dia, Fátima concilia sua rotina com a maternidade.

Fátima, dentre tantos nomes, eu vim de uma promessa. Minha mãe já tinha três filhos, mas queria mais um, porém um câncer a obrigou a parar, e para engravidar de novo ela teria que parar o remédio por 9 meses, e seria um grande risco. Mas ela não desistiu, e dez anos depois do meu último irmão, minha mãe foi para Fátima, em Portugal, e fez uma promessa: se eu nascesse com saúde, daria a mim o nome de Fátima.

Nasci em Curitiba, Paraná, em uma família que não só minha mãe me puxou, mas meus três irmãos e meu pai sempre me deram a luz e o caminho para eu ser quem sou hoje. Nunca passei dificuldades na minha vida, ou tive uma vida precária, muito pelo contrário; porém, desde sempre, todas as minhas recordações foram dos meus pais me ensinando que o mais importante é o respeito a si mesmo e ao próximo, e que na vida todos são iguais, e não há lembranças de absolutamente nada contrário a isso. E o que eles mais me diziam era que eu deveria ser meu próprio rei, a minha própria rainha, dona da minha vida e sem depender de ninguém, lutar sempre pelo que eu acreditava e principalmente em mim.

Durante toda a minha adolescência, meus irmãos foram fundamentais para construir quem eu sou hoje. Sempre muito amorosos, me incentivavam a olhar para frente, estimulavam a desbravar o mundo, a ser independente, a acreditar que eu poderia tornar todos os meus sonhos realidade. Todos eles sempre foram muito motivadores para que eu não tivesse medo, e diziam que eu era capaz de mudar o mundo. Cursei Jornalismo na Federal de Santa Catarina estimulada pelo meu irmão, que dizia "Vá viver o mundo, vá pra um lugar diferente, aprenda, viva!".

Sendo muito positiva, para mim, sempre tudo dá certo. Sabe aquele livro *O Segredo*? As pessoas me falam que sou eu. Mas não porque eu li o livro, mas porque sempre acreditei em mim – os percalços seriam aprendizados, as tristezas seriam futuras alegrias. Sofrer não era um martírio, quem cresce sem sofrer? Quem se levanta sem cair? Nada me esmorecia, eu queria ser feliz, queria falar e trocar com as pessoas, queria realizar, fazer coisas novas, mudar vidas.

No início da minha vida profissional, passei por algumas situações de ansiedade, chefes cobrando, eu tentando me ajustar aos lugares. Naquela época, não existia "pedir demissão"; eu precisava construir carreira, ganhar meu salário, havia responsabilidades que nos faziam aceitar passar por situações que nos adoeciam. Eu senti a necessidade de me aproximar da espiritualidade, sempre acreditei em vida após a morte e reencarnação, e fiz um curso de quatro anos no Centro Espírita. Junto com minha segunda graduação em Psicologia, eu queria entender mais as pessoas, o mundo, os problemas e, principalmente, a mim mesma, para diminuir o impacto de tudo, e não esquecer que todos os aprendizados têm seu propósito. Eu queria ajudar as pessoas, fazer um mundo melhor com mais amor e mais respeito.

Toda essa base foi imprescindível para eu chegar aonde cheguei, e eu sabia que seria a base para que eu pudesse realizar. Todo mundo falava sempre uma coisa de mim: "Fátima, não aceita, não!" – alguns de maneira crítica, mas para mim era um grande elogio. Eu queria saber "como" – de alguma forma todos os "nãos" podem se transformar em "sins" se eu entender "como" devem ser guiados. Dentro da minha filosofia de que tudo é possível, basta querer e fazer. Todas as pessoas com quem trabalhei e criei um laço, uma amizade, eu queria trocar, crescer, "puxar". Eu sempre acreditava que quanto mais pessoas eu ajudar, maior a corrente que estou deixando de legado e de energia, mais pessoas torcendo por mim e vibrando para dar certo.

Durante dez anos, trabalhei em empresas na área de marketing, e nem sonhava em empreender. Eu era feliz ali na empresa, fazendo os resultados, acelerando, trabalhava feliz e motivada. Passava em todas as áreas para aprender um pouco mais – onde eu não sabia, era lá que eu estava, conversando, fazendo perguntas, criando amizades e conhecimentos. Queria saber palpitar em tudo, porque sabia que isso formaria meus conhecimentos e me tornaria mais completa, para em algum momento desbravar mais e mais o mundo.

Foi aí que, um dia, sorteei uma cadeira em um evento, e mais uma vez eu tirei a sorte grande. Meu anjo da guarda Ricardo Marques se sentou do meu lado, e foi a pessoa que me deu um dos maiores "puxões" que eu poderia imaginar: me deu a sua mão e me disse "Vamos empreender, eu estarei do seu lado para criar o seu império". Ele me ouviu durante 30 minutos e foi o tempo suficiente para ele me falar que eu era capaz de qualquer coisa, que eu era a pessoa mais generosa do mundo, mais inteligente, e que eu poderia, sim, acreditar em mim, porque eu iria realizar. Ricardo não me puxou, ele me jogou para voar, o que eu nem sabia que podia fazer. E foi naquele momento que todo o mundo se abriu.

Quando Ricardo e eu abrimos a operação da Vevo no Brasil, isso poderia ser apenas uma venda de mídia. Mas não, eu queria revolucionar o mercado da música, queria fazer o que ninguém nunca fez, queria mudar, ousar, fazer diferente. Um mercado que estava pouquíssimo inserido na publicidade, eu queria virar do avesso. Tudo que me falavam que não era possível, eu ia e fazia. Conversava com os empresários, com os artistas, com as marcas, procurava ouvir e transformar seus sonhos em realidade, fazê-los crescerem, alcançarem mais territórios. Eu não tinha medo, entendia o que eles queriam fazer, e fazia. Com isso, conquistei muitos amigos, muitos aliados, muitas pessoas que fizeram o meu empreender dar certo, pelo simples fato de que eu não estava sozinha – estava com elas, "puxando" suas ideias, seus sonhos, e juntos fazendo tudo acontecer.

E foi assim que eu conheci Preta Gil, minha segunda madrinha. Trabalhamos em alguns projetos juntas, e Preta; sempre foi uma das pessoas mais generosas que eu conheci. Conversava comigo, me dava muitas ideias. E foi em um desses dias que ela perguntou: "Por que você não agencia artistas?". E eu respondi: "Só se você for minha sócia. E ela disse: "Claro! Fechado". Ela me puxou para dentro da sua generosidade em trocar, dividir, e criou comigo a Mynd. Na época, ainda com a Vevo, Ricardo Marques foi fazer outras pessoas voarem e vendeu sua parte para o Carlos Scappini, um grande presente para mim. De uma coisa eu não posso reclamar: as pessoas falam que têm problemas com sócios, eu nunca tive. Meus sócios são as melhores pessoas que eu poderia ter ao meu lado! Sempre acreditaram em todas as minhas ideias, lutaram do meu lado, fizeram tudo dar certo de maneira positiva e agregadora.

Quando montamos a Mynd, eu já queria dar um passo à frente, era a primeira coisa com o meu nome, uma marca que seria minha, e eu não poderia deixar de colocar todo o meu propósito nisso. Eu sabia que todo o passado era para eu aprender, e então precisava colocar tudo em prática e finalmente mudar o mundo. Minha ideia já era disruptiva; eu queria ter uma empresa capaz de fazer o máximo de leituras possíveis de mundo, das pessoas. Algo que pudesse transformar e, por meio das minhas mãos, puxar muitas outras pessoas para voar.

E assim se foram criando tantas históricas incríveis, que fazem da minha vida um oceano de conquistas, com pessoas maravilhosas à minha volta, que junto a mim fizeram o possível para tudo acontecer. Desde o primeiro momento, falei para a Preta: "Vamos mudar o mundo". E assim criamos nossa meta de trabalhar de maneira a transformar vidas, de fazer o que ninguém fazia, de respeito, diversidade e, principalmente, ter um espaço onde todos podem ser iguais.

Nossa primeira agenciada na Mynd foi Pabllo Vittar; naquela época iniciando a carreira, crescendo muito rápido, e foi em um dos primeiros eventos da Pabllo que eu conheci a Priscila, mais conhecida na época como "Mulher Pepita". Quando a vi pela primeira vez, de longe, com seu corpo sarado e suas pernas volumosas, pensei: "Se eu olhar muito, ela vem me dar um tapa" – e foi quando ela se virou para mim, e com a voz mais doce que eu já ouvi, me ofereceu uma bebida. Disse que tinha feito uma cirurgia recentemente, mas que nada parava com ela. Ela era tão doce, tão simpática e atenciosa, que todos os meus preconceitos foram de 100 a 0 em um instante. Eu me apaixonei naquele minuto. Logo depois a convidei para conhecer a Mynd, e quando nos sentamos ela disse que iria abandonar a carreira, que tinha levado um golpe, que voltaria para casa, e eu ali, começando uma empresa de agenciamento... Disse para ela: "Nem pensar, você vem comigo agora, e vamos mudar tudo isso!" Ela me contou seus sonhos, e eu falei que iríamos fazer tudo ser real. Acho que ela pensou que eu era maluca, mas nunca mais nos separamos. Fizemos juntas o lançamento do seu programa no Instagram, um dos maiores sucessos de audiência da plataforma. Pepita se remodelou, se descobriu, desabrochou, e poder acompanhar tudo isso, fazer parte da sua transformação, é para mim uma das maiores histórias que eu pude viver. Hoje, essa mulher trans é uma das "donas" da letra T da sigla LGBTQIAP+, é mãe, é um símbolo de transformação, respeito, e de mostrar para todos que é possível mudar o mundo.

Nossa vontade e determinação em fazer diferente não seriam somente com agenciados. A empresa, com 40 funcionários, tinha de acompanhar toda a transformação que a gente queria. Foi quando determinei que a empresa seria representativa, que para realizar campanhas, misturar e respeitar opiniões, teríamos de ter diversidade da porta para dentro, não só da porta para fora. E, com o time, colocamos a meta de ter 50% dos colaboradores pretos. Foi um dos maiores desafios da minha vida, quando você se dá de frente com o preconceito velado, estrutural, que eu nem pensava que existia. Quando você faz uma mudança dessas, bate de frente com todas as questões racistas dentro de você, com todos os seus erros. Mas eu sabia que o maior acerto seria trazer isso à tona e realizar essa mudança, contra muitos que não queriam sair da mesmice, do dia a dia em que não sabemos o quanto erramos.

A única maneira de fazer isso possível foi obrigar a somente contratarem pretos até se equiparar 50% o quadro de colaboradores. Foram gritos, reclamações, mas, sim, conseguimos, pasmem, temos pretos no Brasil! Ironicamente, quando você cria uma regra, as pessoas têm que se movimentar para cumprir, ou ficam sem função. Em 2017, a questão de raça ainda estava em discussões iniciais, sem grandes plataformas. Nosso aprendizado foi brando, tranquilo, acontecendo no meio do dia a dia, mas aconteceu, e do qual eu tenho extremo orgulho. Hoje com 400 colaboradores, 50% pretos, não é só quem está dentro da empresa que está "puxando" e aprendendo, são famílias, são amigos, é todo um ecossistema que modifica o mundo.

Com essa mudança, em 2017 tivemos segurança em iniciar o nosso *casting* com personalidades diversas, buscamos quem queria junto com a gente transformar o mundo. Não havia preconceito nem limites. Todos se sentiam acolhidos quando entravam na empresa e se identificavam. Lembro até hoje quando Yuri Marçal, um comediante e ator preto, entrou na Mynd para nos conhecer. Ele se sentou na minha sala e disse: "Onde eu assino?". Com cara de espanto, dei risada e disse: "Vou te contar como a gente trabalha". E ele respondeu: "Eu nunca entrei em uma empresa e vi tantas pessoas pretas, essa é minha casa, é aqui que eu vou ficar, até você me mandar sair".

Eu entendi que não é sobre um, é sobre vários. É sobre as pessoas se enxergarem, se sentirem capazes, se sentirem acolhidas. É sobre acreditar que é possível, e disseminar isso em cada discurso, em cada palavra. Cada um que se sentava na minha frente, eu pensava: "Como vou transformar a vida dessa pessoa, como juntos vamos fazer um mundo melhor?". Parece clichê, mas não é. Todos os meus pensamentos, junto aos mais de 400 agenciados da Mynd, sempre foram em ser uma mão, em puxar cada um deles, trazer à luz, dar notoriedade para suas melhores características, suas qualidades mais geniais, trazer à tona tudo que eles podem conquistar e, principalmente, acreditando em seus propósitos. Muitas vezes eu era a primeira a acreditar neles, se sentavam na minha frente com os olhos tristes, diziam: "Ninguém acredita em mim". E eu falava: "Se você acreditar em você, eu também vou acreditar".

Luisa Sonza, Cleo, Pepita, Letticia Munniz, Camilla de Lucas, Raissa Chaddad, Karen Kardasha, Gleici Damasceno, Elana Valenária, Lucas Guedez,

Rafa Ucman, Eddy Jr, Gil, João, Thelminha, Esse Menino, Douglas Silva, Lidi Lisboa, Ed Gama, Luccas Neto, Tia Má, Luana Xavier, Yuri Marçal, Mateus Carrilho, Xamã, Carol Novaes, Gabi Rocha, Caio Franco, Raull Santiago, Preto Zeze, Aretuza, Mateus Mazzafera, são tantos nomes que se transformaram, que trocamos, que crescemos juntos.

Acreditar, realizar, mudar o mundo, todos podemos. As pessoas às vezes só querem a sua voz, o seu ombro, alguém para acreditar nelas, aconchegar, puxar e dizer: "Eu estou com você". Eu não fiz tudo para chegar aonde cheguei, mas tudo que fiz me fizeram chegar aqui. A cada dia meu propósito se torna mais forte, puxar mais e mais mãos, fazer mais e mais pessoas acreditarem que podem, que juntas mudaremos o mundo para um lugar de mais respeito, mais amor e onde todas as pessoas possam ser iguais. Parece distante? Não se cada um fizer a sua parte, plantar a sua semente, regar, não parar nunca de plantar uma e mais uma vez.

31

SOBRE SE RECONHECER

Passamos boa parte da vida em busca de conhecimento e aprendizados para alcançar o tão sonhado topo da montanha. No caminho, encontramos pessoas que nos fortalecem e aquelas que não contribuem tanto para o nosso crescimento. Como, então, distinguir um desafio que nos ajuda a crescer de um obstáculo que foi colocado no nosso percurso sem a intenção de ensinar algo e acaba virando gatilho contra nós mesmas?

FRANCINE ROSSET

Francine Rosset

Contato
LinkedIn: linkedin.com/in/francinerosset

Empreendedora e executiva de marketing e tecnologia, com 19 anos de experiência no mercado publicitário e de entretenimento, atuando em grandes agências e empresas com marcas nacionais e internacionais como Visa, Unilever, Samsung, Bradesco, Nissan, GOL, entre outras. Graduada em Publicidade e Propaganda pela Fundação Armando Álvares Penteado e em Design e Direção de arte pela Escola Panamericana de Arte e Design, pós-graduada em Administração de Empresas pela EAESP- FGV. Mentora de programa de liderança para mulheres e voluntária em projetos sociais direcionados a melhorar a qualidade de vida de crianças em situação de vulnerabilidade. Mãe de dois meninos, João e Tomás, hoje com oito e cinco anos.

Histórias de vida pessoal ou profissional costumam ser construídas com as adversidades que aparecem ao longo do nosso caminho. Parece que a busca pelo sucesso é um *looping* eterno para a maioria das pessoas que conheço, e para as que não conheço também. Desafios constantes que podem surgir, às vezes, já na infância ou logo no início da vida profissional vão criando nossos mecanismos de autodefesa, e que, com o tempo, começam a nos definir como pessoas, muitas vezes mais do que deveria.

Desistir de planos, procrastinar projetos, recusar convites, entre tantos outros, passam a ser comportamentos constantes por medo de julgamento e receio de não dar certo. "Eu não mereço isso", "Será que é pra mim?" "Imagina, nem sou tão boa assim". Pensamentos como esses começam a ser frequentes, nas mais diversas situações, limitando nossas possibilidades de crescimento e realização. O medo do fracasso é um gatilho forte para ativar esses mecanismos, e acontece de duas maneiras: consciente e inconscientemente. Ambas problemáticas, se no final a conclusão é sempre de que aquilo não está bom ou que não é para a gente. Não é sobre ser pessimista, nada disso, é algo mais profundo e que direciona essas respostas automáticas.

Um comentário sobre um trabalho que você fez, uma comparação com outra pessoa, uma simples brincadeira que não reverberou com a intenção que foi colocada, ou até mesmo uma crítica, a princípio construtiva. Tem quem seja mais sensível e vulnerável a essas influências externas, afetando, então, a sua percepção de mundo e que leva você a criar reações menos positivas, colocando mais obstáculos, não exaltando suas conquistas, e não vivenciando algo que está sendo tão bom. É uma negatividade que aparece da maneira mais discreta possível e gera uma autodefesa, a princípio necessária, mas que passa a ser prejudicial.

Vamos esclarecer: estou falando aqui de duas coisas, e uma desencadeia a outra: "Sabotagem", o ato ou efeito de sabotar, dificultar ou prejudicar uma atividade. "Autossabotagem", agir contra si mesmo, consciente ou inconscientemente.

Uma permeou várias situações da minha vida, a outra permeou por um tempo.

Minha primeira experiência profissional foi uma montanha-russa emocional. Sonhava em ser uma profissional criativa e estava certa de que havia encontrado o lugar perfeito para mim – um ambiente de mentes brilhantes, que me daria a oportunidade de aprender e crescer. No entanto, a realidade que encontrei foi muito diferente do que eu esperava.

Dia após dia, minha rotina consistia em passar horas fazendo repetidamente a mesma tarefa – recortar imagens. Estava presa em uma rotina tediosa e me sentia estagnada, sem abertura para executar o que eu fui buscar ali: criar. Mesmo após um ano de trabalho, nada havia mudado e não havia perspectiva de mudança. Ninguém parecia disposto a me ensinar algo diferente ou me dar alguma chance de mostrar meu potencial. Afinal, quem colocou essa menina aqui mesmo? Sentia que estava sendo sabotada pela falta de oportunidades e aprendizados. No entanto, a pior sabotagem veio de mim mesma. Durante esse período, ganhei um prêmio por um trabalho que criei na faculdade e que foi inscrito no One Show, um dos festivais mais renomados e cobiçados do mercado publicitário. Foi uma grande conquista, mas que não compartilhei com ninguém ali. Afinal, seria inútil contar.

Autossabotei-me, acreditando que o fato de ter ganhado um prêmio não iria me trazer a oportunidade de pegar um *briefing* e finalmente criar. Achava que não tinha chances de crescer ali.

Eu já estava agindo contra mim mesma. Ao mesmo tempo em que eu era superdedicada, sabia e acreditava na minha capacidade e tinha total noção de que eu estava em um lugar incrível para aprender. Minha fragilidade, por ainda ser muito nova, falou mais alto e meu inconsciente boicotou o orgulho do meu primeiro prêmio, que poderia talvez ter feito enxergarem que eu tinha potencial e destravaria a oportunidade que tanto buscava.

Sabotagem seguida de autossabotagem.

Saí de lá com a absoluta consciência de que só ocupava uma cadeira ali. O que me restou foi a certeza de que nunca mais voltaria a trabalhar com criação. Não era para mim.

Anos mais tarde, já em outra área, em um emprego que estava há algum tempo, surgiu uma nova proposta para ir para um lugar mais interessante. Uma vaga que definitivamente alavancaria minha carreira: uma empresa enorme, com a oportunidade de trabalhar para uma marca reconhecida globalmente.

Assim como todo mundo, eu tinha o direito de receber uma proposta e de aceitar ou não. Pelo menos deveria ser assim. Mas não foi o que aconteceu.

Um telefone bateu no outro e a pessoa que havia me feito a proposta recebeu uma ligação de alguém do meu então atual emprego. "Você não pode seguir com a proposta pra Fran, ela é muito boa aqui e eu não posso perdê-la". Dito e feito.

Seria útil se o lugar em que eu estava me fizesse uma contraproposta, um plano de carreira, ou ao menos uma conversa sobre como eu estava bem ali e como eles me queriam lá. Mas não teve nada disso. Meu então discurso de pedido de demissão que já estava ensaiando debaixo do chuveiro há dias e criando coragem para fazer foi por água abaixo. Minha proposta foi gentilmente retirada, devido ao favor para um amigo.

Sabotagem.

Já vivi situações em que ouvi, como forma de "elogio", que eu ganhava um salário X, mas valia o dobro. Olha que produtiva! Ou, então, que a promoção era minha, mas que dariam para outra pessoa, afinal, eu podia esperar mais um pouco.

Quando somos jovens, nem sempre é fácil discernir o certo do errado. Caímos na tentação de acreditar que de fato é preciso paciência, e que só pela simples razão de fazer parte de uma grande empresa já devemos ser gratos. Mas não é bem por aí.

E, assim, poderia seguir aqui escrevendo páginas e mais páginas com diversas histórias que vivi. Essa sucessão de boicotes que vivenciamos ao longo da nossa jornada e acabam impactando na visão que temos sobre nós mesmos; que constrói nosso comportamento e a autodefesa que criamos quando ganhamos consciência sobre o que vivemos no passado, e que vai se maximizando e passa a ser prejudicial para o nosso futuro.

Sempre tive um lado criativo aflorado (e frustrado), e foi durante a pandemia que, na busca por um escape, encontrei em um *hobby* a oportunidade de empreender.

Estava diante de uma ideia que começou como uma terapia para as horas vagas, mas acabou virando um negócio, sem a menor pretensão. Comecei a fazer acessórios para uso próprio, com intuito de trazer cor e alegria para aqueles dias difíceis que estávamos vivendo. Era a época do *lockdown*, acolhimento e empatia eram necessários. Inventei um nome inspirado nos meus filhos, criei uma conta no Instagram e fui tocando isso paralelamente à minha vida profissional.

Passei então a postar as fotos para minhas amigas verem as peças que criava, e escolherem qual modelo queriam de presente. Eram "fun", e eu mandaria para elas como uma tentativa de alegrar seus dias também.

Até que um dia recebi uma mensagem *inbox* de uma estranha: "Qual valor?". Eu logo pensei, "Vender? Como assim? Eu nem sei fazer isso direito, imagina!". Vendi uma, duas, dez, mil peças, e não parei por aí. Minha então terapia havia virado um *business*. E, diga-se de passagem, um negócio que parecia ser bastante promissor. Eu fazia tudo: comprava os materiais, criava as peças, produzia, fazia as fotos, divulgava, despachava os pedidos, enfim, tudo.

Três meses após minha primeira venda fui chamada por diversas revistas de moda e de empreendedorismo e negócios para divulgar a minha marca. Participei de editoriais de moda na *Vogue*, *L'Officiel*, *Revista Cláudia*, *GQ* e muitas outras. Formadoras de opinião e influenciadoras de peso começaram a usar meus acessórios. Vendi em lojas multimarcas no Brasil, Estados Unidos e Europa!

Parece que eu estava me tornando uma empreendedora, mas nunca reconheci aquilo como um negócio. Para mim sempre seria aquela bobeirinha que fazia como passatempo e que eu não tinha a menor ideia de como tinha dado certo. Sempre que ouvia um elogio, minha reação automática era: "Imagina, maior besteira, não vai dar em nada". Quase que minha resposta fazia os interessados se desinteressarem. A miopia reinava e não conseguia enxergar esse sucesso que todos viam aparentemente, e se você quer mesmo saber, eu tinha até vergonha.

Autossabotagem na sua mais pura forma. Ninguém havia me sabotado, além de uma única pessoa: eu mesma. Estava com a faca e o queijo na mão. Tudo ali só dependia de mim e acho que nem preciso explicar o que aconteceu, né? Eu sabotei algo que teve um sucesso totalmente natural e que ainda poderia estar deslanchando.

A página do meu "negócio" ainda existe no Instagram, mas, apenas existe.

Hoje consigo olhar para essa sequência de fatos e entender tudo o que aconteceu ali.

Durante anos eu me concentrei apenas nos aspectos negativos das histórias que vivi, sabotando meu próprio potencial e ignorando as possibilidades positivas. Mas, então, impulsionada por histórias de outras mulheres, comecei a me ver de outra forma. Enxergar a vulnerabilidade, a insegurança e a síndrome de impostora que percorre a história de mulheres tão bem-sucedidas é confortante e libertador: então não sou só eu?

Comecei então a ver as oportunidades ao invés das limitações. Entender que as adversidades e as influências externas não me definem. Ao longo do tempo, conquistei prêmios, desempenhei funções incríveis em várias empresas renomadas, expandi meus horizontes profissionais, experimentei diferentes áreas de atuação, abracei o empreendedorismo, e, hoje, posso dizer que olho para trás e vejo tudo o que construí. E isso só me impulsiona a buscar tudo que ainda pretendo conquistar. Tenho voz ativa e sou determinada a fazer a diferença, para a minha vida e para a vida de tantas outras mulheres que vivem ou viveram algo parecido e que colocam sua capacidade em xeque.

Hoje lidero um time composto 60% por mulheres e dedico horas dos meus dias para ouvi-las, aconselhá-las e dar mentoria para que elas tenham um lugar seguro e espaço para vulnerabilidade, enxergando que o sucesso depende apenas de nós. As adversidades vão sempre acontecer, mas tudo é sobre o modo como lidamos com elas. Sororidade. O poder fortalecedor, transformador, construtivo e necessário que as trocas promovem.

A autossabotagem é uma consequência a qual eu não escolhi. Mas ela veio para mim, e se estiver indo para você, espero que, de alguma forma, eu te inspire a ir contra essa onda. Se for para nadar, que seja sempre a favor do sucesso. Vamos juntas, afinal, uma sobe e puxa a outra.

32

O EXEMPLO ARRASTA E O INCENTIVO POTENCIALIZA

Somos resultados de nossas experiências e vivências. Dos exemplos que tivemos, dos desafios que enfrentamos e, acima de tudo, das pessoas que nos incentivam, ao longo de nossa jornada, a sermos nossa melhor versão. Fui privilegiada neste percurso, mas só fui percebendo isso à medida que fui agregando novos papéis à minha narrativa. Hoje entendo a força do exemplo e da rede de apoio, e acredito que todas nós temos a responsabilidade de liderar a mudança, fazendo do mundo ao nosso redor um lugar com mais equidade.

GABRIELA ONOFRE

Gabriela Onofre

Contato
LinkedIn: linkedin.com/in/gabriela-onofre/

Vice-presidente de marketing e sócia da Unico Idtech, *scale-up* e unicórnio brasileiro. Com mais de 25 anos de carreira, Gabriela liderou a estratégia de construção e expansão de marcas internacionais em empresas como Procter & Gamble e Johnson & Johnson. Eleita *Women to Watch* 2020, foi reconhecida como uma das 100 mulheres da Inovação pela *Época Negócios* 2023. Investidora-anjo e mentora de *startups* (Água na Caixa, Amai, Brota, Vênus e Media Hero), foi membro dos conselhos da ONG United Way Brasil e da ABA (Associação Brasileira de Anunciantes). É também membro do Women Corporate Directors, entidade global formada por conselheiras de empresas.

Nasci em uma casa de mulheres fortes. Minha avó materna se orgulhava de ter feito faculdade em uma época em que estudos eram vistos como algo não necessário para as mulheres. Infelizmente ela teve que acompanhar meu avô em sua carreira e acabou não exercendo sua profissão. Minha mãe fez duas faculdades e sempre trabalhou. Era independente, e isso sempre foi muito inspirador. Do lado paterno, outras duas mulheres muito fortes marcaram minha infância, minha avó e minha bisa. Passávamos as férias com elas, quando recebiam toda a família e gerenciavam sozinhas aquela casa onde comiam e dormiam mais de quinze pessoas. Os homens desciam a serra no fim de semana. Com elas aprendi a me cuidar, a cuidar dos outros e entendi a força do coletivo.

A responsabilidade em crescer veio rápido. Meu pai, arquiteto, faliu em uma das inúmeras crises financeiras do país. Poucos anos depois meus pais se separaram e minha mãe teve que mudar de emprego para poder nos sustentar. Trabalhava incansavelmente, muitas vezes aos sábados e domingos. Éramos nós três, ela, eu e minha irmã, decidindo a cada mês como faríamos para seguir em frente. Mudamos de colégio, vendemos nosso carro e monitorávamos de perto as contas. Esse apoio mútuo nos fortaleceu. Consegui meu primeiro emprego aos 15 anos. Trabalhava como vendedora extra às sextas e aos sábados na extinta Shoestock, uma loja de sapatos de muito sucesso em São Paulo, gerida por duas irmãs muito batalhadoras. Mais um exemplo de mulheres fortes e independentes.

Resolvi estudar engenharia. Tinha facilidade para exatas e sempre tive muita curiosidade sobre como as coisas funcionam. Precisava cursar uma instituição pública, pois não tínhamos condições de pagar uma faculdade privada. Decidi ir para a Unicamp, pois acreditava que engenharia de alimentos era a profissão do futuro. Minha mãe preferia que eu tivesse ficado na Poli (USP), pois não teria como arcar com despesas com casa e comida. O fato de precisar me sustentar me levou a fazer muitas coisas na faculdade, entre elas trabalhar na empresa júnior, onde fui diretora de marketing, experiência que acabou guiando minha trajetória. Foram anos incríveis. Conheci meus amigos de vida, meu marido e aprendi a ser independente. Mas também foi a primeira vez que me deparei com o preconceito. Engenharia sempre foi tido como uma profissão masculina. "Engenheira?", muitas pessoas questionavam. "Ah sim, de alimentos", como se não estudássemos da mesma forma cálculo, resistência de materiais, mecânica, operações unitárias, termodinâmica etc. Mas nunca deixei que nenhum rótulo me impedisse de seguir.

Acabei indo trabalhar em marketing, em uma empresa repleta de engenheiros, a Procter & Gamble. Além de uma grande escola de negócios, foi um lugar de grande inspiração. Já havia naquela época, há 25 anos muitas mulheres líderes: gerentes, diretoras e presidentes; além disso, uma cultura que incentivava os líderes a desenvolver a geração seguinte. Por isso, não percebia quão valiosas eram as trocas e os exemplos. Era comum termos papos com as líderes seniores quando vinham visitar o país para revisões de negócio. Contavam-nos sobre suas escolhas de carreira, como lidavam com os diferentes papéis de profissional, esposa e mãe, como gerenciavam seus chefes e como encaravam as expatriações. Exemplos que sempre me impulsionaram e me incentivaram a acreditar que eu poderia ser o que quisesse. Outra prática comum era a busca por mentores. Criar uma rede de apoio com pessoas mais seniores que te orientam, questionam e suportam nos diferentes estágios de vida. Muitos dos quais carrego até hoje comigo.

Mas foi só quando me tornei mãe que percebi minha responsabilidade em criar redes de apoio. Saí de licença maternidade achando que não queria mais trabalhar. Que meu papel era ser mãe e que não caberia nada mais além disso. Mas os meses em que fiquei afastada do trabalho também me fizeram perceber que trabalhar me completava. Decidi exercer uma política da companhia, trabalhar meio período com metade da remuneração até meu filho completar um ano de idade. Muitos diziam que não iria dar certo, porque embora a política existisse ninguém a havia colocado em prática. Eu fiz dar certo. Foi muito bom para eu voltar com muito mais segurança à minha carreira, mas foi um marco também para muitas outras mulheres que trabalhavam comigo.

Comecei a ser procurada para ser mentora de mulheres mais novas que estavam se casando, planejavam ter filhos e queriam entender como eu fazia para equilibrar tudo aquilo. Fui atrás de dados e percebi que, justamente quando as mulheres estão ascendendo na carreira, tornando-se gestoras, esse momento profissional muitas vezes coincide com o momento pessoal de mudança de vida, casamento e maternidade. E por isso há um vale na ascensão de mulheres em cargos de diretoria e C-Level das empresas. Criei, junto com outras diretoras da época, o primeiro grupo de mulheres da P&G no Brasil. No início, as trocas eram menos estruturadas, mas o fato de dividirmos nossos desafios e dúvidas e por estarmos unidas com o objetivo de apoiarmos mais mulheres fez desse programa algo perene. E é um orgulho imenso ver como muitas mulheres da geração seguinte à nossa ocupam hoje posições seniores de gestão.

Essa experiência despertou em mim a responsabilidade em ser um agente de mudança, e devolver a inspiração e incentivo que tive. Fui privilegiada ao ter exemplos de mulheres fortes ao longo da minha trajetória, que me fizeram acreditar em mim. Entendi também o poder das redes de apoio, e como o *networking* feminino pode ser importante para o desenvolvimento da carreira, para o apoio emocional, para as fases de síndrome de impostora, para ajudar a equilibrar todos os pratinhos, para entender que não precisamos ser a mulher-maravilha, e principalmente para nos abrir portas e possibilidades.

Minhas mudanças de carreira seguintes foram sempre calcadas nesse *networking* forte. Cheguei à Johnson & Johnson por meio da sua presidente no Brasil, que conheci em eventos corporativos em que éramos das poucas mulheres representando nossas empresas. Na Unico Idtech cheguei porque uma grande amiga de infância me apoiou e me incentivou a fazer a mudança de carreira. Fez-me perceber o quanto eu estava pronta para o desafio, abriu suas conexões para mim, orientou-me.

Trabalhar em uma empresa de tecnologia me trouxe de volta a um ambiente mais masculino. Fui por um tempo a única mulher na gestão, mas também uma voz para que outras viessem. Ao mesmo tempo, um ambiente de inovação é mais aberto ao novo. Estruturamos os grupos de afinidades – mulheres, LGBTQIA+, pretos e pardos, pessoas com deficiência –, muitas vezes minorias nas empresas, mas não na sociedade. À medida que crescemos, conseguimos também aumentar o número de mulheres na direção. Hoje, somos pouco mais de 30%, aumentando nossa capacidade de influência e mobilização para trazermos mais equidade ao nosso ambiente de trabalho.

Fora do trabalho, sou mentora de mulheres e empreendedoras. Acredito que conectá-las a uma rede de apoio forte, instigá-las a pensar grande, as fará acreditar em seu potencial mais rapidamente.

Fui privilegiada nesse percurso, mas só fui percebendo isso à medida que fui agregando novos papéis à minha narrativa. Hoje entendo a força do exemplo e da rede de apoio, e acredito que todas nós temos a responsabilidade de liderar a mudança, fazendo do mundo ao nosso redor um lugar com mais equidade.

Afinal, o exemplo arrasta e o incentivo potencializa.

33

ONDE ESTOU NÃO É QUEM EU SOU, O QUE EU SOU ME LEVA AONDE ESTOU

Costumo dizer que cheguei mais longe do que previa e, quando penso nisso, vem junto um sentimento de gratidão, que antes era direcionado para as pessoas que me deram oportunidade e que passaram pela minha vida. Com o tempo, aprendi que preciso começar a agradecer a mim, pela minha história, pelas horas de trabalho na madrugada, pelos dias que acordei antes da minha família para terminar um trabalho e preservar nossos momentos, pelos dias que tive que contar o dinheiro para decidir o gasto entre a condução e alimentação, pelas vezes que falei ou me calei e por tantas outras que me trouxeram até aqui! Pela mulher que sou e nunca desisti de ser.

GLÁUCIA MONTANHA

Gláucia Montanha

Contatos
glaucia_montanha@uol.com.br
glaucia.montanha@artplan.com.br
LinkedIn: @glauciamontanha
Instagram: @glauciamontanha
Twitter: @glauciamontanha

Iniciou sua trajetória de trabalho aos nove anos de idade, vendendo produtos na escola, sorvete e água de coco no centro de São Paulo. Hoje, atua como CEO da Artplan SP e Convert, ambas empresas do Grupo Dreamers. Tem 20 anos de experiência em publicidade, e 5 anos em planos de negócio para a ONU/FAO. Formada em Administração e Comunicação Social, com especialização em Marketing Digital pelo Squared IPA (Institute of Practitioners in Advertising). Apaixonada por negócios, sinais e comportamento, busca criar relevância diariamente, seja com clientes, parceiros ou a cada reunião que participa. Participação em alguns prêmios e júris: Júri WARC Awards for Effectiveness Global - Categoria Use of Data - 2023; Júri do evento Cannes Lions 2022 - Categoria Creative Date; indicada ao Prêmio Caboré 2018 - Profissional de Mídia; indicada a Mídia do Ano 2019; Effie Awards Brasil - Prêmio Prata, com o cliente Via Varejo- Casa de Novela Cannes Lions Media 2012 - Bronze - Categoria Media com o projeto “Mapas” para Telefônica em 2012 - Permita-me me apresentar em três vezes para você.

Sou a Gláucia, bisneta da vó Augusta, neta da Iracy, filha da Claudete e irmã da Katia! Mulheres batalhadoras, simples e de muita luta que, em sua maior parte, criaram seus filhos com a ausência da figura masculina e financeiramente dependente apenas dos seus esforços. Elas me ensinaram desde cedo a olhar o mundo entendendo e questionando os desafios que ele apresenta para mulheres em suas condições. Tenho o privilégio de tê-las como referência de luta e sobrevivência.

Sou, também, a Gláucia, esposa do Flávio, meu *crush* do colégio aos 14 anos. Namoramos apenas aos 20 anos e estamos casados há 15 anos. Eu me apaixono por ele todos os dias. Sou mãe do Lucas, de 9 anos, um menino falador e cheio de sonhos. Sou também mãe do Adrian, de 12 anos, negro de pele clara, menino alegre e carinhoso. E tem o Italiano, um cachorro da raça Staffordshire, dominador e gênio forte. Uma casa 100% masculina que tem como princípio respeitar as mulheres e dar espaço e voz. Eles me empoderam, me veem melhor do que sou e acreditam mais em mim do que eu mesma. É aqui que aprendo o quão poderoso um homem é quando se tem sensibilidade e permite que a energia feminina possa circular e ser complementar. É nesse lugar que mora minha felicidade.

Por último sou a Gláucia, faladora, sonhadora, alegre, que acredita que nada acontece por acaso e que tudo tem um propósito. Do signo de peixes, que acredita nas pedras, na energia e nas plantas de poder. Apaixonada por crianças e pela conexão que fazem. Amo fazer e não ser, e acredito que o amor constrói e por isso tudo sempre vai dar certo.

Agora estou apresentada aqui inteira e entregue para compartilhar um pouco da minha trajetória e decisões que me guiaram até aqui.

O começo e a sobrevivência

Minha mãe se separou quando eu tinha três meses de vida e voltou de Araçatuba, interior de São Paulo, para a capital com duas filhas: minha irmã, de 1 ano e 5 meses, e eu. Lembro da minha mãe trabalhando em dois empregos, tentando dar conta de tudo e ainda fazendo bicos aos finais de semana. Descansar era e é algo que ainda não a vejo fazer com frequência, ela está sempre em movimento. Nunca tive tudo que queria, mas sempre tive tudo que precisava, e assim me sentia no dever de contribuir em casa, por isso comecei muito cedo a trabalhar. Não entendia por que minha mãe trabalhava tanto se seu pai tinha sido um dos maiores distribuidores de gás da zona leste de São Paulo. Foi aqui que me deparei com a primeira decepção, que só mais tarde entendi que, além de injusta, era machista. Meu tio e único homem da família com estudo superior (que meu avô havia proporcionado por acreditar que somente o homem tinha esse direito), havia herdado todos os bens. Pensamento esse, antigo, onde a crença era que somente por meio da linhagem masculina poderia se assegurar o sucesso do patrimônio. O que se tornou uma grande ilusão mais tarde. Cresci presenciando essa injustiça. Todos os cinco sobrinhos, incluindo a mim, tinham que trabalhar para ele nas lojas do meu avô em troca de pagamento do estudo e cesta básica. No começo parecia correto e divertido.

Minha mãe trabalhava mais de 14 horas por dia em dois empregos. Eu trabalhava no comércio da família, limpando, contando peças, levando botijão de gás no carrinho até o carro dos compradores. Parecia uma rotina correta e normal, mas foi aqui que surgiu minha primeira reflexão sobre justiça: vendo meus primos e eu ali, nos submetendo a algo que, teoricamente, era de direito de todos, sendo usados como mão de obra de baixo custo, todos com idade entre 9 e 12 anos, percebi que não poderia aceitar aquilo. Lembro-me de um pensamento de questionamento e revolta. E foi nesse dia que nunca mais voltei, fui a primeira a sair do modelo apresentado. Ouvi que não conseguiria pagar os estudos, que voltaria pedindo ajuda e até que havia pegado algo de valor. Meus primos me olhavam com um olhar discriminatório, com sentimento de ingratidão da minha parte. Entendi naquele dia que não pertencia mais àquele núcleo. Minha mãe e minha irmã me apoiaram. Minha avó, todos os dias, achava que eu tinha de voltar. Saí e não olhei para trás.

Eu tinha apenas 10 anos. Acordei no dia seguinte, comprei uma caixa de isopor, fiz gelinho, também conhecido como "chup-chup", e sacolé e fui vender em frente ao Fórum João Mendes no centro da cidade. Logo, conheci a Dona Cida, uma baiana, negra de pele escura, vendedora de cocada que estava no ponto há mais de 10 anos. Ela se aproximou e, aos poucos, entendi que ela cuidava de mim, porque era conhecida e respeitada. E, escrevendo aqui, me dei conta de que ela foi a primeira mulher que me puxou e, por vezes, indicava meu produto ao dela. Ali, fiquei alguns meses e logo consegui um emprego em uma loja de roupas com a ajuda da minha mãe e, pouco tempo depois, um emprego na Associação Paulista de Medicina. Usava os finais de semana para vender água de coco como ambulante na Av. Angélica para compor minha renda para os estudos.

Trabalhei nessa empresa por oito anos – entrei menina e saí adulta. Fui a mulher mais jovem a chegar a um cargo de gestão e a ter um plano de carreira de três anos com incentivos anuais. E aqui faço um reconhecimento ao Dr. Sérgio Nicoletti, médico, meu chefe, que acreditou e investiu em mim. Nesse emprego, consegui pagar meu colégio técnico e alcançar o sonho de ingressar na faculdade, além de contribuir em casa. E só saí de lá porque tinha encontrado o trabalho que daria início à minha carreira.

Do emprego para o trabalho e carreira

Emprego e trabalho parecem sinônimos, mas, na prática, são bem diferentes. O emprego tem como foco renda e o trabalho está associado aos objetivos e realizações. E foi nessa fase que entendi melhor sobre isso. Na época, entrei na faculdade de Administração Hospitalar porque acreditava que seria promissor onde trabalhava, mas, ao término do primeiro ano, não me sentia pertencente, acreditei que deveria ser pela especialização hospitalar e mudei para Administração de Empresa.

Um dia, em uma atitude impulsiva, mudei novamente de curso. Estava na sala de aula em um exercício e não tinha a tão desejada calculadora HP por falta de dinheiro, era muito cara perto das necessidades que tinha. Fiquei sentada esperando alguém terminar para me emprestar. O professor tinha uma na mesa sem usar e pedi emprestado, e ouvi que cada um precisava ter a sua para ser um administrador. Nesse momento, fiquei em silêncio, meus olhos encheram de lágrimas e senti a falta de empatia. Então, em uma atitude impulsiva, me levantei, peguei minha folha e disse ao professor: “Obrigada, mas não quero ser igual a você”. Fui até a secretaria da faculdade procurando um novo curso, havia vaga para Economia e Comunicação Social. Questionei qual delas não precisaria da HP, e fui para Comunicação Social. Ingressei tentando buscar como associar o uso com a empresa em que atuava e encontrei muitas conexões, chegando até participar de projetos com a ONU/FAO. Tudo parecia bem!

Certa vez, para contar ponto para a faculdade, fui ao Fest'up, um evento de publicidade para universitários. Pensei que poderia ser legal, só não imaginava que mudaria tudo a partir daquele dia. No evento, havia vários painéis e rodas de conversa sobre as possibilidades na área de comunicação, e parei para ouvir um *speaker* no palco chamado Claudio Barres, que começou a narrar a rotina da área de mídia. Na época, ele era VP de mídia da maior agência do Brasil, chamada Battes, do Grupo Newcomm. Ouvi atentamente seus desafios e sua experiência de trabalhar com um empresário chamado Roberto Justus. Achei interessante e fiquei cheia de dúvidas e queria entender mais. Ao término do painel, ele abriu para perguntas, e entre mais de 100 estudantes, levantei a mão. Tinha muitas, mas foquei em perguntar o que precisava fazer para ser um "mídia" e essa pessoa de negócios que ele falou. Ele me deu três conselhos iniciais:

1. Leia muito sobre negócios, comece com o jornal *Gazeta Mercantil.*
2. Leia sobre o mercado, recomendou a leitura do *Meio & Mensagem*, Propaganda & Marketing e livros do Grupo de Mídia.
3. Seja ousada.

Com isso, ele encerrou seu painel. Na hora, pensei que os três conselhos não me levariam para lugar algum. Saí chateada, mas interessada! Na dúvida, resolvi seguir.

Na semana seguinte, tinha a Gazeta Mercantil chegando na minha casa todos os dias, e semanalmente o jornal do M&M e Propmark. Comprei todos os livros do Grupo de Mídia, na época foi um investimento alto para mim. Comecei a devorar os temas e fui me apaixonando dia a dia. Passados dois meses nessa rotina, meu desejo de estar nisso só aumentava.

Percebi que tinha um conselho do Claudio Barres que ainda não havia feito, e resolvi praticar com ele mesmo. Enviei um e-mail, contando que já havia seguido dois dos conselhos dele e estava naquele momento praticando o terceiro; que estaria de férias por 30 dias dali a um mês e gostaria de estagiar na agência para viver a rotina e colocar em prática o que estava aprendendo. Ele, prontamente, me respondeu e marcou uma conversa e combinamos o estágio não remunerado.

Foram 30 dias imersos, não tive dificuldade em entender o trabalho porque, como tinha feito processamento de dados, tive muita facilidade com os *softwares*; a administração me ajudou no entendimento das métricas; os livros me familiarizaram com os termos técnicos; o hábito de ler todos os dias me fez adquirir um conhecimento do mercado e dos acontecimentos. Parecia que já pertencia àquele ambiente e me encaixei rápido. Fiz amigos, aprendi muito, conheci pessoas como a Aline Moda e Maria Eugênia, mulheres que me acolheram rapidamente – elas entendiam que, por vezes, não tinha recursos para acompanhar os almoços e ficava na agência, e em alguns momentos elas me acompanhavam e me convidavam para me sentir incluída. Ali surgiu um ambiente seguro e de acolhimento, e levo para a vida até hoje. Aproveito para agradecer em especial à Aline Moda Director, Agency Business do Google, que desde sempre se manteve por perto me puxando.

Durante esses 30 dias, me apaixonei e me identifiquei, vi de longe o empresário Roberto Justus atuar e gostei de toda a atmosfera envolvida. Fui convidada para continuar, mas tive que negar porque o valor da bolsa não era suficiente para meus gastos, e voltei para meu emprego e plano de carreira.

Do trabalho para a carreira

Voltei para a minha realidade sem perder o foco, entendendo que poderia voltar um dia se a conta fechasse. Um ano depois, recebi uma ligação da agência porque eles estavam em fusão com um grande grupo internacional e havia surgido uma oportunidade. Nesse momento, estava no penúltimo estágio do meu plano de carreira, com um salário maior (o valor oferecido era 40% menor do que ganhava. Ajustei minhas contas e fui).

Cheguei à agência no dia da fusão, abri mão de 40% do salário e voltei para o cargo de assistente. Tive momentos de reflexão e de questionamento se não teria feito a escolha errada.

Tive chefes brilhantes que me ensinaram muito e me desenvolveram, passei por todos os cargos, tive o privilégio de trabalhar diretamente com o Roberto Justus, onde aprendi muito sobre negócios (ele sempre incentivou e reconheceu). Conheci o Marcos Quintela que, durante 15 anos, esteve ao meu lado se tornando mais que um chefe, um irmão, me incentivando e me ajudando das mais diferentes maneiras.

Passei por muitas situações, algumas de machismo não intencional e outras intencionais. Mas sempre recebi apoio e tive a quem recorrer, ali aprendi a importância de criar laços de confiança e ter um ambiente seguro no trabalho. Lembro-me de uma situação em uma reunião em que havia uma grande discussão colocando dois grandes diretores homens frente a frente; fiquei exposta e sem voz, chegando ao ponto de ouvir que não importava minha opinião e, naquele momento, sem me conhecer muito, o Quintela se levantou e interveio. Nós nos conhecíamos pouco, mas me senti acolhida e ali começou nossa amizade crescente. Depois desse episódio, senti que ninguém poderia me diminuir e que para minha opinião ter valor eu deveria ter sempre profundidade, e meu desejo por aprender só aumentava. Queria mostrar que quando uma mulher fala, ela fala com conhecimento de causa.

Onde estou

Foram 17 anos em uma empresa em que fui feliz, com altos e baixos, como toda carreira crescente. Eis que chegou a pandemia e com ela meu segundo filho, o Adrian, aos 8 anos, sem alfabetização, e vi meu marido largar tudo para se dedicar ao ensino remoto de duas crianças, sendo uma delas cursando duas séries ao mesmo tempo com o desafio de alfabetização rápida. Foi um caos, não imaginei que seria tão difícil. Mas tudo isso só aumentou meu amor e respeito pelo meu marido e a admiração pelos meus filhos. E isso me fez querer mudar algumas coisas e rever tantas outras. Estava em conversas com o Grupo Dreamers há quase dois anos, e fui conhecendo duas pessoas bem especiais, apresentadas por um grande amigo, o Villano, que foi o Antônio Fadiga (presidente da Artplan) e o Rodolfo Medina (presidente do grupo).

A cada conversa, me sentia mais encantada com valores que buscava naquele momento e os da empresa. Sair do maior grupo internacional de comunicação não era uma decisão fácil. Mas conhecer um grupo cem por cento nacional e independente, com valores em pessoas, me parecia quase que uma armadilha atrelada ao sentimento de impostora intrínseco nas mulheres de "não ser boa para outro lugar".

Foi quando recebi o incentivo da minha casa, de uma amiga, a Giulia Faria e de uma mulher muito especial, a Manzar Feres. Eu me lembro de estar um dia em meio a uma negociação, e ela teve a sensibilidade de me perguntar se eu estava bem; respondi que estava com uma proposta em mente, queimando. Ela simplesmente encerrou a reunião e disse que nada era mais importante que isso: me ajudar a organizar a mente. Naquele momento importante de negócio, ela pausou tudo, me acolheu e me ajudou a organizar meus pensamentos. Ela não decidiu por mim: ela me empoderou para reconhecer o que eu realmente era. Naquele momento, surgiu uma amizade e um amor incondicional por ela. Organizei meus pensamentos e fiz minha escolha. Fui ser executiva e empreender em um grupo que tinha um *board* cem por cento masculino, com energia feminina valorizada entre eles.

Três anos se passaram, e me tornei CEO da Artplan SP e da Convert. No final de 2022, recebi o convite para ser uma das duas primeiras mulheres a ingressar no *board*. Conheci executivos que diariamente valorizam a força das mulheres, me ouvem e discutem comigo, sem pensar em gênero. Não me olham como um sexo frágil, mas me olham como uma executiva. Hoje, estou aqui escrevendo um pouco da minha carreira, onde tive mulheres que me puxaram e me puxam diariamente, mas que também encontrei homens que evoluíram para a equidade e estão buscando ser melhores. Para esses, meu respeito e admiração e, para todas as mulheres que me puxaram, o meu compromisso de fazer isso por outras sempre.

Aprendi que a vida não é sobre o que fazem com a gente, mas sim o que fazemos com que fazem com a gente. Eu usei todas as experiências para evoluir, e no meio de tudo isso ainda conheci a medicina da floresta, que atendeu a uma necessidade que eu tinha de me conectar com uma força maior para compreender minha jornada neste planeta, mas isso é tema para outra conversa.

34

CORAGEM

Acredito que todos nós precisamos de fontes de inspiração. Seja na nossa família, no ambiente de trabalho, amigos ou na comunidade em que vivemos. Quando estamos próximos de pessoas que admiramos, nos inspiramos, aprendemos e evoluímos. Da mesma maneira, podemos servir de inspiração para os outros e isso nos dá um superpoder. Minha história conecta a minha jornada de vida às influências positivas que tive de mulheres da minha família, mas também à influência que exerço sobre minhas filhas como mãe. Faço uma reflexão sobre os aprendizados nessa jornada de conciliar o papel de profissional e de mãe, e divido alguns desses pontos para que, quem sabe, eu possa inspirar outras mulheres que possam estar vivendo algo parecido, ou que talvez não queiram embarcar rumo à realização dos seus sonhos por acharem que não podem dar conta. A aprendizagem é diária, mas de uma coisa estou certa: a coragem, combinada à paixão e à determinação, tem o poder de mover o mundo.

HELOISA GLAD

Heloisa Glad

Contatos
hglad3010@gmail.com
LinkedIn: linkedin.com/in/heloisaglad
Instagram: @gladheloisa

Mais de 25 anos de experiência em multinacionais, tendo trabalhado em diversas funções de negócio em diferentes países. Iniciou sua carreira na área financeira na então Cervejaria Brahma. Depois disso mudou-se para os Estados Unidos, onde estudou e trabalhou em uma *startup* da área de educação on-line, uma experiência que ela considerou muito interessante na época em que *startups* começavam a surgir como um desafio ao modelo tradicional de fazer negócios. Após seis anos vivendo por lá, regressou ao Brasil e se juntou à Phillip Morris International, onde passou 14 anos da sua carreira atuando em diversas áreas de negócios, em diversos países. Morou no Caribe e na América Central e, durante esse período, entendeu que gostava de estar exposta à aprendizagem constante e que se realizava ao liderar grandes transformações. Após quatro anos vivendo fora, regressou ao Brasil pela Reckitt, onde teve a oportunidade de viver uma rica experiência no setor de bens de consumo. Hoje, atua como presidente e VP comercial da divisão de Bens de Consumo da Johnson & Johnson Brasil, em um momento de transformação importante da história da empresa. Como líder e executiva nesse mundo em constante mudança e evolução, Heloisa valoriza muito o poder da transformação, tanto para as pessoas quanto para os negócios, e atua fortemente para impulsionar temas essenciais como diversidade, sustentabilidade e liderança. É casada com o Fernando e tem três filhas: Nicole, Caroline e Sophia.

O correr da vida embrulha tudo, a vida é assim: esquenta e esfria, aperta e daí afrouxa, sossega e depois desinquieta. O que ela quer da gente é coragem.
GUIMARÃES ROSA

Escolhi começar com esse trecho de *Grande Sertão: Veredas*, obra-prima de Guimarães Rosa, porque, cada vez mais, para uma mulher assumir suas escolhas e sentir-se em paz com elas, é preciso muita coragem. E percorrer um caminho nada linear pode trazer angústia por alguns momentos. Mas, ao mesmo tempo, não existe nada mais libertador que ter coragem para se viver plena e conscientemente as suas escolhas.

Nasci em São Paulo e, desde muito cedo, pude aprender essa lição. As mulheres da minha família saltaram bravamente por histórias consideradas fora dos padrões até alcançar uma vida libertadora. Enedina, minha avó materna, nascida em Guaçuí, no Espírito Santo, casou-se aos 25 anos, nos anos 1940, com um homem mais novo. Foi uma exceção total à regra da época e da cidade, em que as garotas se casavam por volta dos 18 anos e, normalmente, com homens mais velhos que elas. Depois, para quebrar definitivamente os tabus, se divorciou por volta dos seus 50 anos, quando determinou que as infidelidades do meu avô já não cabiam mais em sua vida. Ela sempre foi muito à frente do seu tempo. Obedecer aos seus instintos, ao seu coração, e buscar viver em paz com a sua consciência, definitivamente não era o que as suas contemporâneas praticavam. Desde que se tornou independente, focou no trabalho e tornou-se uma referência de comerciante em Londrina, no ramo da moda, ao abrir uma *boutique*. Ela viajava ao Rio de Janeiro com frequência para comprar roupas consideradas extravagantes, com cores e decotes, e então levava de volta para encantar todas as mulheres da cidade, que aguardavam ansiosamente esse momento. De algum modo, ela realizava sonhos ousados de outras mulheres. As puxava para onde elas almejavam estar. Eu guardo com muito carinho na memória as vezes em que fui com ela ao Rio para essa tarefa. Via atrizes lindas, todas produzidas com as mesmas roupas que minha avó comercializava, e eu me enchia do que hoje sei ser orgulho e admiração. Vó Enedina viveu sozinha em várias cidades do Brasil, sempre trabalhando muito e cheia de energia e, por escolha, nunca mais se casou. Dizia que sua liberdade era seu bem mais precioso. Ela se foi feliz aos 99 anos, exatamente como queria, pois sempre disse que não queria ficar "velha" e chegar aos 100.

Enedina teve três filhos. Entre eles, Dinalva, minha mãe, professora de história e pianista clássica até se casar. Ela própria escolheu largar a profissão para se dedicar à maternidade, para ocupar sua vida com a família. Deixou sua cidade, Londrina, aos 21 anos, quando se casou com meu pai e mudou-se para São Paulo. Ali, naquela cidade e naquela sociedade, naquele ano, esse caminho contrário poderia ser interpretado como um passo atrás, um retrocesso. Distante, em outro estado, aprendeu a criar seus quatro filhos de modo independente da família, o que restringiu muito sua rede de apoio. Mas viveu e bancou a sua escolha. Sem dúvida, minha mãe precisou ter muita coragem.

Essas duas mulheres e suas histórias de vida deixaram marcas profundas em mim. Elas sempre me influenciaram na busca incessante pela minha independência. Aliás, consigo enxergar hoje que elas influenciam toda a nossa família.

Essa minha paixão pela liberdade também me fez optar por algo com que eu me apaixonasse: a dança. Fiz balé clássico até os 17 anos. Ainda naquele momento, eu achava que ser bailarina era meu grande destino e objetivo na vida. Passei minha juventude sempre rodeada por amigos. Com muitos deles tenho o privilégio de conviver até hoje. O balé e os amigos me mantinham longe do pensamento de ser mãe, que nunca foi uma ideia fixa ou um sonho constante.

Os anos se passaram, formei-me, comecei a trabalhar e me dei conta que o mundo era muito maior que meu próprio umbigo e que havia tanta coisa para ser explorada e vivida. No mundo do trabalho eu me abri e permiti reescrever minha história. Novamente, a ideia de independência, de poder escolher ser quem eu quisesse ser, de mudar, me atraía cada vez mais.

Aos 24 anos me casei com o Fernando e fomos morar fora do país para viver um pouco dessa liberdade que tanto me encantava. Depois de cinco anos casados, eu finalmente tive vontade de ser mãe. E Fernando também teve vontade de ser pai. Chegava então nossa hora de embarcar nessa nova aventura.

Nicole nasceu em 2004, ano em que eu ainda morava nos Estados Unidos, recém-formada do MBA e com um novo emprego por lá. Pude viver um pouco do que viveu minha mãe ao maternar em um país diferente, sem nenhuma rede de apoio. Apesar de uma história conhecida por mim, por ser como a da minha mãe, foi bastante desafiador e, juntamente com meu marido, que sempre me apoiou muito, passei o primeiro ano de vida da Nicole tentando equilibrar trabalho e maternidade. Eu queria muito ser perfeita nos meus dois principais papéis naquela época: a de mãe e a de profissional, e estava realmente focada em fazer aquilo tudo dar certo. Acreditava ser perfeitamente possível administrar ambos os pratos com total destreza, paciência e dedicação. Eu fazia de tudo, mas vivia em dúvida se estava sendo a melhor mãe que deveria ser. E, ao mesmo tempo, insegura se era a melhor profissional que seria capaz de ser.

Convivi com essa angústia por alguns anos e quando Nicole estava com quase um ano, nós já estávamos de volta ao Brasil. Apesar das minhas inseguranças, minha filha parecia crescer muito bem, saudável e feliz. E a minha carreira seguia evoluindo igualmente de maneira acelerada. Pouco a pouco passei a me dar conta de que o relógio da vida pessoal é o mesmo daquele do trabalho. À medida que Nicole crescia, eu aprendia a dividir momentos – que para algumas mães seriam só dos filhos – com o meu trabalho. Apesar da divisão, eu estava convencida de que aquela era a minha escolha: viver a vida equilibrando, ou ao menos tentando, a minha carreira com a minha família. Era uma eterna busca pelo sentimento de liberdade que isso me trazia. Então, apesar de convicta da minha escolha, passei por muitos momentos de angústia, por exemplo, quando tinha de viajar e passar dias longe da minha filha. Quando esses momentos batiam mais forte, eu tentava me convencer de que um dia eu sentiria que tudo isso teria valido a pena. Eu sabia que um dia ela cresceria e reconheceria minhas escolhas: da independência e de viver o que julguei ser certo, assim como reconheço hoje as trajetórias da minha mãe e da minha avó.

Um episódio muito simbólico dessa dualidade que vivi, e que eu sei que tantas mulheres vivem também, aconteceu em um dia em que fui buscar Nicole na escolinha às seis da tarde. Fui feliz em cumprir o meu papel de mãe, mas como precisava entregar algo muito importante no trabalho, não hesitei em voltar para o escritório com ela a tiracolo. De forma muito prática, como costumo ser, eu arrumei uma mesinha para ela comer um lanchinho, dei a ela lápis de cor e papel e, assim seguimos, até às 20h30 dentro do escritório. Terminei minhas urgências e voltamos para casa. Na época achei tudo aquilo normal. Hoje faria diferente. E é por isso que acho essa história tão marcante. Porque esse desafio, essa culpa com a qual brigamos todos os dias, é o que une tantas mulheres ao redor do mundo. Fazemos escolhas todos os dias e nunca sabemos se fizemos as escolhas mais certas. E aí, vira e mexe, em momentos de insegurança, aquelas escolhas, às vezes representadas por uma cena como essa, volta muitas e muitas vezes para nos cutucar, volta como um frio na barriga, volta como um sentimento.

Independentemente de termos um parceiro que nos ajude dividindo as responsabilidades, a nós, mães, na maioria das vezes, nos atribuem um papel de "cuidadoras". Um papel que, até muito pouco tempo, nós mulheres aceitamos e não questionamos. Como se não adiantasse ter o cônjuge perfeito, porque esse sentimento é intrínseco ao fato de ser mãe. Estamos, atualmente, aprendendo a lidar com esse sentimento, que acaba pesando na balança de maneira desproporcional. Tenho consciência de que falo de um lugar de privilégio – social e econômico. E até para escolher a liberdade sei que esse privilégio conta demais e que tantas outras mulheres carregam muito mais por aí. Mas o fardo, a culpa, a dúvida são particularidades que nos unem umas às outras.

E eu aprendi a gostar de ser mãe. Estava aproveitando essa jornada de aprendizado, e, por isso, quando Nicole estava com cinco anos, eu escolhi entrar novamente nessa aventura. Uma aventura que veio em dose dupla. Nossas filhas gêmeas Caroline e Sophia nasceram no Brasil onde, dessa vez, meu privilégio me permitiu contar com uma rede de apoio. Lembro-me de ter ficado assustada com a gravidez gemelar, mas continuava convicta de que não deixaria de trabalhar, afinal, eu seguia apaixonada pelo que fazia. Os primeiros seis meses foram muito difíceis e acho que só consegui dar conta do recado porque tive mulheres maravilhosas ao meu lado que me ajudaram todos os dias na rotina com as meninas. Foi aí, nessa fase da minha vida, que percebi a importância de as mulheres construírem sua rede de apoio. Temos uma capacidade inigualável de nos ajudarmos. Quando nos apoiamos, alcançamos uma força incrível. A gente entende o sentimento umas das outras, e devemos contar com isso para lidarmos com eles e com a vida.

Com três filhas, o trabalho em casa era três vezes maior, e a carreira também exigia cada vez mais. Nesse contexto, aquela sensação de não estar cumprindo bem com os papéis era inevitável e isso me incomodava bastante.

E, aos poucos, me foi caindo uma ficha: a perfeição em todos os papéis era uma bobagem, ou pior, uma ilusão. O que eu podia fazer era o meu melhor em ambos os papéis, e isso deveria bastar. E, quando não fosse suficiente, eu pensaria na quantidade de mulheres espalhadas pelo mundo que poderiam estar deixando "pratos caírem" todos os dias. Lembraria que não estarmos sozinhas pode ser confortante. Bancar as nossas escolhas – independentemente de quais sejam elas – requer coragem e, obviamente, resiliência para abrir mão de muita coisa. Essa convicção foi ganhando cada vez mais força em mim. Aprendi também que se quisesse seguir minha carreira, ser mãe, esposa, filha, amiga, entre tantos outros papéis, deveria encontrar um tempo para mim. Comecei a encontrar os meus momentos: uma viagem com as amigas, uma ida ao shopping sozinha, uma tarde lendo um livro... esse tipo de coisa me fazia muito bem e eu passei anos sem me dar conta.

Com os anos, minhas filhas cresceram e passaram pelas fases em que criticam as ausências nas reuniões da escola, ou que gostariam de ter mais tempo sozinhas com a mãe, ou que a mãe não consegue dar a atenção sempre que pedem. Hoje, enquanto eu escrevo, tenho consciência de que, aos 13 anos, a Carol e a Sophia, passam por essa fase. E é claro que escutar isso ainda me incomoda. Eu me transporto para aquela cena do escritório com a Nicole e bate aquele velho medo de um dia me arrepender e perceber que elas cresceram e eu não aproveitei o tempo que passou. Mas eu aprendi a conviver melhor com isso. Aos 18 anos, minha filha mais velha entra na fase adulta me dando algum conforto no coração. Há quase um ano ela saiu de casa para estudar fora do país. Imagine que isso representou um momento muito simbólico em mim, como mãe angustiada e dividida por tanto tempo. Vê-la trilhar um caminho de independência é, de certa maneira, uma validação das minhas escolhas. A hora de ver se o meu "modelo" de mãe e profissional iria ter algum impacto na formação dela.

Hoje vejo uma jovem empreendedora, decidida, que sabe o que quer. Enxergo claramente que aquele traço de independência, presente naquelas que me inspiraram desde pequena, aparecem na minha filha. Aquela vontade de realizar sonhos, aprender e errar, mas seguir evoluindo como pessoa, seguem lá, presentes e cada vez mais fortes. Minha admiração por ela é infinita. Ao mesmo tempo em que ela me inspira, sei que ela me admira. Quando reflito sobre essa admiração dela por mim, percebo claramente que aquela mãe que sempre amou a carreira teve, de fato, uma influência preponderantemente positiva na vida dela. Será que meu modelo de maternar, apesar de imperfeito, pode ser eficaz? Carol e Sophia ainda me dirão, mas hoje me sinto mais madura e realizada nos papéis que desempenho. Ou, ao menos, em paz.

Como mãe de três filhas, aprendi (e sigo aprendendo todos os dias) que cada uma tem sua personalidade, seu jeito de ser. Cada uma me ensina coisas à sua maneira, e me sinto privilegiada por tê-las na minha vida. Sinto-me também privilegiada por ter um marido que, assim como eu, exerce uma influência muito positiva na vida delas e sempre me apoiou.

Essa minha maturidade hoje, ao ver uma primeira etapa da minha maternidade se cumprindo na independência da minha filha mais velha, permite-me opinar que nenhuma mulher deve se sentir culpada. Toda mulher pode querer realizar seus sonhos. Podem querer ser apenas mães ou combinar a maternidade com outros sonhos, ou até mesmo não serem mães. Minha maturidade hoje me deixa ver que nenhuma delas deveria ter medo de seguir seus sonhos. Vale a pena. É assim que a gente puxa uma a outra. Os bons exemplos que damos ao criar nossos filhos, de que tudo é possível se queremos e amamos, são muitos poderosos. Na minha jornada constante de aprendizagem, sinto que, da minha maneira, inspiro e "puxo" minhas filhas todos os dias para que se tornem o que quiserem e se realizem, da mesma maneira como minha mãe e minha avó me "puxaram".

Agradecimento à querida Priscilla Barone, que, com sua arte da escrita, me ajudou a contar essa parte da minha história.

35

QUEM SABE DE MIM SOU EU

Quando decidi contar uma história que inspirasse outras mulheres, senti que não podia ficar teorizando. Tudo soava pretensioso e professoral. Busquei um exemplo prático: o momento em que eu omiti uma "incapacidade" com o intuito de provar (para mim mesma, talvez) que eu era capaz. Escrever este texto me ajudou a lembrar que preciso repetir mais para mim mesma a frase do samba que dá título a este capítulo.

HELOÍSA GOMYDE

Heloísa Gomyde

Contatos
helogomyde@gmail.com
Instagram: @helogomyde

Jornalista e mãe de duas meninas incríveis, a Ella e a Lola. Durante a carreira como repórter, passou por redações da Agência Estado e MTV, revistas da Editora Abril e TV Globo. Recebeu, junto com a equipe do programa Cidades e Soluções, o prêmio ABCR de jornalismo por uma reportagem sobre asfalto ecológico. Foi a âncora de um estúdio especial da GloboNews durante a Rio+20 (Conferência das Nações Unidas sobre desenvolvimento sustentável). Apresentou o Jornal da GloboNews por seis anos, até se mudar com a família para a Califórnia, em 2018. No Vale do Silício, participou da criação do evento *Brazil at Silicon Valley*, fez reportagens para diversos veículos e foi embaixadora da plataforma Um Só Planeta durante o ano em que foi criada. O projeto "Hello, Família", uma série de entrevistas original do Globoplay, em dez episódios, foi gravado no meio da pandemia em uma cabana no quintal de casa. Agora, cinco anos depois e de volta ao Brasil, ela começa a escrever um novo capítulo desta história profissional, com a certeza de que o mais importante é fazer um mundo melhor e mais inclusivo para as suas filhas.

A gente imagina que todos à nossa volta sabem o que está acontecendo na nossa vida. Mas a verdade é que ninguém está tão interessado assim. O tempo das pessoas é limitado e focado no próprio umbigo. Salvo se você for a celebridade do momento, o seu perrengue atual só vai despertar empatia de alguns poucos amigos. Esse pensamento me ocorreu quando fui fazer um plantão como repórter na Globo de São Paulo depois de um ano trabalhando em uma afiliada da TV. Era um momento importante para mim. Era o começo da possibilidade de retorno – eu tinha sido estagiária naquela redação, depois trabalhado como produtora até decidir que iria atrás da minha obstinação de ser repórter.

Não usei a palavra "obstinação" à toa. Eu sempre tinha sido muito reservada sobre meus reais objetivos profissionais, com medo de soar ambiciosa demais ou sem noção da realidade. Tinha trabalhado na Agência Estado, na MTV e na Editora Abril, sempre carregando a sensação de que eu sequer merecia estar ali. Durante meu estágio na TV Globo, dei-me conta de que eu teria que mudar aquela atitude ou ninguém iria acreditar que eu merecia mesmo. Eu tinha sido aprovada nos processos de seleção de início de carreira que achava interessantes. Tinha que deixar de ser estudante e dar um rumo para a minha vida profissional.

Foi quando uma repórter iniciante e muito segura do talento dela me disse: "Se você quer ser repórter, passe a ser vista como repórter. Tem que se vestir como repórter, pedir para fazer entrevistas quando um repórter estiver atolado de trabalho e falar para todo mundo que esse é o seu desejo". De fato, é muita competição para esperar alguém descobrir suas pretensões.

Deixei minhas inseguranças escondidas e acabei sendo um descarado tapa-buracos em diversas ocasiões. Ainda como estagiária, fiz entrevistas buscando opiniões de pessoas na rua – no jargão jornalístico, "povo-fala" –, segurei o microfone nas correrias atrás de autoridades – o agoniante "quebra-queixo" – e também fiz gravações de conversas especiais. A mais marcante delas era um sonho de entrevista para qualquer jornalista. Eu era a repórter invisível em uma gravação com o Pelé. Alguém atrasou, a equipe não podia deixar o Rei esperando, né? Sorte a minha.

É claro que eu não aparecia nas reportagens. Isso pouco importa. O aprendizado começa com a equipe na rua, com os técnicos de áudio e repórteres cinematográficos. De quebra, ainda ouvia os conselhos dos editores: "Saiba o material que você está trazendo, é isso que faz diferença entre o bom e o mau repórter."

Mas para conseguir um espaço mesmo, tive que mudar de cidade. Consegui ser selecionada para uma TV regional que queria modernizar tudo. Virei repórter-abelha, aquele que dirige o carro até a pauta, faz imagens com um equipamento profissional pesadinho, cuida do áudio, faz perguntas e grava a própria participação falando com microfone em punho para uma câmera no tripé. Uma vez, as crianças que estavam por perto viram a cena e se sentaram à minha volta. "Silêncio, ela vai cantar agora!". Eu ri de doer a barriga com essa expectativa altíssima sobre meus talentos no microfone. Para a decepção da criançada e por prezar pelos ouvidos alheios, só gravei algumas frases sobre a situação naquele bairro. Isso foi em 2003, quando os celulares ainda eram só telefones e não havia nem sinal de *smartphones*. Você se sentia meio E.T. "falando sozinha" para uma câmera naquela época.

Foi no meio dessa experiência divertida, com outros novos e excelentes repórteres, que toda a minha autoestima, toda a minha determinação foram bombardeadas. Repórter de TV em início de carreira é alvo de todos os tipos de críticas: seu texto, suas escolhas, seu perfil, sua voz, seu cabelo, o jeito que você se veste... Tudo vira assunto. E você ouve o zumzum: "Será que essa repórter dá conta de uma reportagem de peso? Será que segura uma entrada ao vivo?". Pois foram as entradas ao vivo, chamadas de "link" nas redações de TV, que me tiraram o sono por meses. Eu ficava muito nervosa. Era como se a minha vida dependesse daqueles segundos no ar. Um *link* tinha efeito de um choque elétrico no meu organismo. E segui assim, aos trancos e barrancos por alguns meses, até que fiz uma entrada ao vivo dentro de uma igreja. Nunca revi essa minha participação. Mas a minha chefe me ligou na hora dizendo que eu estava acima do tom, acelerada. "Os vivos estão ruins, mas você tem textos criativos", ela disse. É o conhecido morde e assopra, uma bronca seguida de um elogio. E com essa frase fui retirada dos links por muitos e muitos meses.

Virou um tabu. Eu tinha vergonha de ter sido vetada, bateu um horror da lembrança de não ter dado conta; e não falava sobre isso nem com a minha sombra. Às vezes, eu gravava tudo sobre um assunto para algum outro repórter fazer o link no jornal. Eu achava que todo mundo me olhava como um fracasso ambulante. Como se aquele tropeço me definisse. Eu tinha 23 anos!

Aí veio o tal plantão que eu citei no começo deste texto. Eu ia trabalhar um fim de semana em um lugar que conhecia bem, mas que tinha o peso de ser uma das principais redações de televisão do Brasil. Um sábado e domingo para eu mostrar que sabia fazer boas reportagens. Como todo repórter faz, liguei no dia anterior para checar meu horário e minhas pautas. Ouvi que deveria estar na redação às seis horas da manhã para gravar uma reportagem, depois fazer uma entrada ao vivo no SPTV e... não ouvi o resto. Eu achei que todo mundo soubesse que eu não fazia entradas ao-vivo. Mas não. Eles não sabiam. Parece que, olha que descoberta, eu não tinha um rótulo na testa com os meus desméritos! Ninguém ali tinha conhecimento do meu martírio para recobrar a confiança dos meus chefes.

Era a hora de tomar decisões. Aviso ao chefe do plantão? Rascunhei uma mensagem dizendo ser mais sensato me tirar daquela tarefa, já que eu não tinha feito nada ao-vivo recentemente. Reli meu texto e apaguei. Eu não iria me sabotar. Aquela era a minha chance de acabar com o meu tabu. Considerei a possibilidade de ser desonesta ao não avisar. Mas as pessoas que fizeram a escala acreditaram que eu ia conseguir. Por que eu ia ser a louca de pedir para não acreditarem?

Nem preciso dizer que dormi mal, as horas se arrastaram até o *link*. Mas eu fiz tudo com a tranquilidade de quem já não tem o que perder. Rolou um vivo com sangue nos olhos. Tinha que lutar por mim. Ninguém na equipe de plantão sabia que aquele era um tudo ou nada. E deu tudo certo. Do boa-tarde-Mariana (Godoy) até umas brincadeiras que ela e eu fizemos no de-volta-para-o-estúdio. Ufa. Pensei nisso enquanto rolavam umas lágrimas de alívio com a musiquinha do fim do jornal.

Passei a sentir menos as críticas. Cada um tem seu papel. A chefe que me tirou do ar queria que o jornal "dela" fosse de um jeito que eu não estava pronta para entregar. Mas o meu papel era continuar brigando para ter meu espaço. Nos anos que se seguiram, eu fiz extensas coberturas em que entradas ao vivo eram o meu ponto forte. Quem diria? Crimes de repercussão nacional, acidentes aéreos, operações da Polícia Federal, cobertura do mercado financeiro em tempo real. É claro que tive deslizes homéricos. Deu branco, tive acesso de tosse e ataque de riso. As falhas entraram para minha coleção e guardo-as com carinho. Para quem não podia entrar ao vivo, até que fiquei bastante no ar. Por muitos anos, fui apresentadora na Globonews.

O importante é acreditar em você. Nos últimos anos, as pessoas resumem isso com o *fake it 'til you make it*, da Amy Cuddy em um TED Talk. Eu prefiro o samba "Quem sabe de mim sou eu". Não acho que esconder nossas inseguranças é fingimento. O tempo diz quando está na hora de enfrentar os nossos grilos. E tem sempre um momento em que é possível recomeçar.

36

AS MULHERES INCRÍVEIS QUE NOS FIZERAM CHEGAR ATÉ AQUI

Todas nós temos ao menos uma antepassada que desafiou padrões e superou obstáculos nos tempos em que se esperava, das mulheres, obediência, dependência e conformismo. A garra de nossas mães, avós e bisavós nos move. Compartilho, aqui, um pouquinho da história de mulheres poderosas de minha família, que me inspiram nos momentos difíceis. Em nome delas – e de nossas filhas! –, seguimos adiante. Juntas.

LEILA STERENBERG

Leila Sterenberg

Contatos
LinkedIn: linkedin.com/in/leila-sterenberg
Instagram: @leilasterenberg
Twitter: @leilasterenberg
Facebook: Leila Sterenberg

Jornalista formada pela Escola de Comunicação da UFRJ, com MBA em Relações Internacionais e pós-graduação *lato sensu* em Economia pela FGV. Iniciou a carreira na revista *Veja Rio*, foi correspondente do jornal *O Globo* em Nova York e, também na cidade norte-americana, foi a primeira brasileira a atuar como âncora de rádio e TV na empresa Bloomberg. Foi editora-chefe e apresentadora do *DFTV*, jornal local da Globo, e, entre 2000 e 2023, atuou como âncora e repórter especial da GloboNews. Destacou-se em grandes coberturas ao vivo, entrevistas com personalidades internacionais em vários idiomas, traduções simultâneas e projetos internacionais – como a cobertura das eleições na Alemanha em 2021, viajando a convite do DAAD. Criou o programa *Clube dos Correspondentes*, comandou o *Especial de Domingo*, apresentou o *Arquivo N* e fez parte das equipes dos programas *Milênio, Sem Fronteiras* e *GloboNews Especial*. É produtora e diretora do documentário *Cartas da Bessarábia*, em exibição no Globoplay.

Foi no começo de uma tarde de domingo que recebi o convite, inesperado, para escrever as linhas que, agora, você começa a ler. Era um domingo até então atípico em minha vida, uma vez que, até duas semanas antes, estava eu, normalmente nesse horário, me preparando para ir trabalhar nesse dia da semana (ou, para a maioria das pessoas, do "fim de semana"). Era precisamente dia 16 de abril. Fazia sol no Rio de Janeiro. Eu havia ido correr de manhã, passado no supermercado e chegado em casa um pouco esbaforida (minha avó Cleia, da qual falarei mais adiante, adorava essa palavra). Estava focada em tomar um banho rápido e ir, com meu namorado, conhecer o ateliê de um artista plástico (Zemog, que recomendo, caso você não conheça). André (o namorado) sonhava em comprar uma obra dele para o apartamento onde tinha ido morar recentemente. Havíamos marcado hora e não seria de bom tom atrasar muito. Feita a visita ao artista, no bairro de Santa Teresa, voltamos para minha casa, em Laranjeiras, e almoçamos uma costela de boi que estava assando em fogo baixo, desde o meio da manhã, sob a vigilância de minhas filhas – sobre as quais o(a) leitor(a) também saberá mais em breve.

Toda essa introdução é para contar que aquela que seria uma tarde preguiçosa, a marcar minha recém-adquirida liberdade dominical, tornou-se subitamente, a partir de uma mensagem de WhatsApp, um desafio: escrever, até a manhã do dia seguinte, 12 mil caracteres – ou seis páginas. É claro que topei. Primeiro, por acreditar nesse projeto, ainda que eu esteja apenas começando a conhecê-lo. Em segundo lugar, porque adoro um *deadline* – e já não sei se foi por isso que me tornei jornalista ou se, ao longo da vida em redações, me afeiçoei aos prazos (muitas vezes extremamente exíguos, coisa de minutos, em se tratando de televisão). Mas escrever exatamente o quê? Qual é a "pauta"? Minha experiência em "ser puxada" e "puxar" outras mulheres? Será que eu teria algo a dizer sobre isso? Com alguns segundos de reflexão, enquanto falava ao telefone com a coordenadora que tinha feito contato comigo, percebi que eu tinha, sim, uma história para contar.

Essa história tem dois pontos de partida: o materno e o paterno. Minha bisavó materna Carmosina, mãe do pai de minha mãe, foi uma mulher "arretada" – e eu sequer sei se essa gíria já existia no interior do Piauí, onde ela nasceu na segunda metade do século XIX. Carmosina era de uma família importante: a dos Pires Ferreira. Mas, em vez de fazer um "bom casamento", como se esperava de moças de antanho, ela cometeu um pecado: apaixonou-se, ainda adolescente. Por um primo pobre, pretendente que seu pai não aprovava, de sobrenome Braga de Carvalho. Apesar do desgosto paterno, ela casou-se e teve um filho – Murillo. Para piorar um pouco as coisas, o tal Braga morreu precocemente, na pandemia que ficou conhecida como "gripe espanhola". Deixou Carmosina com um filho pequeno, sem grandes possibilidades na vida. O que ela fez? Mudou-se para o Rio de Janeiro, à época capital da República. Foi morar inicialmente no casarão do tio, Marechal Pires Ferreira (para quem conhece o Rio, fica na esquina da rua de mesmo nome, no Cosme Velho). Percebendo que acabaria se tornando algo como governanta ou dama de companhia das primas ricas, resolveu fazer o quase impensável para a época: mudou-se com Murillo para uma pensão e foi trabalhar. Virou inspetora do Instituto de Educação – famoso por suas normalistas de camisas brancas e saias plissadas. Assim, ela criou meu avô. E muito bem. Ele se tornou um dos melhores alunos do Colégio Pedro II, entrou para a faculdade de Direito e, dali, decolou para uma carreira brilhante no serviço público: foi diretor do Dasp (o Departamento de Administração e Serviço Público, importante no aparato estatal da Era Vargas) e morreu (ainda jovem, num acidente de avião) como o segundo presidente da história do Inep (sim, aquele que faz o Enem).

Corte rápido para 1939, aldeia de Lipcani, hoje Moldova, à época Bessarábia, uma região da Romênia. Minha avó Tuba, mãe de meu pai (que ainda não tinha nascido), havia ido visitar um parente. Quando voltou, a casa tinha sido destruída. Minha avó era judia. E o antissemitismo era àquela altura fomentado pelo Estado, sendo o ditador romeno da ocasião – Antonescu – um aliado de Hitler. Meu avô, Janchel, morava já há sete anos em Salvador, na Bahia, para onde tinha ido "fazer a América". Fez música nas ladeiras do Pelourinho, fez vendas como mascate – mas dinheiro que é bom não fez. Por isso, nunca tinha reserva suficiente para dizer a minha avó que deixasse os confins do Leste Europeu e se juntasse a ele na aventura soteropolitana com meus dois tios. Eis que os prenúncios do Holocausto precipitaram a viagem: minha avó vendeu o que havia sobrado e, com a ajuda da família (de comerciantes de cereais), atravessou o Velho Continente (inclusive a

Alemanha nazista) e aportou aqui nos trópicos. Resumindo o que veio depois: minha avó engravidou, nasceu meu pai, Max. Tinha ele menos de dois anos quando meu avô teve uma crise de úlcera e morreu numa malfadada cirurgia. Minha avó ainda não falava português e sequer tinha dinheiro para enterrar o marido. Fez um empréstimo junto à comunidade judaica, realizou o funeral e comprou uma carroça de carvão. Os filhos adolescentes ajudaram a colocar em latinhas o combustível – com o qual se cozinhava na época – e a fazer a venda, indo de casa em casa. Ali começou um negócio, que evoluiu para uma manufatura de colchões e, depois, já no Rio de Janeiro (com meu pai adolescente), para uma pequena fábrica e loja de móveis. Vai sem dizer que os três filhos fizeram curso superior em universidades federais e deram conta de suas vidas.

Também cabe falar de minha avó Cleia, a viúva do Murillo de dois parágrafos atrás, que se formou professora, numa família positivista, em que todas as quatro filhas mulheres precisavam ter um ofício. Sua mãe, minha bisavó Áurea, estudava piano com Ernesto Nazareth, que frequentava a casa da família para dar aulas mesmo que meu bisavô não estivesse presente – o que não era exatamente comum para a época. Foi com Dona Cleia que eu mais convivi na infância e adolescência, no tempo em que minha mãe, Cleia Maria, separada de meu pai quando eu tinha 6 anos, se equilibrava entre um emprego público e trabalhos diversos como arquiteta, ora projetando casas, ora empenhada em revitalizar prédios históricos, ora construindo teatros. Cleia-mãe (para mim, Cleia-avó) era durona. Se meu irmão e eu tirávamos nota dez no colégio, o comentário, acompanhado de brilho nos olhos (revelando o orgulho que tinha dos netos), era algo como: "Não faz mais do que a sua obrigação". E ela nos comprava livros, muitos livros, estimulando desde cedo uma certa ousadia intelectual. Eu tinha uns 16 anos e Dona Cleia veio com essa: "Você já pode ler Flaubert". Atraquei-me com *Madame Bovary*, da coleção dela. Evidentemente, não entendi quase nada – e, anos mais tarde (dessa vez no francês original), tive que reler a obra. Outra de minha avó: quando dei por relativamente maduros meu inglês e meu francês (que, diga-se de passagem, aprendi na escola pública onde estudei, o Colégio de Aplicação da Uerj), ela sugeriu que eu estudasse alemão. Sugestão de Dona Cleia era uma ordem.

Por último e não menos importante, minha mãe. Cleia-filha ou Cleia Maria ou "Maizinha" (mas acho que só minha avó a chamava assim) poderia ter escrito *Os Anos* no lugar da Nobel de literatura Annie Ernaux, porque várias experiências que teve foram quase que retratos de época – e das transformações da sociedade. Foi normalista e teve noivo com carrão, amigo do pessoal da Jovem Guarda. Terminou o noivado porque se apaixonou por meu pai na faculdade de Arquitetura (ela não judia, ele judeu, isso no fim dos anos 1960 – imagine o choque das famílias). Perdeu a virgindade antes de se casar, tomou pílula, escondeu amigos do movimento estudantil no banco de trás de seu Karmann-Ghia vermelho para tirá-los do Fundão (UFRJ), acenando toda simpática para os guardinhas do Exército que vigiavam o campus. Branca, frequentou terreiros de umbanda e candomblé – levando-me algumas vezes com ela. Meteu-me em escolas de samba muito antes que isso fosse moda na classe média carioca. Foi a primeira mulher servidora do Estado do Rio a conseguir uma permissão para trabalhar de calça comprida (até o começo dos anos 1970, só podia saia): convenceu o então secretário de Educação (ela era da assessoria de arquitetura da secretaria) de que calças seriam mais cômodas, uma vez que supervisionar obra (e subir em escadas e andaimes) de minissaia não era exatamente uma boa ideia (àquela altura, saia que não fosse mini estava fora de questão no guarda-roupa dela e das amigas).

É na força e na coragem dessas mulheres que me agarro quando algo dá errado – e, nesses tempos de policrise e permacrise, é muita coisa com chance de dar errado. Foi nelas que pensei nas vezes em que tive decepções amorosas, daquelas que tiram nosso chão. Quando tiram o pão, também: foi nessas mulheres poderosas que foquei há alguns dias, quando fui informada de que minha trajetória na empresa em que trabalhei por 25 anos havia chegado ao fim. "O que vou fazer agora?", perguntei-me, com uma interrogação em corpo 30 no fim da frase. A resposta, por hora, é: "Ainda não sei". Mas o adendo à resposta é: "Se minhas bisavós, minhas avós e minha mãe deram seu jeito, também vou dar". Sei que tenho de ir adiante – e que esse matriarcado acidental que se constituiu atrás de mim deu os alicerces para o caminho que irei construir à medida que avanço.

Não acredito na malandragem: acredito em esforço, em empenho, em suar a camisa. Também não acredito, com o perdão do baixo calão e da rima, em sacanagem: acredito mais em cooperação do que em competição. Sempre fui aquela que indicava as amigas para a vaga de estágio e para o "frila" que eu não daria conta de pegar. Aquela que prefere dividir a maternidade de um projeto com uma colega brilhante do que ter a pretensão de brilhar sozinha – e solitária. Acho que é uma lógica feminina, que nos chega com raízes milenares nas cozinhas e nas rodas de costura de nossas antepassadas.

Também acredito em ensinar nossas filhas a serem menos princesas (à espera de um suposto príncipe) e mais rainhas de suas jornadas. Falo com conhecimento de causa: sou mãe de duas moças, Laura e Elisa, hoje com 20 e 14 anos, cada uma com sua personalidade e gostos próprios, cada uma conquistando seu espaço – e ouvindo umas tantas broncas, aqui e acolá, da mamãe-onça que vos escreve. Dar limite deixou, há tempos, de ser função exclusiva da figura paterna (os pais da psicanálise que me perdoem a heresia). Dou "a real", sim, assim como elas fazem o mesmo comigo, o que se tornou ainda mais necessário neste momento, em que começo a engatinhar numa reinvenção profissional.

Dito isso, conto o tamanho de meu texto, que não deve passar de 12 mil caracteres, e descubro que já estou chegando aos 11 mil. Também me dou conta de que tenho muito a dizer. Poderia listar meus feitos profissionais – coberturas ao vivo sobre fatos a respeito dos quais não tínhamos informação, traduções simultâneas improvisadas em cinco línguas, entrevistas com homens e mulheres poderosos e/ou talentosos de diferentes cantos do planeta, um documentário feito com muita paixão, mas poucos recursos, várias viagens a trabalho para lugares remotos, e por aí vai. Opto por registrar que se você, leitor(a), quiser saber mais sobre isso, dê um Google ou pergunte ao Chat-GPT, porque deve estar tudo lá.

Por aqui, vou reservar meu finzinho de espaço para dizer que este momento, 2023, é de uma riqueza ímpar para nós, mulheres, ao menos nos países comprometidos com a democracia e com a busca de equidade de gênero (porque ainda estamos na busca). Hoje, podemos falar de etarismo nas empresas. Podemos criticar o movimento *red pill*. Podemos debater preconceito de gênero entrelaçado ao racial. Podemos bater palmas para atrizes mais velhas que ganham o Oscar. Podemos conversar sem constrangimento sobre nossos orgasmos e afetos. Podemos escolher se queremos pintar nossos cabelos ou deixá-los embranquecer, livres, ao sabor do tempo. Podemos usar shorts depois dos 50 (e eu uso, com frequência). Podemos escolher casar ou não. Ter filhos, ou não.

Vamos fazer jus às Carmosinas, Áureas, Tubas e Cleias de nossas vidas – e estar à altura das Lauras e Elisas que virão depois de nós. E vamos trilhar esse caminho juntas – autoras e leitoras –, cada uma com suas ferramentas, sua perspectiva, sua voz. É exatamente sobre isso este livro, do qual tenho a honra e o prazer de participar. Espero que este breve relato, que finda agora já quase ao pôr do sol domingueiro, seja um tijolinho nessa bela estrada.

37

A TRAVESSIA

Autoconhecimento e autoaceitação como mulher, filha, mãe e profissional foram a bússola para a travessia de Liliane Pinheiro como impulsionadora de pessoas num mundo cada vez mais ansioso, complexo e não linear. É um enredo comum entre tantos outros, de quem teve que aprender e mudar o tempo todo. Isso passou por reconhecer, aceitar e acolher sua história e sua ancestralidade. Tudo foi importante, em especial as dores, os medos e as frustrações. Com uma mente flexível e abertura para o novo, ela sabe que pode construir um futuro ainda mais justo para ela e outras mulheres.

LILIANE PINHEIRO

Liliane Pinheiro

Contatos
lilicafreitas@gmail.com
LinkedIn: linkedin.com/in/liliane-pinheiro-a40a4665
Instagram: @lilicapinheiro

Jornalista pela Universidade Católica de Brasília (UCB), diretora-geral da Oficina Consultoria. São 20 anos de atuação no segmento de relações públicas. Sua trajetória executiva é dedicada à ampliação da lente para o mundo dos negócios, na gestão de empresas, de pessoas e resultados, abraçando projetos de diversidade e governança ESG. Tem especialização em Gestão da Comunicação nas Organizações pela Universidade Católica de Brasília (UCB), cursou o Programa de Desenvolvimento de Dirigentes, da Fundação Dom Cabral (PDD/FDC), e, mais recentemente, se encantou por comportamento humano, neurociência e relações humanas, com a especialização em Gestão de Pessoas pela PUC-RS. Tem direcionado times para resultados de reconhecimento do mercado, o que levou a empresa ao título de melhor agência de comunicação do Centro-Oeste por cinco vezes consecutivas e ao título de melhor agência de comunicação do Brasil no ano de 2019, pelo Top Mega Brasil. Atuou em comunicação para os Três Poderes, liderando projetos para órgãos do Poder Executivo: Embratur, Ministério da Justiça e Ministério da Saúde. Liderou também projeto para o Judiciário, Ministério Público, Defensoria Pública e Advocacia Pública. No setor privado, construiu campanhas de conexão com a sociedade, com projetos de *civic engagement, advocacy* e *public affairs*. Ministra cursos de capacitação em comunicação para porta-vozes do poder público e executivos da iniciativa privada.

Que nada nos defina, que nada nos sujeite. Que a liberdade seja a nossa própria substância, já que viver é ser livre.
SIMONE DE BEAUVOIR

Esse desejo de liberdade está no seio da minha família, antes mesmo de eu nascer. Ele direcionou mulheres como minha mãe, minha avó e minha bisavó, pelo que tenho de história contada até então. Mulheres que foram taxadas como difíceis e duronas, certamente por questionarem a sociedade patriarcal em famílias tradicionais, rurais e no interior do país.

Eu demorei muito tempo para entender a minha mãe e minha avó materna, de onde vinha tanta força, coragem e inconformismo. Isso muitas vezes traduzido numa postura enérgica ou até mesmo belicosa. Sabe quando nossa essência grita para ser ouvida e respeitada? Eu compreendo, acolho e respeito todas as mulheres da geração delas, que foram precursoras das mulheres fortes da minha geração. Elas foram as protagonistas da ruptura. E hoje estamos aqui, com nossas histórias para inspirar outras.

Não sei se minha história tem a capacidade de despertar inspiração. É uma história comum de travessia de uma mulher branca de 42 anos, nascida em Coromandel (MG), que migrou junto com a família para a capital federal aos 5 anos de idade. A migração foi motivada pela busca de melhores condições de vida, comum na década de 1980, quando Brasília se apresentava como uma solução para aqueles que buscavam a tão sonhada estabilidade no serviço público. E foi o protagonismo da minha mãe que nos trouxe a Brasília. Maria dos Reis é professora aposentada e uma incansável ativista pelas questões da educação. Com ela, aprendi que era importante assumir as rédeas do meu desenho de futuro. Ser protagonista não era uma escolha, mas uma obrigação, na visão dela. Eu e meus três irmãos – Helmer, Vinicius e Luciane – sabíamos bem disso. Ela puxou a todos nós nesse sentido.

O papel do meu pai sempre foi o de dar a sustentação, o amparo e as condições básicas para que minha mãe direcionasse o futuro da família por meio da educação, do ativismo político, da religião e dos valores. Saulo é aquele pai que divide as tarefas da casa. Aliás, cresci num lar em que os afazeres domésticos nunca foram só das mulheres. Minha mãe sempre dizia que, para ser livre, era preciso saber cuidar da própria casa, fazer a própria comida e ter um trabalho que possibilitasse realizar seus sonhos. Ela nos despertava para a ambição.

Estudar em escola pública me trouxe muitos ensinamentos e algumas vantagens competitivas relacionais, que só consegui mensurar na vida adulta. Ampliei minha visão sobre a sociedade, ao lidar com pessoas de diferentes perspectivas sociais, com as quais aprendi muito sobre desigualdade social, miséria, dependência química e violência. E sobre bondade, simplicidade e lealdade. Aos 12 anos de idade, eu e minha irmã íamos e voltávamos sozinhas de transporte público do colégio. Rodei de "buzão" por boa parte do Distrito Federal, vi muita coisa, conheci muita gente e muitas histórias. Olho para trás e vejo como minha mãe era corajosa e confiava na educação e nos ensinamentos que havia empenhado ao nos conduzir para o processo de autonomia. Foram muitos perrengues, nos quais tivemos que nos virar e exercer a autogestão desde cedo. Lembro-me de que pegamos um ônibus errado, que nos levou a um destino diferente. Foi abandonando o medo e agindo que a solução apareceu. Muitos episódios da minha infância e adolescência levaram à motivação de ser líder e exercer o poder de transformação nas vidas das pessoas.

Ainda na faculdade de Comunicação Social da Universidade Católica de Brasília – que escolhi depois de um teste vocacional –, meu mundo profissional e boa parte da minha personalidade começaram a ser moldados. Envolvi-me em centros acadêmicos, grupos de pesquisa, atividades de extensão, estágios remunerados e cursos paralelos. Eu tinha muita pressa e muita vontade de sair dali pronta. Mas ainda não tinha muita clareza de por onde começar, já que a comunicação ampliava muito o leque de possibilidades. Poderia continuar na carreira acadêmica, atuar em redação, atuar em agências de RP, e muitas outras possibilidades no setor privado. Mas, por morar em Brasília, o caminho natural do brasiliense é pensar em concurso público. Fiquei nessa fixação de ter estabilidade num cargo por quase dois anos, até que precisei de dinheiro para pagar o cursinho e me lancei no mercado de Relações Públicas. Cá estou, desde então. Ocupar espaços vazios, fazer o que a maioria não tinha disposição para fazer, sem medo de me enfiar no novo e em questões de alta complexidade, foram decisivos até aqui.

Fui puxada pela minha chefe, mentora e amiga, sócia-fundadora da Oficina Consultoria, Patrícia Marins, no ano de 2005, quando eu ainda estava engatinhando no entendimento do funcionamento de uma empresa de relações públicas. E cheguei num momento em que a empresa também estava se redesenhando para ser uma agência mais completa. Eu estava no lugar certo, na hora certa, com a oportunidade de me desenvolver ao lado de uma das pessoas mais talentosas do país. Identifiquei nela a inspiração para começar a construir a minha liberdade, tal qual minha mãe falava.

Há poucos dias, 18 anos depois, ela me lançou num novo desafio: assumir a direção-geral da empresa que ela fundou, com tanta dedicação e amor. Não que eu não me achasse merecedora, mas dá um frio na barriga pensar que você chega para assumir um sonho de outro. Mas tem uma escolha nisso aí. Escolhi a Oficina como um projeto meu lá atrás, um negócio que hoje tem, inclusive, traços da minha personalidade e do meu estilo de gestão. Sempre fui vista como o braço direito, como a que abraça a empresa, a guardiã da história e da cultura, a que está a serviço e à disposição. Alguma alquimia nisso aí… mas, racionalmente, isso envolve alinhamento de valores, alinhamento de objetivos, intimidade e confiança.

A minha história adulta como mãe, mulher e filha por completo se mistura com a da empresa. Casei-me, tive duas gestações trabalhando loucamente, dois filhos já grandinhos, Mateus (16) e Maria Eduarda (11), criados num exercício de compatibilidade entre maternidade e trabalho. Uma potente rede de apoio foi necessária para que eu conseguisse não deixar os pratinhos caírem. Acho que a maternidade me fortalecia como profissional e o meu trabalho me encorajava a ser uma mãe mais dedicada. Aos poucos, tomei consciência de que as duas coisas juntas me tornavam uma potência. Não à toa, alguns marcos do meu crescimento na carreira, por promoção ou novos desafios, sempre aconteciam quando eu voltava de licença-maternidade. A maternidade sempre me impulsionou, tornou-me mais poderosa e corajosa.

A sociedade patriarcal não é benevolente com as mulheres e com as mães e, obviamente, não seria diferente comigo. É uma gestão diária da sobrecarga, do cansaço, da tripla jornada e do abandono emocional. Haja terapia, *coaching* e oração!

Em muitos momentos, o trabalho foi meu refúgio de dores por questões pessoais não muito bem resolvidas. Era onde eu encontrava reconhecimento, era percebida pela alta *performance*, era elogiada e me sentia útil. Mas isso trazia a reboque os exageros, os excessos e outros problemas. Cheguei a ter transtorno de pânico por dois episódios, pela falta de limite e de cuidado com a gestão das emoções. É algo de que eu não posso me descuidar nunca.

Lidar com as emoções, aliás, foi o grande ponto de virada da minha carreira como executiva, quando comecei a desenvolver novas habilidades de gestão emocional e relacional. A terapia cognitivo-comportamental me ajudou no autoconhecimento e na modulação cerebral para que eu pudesse despertar a autoaceitação e a autocompaixão. Isso me abriu para o outro, para a escuta, para que eu pudesse ser uma líder mais humana e empática. Complementarmente, o trabalho de *coach* me auxiliou no desenvolvimento de novas habilidades e técnicas para que eu migrasse do modo automático e me colocasse na postura de observadora das minhas próprias atitudes, ampliando a minha capacidade de racionalizar cada passo da tomada de decisão.

Sem esse processo interior, ter aceitado passar por ele e ter decidido encará-lo com seriedade e energia, eu não teria condições de liderar com as competências mínimas exigidas no mundo em transformação. Foi mais um passo para a minha liberdade, em que pude me abrir para novas possibilidades e construir um *mindset* de maior flexibilidade, acolhendo e respeitando quem sou no modo primitivo, mas sabendo acionar o modo estratégico. A Liliane taxada como durona, pragmática e insensível deu lugar a uma nova líder, mais humana, que escuta, que ajuda na solução de conflitos, que toma decisões mais assertivas e que tem a capacidade de construir relações de confiança, com base na honestidade e na vulnerabilidade. É o que têm me dito em alguns *feedbacks*. Ver que as pessoas percebem me motiva a fazer sempre melhor, a buscar novas competências e evoluir a cada dia. Aqui vai um agradecimento especial a todo mundo que trabalha comigo e tem a generosidade de me chamar para um papo sobre pontos de melhoria.

O meu processo de transformação me faz acreditar que todos os indivíduos podem ser lapidados e adquirir novas competências, desde que puxados por alguém. É preciso que as empresas acolham as lideranças. O mundo pós pandemia trouxe novas necessidades e vamos precisar treinar líderes a serem mentores, *coachs* e facilitadores no desenvolvimento das competências de suas equipes. Em tempos de inteligência artificial, o principal desafio do mundo corporativo ainda são os comportamentos e as relações de confiança. Sem isso, não há inovação. É uma estratégia de sobrevivência.

Um ponto importante dessa travessia foi me deixar ser moldada e aberta para desenvolver essas novas competências da liderança contemporânea. Nem todo mundo está preparado para isso. Precisamos encorajar. É um processo que gera incômodo e desconforto. Não me esqueço: numa das minhas sessões de *coaching*, cheguei a vomitar, tamanho o descontentamento em olhar para as minhas atitudes e os gatilhos daqueles comportamentos. Mas, como diz minha mãe, quando estamos com estômago enjoado, "vomita que melhora". E foi libertador ao final do processo ver a minha história e meu modo primitivo com acolhimento.

Aprender a lidar com o erro também foi um marco de liberdade. Costumo dizer para as pessoas que sou a funcionária que mais faz merda na empresa. E é verdade. Qualquer atitude minha, pela posição estratégica, tem impacto gigante na companhia. E isso não é sobre inconsequência, mas sobre aceitação de que somos humanos. Com essa fala, a minha intenção é mostrar que temos um ambiente de confiança para que as pessoas atuem sem medo de errar. Até mesmo a CEO vai errar em algum momento, estou preparada para isso? O erro para mim sempre foi um tabu, algo que me dava dor de estômago, deixava-me muito mal. Mas acho que lido com mais naturalidade com isso atualmente.

Linhas e linhas falando sobre competências comportamentais, mas de fato é o que me puxou, onde me puxaram, como me deixei ser puxada. Com isso, as competências técnicas são ainda mais evidenciadas. A gente navega com mais confiança. Sinto-me, agora, mais segura para avançar nas pautas urgentes da nossa sociedade – a diversidade, as questões climáticas, as questões de gênero, a desigualdade social – não apenas como ativista, mas como tomadora de decisão, começando pelo microcosmo da organização que lidero e gerando transformação social nas vidas das pessoas ao nosso redor.

Para isso, estou me deixando ser puxada, como aprendiz, primeiramente reconhecendo que vivemos numa sociedade machista, racista e desigual. Depois me permitindo passar por um letramento e engajamento em questões que sempre estiveram na minha pauta pessoal. Lembro-me, ainda no movimento estudantil da década de 1990, de ter levantado bandeira para as questões de diversidade. Como filha de professora, participei de inúmeros eventos da CUT para a defesa da educação. Como universitária, envolvi-me em projetos de economia solidária, atuando no desenvolvimento de ações de extensão com a comunidade e incentivando o desenvolvimento da agricultura familiar.

É bem verdade que eu me deixei ser puxada ao longo da vida pela minha ancestralidade e a minha intuição. E, na trajetória, encontrei pelo caminho mulheres muito fortes nas quais me inspirei e com as quais tentei me conectar, de maneira intuitiva, entendendo que eu poderia aprender e muito com elas.

Tenho aprendido muito com a liderança da Oficina Consultoria, que é majoritariamente formada por mulheres. Orgulha-me muito a coragem, a inteligência e a sensibilidade dessas colegas, que me trazem novas lentes para o que não estou enxergando. Com elas, viabilizar um ambiente de trabalho mais seguro para as mulheres tem sido possível. Deixar que me puxem foi uma das minhas melhores escolhas. Que eu possa puxar muitas outras. Esse coletivo pode potencializar grandes transformações. Isso é ressignificar a liberdade.

38

AS MENINAS BOAZINHAS VÃO PARA O CÉU...

Neste capítulo, trazemos a história de uma mulher inconformada com o ambiente machista no qual foi criada e que viu sua carreira promissora quase desmoronar após uma demissão inesperada quando do retorno de sua segunda licença-maternidade. A volta por cima a fez encontrar seu propósito em meio aos escombros do puerpério. Ela entendeu que precisava fazer algo não apenas por si mesma, mas por todas as mulheres. E que ser "boazinha" não era mais uma opção.

LUCIANA PALMEIRA LANGER

Luciana Palmeira Langer

Contatos
luciana.p.langer@gmail.com
LinkedIn: linkedin.com/in/lucianalanger

Quase 20 anos de carreira, maior parte dela em posições de liderança em marketing, comunicação e CRM nos mercados farmacêutico, de plano de saúde, automotivo e bancário. É jornalista pela Universidade Federal da Paraíba (UFPB), tem MBAs pela Fundação Getulio Vargas (FGV) e Insper, e mestrado pela Pontifícia Universidade Católica de São Paulo (PUC-SP). Também acumula formações executivas em universidades de renome no Brasil e exterior, como o recém-concluído *Digital Marketing Strategies: Data, Automation, AI & Analytics* pela Northwestern University - Kellogg School of Management. *Senior manager* de CRM no Banco Bradesco, responsável pelo varejo pessoa jurídica do gigante do setor bancário, Luciana Langer carrega, no currículo, uma série de premiações pelas empresas por onde deixou sua marca, como "Lupa de Ouro" para multinacionais farmacêuticas, "Top of Mind" e "Marcas de Confiança" por seis anos consecutivos para o Sistema Unimed e diversos "Prêmio Caio" em diferentes indústrias. Apaixonada pelos temas sororidade, equidade de gênero, empoderamento e liderança feminina, ela também é mentora voluntária de outras mulheres; idealizou um programa focado nessas temáticas em sua área de atuação no Bradesco e conduz uma série de eventos *intercompany* para a promoção da equidade de gênero no ambiente corporativo. Luciana está sempre em movimento com o setor privado para a construção de uma sociedade justa para as mulheres, em especial as pertencentes a grupos minorizados.

Eu cresci escutando painho, sempre muito amoroso, me falar: "Filha, não questione tanto! Apenas meninas boazinhas vão para céu."

Dizer que me tornei feminista quando adolescente era quase um sacrilégio para uma moça que estudou em colégios religiosos na Paraíba. Por anos eu me calei. Não era fácil manifestar minhas posições progressistas na cultura patriarcal nordestina em que eu estava inserida.

Um dia, titia me disse: "Lulu, se tu continuares com essa ideia de feminismo, não vais conseguir casar. É isso que tu queres?" Eu sou casada há treze anos e continuo educando meu marido. Não me casei com um feminista, mas todos os dias eu faço minha "pregação" e uma hora ele vai se "converter".

Quando do nascimento de Gabriel, meu segundo filho, vi-me com uma obrigação ainda maior, a de garantir que meu menino não se tornará um homem machista. Eu tenho o dever de ensiná-lo que todos devemos ser feministas – homens e mulheres –, assim como ensino Helena, minha mais velha, e meu marido, como acabei de citar.

Para reafirmar minha crença de que a mudança em favor da equidade de gênero precisa estar em todos os ambientes da sociedade, não apenas na família, no mesmo dia em que voltei da licença-maternidade do Gabi, fui convidada a uma reunião no RH. Estava toda feliz, esperando muitos abraços, afinal de contas eu tinha realizado muito antes de dar à luz! Daí surge a gerente de Recursos Humanos: "Lu, o novo diretor que assumiu a área decidiu que quer alguém 100% disponível para sua posição. Como os primeiros anos do bebê requerem mais atenção da mãe, você está sendo demitida! Receba isso como um presente!"

Naquele momento eu também entrei para a estatística revelada pela FGV, que aponta que, a depender da escolaridade, até 50% das mulheres perdem o emprego após a licença-maternidade.

A "catástrofe" da demissão me deixou deprimida. Vivi um doloroso puerpério. Emagreci 15 quilos. E eu não parava de pensar: "E tudo o que entreguei todos esses anos a esta empresa? E os prêmios que a organização recebeu por causa do trabalho árduo de um time que desenvolvi?" A meritocracia parecia a maior das *fake news*.

Mas eu não podia ficar inerte. Entre um choro e outro, foquei no que precisava me desenvolver e estruturei um plano de carreira com claros objetivos a serem atingidos. Fui atrás deles, ba-ban-do, como uma loba que vê um coelhinho na floresta e está ávida para devorá-lo!

Ao mesmo tempo, eu sabia que, quando o juiz soou o apito da corrida da vida, eu larguei muitos passos à frente. Afinal, sou branca, de classe média-alta, tenho diplomas pelas melhores faculdades do país, sou casada, cisgênero, heterossexual... Por essas e por tantas outras vantagens sociais, logo eu estaria bem empregada de novo.

Acontece que a certeza de que seria bem mais fácil para mim foi me causando um desconforto enorme. Eu me lembrava de Audre Lorde: "Eu não sou livre enquanto alguma mulher não o for, mesmo quando as correntes dela forem muito diferentes das minhas." E quanto a elas? E quanto àquelas que ficaram para trás?

Hoje entendo que eu tenho mais do que um cargo, eu tenho uma missão. Ajudar outras mulheres a chegarem lá é meu propósito. Como disse Angela Davis: "Não estou mais aceitando as coisas que eu não posso mudar. Estou mudando as coisas que eu não posso aceitar." Portanto, apesar de ter sido moldada para ser mais tímida e obediente, eu não posso mais me calar!

Quando eu era pequena, painho me disse que as meninas boazinhas vão para o céu. Já faz um tempo, eu digo a ele que todas as demais meninas vão para onde elas quiserem ir! Felizmente ele concorda comigo!

Referência

MACHADO, C. PINHO NETO, V. *The Labor Market Consequences of Maternity Leave Policies: Evidence from Brazil.* Disponível em: <portal.fgv.br/sites/portal.fgv.br/files/the_labor_market_consequences_of_maternity_leave_policies_evidence_from_brazil.pdf>. Acesso em: 10 abr. de 2023.

39

TRANSFORMAÇÃO E A BUSCA PELO BRILHO NO OLHAR

As mudanças, tanto de hábitos como de carreira, mesmo que aparentemente assustadoras, fazem parte da vida e são, muitas vezes, necessárias para darmos saltos gigantes em direção à nossa própria felicidade. Apontar a bússola da vida para o autoconhecimento, procurando discernir entre o que nos potencializa, o que nos faz brilhar o olho, daquilo que nos desgasta, é uma grande chave para atingirmos nossos objetivos com energia, saúde e equilíbrio físico, mental e emocional, uma respiração de cada vez.

MABEL FERES

Mabel Feres

Contatos
vivaomyoga.com
Instagram: @mabelferes.yoga

Por meio da plataforma digital que idealizou e construiu, vivaomyoga.com, Mabel Feres desenvolve projetos e programas de yoga e meditação, conduz cursos e práticas voltadas para a saúde como um todo: física, mental e emocional. Antes, viveu e trabalhou em Nova York e na Califórnia por 14 anos, seguindo uma extensa carreira como fotógrafa e editora de fotografia. Ao longo de mais de 20 anos, atuou em diversas áreas, do fotojornalismo à fotografia comercial. Foi correspondente internacional, montou uma *startup* digital, empreendeu, realizou exposições, documentários e publicou livros. Aos 45 anos, fez uma grande transformação pessoal que resultou na mudança de carreira, abraçando o yoga como estilo de vida e profissão. Hoje, traz para a prática profissional todas as experiências vividas, que se misturam em uma abordagem original e potente.

Na roda, estávamos todas imersas naquele momento único, presentes por inteiro. O instrumento dava o tom, os mantras vibravam no corpo, fluíam pela garganta e se espalhavam no ambiente. Quando a música parou, os rostos estampavam um ar sereno e calmo. Na mente, o estado de profunda tranquilidade. O sentimento compartilhado era de contentamento. Assim, completava mais um dia liderando um novo programa em yoga e meditação, que eu havia criado e colocava em prática pela primeira vez.

Eu tinha passado vários meses desenvolvendo o programa e, no início do dia, não dava para esconder a inquietação de colocar em prática o que antes existia só no papel. Pesava ainda a responsabilidade de juntar as alunas, todas mães, profissionais, por um fim de semana inteiro, longe da família e dos seus trabalhos, para estar integralmente no curso.

Naquele exato momento, no grupo – sangha – que eu estava conduzindo, toda e qualquer inquietação tinha sido dissipada. No corpo e na mente, silêncio, calma e a sensação de que tudo estava certo, em profunda sintonia e alinhamento. Empatia, acolhimento e um certo brilho peculiar nos olhares era tudo que estava no meio da roda.

Mas nem sempre, na minha carreira e na minha vida, foi assim.

A fumaça era densa, e o ar, puro pó. Eu fechava um pouco os olhos tentando ver alguma coisa. Umas pessoas gritavam, outras corriam, outras tentavam se proteger. Era terça-feira, 11 de setembro de 2001 em Nova York. Dez e pouco da manhã e uma das torres tinha desabado. "Vai desabar a outra!", "Fecharam a ponte!" Eu ouvia as vozes desesperadas enquanto tentava atravessar o rio no contrafluxo, pela ponte do Brooklyn, em direção ao WTC. Meia hora antes já tinha enviado à revista *Época* a fotografia da Torre Norte atingida pelo primeiro avião e se desmanchando em um rastro gigante de fumaça preta, contrastando com o azul do céu. "Preciso atravessar, preciso chegar perto" –

com a adrenalina bombando nas veias, chegar do outro lado da ponte, sem medir os riscos, era tudo que minha cabeça de fotojornalista pensava.

Não foi a necessidade quase visceral de fazer a foto a qualquer custo que me levou ao fotojornalismo. No entanto, para me adaptar à profissão, tive que desenvolver essa habilidade. A minha primeira pauta no *Estadão* foi a explosão em um shopping em Osasco, em 1996. O editor me enviou para o velório coletivo das dezenas de vítimas. A missão era fotografar o rosto estampado de sofrimento dos parentes. Voltei para a redação com os olhos inchados, um nó na garganta e nenhuma foto "boa" o suficiente, para a decepção do meu editor.

Fui me adaptando, acostumando-me a gostar da adrenalina, a perseguir o "furo". Cada pauta "quente" era uma situação extrema. Brigávamos pelo lugar mais exclusivo, o melhor ângulo, o momento perfeito. Eu era bem jovem e competia por um lugar com dezenas de fotógrafos e cinegrafistas, homens na sua maioria, todos dispostos a fazer a foto a qualquer custo. Não dava para esperar que alguém me desse a vez. Partia para cima, isso sim! Ou melhor, para baixo. Quantas vezes, em coberturas concorridas, passei por baixo do monte de pernas cabeludas, engatinhando, com minha lente grande angular na mão, para encontrar meu lugar na frente de todos. Técnica que sempre me garantiu a "foto". Só que às custas de muita adrenalina e um punhado de cotoveladas trocadas no caminho. Mas no fundo do peito, era puro pó.

Lá no início, em São Paulo, eu trabalhava no turno da noite no jornal *O Estado de São Paulo*, para durante o dia cursar as matérias do mestrado na ECA/USP, pesquisar e escrever a dissertação e ainda preparar minha aula semanal de fotojornalismo na Universidade de Mogi das Cruzes. Estava com 25 anos, não era muito mais velha do que meus alunos da faculdade de jornalismo, e transbordava energia e curiosidade. A vida era uma correria, e eu, claro, amava. Até que um dia, achando que a loucura já estava meio monótona, resolvemos mudar. Meu namorado na época, hoje marido, aceitou uma oferta de trabalho em Nova York. Ele, como eu, sempre adorou um bom desafio.

O caminho lá fora

Vivi e trabalhei por 14 anos nos Estados Unidos. Cheguei em Nova York, para morar, sem nunca ter estado lá, em pleno janeiro gelado. O apartamento em Midtown Manhattan ficava no quinto andar e, claro, não tinha elevador. Que dificuldade escalar com as três malas pesadíssimas. Mas não tão pesadas quanto a pilha de expectativas que vieram junto na bagagem. E as expectativas logo viraram um amontoado de frustrações. Tudo era difícil: o frio de matar, a comunicação truncada – anos de Cultura Inglesa valeram de muito pouco –, a sujeira da cidade e, principalmente, o telefone que não tocava. Era o caos e eu não estava preparada para ele.

As dificuldades eram gigantes, mas caminhos foram aparecendo e fui impulsionada a empreender. Com um grupo de profissionais brasileiros, entre eles jornalistas e designers da pesada, montamos a *startup* NY24h.com. Um guia digital de Nova York, em português, cheio de conteúdo fresco e interessante que construímos do zero no auge do *boom* da internet. Em paralelo, trabalhava como correspondente para revistas e jornais no Brasil. Ao longo do tempo, participei de exposições, publiquei livros e abri novos caminhos naquele lugar onde, por mais que se faça, nunca é o bastante.

Quando nosso primeiro filho cresceu um pouquinho, assumi a posição de editora de fotografia na AOL Time Warner. Já estávamos no quinto ano de Nova York. Foram anos produtivos, criativos, de gestação e nascimento do Victor. Foram também tempos de sofrimento e luto.

Perdemos cinco pessoas da família nesse curto espaço de tempo. E a distância fazia o luto ficar ainda maior. A última pessoa a falecer foi minha mãe, diagnosticada com leucemia quando foi nos ajudar com o bebê. Diagnóstico que precedeu meses sofridos de tratamento. Passávamos os dias, eu, ela e o bebezinho, em infinitas sessões de quimioterapia em um hospital em Manhattan.

Depois da morte da minha mãe, Nova York ficou mais sombria para nós. Já pensávamos em procurar uma melhor qualidade de vida, quando surgiu uma oportunidade em São Francisco. E lá fomos os três. A mudança exigiu uma boa dose de adaptação, trazendo novas buscas e interesses. Também trouxe obstáculos, o maior deles foram os três abortos espontâneos, antes do nascimento do segundo filho. A vida seguia trazendo conquistas e muitos desafios.

Mantive minha posição na Time Warner e, em uma das viagens de trabalho para Nova York em janeiro de 2017, a editora do AOL Music me convidou para fotografar a nova artista inglesa que tinha ido lançar o primeiro álbum. A cantora, ainda desconhecida do público, já estava no estúdio para a gravação do *podcast*. A figura era impressionante, preenchia o lugar. A maquiagem pesada no olho e o penteado peculiar eram marcantes. No estúdio pequeno estávamos apenas eu, a produtora, o cinegrafista, o técnico de som e o violinista. Em alguns minutos, Amy começou a cantar. Lembro até hoje a sensação dos pelos todos do meu corpo se levantando. Era "Back to Black" à capela. Quando veio "Rehab", meus olhos já estavam mareados. Que voz! Parecia uma orquestra inteira. Os cliques saíram trêmulos. Depois desse dia, Amy Winehouse era a única voz que se ouvia em todas as rádios de Nova York.

Nessa época, eu já entendia – e buscava – o que mais gostava de fotografar: retratos. O retrato traz a possibilidade de enxergar o que há de mais verdadeiro nas pessoas, o brilho no olho que se manifesta, sutil, entre um clique e outro. Na minha carreira foram centenas de retratos, de pessoas das mais diversas, famosas ou não. Pessoas comuns, de todos os jeitos, e também ídolos meus, como o fenomenal Tom Zé; um dos meus atores favoritos, Andy Garcia; e a escritora que havia me revelado o prazer da leitura, Isabel Allende. Daí, parti para explorar o caminho do audiovisual, dirigindo meu primeiro documentário, sobre os esforços e as dificuldades de uma mãe na Califórnia para educar o filho com deficiência. Que experiência incrível e gratificante!

O caminho para dentro

Eu sabia pouco sobre autoconhecimento quando iniciei meu primeiro curso de formação de professores de yoga. Já tinha praticado o suficiente para entender que aquelas poucas horas semanais no tapetinho me guiavam para um estado de tranquilidade que reverberava em todos os níveis da minha vida. Sentia um impulso visceral para me entregar mais e mais àquela experiência.

São Paulo já era novamente a nossa casa. Antes mesmo de chegar, montei com uma sócia o Estúdio X+X, de fotografia e audiovisual, para atender ao mercado editorial e publicitário. Éramos eu e a Roberta Dabdab, duas ex-fotojornalistas, propondo para a publicidade o olhar feminino e a naturalidade do retrato em um meio predominantemente masculino. Fomos bem recebidas, muitas vezes. Outras tantas, encontramos pedras gigantes no caminho. Mas a gente encarava com a maior garra, e conseguimos nos manter firmes no nosso propósito por uns bons anos – é claro que às custas de muita luta.

Depois da minha primeira formação como professora de yoga, que fiz sem a real pretensão de ensinar ou mudar de carreira, não deu mais para parar. Em pouco tempo, vieram mais duas imersões na Índia, que garantiram minha certificação internacional. Foram mais de 500 horas de estudos em Rishikesh, um dos polos de ensino do yoga e local de peregrinação, às margens do rio Ganges.

A prática continuada do yoga não só me equilibrava e fortalecia, como foi jogando luz em hábitos, atitudes, encontros, modos de agir e na possibilidade de discernir aquilo que me fazia bem do que não me servia. Parei de fumar, assumi que não gostava de comer carne, o álcool parou de ser importante;

esses e outros pequenos hábitos foram se dissolvendo; e o que é melhor, com delicadeza e sem deixar mágoas. Nesse processo, a luta insana para posicionar o estúdio, que percebo que estava adiante do seu tempo, perdeu o sentido. Ainda na X+X, comecei a dar aulas, quase que como um *hobby*. E de repente dar aulas era tudo o que eu queria fazer. A dissolução da X+X foi então um caminho natural.

Por algum tempo, eu ensinava em várias escolas, mas ainda me apresentava como fotógrafa. Precisou terapia e muita meditação para me assumir como uma nova profissional no caminho do yoga e deixar de lado a identidade como fotógrafa. Pesaram na decisão as viagens, já periódicas, para a Índia: lugar tão intenso como magnífico, que nos lembra a todo o tempo o poder e a importância do desenvolvimento da espiritualidade, que me inspirou a seguir o caminho, sem volta, do autoconhecimento.

No primeiro ano da pandemia, montei do zero uma plataforma digital para suprir a necessidade de atender remotamente minhas turmas. Viva OM Yoga se tornou um dos meus mais queridos projetos. Desde o esboço até a conclusão da plataforma e a adesão das alunas e alunos que foram aparecendo de vários cantos, da Califórnia à China, tudo fluiu com uma naturalidade inédita na minha vida. A sensação de estar no caminho correto e em perfeito equilíbrio nunca tinha sido tão nítida. E projetos especiais foram ganhando forma, como o Profissional Integral, para controle da ansiedade por meio do yoga e da meditação, que coloquei em prática no Hospital da Mulher no Rio, colaborando na reconstrução da saúde integral das enfermeiras e trabalhando em regime de dedicação extrema às mulheres em situação de fragilidade, atendidas pela instituição.

A busca pelo brilho no olhar

Quando iniciei essa retrospectiva, imaginava estar contando uma história de transformação de carreira. Afinal, foram mais de 20 anos trabalhando com fotografia, mas me reinventando todo o tempo, desde a fotojornalista e professora universitária nos anos 1990 até o trabalho como correspondente e empreendedora, como documentarista, como editora de fotografia, empresária e fotógrafa comercial. A cada mudança, uma completa reinvenção que culminou na maior de todas. Há 8 anos, aos 45, deixei a fotografia e abracei o yoga como prática profissional e estilo de vida. Uma lição importante que eu aprendi: as mudanças, mesmo que aparentemente extremas, não significam começar do zero. A nova carreira começou com mais segurança e muito mais recursos emocionais e profissionais. Trouxe para o Viva OM a experiência criativa, acadêmica e corporativa que vivi anteriormente.

O meu trabalho hoje é a mistura de tantas vivências e aprendizados, trazendo junto o método e a dinâmica profissional que experienciei em Nova York e na Califórnia, a espiritualidade transbordante que vivi na Índia, aliados ao meu olhar, que hoje brilha mais e com maior frequência, revelando que faço aquilo que realmente amo e acredito.

Chego até aqui com o objetivo claro de cultivar, colher e ensinar caminhos para uma vida saudável e equilibrada, física e emocionalmente, uma respiração de cada vez. E, principalmente, com a certeza de que compartilho esse caminho de desenvolvimento com as minhas alunas. O progresso de uma é dividido por todas, na constante roda colaborativa, empática e amorosa.

Chegando ao final desse relato, entendo que faço hoje o que venho fazendo há vários anos: buscar vias nem sempre óbvias, na direção do que me faz brilhar os olhos. E fico feliz demais em perceber que hoje faço isso com o propósito fincado no autoconhecimento e na certeza de que bem-estar e felicidade podem ser ensinados, cultivados e, acima de tudo, compartilhados.

40

ARTE E PAZ

Minha vida pública começou cedo, aos 18 anos na MTV. Mas foi só depois de ficar conhecida como a única mulher no grupo de humoristas do *Casseta e Planeta*, que percebi que tinha, nas mãos, uma espécie de "chave-mestra" capaz de abrir todas as portas. Minha atuação como embaixadora da paz, me permite usar essa ferramenta para trabalhar na construção de um *mindset* pacifista. Seja assumindo funções diplomáticas ao acompanhar visitas oficiais de rainhas e princesas, ou dentro de penitenciarias, uso minhas habilidades de comunicadora para ampliar a consciência de que a violência só pode ser combatida por meio do cultivo de virtudes e da inclusão radical. Etnia, orientação sexual, crença religiosa, classe social e tudo o mais, incluindo decisões equivocadas feitas no passado, são apenas detalhes diante do fato de que, a cada momento, temos a chance de fazer melhores escolhas, cujas consequências possam ser benéficas para toda a comunidade. Meu capitulo, neste livro, conta a trajetória de quatro gerações de mulheres da minha família, cuja interface se dá no toque do imponderável conduzindo nossos destinos.

MARIA PAULA

Maria Paula

Contatos
mp.paz@icloud.com
LinkedIn: linkedin.com/in/mariapaula-brasil/
Instagram: @mariapaula_brasil

Sou uma pesquisadora da psique humana, seja no palco, na tela ou na vida, dedico-me a observar, atuar e colaborar para a construção de uma experiência cada vez mais significativa. Minha formação acadêmica é na saúde mental. Me formei em Psicologia e fiz mestrado em Desenvolvimento Humano, mas foi no humor que descobri o poder da leveza na hora de acrescentar inteligência a qualquer situação. Sinto amor pelo aprendizado, estou constantemente ampliando minhas áreas de atuação. Atriz, humorista, escritora, mãe... embaixadora da paz. Minha carreira artística é longa: na TV, fui VJ da MTV, apresentadora no *Radical Chic* e humorista no *Casseta e Planeta* - Globo. No cinema, estrelei os dois filmes do *Casseta e Planeta*; *A taça do mundo é nossa* e *Seus problemas acabaram*; assim como as comedias, *De pernas pro ar* 1, 2 e 3, *Doidas e Santas* (disponível na Netflix) e *Ecoloucos - Uma comédia insustentável*, na qual estou estreando também como roteirista de cinema. No teatro, participei das montagens de *Omelete*, com Hamilton Vaz Pereira; *Complicações* e *Todo mundo tem problemas*, com Domingos Oliveira; *Monólogos da vagina*, com Miguel Falabella; *Decameron*, com Otávio Muller; *As desgraças de uma criança*, de Martins Pena, entre outras. Além da carreira artística, atuo também como terapeuta corporal, com formação em Massoterapia pelo IARJ - Instituto de Acupuntura do RJ, *Thetahealing*, *Reiki* e desenvolvi uma técnica autoral de Dançagem - dança com massagem. Desde 2005, sou a cronista da *Revista de Domingo do Correio Braziliense*. Publiquei, em 2011, o livro *Liberdade crônica* e recentemente colaborei no livro *O poder das forças de caráter sobre Psicologia Positiva*. Como embaixadora da paz, concentro-me na formação de redes de apoio às populações invisíveis, trabalhando com conflitos silenciosos na sociedade e construindo uma cultura de paz.

Transitando entre mundos

Sabe aquela história de vida que parece ter sido pinçada de um livro de realismo fantástico de algum escritor sul-americano? A minha é mais ou menos assim... Desde muito jovem, me acostumei a acordar cedo, estudar muito e estar sempre disposta a participar dos movimentos que me rodeiam. Sou aquela que gosta de estar a postos para colaborar... Até quando a pergunta é se alguém pode lavar a louça, sou a primeira a levantar a mão!

No entanto, foi o toque do imponderável em meu destino que me fez ser quem eu sou. Não apenas o fato de ser disciplinada e estar sempre com a mente e o coração abertos... Sinto que foi minha capacidade de me entregar ao fluxo dos acontecimentos o que me conduziu em toda a minha trajetória.

Inicio dos anos 1900

Minha avó, Augusta, casou-se aos 14 anos e teve 11 filhos. Sua força e inteligência sustentaram a alma de nossa família. Mesmo na condição de submissão, típica da época, ela preparou o terreno para que minha conquista de protagonismo pudesse acontecer.

Meu avô, Manoel Soares, era um homem muito dedicado à comunidade em que vivia. Foi em Sacramento/MG, região do Triângulo Mineiro, que minha saga começou.

Lá é o epicentro do Espiritualismo Kardecista no Brasil e meu avô Manoel foi parte do fenômeno. Ele era dentista, mas ajudava todo tipo de doentes que chegava à sua casa em busca de cura: concentrava-se e psicografava as receitas.

Na verdade, ele não só atendia a toda a população carente da região, como também pagava, para os mais pobres, os remédios de que necessitavam – e, como forma de gratidão, as pessoas mandavam, de presente, galinhas, ovos, sacos de arroz, feijão...

Eu sempre ouvi histórias surreais sobre as capacidades parapsíquicas de meu avô. No Kardecismo, quando alguém transita entre o mundo material e o espiritual, é chamado de médium. Meu avô era assim, vivia entre mundos com seu amigo Eurípedes Barsanulfo. Juntos, eles fundaram a Escola Allan Kardec, que existe até hoje.

Sempre que minha avó ficava grávida, ele contava pra ela, ainda no princípio da gestação, sobre quem estava por vir. Claro que, naquela época, não existia ultrasom ou nenhum outro exame que pudesse prever o sexo do bebê, mas meu avô já sabia. Inclusive sabia também os nomes espirituais de cada novo membro da família.

Pois bem, os nomes dos meus tios são: Labieno, Demóstenes, Ayres Soares, Camilo Flamarion, Edwiges, Rolando e por aí vai.

Como os dez primeiros filhos, que a minha avó teve, confirmaram as previsões do meu avô, ela nem se atreveu a reclamar ou reivindicar a chance de escolher os nomes dos seus próprios filhos.

Viviam em harmonia, cada um fazendo sua parte, até que minha avó engravidou pela 11ª vez. Meu avô saiu para pescar, pegou uma febre misteriosa e morreu. Ela temeu pelo que seria dela, uma vez que não podia mais contar com a generosidade da comunidade... De fato, algumas semanas depois do falecimento dele, os mantimentos oferecidos pelos pacientes deixaram de chegar.

À medida em que a barriga ia crescendo, crescia também a insegurança, o medo e as dúvidas sobre o destino que aguardava aquele bebê. Algumas semanas antes da hora do parto, bateu, na porta da minha avó, um jovenzinho com uma carta na mão: "Dona Augusta, meu nome é Chico Xavier, eu vim aqui com um recado do seu Manoel". Chico Xavier, na época, ainda não era o *médium* respeitado internacionalmente que veio a se tornar. Era apenas um garoto com uma mensagem a ser entregue à viúva.

Minha vó quase caiu da cadeira: "Não vai me dizer que aquele *fiádápúta*, além de ir embora e me deixar aqui sozinha pra criar os 11 filhos, não vai me deixar nem escolher o nome deste infeliz?"

Chico, muito sem graça, disparou: "A senhora vai me desculpando, mas foi isso mesmo que eu vim fazer aqui! Ele mandou avisar que a senhora não se preocupe, que nada há de faltar a esta menina. Será um parto fácil, vai nascer saudável e o nome espiritual dela é Gilka. Ah, e para que não haja nenhuma dúvida quanto à autenticidade desta mensagem, informa que ela virá com uma mancha de nascença escura, de formato oval, na canela esquerda".

No dia em que a minha avó deu à luz à minha mãe, juntou gente na porta da casa dela. Todo mundo queria saber se a menina tinha mesmo a tal marca de nascença.

Minha mãe nasceu saudável, com a mancha oval e escura na perna esquerda, que carrega até hoje, aos 85 anos de idade. Gilka é seu nome, cresceu rodeada de muito afeto e pouquíssimos recursos. Nunca teve boneca ou bicicleta, mas a cidade toda cuidava dela. A menininha da dona Augusta e do Manoel Soares era a alegria do Colégio Allan Kardec. Muito inteligente e animada, desde cedo demonstrou talentos de atriz e era a estrela de todas as encenações do teatro da escola. Mesmo quando o personagem principal era masculino, pintavam um bigodinho e lá ia ela para o palco! Gilka, Gilkíssima – como era carinhosamente conhecida.

Ao se casar com meu pai, aos 23 anos, minha mãe teve de desistir de sua carreira artística. O costume, no interior de Minas Gerais naquela época, não permitia que uma mulher pudesse se casar, ter filhos e uma carreira artística. Ela optou por nós.

Tiveram três filhos, um atrás do outro. Meu irmão, Cyro, minha irmã, Cinira, e minha outra irmã, Guta (em homenagem à avó, Augusta).

Só depois de sete anos, chegou a caçulinha temporã... Maria Paula (em homenagem à outra avó, Maria).

Vim ao mundo graças ao ginecologista dela, que, em uma consulta, perguntou quando havia sido o último intervalo nas pílulas anticoncepcionais. Ela: "Intervalo? Estou tomando sem parar desde o nascimento da minha última filha".

Ele com as mãos na cabeça: "Gilka, tem que parar por um mês todo ano!"

Ela: "O senhor tem certeza que eu não vou engravidar?"

Ele: "Claro que tenho".

Eu nasci nove meses depois. Até hoje, agradeço ao doutor Amim Hamú pela excelente recomendação que fez à minha mãe.

Após alguns meses, em uma viagem a Uberaba, quando minha mãe se encontrava no saguão do Novotel comigo no colo, avistou Chico Xavier – já famoso e rodeado de estudantes de Medicina.

Na hora, uma vontade de conversar com Chico invadiu minha mãe, mas ela não teve coragem, ficou calada no cantinho.

De repente, Chico olha pra ela, pede licença aos estudantes, tira uma reta e já chega dizendo; "Gilka, você, agora, está morando em Brasília?".

Minha mãe se assustou. Ela nunca havia visto Chico Xavier pessoalmente. Como ele sabia seu nome? E que morava em Brasília?

Aí, ele botou a mão na minha cabeça e falou: "Maria Paula vai ser muito famosa. É um espiritinho de luz, vai trazer alegria para esse país inteiro". Na hora, minha mãe pensou: "Vai ser escritora".

Eu cresci ouvindo essas histórias fantásticas, contadas, por minha família, com muita naturalidade. Minhas memórias sempre tiveram um toque de magia.

Eu pude me tornar artista. E sempre que subo em um palco ou entro em cena no cinema ou na tv, sinto a energia delas... da mamãe, da vovó e de tantas outras mulheres que também tiveram seu protagonismo negado.

De alguma forma, me tornei uma influência capaz de inaugurar destinos para meninas dos anos 1990/2000. Afinal, se a Maria Paula podia ser humorista, fazer piada no horário nobre da Globo, ser protagonista em um ambiente predominantemente masculino, com muita dignidade, e ser respeitada por isso; elas também podiam ser quem bem quisessem!

Construí uma carreira sólida que começou precocemente. Aos 16 anos de idade, comecei a estudar na UnB - Universidade de Brasília. Aos 18, me mudei para São Paulo e comecei a trabalhar na MTV. Fiz parte da grande novidade, que modificou a linguagem televisiva do país. Mas mesmo estando deslumbrada por circular em tapetes vermelhos e ter proximidade com astros internacionais e coisas do tipo, não parei de estudar.

No meu último ano da Faculdade de Psicologia, fiz meu estágio no hospital psiquiátrico público de São Paulo chamado Charcô, cuja realidade devastadora me deixava desnorteada. Mas saia de lá, respirava fundo, me refazia e encarava as câmeras da MTV com total desenvoltura.

Logo depois de me formar, recebi o convite da Rede Globo para integrar seu elenco e me mudei para o Rio de Janeiro.

Fiz programa diário para adolescentes, apresentei concertos de Jazz, Rock e MPB, mas minha melhor atuação global foi mesmo nos quase 17 anos de *Casseta e Planeta,* ao lado de Bussunda e cia. Depois da morte inesperada do Bussunda, o programa acabou e voltei para casa. Fui fazer mestrado em Desenvolvimento Humano e Saúde na mesma UnB da minha adolescência.

Mas quando minha primeira filha, Maria Luiza, nasceu, tudo mudou... para melhor! Na época, o Ministério da Saúde me colocou em rede nacional, preconizando seis meses de aleitamento exclusivo. Eu falava na campanha: "não dê nem água nem suco para o seu bebe, só leite materno". Só que o Ministério do Trabalho não garantia seis meses de licença-maternidade.

Uni-me ao Presidente da Sociedade Brasileira de Pediatria, dr. Dioclécio Campos Jr., e sua equipe, em uma campanha para aumentar a licença-maternidade e, no dia em que foi aprovada a lei que efetivamente a aumentou de quatro para seis meses em todo o território nacional, entendi que minha credibilidade de imagem podia ser usada para melhorar a vida do povo do meu país.

Alguns anos depois, quando meu segundo filho, Felipe, nasceu, eu participei de uma outra revolução. Dr. João Aprigio e a Fiocruz desenvolveram, em parceria, uma tecnologia de pasteurização de leite humano e me convidaram para ser a madrinha da campanha. Felipe ganhou uma irmã de leite, a Juju.

Nessa campanha, conseguimos alcançar uma meta de redução de mortalidade infantil que estava prevista para anos depois, e percebi, ainda mais profundamente, que minha atuação podia trazer esperança e melhores condições de trabalho às mulheres.

Mas o fato é que a esperança precisava chegar também às populações invisíveis, de modo que desenhei um programa para instalar salas de amamentação dentro das penitenciárias femininas do Brasil. Eu fazia palestras para as detentas abordando modos de estabelecer o vínculo afetivo com seus bebes. Era avassalador. Ao mesmo tempo que as condições degradantes daquela realidade me doíam na alma, pude ter uma das experiencias mais significativas de toda a minha vida. Eu via a transformação acontecendo nas relações entre mães e filhos diante dos meus olhos. Elas absorviam as informações e as incorporavam imediatamente.

Foi assim que virei uma "artivista", mistura de artista com ativista. O título de embaixadora da paz me foi oferecido pelo governador de Brasília, Rodrigo Rollemberg, e sua esposa, Márcia Rollemberg, uma grande parceira de luta pelas conquistas femininas.

Passei, então, a exercer funções diplomáticas. Recebi a Princesa Mari, da Dinamarca, quando veio ao Brasil e levei-a até o Instituto Fernandes Figueira para mostrar como era o tratamento de crianças com doenças raras naquele hospital de excelência. Em sua visita oficial ao Brasil, acompanhei a Rainha Silvia e o Rei Gustav, da Suécia, ao centro de acolhimento de vítimas de abuso sexual.

Comecei a atuar na construção simbólica da cultura de paz, divulgando práticas capazes de nos ajudar a migrar da cultura do medo para a cultura da paz; tratando da urgência em romper os círculos viciosos que, quando não são deliberadamente eliminados, tendem a se perpetuar, à medida que os velhos padrões, que brotam do ressentimento e dos desejos de vingança, são reproduzidos.

Nosso lema, na Embaixada da Paz, é tirar o foco do individual e colocá-lo no coletivo; tarefa complexa, em uma sociedade que valoriza o ter em detrimento ao ser. Trabalhamos para criar formas mais inteligentes, que possibiltem a superação dos ciclos da violência.

Até em minhas atuações no cinema, não desperdiço nenhuma chance de atuar em prol da cura por meio da reconciliação. Por exemplo, no filme *De pernas pro ar 3*, fiz um improviso em cena que, para além de divertido, trazia informações preciosas relacionadas à Conscienciologia. Usei o termo *proexis*, que significa programação existencial, também conhecido como propósito de vida... Ou seja, onde quer que esteja, uso minha voz para convocar ao aumento da lucidez e do discernimento.

Helena Rosen é a presidente da instituição. Em 2019, estivemos na sede da ONU, em NY, onde participei da campanha "*Harassment against women at the workplace*". No ano seguinte, firmamos um convênio com o STJ (Superior Tribunal de Justiça), fazendo justiça e paz caminharem de mãos dadas.

Cuidamos da formação de jovens da periferia nas artes do pacifismo, fazemos capacitação de agentes da paz, entre inúmeras outras iniciativas.

Em 2022, fizemos 48 horas pela paz, um evento grandioso do Teatro L'occitane, em Trancoso/BA, e, em 2023, venho participando de um grande projeto de cultura de paz nas escolas, junto às Secretarias de Educação dos estados de São Paulo e Pará.

Minha sensação de realização vem crescendo à medida que vejo as consequências benéficas deste trabalho; sem contar com a alegria extrema que é ver minha filha, Maria Luiza, se tornando mais uma mulher forte e amorosa dessa linhagem artística da minha família. Ela também se interessa por cinema e parto natural, tem talento para o canto e a literatura, e consegue inundar nossas vidas com uma suavidade que aquece o coração de todos.

41

MINHA TRIPULAÇÃO

Mariana Ferraz de Toledo é filha de Edna e Mauro, irmã de Juliana, mãe orgulhosa da Betina, esposa do Fernando, sobrinha, prima e amiga de uma lista tão grande de pessoas que não caberiam neste livro. "Sua tripulação é grande e, no seu barco, sempre cabe mais um. Você conecta pessoas, por mais diferente que uma pareça da outra". Essa frase, dita por uma amiga, define bem quem é a Mariana. É uma escolha de vida, viver rodeada de pessoas. Eu gosto de gente, muita gente. E me esforço para manter uma frequência afetiva com todos. Haja agenda! Mas essa intenção não é em vão. Eu gosto de saber como as pessoas estão, dar conselhos, ouvir, criar pontes, agregar todo mundo no objetivo de criar uma grande família onde todos se ajudem e vivam melhor. Seja na minha vida pessoal ou profissional, afinal, nem acredito que exista uma divisão real entre esses dois *frames*. Dá sempre certo? Claro que não! Mas minha tripulação nunca para de crescer.

MARIANA FERRAZ DE TOLEDO

Mariana Ferraz de Toledo

Contatos
maferraztoledo@gmail.com
LinkedIn: linkedin.com/in/maferraztoledo/
Instagram: @maferraztoledo

Mariana faz parte de uma geração de profissionais que contribuíram para a consolidação do mercado digital brasileiro. Atualmente, como superintendente de growth do banco BV, lidera a equipe e a estratégia de aquisição digital de clientes, área na qual se especializou. Também em instituições financeiras, integrou o time que lançou o Banco Original ao mercado e, posteriormente, liderou a área de aquisição digital no Santander. Antes disso, atuou nas agências que protagonizaram o crescimento da comunicação digital no Brasil, como Agência Click Isobar e AG2, tendo atendido e ajudado grandes marcas, como Sadia, Natura, Toyota e Bradesco, a darem seus primeiros passos na internet. No varejo, esteve à frente do marketing digital da C&A e na cadeira de produtos na Webmotors.

Meu porto

Eu era o que meus pais chamavam carinhosamente de "criança com muita energia". Imagino que não deve ter sido fácil lidar com uma pequena que cantava, pulava e bagunçava o dia inteiro, e, para piorar, à noite não queria dormir. Para conseguirem trabalhar com algum sossego e com a melhor das intenções, eles me inscreveram em todas as atividades disponíveis na pequena cidade de Socorro, interior de São Paulo, onde nasci e vivi até os 18 anos.

Digamos que deu certo, eu direcionei minha energia para aprender flauta, karatê, xadrez, piano e mais uma centena de coisas que mal me lembro. Mas, dentre elas, uma marcou para sempre: fazer parte do grupo de escoteiros da igreja adventista a qual minha avó paterna frequentava. Os Desbravadores. Pois é, sobrou até para minha avó Olímpia! Mas nesse caso, acho que ela cuidou de mim enquanto eu cuidava dela. Eu tentando gastar energia, ela fugindo da companhia obrigatória do marido machista e alcoólatra. Minha avó ensinou-me a procurar saídas para situações difíceis. Ela mostrou para mim que a gente não convive só com quem quer e que as pessoas podem ser boas e más ao mesmo tempo. Ali eu aprendi respeito, afeto e solidariedade. Aprendi a não deixar ninguém para trás. Ensinamento que carrego pela vida.

Ao passo que fui ficando mais velha, os questionamentos tomavam mais espaço na minha vida. A religião não me cabia mais, porém era difícil sair do lugar que significava tanto para dona Olímpia. Eu queria ir, mas não queria magoá-la. Ainda hoje consigo me lembrar do sentimento gerado pelo meu primeiro dilema. Mas era hora de desbravar outros caminhos.

Ao mesmo tempo, na família da minha mãe, composta por diversas e fortes mulheres, mas tendo meu avô como espinha dorsal, aprendi que ficar junto – mesmo havendo atrito – é melhor que andar só. Aprendi com ele que todo e qualquer motivo é válido para nos unirmos em volta de uma mesa para rir, conversar e, por que não, também chorar. Aprendi que recordações têm poder de memória quando são vividas em rituais.

Essa herança gregária é tão forte que me tornei sucessora das tradições de comunhão da família Ferraz. Mesmo 20 anos após me mudar da cidade, volto a Socorro com constância para organizar os natais, almoços de família, aniversários, batizados e mesmo os encontros despretensiosos para reunir todos. Dessa família herdei o senso de pertencimento.

Sou eu quem me navega

A menina espevitada e esperta foi parar na primeira escola particular da cidade. Meus pais deviam imaginar que ali haveria de ter mais suporte para alguém que nunca parava para nada. Porém, alguns anos depois, uma crise financeira inesperada parecia pôr fim a esse privilégio. Meu pai disse para mim e para minha irmã que teríamos que sair da escola. Mas eu não me conformei. Reconhecia a influência que tinha na escola e não tive dúvidas: fui conversar com a diretora sobre o que passávamos e sai de lá com uma bolsa de estudos para mim e outra para minha irmã. Não lembro bem o que eu disse, mas era fato que fui convincente. Acredito ter sido essa minha primeira lembrança de assumir a responsabilidade e resolver.

Socorro é uma cidade turística e por isso recebe muitas pessoas. Durante meu período de colegial fiz grandes amigos de São Paulo, que foram muito importantes para eu começar a flertar com a possibilidade de fazer faculdade lá. Todas as vezes que ia para São Paulo, sentia que aquela cidade louca me completava. Estranhamente, me acalmava. Mas qual a melhor maneira de se mudar para a capital?

A resposta veio em uma feira vocacional no Colégio São Luiz – onde minha filha estuda hoje. Recebi um *folder* sobre o curso Comunicação Social com Habilitação em Multimeios, curso exclusivo da PUC-SP. Não tinha a menor ideia do que isso significava, mas era comunicação, devia ter algo a ver comigo. Além disso, era exatamente onde eu queria estar.

Prestei vestibular e passei. O passo mais difícil veio a seguir: convencer meus pais.

Além da natural preocupação com a saída da filha de casa, ainda havia o custo.

Meu pai chegou a pedir um ano de prazo para juntar algum dinheiro que pudesse me apoiar. Lembro da nossa conversa na escada da minha casa e da minha dura frase: "Pai, se até hoje você não se planejou, não vai acontecer em um ano".

Eu vou e daremos um jeito. E demos!

Eles batalharam demais para me ajudar e eu também fiz a minha parte: ganhei bolsa, arrumei estágio no primeiro semestre, fiz *freelas* e, por sorte, também pude contar com a rede de apoio dos amigos que tinha em São Paulo. Assim começava minha vida na pauliceia que descobri tão desvairada quanto eu.

Já no segundo ano da faculdade, comecei a namorar aquele que hoje é meu marido. Nós queríamos passar o réveillon em Garopaba/SC, mas, novamente, não havia dinheiro! Como eu estava no curso de Multimeios, estava aprendendo a fazer site, algo quase inexistente na época. Começamos então a ligar a dezenas de pousadas oferecendo para criarmos suas páginas na internet.

Conseguimos fazer o site de seis pousadas. Em uma delas, ficamos hospedados como permuta, e com o dinheiro recebido das demais, passamos o réveillon. Foi nossa primeira conquista juntos. Mas sempre existe um porém: não pensamos que as páginas precisariam de atualizações. Começa o ano novo e uma quantidade enorme de ligações das pousadas demandando muitas alterações e muitas horas de trabalho. Depois de alguns meses sem sucesso em conter o volume de pedidos, entendi que só tinha uma saída: joguei fora o *chip* do meu celular e troquei de número. Assim se encerrou nosso primeiro empreendimento com a indispensável lição aprendida: a importância do escopo de projeto e seu gerenciamento. O que foi muito utilizado nos anos seguintes na minha carreira.

Carreira que iniciei encarando de tudo. Se tivesse uma oportunidade, eu aceitava e agarrava. Fiz *clipping* de veículos impressos, legendas de karaokê, repórter de site de micareta, *layout* para capa de filme de produtora independente, modelagem 3D. Por fora, eu estava me esforçando para pagar as contas, mas por dentro eu sabia que existia uma escada e que estava aprendendo todo o necessário para subir seus degraus. E isso foi acontecendo. Eu conhecia uma pessoa no trabalho que depois mudava de emprego e, passado um tempo, me chamava para ir trabalhar com ela. De amizade em amizade, de emprego em emprego, eu fui me conhecendo melhor e conhecendo mais sobre o mercado de trabalho. Eu não sabia exatamente o que eu queria ser. Mas eu sabia que queria uma posição de liderança.

Nesses pouco mais de 20 anos de carreira, mais de 10 eu trabalhei na área de negócios em agências de publicidade e o restante no mercado de serviços de varejo, eu sempre estive à frente dos temas marketing digital e aquisição. Sou uma orgulhosa mulher de 40 anos que se sente honrada de fazer parte da velha guarda da internet e das possibilidades que ela criou.

Tenho convicção de que o que me trouxe até aqui foi uma grande rede de pessoas, mulheres e também alguns homens, que reconheceram em mim o desejo de realizar e me deram oportunidade. Minha determinação, bom humor, humildade em aprender e reconhecer erros também me respaldam nessa trajetória. Não importa se o copo está meio cheio ou meio vazio, sempre vou tentar dar um jeito de completar o que falta.

Eu sou do mundo do fazer. Estou sempre em movimento. Conte-me um problema e já saio correndo em busca da solução. Mostre-me pessoas em conflito e eu já parto em busca de fazê-las refazerem os laços. Isso exige quase uma onipresença e, claro, um controle extenso e cansativo.

Não por acaso, a primeira vez em que estive em terapia, rapidamente veio forte o rótulo de controladora. Aquela que mantém tudo ao seu alcance para não ter que lidar com algo que não saia conforme o esperado. Aquela que parece fazer pelos outros, mas faz por si mesma. Ser necessária para ser amada. Quem nunca? Não foi fácil me reconhecer nesse lugar. Reconhecer que luz e sombra andam juntas e que ao mesmo tempo que gostaria que tudo desse certo para mim e para os que eu amo, eu também estava controlando tudo o tempo todo. Mas a vida é o que acontece enquanto fazemos planos. E ela tinha mais para me ensinar.

Quem me navega é o mar

Qual a lição definitiva para uma pessoa controladora? Eu arriscaria dizer que é a maternidade. Eu não sou mais a prioridade, muito menos minha carreira. Aliás, nem meu corpo é mais só meu.

Planejei parto normal, tive que fazer cesárea com 39 semanas. Fiz curso de amamentação, mas meu leite secou; tive de dar complemento, virei a doida da bomba de leite. Contratei babá antes de a minha filha nascer, para garantir que quando eu voltasse ao trabalho ela já estivesse totalmente familiarizada e eu confiante para esse retorno. A babá pediu demissão na primeira semana que voltei a trabalhar.

Os bebês choram e não temos a menor ideia do porquê! Eu passava a noite acordada vendo-a dormir. E faltando uma hora para amanhecer, ela já queria brincar e eu queria poder dar todo o meu amor para ela. Mas eu precisava me arrumar, trabalhar, organizar o dia dela. Como é possível administrar tudo isso!? Onde foi parar minha memória, minha disposição e meus cabelos? Tudo sumiu! Realmente pensei que iria enlouquecer. Não importava o que eu fizesse, eu não me navegava, quem me navegava era o mar e ele tinha um cheiro delicioso e um belo nome: Betina!

Que sorte a minha, nesse momento, ter no trabalho chefes e pares que, em sua maioria, eram mães. O mantra "vai passar" foi me deixando mais confiante e o receio parou de vez quando eu percebi que a gravidez não prejudicaria minha carreira. Eu fui promovida ainda grávida.

Ter essas mulheres à minha volta foi fundamental e inspirador. Respira e não pira! Entendi que não vai dar para conciliar tudo o tempo todo: tem momentos que serei melhor mãe que profissional, em outros serei melhor profissional que mãe, e está tudo bem, vai ser da maneira que der para ser. Mas vai ser com muita intensidade e amor!

A Mariana controladora, que tinha agenda com 12 meses planejada, acabou dando lugar a uma Mariana mais flexível, mais improvisadora e, por que não, até um pouco mais leve. Hoje minha filha tem seis anos e me instiga todos os dias a questionar o que é cuidado e o que é controle, e eu amo esse desafio e o modo como estamos descobrindo isso juntas.

Lá na frente, um *iceberg* e uma capitã

Pandemia de covid-19. Eu, assim como todos os habitantes do planeta Terra, batemos de frente em um grande *iceberg*. Tudo parecia tão certo – a carreira, os amigos e a família –, como é que se suspende tantos desejos e ambições? Quem nos guia quando tudo parece medo, perdas e incertezas?

Nessa época, eu trabalhava liderando mais de 50 pessoas. No momento em que o *lockdown* foi decretado, todas as metas e projeções estavam não somente sendo alcançadas como ultrapassadas. Eu estava muito realizada. Tudo muito valioso para mim, até que a vida entre em risco, daí os números ficam em segundo plano.

A empresa, por razões que ultrapassam o meu entendimento, decidiu não aderir ao *home office*, não flexibilizou revezamentos, mesmo na fase vermelha da doença.

Como uma pessoa de pessoas e que busca saídas para situações difíceis, travei minha batalha particular. Não acatei a decisão da empresa. Eu me reuni com o time e criamos um plano de trabalho que não colocasse em risco nem a operação, nem a vida deles. Os meses seguintes foram de infinitas reuniões com o RH sob muita pressão, e uma equipe que respondia com excelência movidos pelo afeto de contar com uma capitã nesse navio.

A conta para mim era simples: o que é sucesso quando uma executiva entrega os números, mas coloca a vida das pessoas em risco por eles? Não só a deles, a minha também. Estar no presencial me afastava da minha filha, do meu marido e dos meus familiares, que estavam resguardados em casa. Não é só a covid em si que adoece, o medo e a solidão que elas impuseram minam nossa alma. Essa batalha eu ganhei, mas também perdi. Passada a tempestade, eu preferi mudar de barco. Saí do banco e decidi desbravar as águas das *startups*.

O cargo era mais alto, embora a empresa fosse menor. Para alcançar a confiança necessária para subir esse degrau, mais uma vez contei com minha rede. Pessoas que me veem com olhos generosos e que reforçaram a certeza da minha competência. Subi e trouxe muita gente comigo. Pessoas que gostavam de nadar e enfrentavam desafios com alegria e compromisso. Tudo certo, nada garantido.

Descobri-me à deriva. A maneira como encaro a responsabilidade com as pessoas não fazia parte da cultura da empresa. Existe uma linha tênue, mas concreta, entre ser inovador e fazer as mudanças necessárias para o negócio prosperar e ser inconstante e inconsequente. Pessoas são o coração do negócio. São os burocratas da rua. São elas que transformam em realidade o que antes eram apenas palavras em um monte de *slides*. Assim como não é saudável para o nosso corpo o famoso efeito sanfona, de engordar e emagrecer com a frequência ditada pelos nossos sentimentos, não é saudável um negócio que exerce essa mesma dinâmica ao sabor dos números. Essa tempestade me exauriu. Sem forças, resolvi voltar para o meu porto. Pela primeira vez, desde que comecei no mercado, fiquei sem trabalhar. Mas digo isso apenas no sentido formal de trabalho. No fundo, eu estava trabalhando tudo em mim. Encontrei comigo mesma e me encontrei com muitas pessoas, inclusive com esse grupo aqui. Foi um trabalho intenso em descobrir como poderia conciliar o sonho de ser uma executiva respeitada, sem abrir mão dos meus valores, da minha humanidade.

Durante minha trajetória tive a sorte de ser liderada por mulheres, mas também por muitos homens que me apoiaram. Aqui no Sobe e Puxa foi empoderador entender que não estou só. Nós, mulheres, estamos juntas movendo os índices que mensuram o sucesso.

Mas ela é mesmo uma capitã?

Eu sou uma mulher. Como eu sei disso? Eu sinto isso todos os dias. Às vezes no olhar desconfiado, às vezes nos pedidos ou "elogios" que só uma mulher ouve. Mas acima de tudo eu sei que sou uma mulher porque não me encaixo no que foi escrito como parâmetros de um executivo. Esse cargo, que até pouco tempo era ocupado somente por homens, era desenhado com terno e gravata e uma agressividade necessária para passar por cima de quem fosse preciso. Claro que esse tipo só poderia ser sisudo, muito sério, para ser respeitado.

Não por rebeldia, mas sim por essência, eu não poderia ser mais diferente. Minha arma sempre foi o bom humor. Mesmo nos piores momentos, eu vou rir e fazer rir porque eu considero o riso uma arma de resistência. Quem ri fica vivo porque é capaz de sentir!

Colocar isso no mundo não é fácil, mas tive a sorte de trabalhar com pessoas, mulheres e homens, que também não seguiam esse padrão, e com isso me inspiraram a criar o meu jeito de ser, e esse jeito tem o bom humor como tempero.

Lembro-me agora de uma dessas situações. Eu e minha par, que hoje é amiga de vida, estávamos em um evento enorme promovido por um cliente para inauguração do sistema o qual éramos responsáveis. Champanhe na mão, sorriso no rosto e o sistema simplesmente não funcionou, deu pau! Percebi as pernas da minha par tremerem, puxei de canto e disse: "Não desmorona! Vou abrir esse champanhe e você vai tomar ali no banheiro. Não estraga essa maquiagem porque preciso da sua carinha de santa, porque com você ninguém vai brigar". A gente ria enquanto o olho pulava de nervoso. Rimos para sobreviver ao vexame, e sobrevivemos!

O humor, que tanto já me recriminei por exercer, hoje encaro como estratégia de criação de vínculos. O humor tem o poder de derreter hierarquias; quem ri entra para o grupo porque entendeu, porque compartilhou o momento. Isso é conexão. Concordo com Schopenhauer quando ele diz que "o bom humor é a única qualidade divina do homem".

Na empresa em que trabalho atualmente, me sinto livre pra ser a capitã que desejo ser, vou escrevendo meu diário de bordo diariamente. Colecionando pessoas e aprendizados. Aceitando a mim como sou, e por isso tendo mais flexibilidade para aceitar as pessoas ao meu redor com menos projeção e mais afetividade. Esse é um grande desafio que acredito que acompanha muitas mulheres: ser menos rígida consigo mesma. Somente uma pessoa que sabe se acolher e se perdoar vai saber perdoar e acolher os outros. Essa é a gestão que eu acredito e busco porque tecnologia é o verdadeiro insumo, as pessoas são a matéria base.

Não importa em que navio eu esteja, será sempre nesse mar de gente que vou navegando e me esforçando para construir resultados que façam sentido para todos os envolvidos.

42

EU SOU MUITAS MARIANAS

Sempre quis ser uma executiva, mas também poder construir uma família e ter meus grandes amigos perto de mim. E assim como muitas, me perguntava se seria possível conciliar todos esses pilares. Esta Mariana aqui queria tudo, e desistir nunca foi uma possibilidade. É sobre isso que eu quero falar, sobre acreditar no seu propósito e ir em busca dele, porque nada na vida aparece e nem acontece por acaso.

MARIANA MANIERI

Mariana Manieri

Contatos
mariana.manieri@gmail.com
Linkedin: linkedin.com/in/marimanieri

Profissional com 24 anos de experiência na carreira comercial, atuando em vendas, *trade marketing*, gerenciamento de categorias, *shopper insights* e planejamento comercial. Passou por multinacionais como Unilever, Mondelez, Danone, Coty e Nokia. Possui abordagem estratégica orientada para resultados de vendas. Habilidades de liderança, criando equipes de alto desempenho, maximizando tecnologia e recursos disponíveis, atuação em diferentes canais, mercados e cenários competitivos. Atualmente, é diretora de vendas para KA, C&C e *Travel Retail* na Diageo Brasil. Bacharel em Publicidade e Propaganda (Cásper Líbero). Pós-graduação em Marketing (The Chartered Institute of Marketing - London). *Coach* (Tom Almeida Coaching). Seminários de Liderança (Dom Cabral). Participação em grupos de leitura (Casa Arca).

Tem a Mariana executiva

Meu pai foi a inspiração para a minha entrada na carreira comercial. Ele era vendedor e tenho lindas memórias de quando era pequena e estava de férias, das visitas aos clientes que fazia junto com ele. Eu me divertia com os talões de pedido, ficava observando a relação que ele tinha com os clientes. Também adorava ir ao escritório, onde além de brincar de tirar pedidos, ficava datilografando nas máquinas de escrever e ajudando as secretárias com a máquina de xerox.

Meu primeiro trabalho foi numa multinacional, aos 15 anos, como estagiária, conciliando auxiliar administrativa e assistente da secretária do presidente. Lá eu fiz de tudo um pouco. Aos domingos, eu também trabalhava como recepcionista de uma churrascaria da minha vizinha. Mesmo muito nova, sempre quis trabalhar, por isso comecei tão cedo. Poder ganhar meu próprio dinheiro, conquistar independência, além de ajudar com as contas de casa, fazia toda a diferença para mim.

Quando o assunto é ser estagiária, eu entendo. Foram seis anos de estágio em empresas diferentes até de fato ter uma carteira assinada. Brincava que era a rainha dos estagiários. Aprendi muito e cheguei a sair de um emprego para outro ganhando menos, porque sabia que esse movimento era importante para alcançar o meu maior objetivo, que era ser *trainee* de uma grande empresa. Eu era nova e estava tendo a chance de conhecer mais pessoas e ganhar novas experiências. Isso para mim era um prato cheio e sempre abracei as oportunidades que apareciam.

Meu pai faleceu de câncer quando tinha 17 anos. Ele era o responsável financeiro da casa e sua doença e passagem fizeram minha família se reinventar. Minha mãe, que não trabalhava desde que havia se casado, assumiu a representação comercial com as minhas irmãs e eu passei a ajudar ainda mais financeiramente em casa. Tenho orgulho de como minha mãe, eu e as minhas irmãs nos reinventamos após a morte do meu pai.

A minha primeira posição em vendas chegou aos 21 anos na Unilever. Depois de muito planejamento, meu sonho de ser *trainee* foi realizado em 2004; e depois de 6 meses de treinamento e uma passagem rápida por logística e marketing, eu me movimentei para uma cadeira de supervisora de vendas, ainda como *trainee*. Vinte anos atrás, essa área era bem mais masculina. Na regional comercial onde trabalhava, éramos somente duas mulheres, eu e mais uma *trainee*.

Pensei muito nisso quando comecei a escrever sobre minha vida profissional, se eu tinha passado por alguma situação machista, algum desconforto ou algo do tipo. Mas, de maneira muito natural, eu não pensava nisso. Algumas coisas aconteciam, mas eu preferia ignorá-las.

Fazendo uma autoanálise, descobri que na verdade eu me blindava inconscientemente de diversas formas. Não falava nem morta a minha idade, achava que, além de não me verem como uma profissional mais madura, poderia despertar piadinhas. Também não usava saia de jeito nenhum e meu batom vermelho não saía do armário de segunda a sexta. Tinha medo e essas foram alternativas que eu criei comigo para tentar ser mais respeitada. Tipo de coisa que a gente realmente só pensa quando é muito nova. Hoje, você acha que o meu batom vermelho vive onde? Não sai da minha boca!

Acredito que essa blindagem não foi a melhor maneira de lidar com a situação, mas, naquele momento, era o que pensava ser o certo. Se eu pudesse voltar no tempo, faria diferente. Traria à tona exatamente quem eu sou, sem me esconder em estereótipos machistas para ser aceita.

As salas predominantemente masculinas não me amedrontam mais há muitos anos e me sinto fortalecida pelas experiências que aprendi.

Estava num lugar legal, grande e com muitas chances de crescer, mas eu queria ter mais autonomia e eu tinha pressa. Assim, minha primeira função gerencial também veio rápido e jovem, numa nova empresa, a Danone. Fui contratada por uma diretora para implementar a área de *trade marketing* e fizemos grandes trabalhos lá, onde me deram a autonomia que eu precisava para me mostrar e crescer.

Depois de dois anos de Danone, consegui fazer outra coisa que sempre quis: ter uma vivência internacional. Fui à Inglaterra em 2008 para fazer uma pós-graduação em Marketing e me apaixonei por lá. A diversidade de culturas que se vê na Inglaterra me encantava, além do fato de poder consolidar o inglês e de ter dado uma passadinha pela Itália para fazer o processo da cidadania italiana.

Mas a viagem teria que acabar em algum momento. Estava na hora de voltar a trabalhar, pois, além de eu gostar, trabalhar nunca foi uma escolha para mim. Voltei em 2009 ao Brasil e logo consegui uma posição na Nokia, uma indústria diferente do que eu já conhecia. Aprender a dinâmica de um outro segmento foi muito bacana e transformador.

Depois fui para a Mondelez, onde tive experiências incríveis trabalhando com excelentes profissionais. Foram anos muito importantes na minha carreira e na vida pessoal, também nutrindo verdadeiras amizades até hoje. Quase cinco anos depois, voltei para a Danone, agora na minha primeira função como diretora. E junto com essa mudança de cargo, veio também uma outra bem grandiosa, e que ainda faltava para eu me sentir completa.

E tem a Mariana família, amiga e mãe

Tenho amizades de longa data. Amigos que conhecem a minha essência, estão do meu lado e acompanham a minha trajetória. Rimos e choramos juntos. Eles são parte fundamental da minha história.

Meu marido é um homem sensacional. O homem com quem eu realmente quis me casar. Além do amor e da química, compartilhamos valores, visão de futuro, respeito e admiração mútua. Sei que posso contar com ele em qualquer momento. Não estaria onde estou hoje se não estivesse ao seu lado. E ainda ganhei um enteado que considero como filho.

Tenho um amor indescritível pelas minhas irmãs e mãe. Não vejo minha vida sem elas. São a base da minha formação.

Falando sobre parentalidade, eu engravidei na Danone, quando era diretora de *trade marketing* havia dois anos. Quando veio aquele choque de realidade. Chorei, tive medo da reação do meu chefe e pensei na possibilidade de ser "despriorizada". Eu sabia que era capaz de continuar trabalhando, mas tive receio de não me verem mais como um talento. Não havia muitas mulheres na liderança e tampouco mães, então eu tinha certeza de que aquilo poderia mudar tudo para mim. Mas ao mesmo tempo que eu tinha medo, queria inspirar outras mulheres e fiz isso com muita plenitude.

Já no início da gestação, eu precisei me afastar por dois dias, o que não foi fácil, visto que não sou o tipo da pessoa que tira atestado por qualquer motivo, e estava cheia de receios. Mas, meu chefe foi muito empático e correto. Sempre trabalhei muito e quando ele soube da minha gravidez, já me conhecendo e sabendo que eu não iria parar de jeito nenhum, me disse que eu deveria priorizar essa nova fase da minha vida, e isso me acalentou demais.

No geral, tive uma gravidez muito tranquila, sentindo-me extremamente poderosa por exercer a minha posição e estar nutrindo um bebê ao mesmo tempo. Falava que meu filho já iria nascer um homem de vendas. Tenho várias fotos de reuniões que eu conduzia em que outras mulheres tiravam fotos e me enviavam, pois falavam que eu estava linda. Trabalhei até o último dia de gravidez – fiz uma reunião pela manhã e tive o meu filho à noite.

Foi uma gravidez muito especial. Eu estava num cargo de diretora e grávida. Aquilo fazia eu me sentir muito poderosa e energizada e eu queria passar uma mensagem de poder para todas as minhas colegas, e é a que quero deixar aqui. Não devemos pensar em não aceitar outra posição porque desejamos engravidar. A gravidez saudável não é um impedidor da sua carreira. Não deixe o medo vencer você. É possível.

Iniciei, na Coty, no meu retorno de licença-maternidade. Um novo desafio, em uma empresa diferente e num momento especial, que é esse retorno da mãe ao trabalho. Meu *debut* foi exatamente na convenção de vendas, quando precisei viajar quase 1 semana. Falei para a empresa que só iria se pudesse levar o filho pequeno e a babá (pagando pessoalmente pelos seus custos). A empresa foi muito humana e empática e na hora aceitou minha proposta.

Conheço o histórico de amigas que não tiveram a mesma sorte que eu e inclusive pessoas próximas do meu círculo pessoal que foram demitidas logo no retorno da licença-maternidade. Também passei por uma situação de uma entrevista em uma grande multinacional em que a primeira pergunta quebra-gelo que o gestor homem me fez foi se eu tinha ou pretendia ter filhos. Quem começa uma entrevista assim? Obviamente não trabalhei nessa empresa.

Há alguns anos, algumas poucas empresas no Brasil passaram a institucionalizar a licença-paternidade estendida. É muito interessante ouvir dos homens os receios aos que decidem gozar desse benefício. O medo de sair, de serem despriorizados, de como irão voltar ao trabalho. É maravilhoso dar a oportunidade de os pais também se conectarem com o recém-nascido, além de ser um grande suporte para as novas mães. Ao mesmo tempo, quando falamos de equidade, esse é um ótimo exemplo de ação que as empresas podem fazer, dando a homens e mulheres o mesmo benefício. Fico feliz que na Diageo, empresa onde trabalho atualmente, temos essa prática implementada. Os homens retornam muito felizes e agradecidos pela experiência.

Equilibrar os diversos pratos da vida não é fácil, não estou romantizando. Mas é possível ter filhos e continuar trabalhando, desde que você tenha uma boa rede de apoio, seja ela qual for.

Culpa? Não viu o filho porque teve que viajar, não deu aquela atenção a sua família ou amigos como gostaria? Vai ter também. Mas aprendi a trabalhar com esse sentimento, pois sei que dou o melhor do meu tempo para cada parte que é importante para mim. Terão momentos que será necessário focar em alguma área específica. Tudo bem. Aceite e não deixe as demais abandonadas.

Como eu me tornei todas as Marianas?

Eu sabia desde pequena que queria ter uma família, casar, ter filhos e ter uma carreira que eu pudesse progredir.

Tudo o que eu consegui profissional e pessoalmente foi fruto de mérito, planejamento, reflexão, erros e acertos. Aprendi com relacionamentos anteriores a ter mais clareza de como seria o parceiro ideal para mim. A idade me reforçou o ponto que sozinha não vamos a lugar nenhum. A jornada acompanhada da sua família e amigos é o que faz a diferença. Adoro celebrações e faço questão que as pessoas mais próximas estejam ao meu lado nos momentos importantes.

Do lado profissional, sempre quis crescer e ser gigante. Ao mesmo tempo, não ter tido alguns privilégios no começo da carreira, como não ter estudado na faculdade mais famosa ou não ter feito intercâmbio, por vezes me deixava insegura quando o funil apertava nas entrevistas. Mas eu nunca deixei que isso barrasse as minhas vontades. Posso ser melhor que os outros de muitas outras formas.

E para isso acontecer eu corri atrás das coisas. Aprendi a falar inglês ouvindo aulas com fitas, cantando e traduzindo as músicas de Madonna, e aproveitando todas as oportunidades de falar inglês com os gringos nas multinacionais pelas quais já passei.

Só que o mérito individual não basta se você quer crescer. Em cargos no começo da carreira, as conexões não fazem tanta falta, mas quando você começa a crescer e o seu nível de influência aumenta, as relações e a política são muito importantes. Eu lhe pergunto: como os homens se conectam? No futebol depois do trabalho, no *happy hour*, nos almoços e nos eventos dos quais muitas vezes não conseguimos participar por motivos pessoais. Por isso construa sua rede, invista em momentos de conexão que façam sentido para você. Só percebi isso de maneira mais evidente um pouco mais à frente na minha carreira.

E digo isso porque ter ambição é importante, mas construir relacionamentos é fundamental, inclusive para ter boas inspirações – afinal, não precisamos ficar sozinhas. É um jogo de influência e você pode e deve jogá-lo. Como time, ajude-se, seja genuína. Quanto mais mulheres subirem, mais poderemos inspirar e ajudar outras a chegarem lá.

Acredito que só é possível ser feliz se tivermos equilíbrio, conquistas e alegrias nas diferentes esferas da nossa vida. Tenho muito orgulho da minha trajetória e desejo que a minha história possa servir de inspiração para mulheres que também acreditam nesse pensamento. Mesmo com todo o meu esforço, sei que sou uma exceção e quero que tenham mais milhares de exceções como eu; e esse é meu propósito: poder inspirar e ajudar outras mulheres a chegarem onde elas quiserem.

43

PELA LIBERDADE CONQUISTADA

Eu não nasci livre. Nasci aprisionada pelo meu contexto e pelos modelos mentais das gerações que me precederam. Ousei ser diferente: não me casei, não fui mãe. Não conseguia me conformar com minha "condição de mulher". Fiz carreira em um dos meios mais masculinos que conheci: o mercado financeiro. E fiz dinheiro. Aos 44 anos, conquistei, finalmente, uma liberdade incondicional. Sem amarras. Sem negociações. Que este relato sirva de inspiração a outras muitas mulheres que ainda não tiveram a chance de contar suas histórias. E que sirva para lembrar a todas que a liberdade está, sobretudo, em se permitir.

MEL MAGNUS

Mel Magnus

Contatos
melissa.magnus@me.com
LinkedIn: linkedin.com/in/melissa-magnus

Melissa Magnus possui mais de 20 anos de experiência em fusões e aquisições e mercado de capitais, com passagens por grandes bancos nacionais e internacionais, como Credit Suisse, BNP Paribas e Safra. Trabalhou também em estratégia e vendas na GE Medical e J&J Medical Devices and Diagnostics. Teve passagens pela *startup* de crédito estudantil Pravaler, pela securitizadora VERT Capital e pela Investtech Participações. Melissa é investidora anjo desde 2014 e foi conselheira do Harvard Angels Brasil de 2016 a 2022. Ela também é mentora do Programa Aceleradora de Carreiras junto ao Comitê de Igualdade Racial do Grupo Mulheres do Brasil. Melissa é formada em Administração de Empresas pela FGV e possui MBA pela Harvard Business School. Ela é membro certificado do CFA Institute, membro do IBGC (Instituto Brasileiro de Governança Corporativa) e WCD (Women Corporate Directors).

Sou a mais velha de três irmãs. Meus pais nasceram no interior do Rio Grande do Sul, em vilarejos de imigrantes italianos e alemães; e munidos de sonhos, mas desprovidos de recursos, vieram tentar a vida em São Paulo. Eu tinha 1 ano de idade. Fomos morar em Santo André. Meu pai era bancário; minha mãe, professora de escola primária. A mudança, basta dizer, não foi fácil para ninguém, especialmente após o nascimento de minhas duas irmãs. Meus pais trabalhavam muito. Como primogênita, herdei a responsabilidade sobre a casa e as menores. Aos 8 anos de idade, ocupava um lugar estranho de não ser nem adulta nem criança nem irmã nem mãe. Um lugar que, bem ou mal, ocupei até a faculdade. Ali decidi que não teria filhos, afinal, já havia praticamente criado duas.

Ao longo dos anos seguintes, fomos e voltamos entre Porto Alegre e São Paulo de maneira que, aos 12 anos de idade, já tinha morado em sete casas e estudado em quatro escolas diferentes. A vida se assemelhava a um eterno dia da marmota: mudança, casa nova, escola nova, logística nova. A cada recomeço, fazia novos amigos e voltava a perdê-los. O dinheiro era curto, contado para pagar as contas: o aluguel, a escola, o supermercado, a gasolina, a água, o telefone. Crescemos controlando nossos gastos, o que não nos impediu de estudar em escolas particulares, fazer inglês, balé e natação. Não sobrava dinheiro para viagens, restaurantes ou luxos como roupas de marca. As férias escolares passávamos em Torres com as tias e primos, enquanto meus pais seguiam trabalhando. Apesar da ausência constante, uma coisa ensinaram às filhas: que a educação era a base para uma vida melhor e que era preciso ganhar dinheiro. Com essa mentalidade, eu e minhas irmãs mergulhamos nos estudos, terminamos o colégio e passamos em grandes faculdades: duas GVnianas e uma Medicina – Unicamp. Faço aqui uma pausa para explicar que, se a história até aqui parece triste, ela de fato não foi triste, mas foi dura. Não procuro com isso ganhar a empatia do leitor, mas explicar as escolhas que se seguiram.

Eu cresci desenhando, montando pequenos números teatrais, vendo revistas de moda e *video clips* de rock, sonhando em viajar e me libertar daquela rotina extenuante de sacrifício e superação. Queria viver. Queria ser estilista, arquiteta, artista, escritora. Queria correr o mundo! Quando passei no vestibular em arquitetura e na GV, meu pai me disse: "Como você não vai fazer GV?". E assim, fui fazer GV. Lá, escolhi me especializar em Finanças. Afinal, como o foco era ganhar dinheiro, essa me pareceu a escolha mais acertada. Comecei a trabalhar no primeiro semestre da faculdade, dando aulas de inglês para iniciantes nas horas vagas. Logo consegui um estágio no Banco Francês e Brasileiro, posteriormente adquirido pelo Itaú. Depois passei pela Odontoprev, Banco Patrimônio e, finalmente, o Credit Suisse Garantia, no qual fui efetivada após concluir a graduação.

O mundo de banco de investimento era fascinante para qualquer recém-chegado: falava-se em bolsa de valores, curva de juros, *trading*, investidores locais e estrangeiros, negociações sigilosas e quantias exorbitantes de dinheiro. Como analista júnior de *equities*, eu escrevia relatórios sobre companhias listadas na bolsa de valores. Tinha acesso a CEOs, diretores de finanças e RI, *portfolio managers* de grandes fundos mundo afora que investiam no Brasil. Trabalhava muito, viajava bastante, falava inglês mais do que português, sentia-me parte de algo importante. Mas aquele *glamour* escondia um lado B pesado: o assédio moral e sexual corria solto, incluindo a pornografia nas telas dos computadores, como se fosse pano de fundo. Os mais velhos de casa mostravam as imagens para as meninas mais novas na intenção de chocar, medir as reações, julgar, oprimir. Era comum que homens mais velhos deixassem casamentos de anos para se casarem com meninas que conheceram e assediaram ali, no ambiente de trabalho, como um rito de passagem para o clube das centenas de milhões de dólares. Eu me mantinha focada em meus relatórios e planilhas, tentando abster-me do entorno. Ali decidi que não me casaria com alguém de banco. Mais do que isso, que não me casaria. Não teria minha liberdade tolhida por uma certidão e, principalmente, não dependeria financeiramente de ninguém.

Depois de quatro anos trabalhando no CS, como passamos a chamar o Credit Suisse, decidi fazer um MBA. Aparentemente, para se ter sucesso e ganhar dinheiro, era preciso fazer MBA fora do Brasil em escola de primeira linha. Então, apliquei para nada menos que nove escolas norte-americanas. Fui aceita em algumas, dentre elas Harvard Business School. Eu me mudei para Boston e cursei dois anos lá, até a conclusão do curso em 2004. Os anos de MBA foram difíceis, competitivos e solitários. Mas aproveitei cada feriado e intervalo entre semestres para realizar um sonho antigo: viajar o mundo. Fui para Índia, Japão, Líbano, Egito, Indonésia, Malásia, China, Vietnã, Camboja, Tailândia, África do Sul e Hawaii, além de outras várias cidades norte-americanas e europeias que já conhecia. Essas são memórias que guardo com imenso carinho. Ao me formar, secretamente me orgulhava mais de minhas viagens do que do diploma.

Após o MBA, queria um ambiente melhor de trabalho e decidi explorar Healthcare. Estagiei na GE Medical e aceitei uma proposta de trabalho na J&J Medical Devices and Diagnostics. Porém, de volta ao Brasil, os ensinamentos de meu pai falaram mais alto. Era preciso ganhar dinheiro. Afinal, tinha a dívida do MBA e minhas viagens para pagar. Eu me voltei novamente para o mercado financeiro. Queria trabalhar em Private Equity, onde poderia contribuir diretamente para o desenvolvimento de empresas. Marquei conversas nas principais gestoras do país. As respostas que recebi foram de dois tipos. O primeiro e esmagadora maioria, declarações diretas ou veladas dizendo "não contratamos mulher". O segundo, ofertas de escopo e salário aquém da minha experiência e formação. A convite, voltei ao Credit Suisse. Era início de 2007 e o mercado de capitais brasileiro vivia seu melhor ano. O dinheiro estrangeiro jorrava como água e os empresários, banqueiros, advogados, auditores e assessores se acotovelavam por uma fatia do bolo. Apesar de conceitos como *compliance* e governança finalmente integrarem o ambiente de trabalho, da criação do *chinese wall* entre áreas, de falar-se em Basileia II e da melhora da regulamentação e autorregulação do sistema financeiro, a verdade é que as coisas tinham piorado.

A ética e o "correto" faziam bonito escritos em "Missão e Valores", mas não passavam de noções acadêmicas desconectadas da realidade. Valia tudo para se fazer dinheiro. Logo, fui alocada para trabalhar em processos de IPO (Oferta Inicial de Ações). O banco tinha na época criado uma nova modalidade de empréstimo-ponte, na qual a empresa tomava o dinheiro pré-IPO e pagava em dinheiro e em ações no momento do IPO. Quanto mais alto o banco conseguisse precificar aquela ação no IPO, mais ganhava. Detalhe: bancos são supostamente agentes idôneos que prestam serviço tanto a investidores quanto a empresários. Isso gerava um conflito de interesses que acabava com essa idoneidade. Depois de dois desses IPOs, a CVM finalmente os proibiu. Uma das empresas chegou a quebrar poucos meses após a abertura de capital. Um processo foi aberto para investigar o ocorrido, que culminou com a prisão dos administradores. Anos depois, o mentor desse tipo de empréstimo, na época considerado o Midas da engenharia financeira, seria arrolado na Lava Jato. Em outro episódio, fui encarregada de fazer o processo de venda de uma empresa cujo principal ativo era uma fazenda já três vezes autuada pelo Ministério do Trabalho por praticar condições de trabalho análogas à escravidão. E poderia seguir aqui com mais e mais histórias. A essa altura, eu me perguntava: será que aquilo tudo estava certo? Mesmo que fosse legal, estava correto? Será que apenas assim era possível ganhar dinheiro? Nesse último episódio da fazenda, não consegui maquiar os fatos e escalei o problema. Ele bateu no *compliance* em Nova York como um rojão e depois de circular pela alta administração do banco, veio estourar em mim. Fui taxada de incompetente e desligada abruptamente, como se fosse responsável por aquilo. Aquele turbilhão me pegou de surpresa. Levei algum tempo para me recuperar. Quando voltei ao mercado, para minha surpresa, encontrei portas fechadas em outros bancos por influência das mesmas pessoas que haviam me demitido. Fiquei meses em casa em depressão. Pensava comigo: como aquilo poderia estar acontecendo? Eu havia feito tudo certo: tinha me formado na GV, com direito a quadro de honra em um dos semestres, feito MBA em Harvard, ganhado prêmios como analista de *equities*, uma das primeiras mulheres no Brasil a ser certificada CFA (Chartered Financial Analyst).

Mesmo sem entender, juntei o que havia sobrado de mim e voltei ao mercado. Consegui emprego em uma instituição que impunha um desafio grande: um banco comercial que queria ser banco de investimento. Praticamente uma piada pronta para aqueles em bancos de renome como era o CS. Mesmo sem placa, sem histórico, sem franquia que o qualificasse para fazer o que estava se propondo, aceitei o desafio. E fiz história. Fizemos grandes transações de M&A (sigla em inglês para fusões e aquisições), dentre elas a maior, até então, no mercado farmacêutico brasileiro, e participamos de várias ofertas de ações, feitos que nos colocaram no mapa como banco de investimentos. Após três anos de Safra, recebi um convite para ir para o BNP Paribas, banco francês de atuação restrita no Brasil. Havia acabado de ser promovida a diretora, mas para ingressar no BNP tive que voltar um cargo. Apenas por um ano, disseram, o que na prática durou três. Mesmo com pouco cargo e recursos limitados – a equipe era enxuta e o banco focado em alguns poucos clientes, principalmente europeus –, comecei a abrir o meu espaço. Em poucos meses, conectei-me com meus pares estrangeiros e com as demais áreas de produto em que poderiam haver oportunidades cruzadas.

Entendi onde estavam as fortalezas do banco e como poderia alavancá-las. Assim nasceram as franquias de M&A em Consumo, Agronegócios, Pharma e Cimento, franquias reconhecidas no mercado que transcenderam o Brasil para a América Latina e além, e como o Safra, colocaram o BNP no mapa de bancos de investimento atuantes no Brasil. Durante os quase dez anos que fiquei por lá, ganhei dinheiro. Não só ganhei, mas poupei e investi. Investi em novas classes de ativos, como CRAs e FIDCs, investi em Private Equity, debêntures incentivadas, *bonds* (títulos de dívida de empresas em dólar), *startups*, fundos de ações e renda fixa. Assim me vi, aos 44 anos, com dinheiro suficiente para parar de trabalhar. Eu tinha finalmente cumprido o que me propus a fazer: conquistar minha liberdade. Sem dever nada a ninguém. Sem tomar nada de ninguém.

Mas aquilo já não era o bastante; me faltava um novo propósito. E apesar de todo reconhecimento profissional, continuava sendo discriminada pelo ambiente misógino. Pensei comigo: será que a vida não tem mais nada a me oferecer? E assim, após dois anos de reflexão e negociações, decidi sair do BNP. Na sequência, encerrei uma união estável de 16 anos. Uma união que combinava muito com a Mel *banker* (termo em inglês para aqueles que trabalham em banco de investimento), mas que já não combinava com a Mel que eu queria ser, que estava me tornando. Tinha pressa de me reinventar, de experimentar coisas novas. Reinventar meu jeito de viver, trabalhar, me relacionar. Experimentar novos papéis, indústrias, tecnologias. Uma jornada com espaço para minha curiosidade e criatividade. Uma jornada mais leve e mais humana. Estar em um lugar de transição é como estar suspensa, imersa em água: você consegue olhar ao redor, escolher o que pegar e o que descartar, mas não consegue ainda ver além. É um lugar de angústia, mas também de descoberta e crescimento. Sempre achei que a vida era muito longa para se ter apenas uma carreira. E também sempre acreditei em mudanças radicais. De uma coisa tenho certeza: esse novo capítulo, seja como for, será do meu jeito, nos meus termos.

44

VOCÊ PODE SER O QUE QUISER

O QUE DETERMINA O SEU FUTURO E ONDE VOCÊ CHEGARÁ SÃO AS ESCOLHAS QUE VOCÊ FAZ AGORA

Sempre acreditei que o mar se abre para quem dá o primeiro passo. Você pode ficar esperando a sorte acontecer ou ir atrás dela. Eu olho o "copo meio cheio". Sou brasileira, otimista por natureza e não desisto nunca. Então, por que ficar esperando? Sou uma mulher branca, cisgênero, de cabelos loiros. Filha da Dona Fátima e do Mario Eluiz. Casada com o Pedro e mãe da Bettina e do Antonio; que hoje vive em um lugar de grande privilégio, mas nem sempre foi assim. Como a maioria das pessoas desse país, vim de origem humilde e precisei trabalhar desde muito cedo. Após o divórcio dos meus pais, me tornei o arrimo de família. Estudei em escolas públicas e não pude entrar em universidades de "primeira linha". Mas isso não me impediu de chegar onde estou. E ainda vou muito longe, pode acreditar. Sou Milena Vila Real de Barros Leal. Nome da realeza, diziam. Nome de gente importante. E com ele, uma história de vida singular. Cheia de coisas lindas, grandes desafios e valores simples dos quais nunca me envergonhei. Ao contrário, sempre tive muito orgulho e vou compartilhar com você. Bem-vindos ao meu universo particular.

MILENA LEAL

Milena Leal

Contatos
milena.vrb.leal@gmail.com
Instagram: @milena_vila_real_barros_leal
LinkedIn: linkedin.com/in/milena-barros-leal

Líder, com mais de 30 anos de experiência, em algumas das maiores e mais relevantes empresas de tecnologia do mundo, como SAP, Oracle e Google, sendo uma das principais influenciadoras do mercado de nuvem pública desde o início deste segmento. Além de sua bem-sucedida carreira executiva, Milena é investidora-anjo, mentora e líder de capítulo de mulheres para o Google Cloud na América Latina, liderando projetos de desenvolvimento de carreira, inclusão e diversidade, projetos sociais, educacionais e empregabilidade. É engajada com projetos de grande impacto social e econômico, buscando sempre promover a igualdade de oportunidades e contribuir para um mundo melhor. É graduada em Direito pela Universidade Paulista, e sua trajetória profissional e de liderança é marcada por sua paixão por tecnologia e seu compromisso com o desenvolvimento humano.

Nasci em Presidente Prudente, no interior de São Paulo. Filha da Fátima, manicure, e do Mario Eluiz, bancário. É, Eluiz com "e". Nunca entendi por que minha avó colocou esse "e".

Eu tinha sete anos quando nos mudamos para o Mato Grosso do Sul. Meus pais investiram tudo o que tinham na abertura de uma loja de roupas. Em poucos anos abriram outras lojas. Tínhamos uma vida confortável até meus pais se divorciarem, e perdemos tudo. Eu me lembro do dia em que a geladeira tinha apenas garrafas de vidro cheias de água e um pote de margarina vazio. Foi um tempo difícil. Mas não me lembro com tristeza.

Logo depois das vendas das lojas, minha mãe ainda tentou empreender algumas vezes, mas sem sucesso. Para pagar as contas, começou a fazer salgadinhos. Ela sempre cozinhou muito bem. Acordava todos os dias às 3h da madrugada para começar a produção. O cheiro de pão enchia a casa. Eu me lembro como se fosse hoje. Minha mãe colocava os salgados em um isopor envolto com papel alumínio para não esfriar e cobria com um pano de prato. Tudo feito com muito apreço. Eu também levava um caderninho para anotar os pedidos fiados. Nós, eu e minha irmã, Ana Carolina, íamos nas concessionárias de automóveis e nas lojas do centro da cidade vender. Duas meninas de 12 e 9 anos vendendo salgadinhos. Esse foi meu primeiro emprego. E me tornou o que sou hoje, sobretudo, uma grande vendedora e líder.

Nos primeiros dias, tínhamos vergonha. Eu me lembro de chegar na frente das lojas e ficar discutindo com a Carol sobre quem iria entrar para oferecer os salgados. Eu era a mais velha e a mais cara de pau também. A Carol ficava na porta me olhando curiosa. Um misto de vergonha e torcida. Quando eu voltava, sem graça, porque ninguém queria comprar, ela gargalhava do nosso insucesso. Riamos da nossa própria desgraça. Mas, desistir não era uma opção. Minha mãe tinha passado a madrugada trabalhando. Não podíamos decepcioná-la.

Durante um tempo, conseguimos pagar as contas, mas não era o suficiente. Então, minha avó paterna, a Dona Maria, convenceu minha mãe a vir para São Paulo. Ela dizia que em São Paulo o sol nascia para todos.

Eu e meus irmãos, Carol e Rafael, ficamos com minha avó materna, Dona Tereza. Não havia celular ou telefone fixo. Aos domingos, às 17h horas, íamos para um orelhão próximo de casa e ficávamos esperando minha mãe ligar. E foi assim por dois anos, até ela conseguir dinheiro suficiente para nos buscar.

Quando chegamos a São Paulo, a sensação foi incrível. Estávamos juntos novamente. A cidade tinha um cheiro diferente. Eu não sabia dizer se gostava ou não, mas era diferente.

Mudamo-nos para o pensionato onde minha mãe morava. Era um pensionato para moças que estudavam ou trabalhavam por ali. A proprietária não permitia crianças, mas abriu uma exceção por pouco tempo. Logo, precisávamos procurar outro lugar, mas não tínhamos um imóvel ou fiador para garantia do aluguel.

Durante uma conversa, minha mãe desabafou com uma cliente do salão sobre a nossa situação e essa cliente se ofereceu para ser nossa fiadora. Ela se tornou uma das pessoas mais especiais da nossa vida. Certamente, não tem ideia da dimensão do que fez por nós.

Enfim, tínhamos uma casa. Um apartamento só nosso. Era imenso! Dois quartos e 1 banheiro só para nós. Tínhamos apenas um colchonete de solteiro, as malas de roupa e um fogareiro de duas bocas (aqueles de *camping*, sabe?). Uma grande conquista para nós.

Dias depois, no trajeto do ônibus voltando para casa, minha mãe conheceu uma moça que trabalhava em uma empresa de informática próxima ao nosso apartamento e conseguiu uma entrevista de trabalho para mim. Comecei como recepcionista e logo fui promovida para a área de Televendas, reforçando minha vocação vendedora. Sim, com muito orgulho. E quem disse que para ser bem-sucedida você tem de ser médica, advogada, engenheira ou algo assim? Vendedores também chegam lá!

Assim começou minha vida profissional na área de vendas em tecnologia. Naquela época, eu acreditava que seria temporário. Trabalhava durante o dia e estudava em uma escola pública à noite. Não tinha tempo para me dedicar aos estudos. Eu aprendi conversando, trocando experiências. Com o conhecimento que eu recebi, a chance de passar em uma universidade pública era bem pequena. Eu queria ser advogada. Achava muito chique aquelas mulheres vestidas de *tailleurs*, com a saia mais curta e o blazer sem ajuste na cintura. Elas eram poderosas! Eu me via assim.

Passei na Universidade Paulista e me formei após cinco longos anos. Foi uma dureza! Paguei a universidade com sangue, suor e lágrimas. Eu estudava pagando com atraso e no final do ano letivo negociava a dívida para poder fazer a matrícula do ano seguinte. Parcelava em 12 vezes. Assim foi até o final. Consegui meu diploma um ano depois de formada, quando quitei a dívida. Enfim, bacharel em Direito. E agora?

Voltando um pouco no tempo

Estava solteira e uma amiga do trabalho, a Laura, me contava histórias sobre seu irmão Pedro, que morava em Belo Horizonte. Eles perderam a mãe que faleceu de câncer, muito nova. Pedro era empreendedor. Muito jovem, abriu uma empresa provedora de internet. Naquele dia, ele estava em São Paulo e eles iam almoçar juntos. Eu não podia perder a chance de conhecer o tal Pedro.

Ele era diferente do que eu imaginava fisicamente e muito mais interessante do que esperava como pessoa, homem e ser humano. Conheci, naquele dia, meu marido. Meu parceiro de vida.

Se posso dar um conselho sobre relacionamento e segredo de um casamento feliz é: nunca esteja ao lado de alguém se não houver admiração, respeito, cuidado e doação mútua.

Somos mais que marido e mulher. Somos amigos, parceiros e nos impulsionamos todos os dias.

No mesmo mês que ficamos noivos, eu me candidatei a uma posição de vendas em uma grande multinacional de software empresarial, a SAP. Era um grande sonho trabalhar em uma multinacional. Até ali, só tinha tido experiência de trabalho em empresas nacionais. Passei no processo e um dos requisitos era ser graduada. Eu era. Mas não tinha o diploma. Faltava terminar de pagar, lembra? Então, passei por momentos de muito medo. E se eu conto e eles me desconsideram no processo? Noites sem dormir.

No dia de entregar os documentos, respirei, tomei coragem e contei a verdade. Expliquei que era formada. Não menti no processo. Mas precisava de seis meses para entregar o documento físico por causa do acordo de pagamento. Eles aceitaram e comecei.

Imagina uma pessoa feliz? Era eu naquele dia

No meu primeiro dia de emprego, ganhei meu computador, todos os itens de boas-vindas e um carro zero. Oi? Você falou, "carro zero"? Não, não era só um carro zero quilômetro. Era um Vectra. Meu carro era o mais bacana do condomínio inteiro. Eu não cabia em mim.

Mas, e a carreira de advogada? Eu estava tão feliz e realizada com minha profissão em vendas que abrir mão daquilo não era uma possibilidade.

Então, é isso. Sou bacharel em Direito, mas nunca exerci. Uso todo conhecimento que eu ganhei no meu dia a dia. E nunca me arrependi da decisão que tomei.

Passei por grandes empresas. Offshore, Intolabs, Lumes, Agile, SAP, Oracle e Google. Mais especificamente em Google Cloud. Até aqui, foram mais de 30 anos de experiência.

Tive grandes conquistas e muitos desafios. Como mulher, em um ambiente majoritariamente masculino, poderia escrever não um capítulo, mas uma enciclopédia contando todos os momentos e situações complexas pelas quais eu passei.

Quando promovida a gestora de pessoas pela primeira vez, ainda sem experiência, ouvi coisas como: "Ela vai ser minha chefe? Ela é mais nova do que eu e mulher".

Tive de aprender a liderar. E liderar não é dar ordens, é dar exemplo.

Acreditava que, para fazer parte do clube, precisava me masculinizar. Falar palavrões e ser, muitas vezes, dura, era a maneira certa para ser (ou parecer) forte. Ledo engano.

Por melhor que eu fosse e por maiores que tivessem sido meus resultados, eu sempre achava que as promoções para os homens estavam corretas. Não que eu não merecesse, mas eles deviam ter outros méritos. Perdi muitas oportunidades por vestir a carapuça da **síndrome da impostora**, por permitir que tirassem de mim o que era meu por direito e mérito, sim.

Aprendi depois de muito custo e decepções, que o que você quer, você tem que buscar e exigir. Exigir, sim. Ganha mais quem pede mais. Se ficar esperando o universo reconhecer todo o esforço que você faz, pode se frustrar muito. E a culpa não é do outro. É sua.

Nas minhas duas gestações, voltei da licença maternidade bem antes do período normal.

Não porque eu quisesse ficar longe dos meus pequenos, mas porque apesar de ter saído com a minha meta batida, meu chefe precisava da minha ajuda para entregar o resultado da empresa.

Refletindo sobre o passado e os resultados disso, eu teria feito o mesmo. Não voltei por obrigação ou medo. Voltei por dedicação, por amor ao que eu fazia. E porque eu tinha condições financeiras de ter todo o suporte necessário para meus bebês ficarem bem.

Se eu fui reconhecida como eu imaginava por isso? Claro que não. E também não soube negociar isso na época.

Ah! Se eu tivesse o conhecimento de hoje, lá atrás… Mas, a vida é assim. Temos de aprender com os nossos erros.

Eu queria ter tido uma grande referência profissional feminina. Uma mulher que, mais que me inspirar, tivesse me acolhido, apoiado, dado *feedbacks*. Mas não tive. A vida real na minha geração não é o que eu quero daqui para a frente.

Minha maior referência foi minha mãe e as pessoas que, como Juliana, a pessoa que nos ajudou, foram generosas sem desejar nada em troca.

Mas essa falta me trouxe uma grande responsabilidade. De ser essa pessoa. Essa executiva que ajuda, apoia, ensina e dá oportunidades para outras mulheres e pessoas com quem eu convivo.

A vida mais dura me ensinou a valorizar as pequenas coisas. As gentilezas, os amigos, a família, a saúde, as oportunidades de aprender e ensinar. Agradeço todos os dias por tudo que eu tenho e vivo. Por tudo que eu sou e posso fazer.

Posso dizer que tenho hoje um lugar de privilégio de poucos, e a missão de retornar ao universo tudo que recebi. Esse sentimento me faz buscar novos propósitos. Não para mim ou para a empresa que trabalho, mas para o mundo, para o próximo.

O que nos faz melhores: o que somos ou o que doamos?

Os dois.

Muitas pessoas dizem que elas, um dia, vão ajudar ou fazer algo pelo outro. Quando elas tiverem alcançado seus objetivos.

Mas, é assim? Só quando chegar lá? E se demorar?

Eu vivo o hoje. O amanhã a Deus pertence. Então, por que não dar o que podemos hoje? Mesmo que pareça pouco, pode ser muito para alguém.

Nesse sentido, penso em mim como um Hub, o ponto central.

Eu sou a conexão entre necessidade e possibilidade. Não precisa ser dinheiro. Pode ser conhecimento. Pode ser relacionamento. Pode ser o que você tiver para dar.

Amo as segundas-feiras. Vejo meu trabalho com propósito. Como a realização de coisas incríveis. A tecnologia é o habilitador da transformação. Com essas ferramentas podemos construir qualquer coisa. E o que eu posso fazer para ir além? Para impactar não um, ou dois, mas milhões?

Um líder certa vez me disse: "Quando você se preparar para algo, coloque a barra alta". Por mais impossível que pareça, faça o melhor.

Isso se tornou meu lema. Pensar exponencialmente.

Há pouco tempo, conversando com um cliente de uma grande empresa de varejo nacional, ouvimos os desafios de entrega dentro da favela de Paraisópolis, na Zona Sul de São Paulo. Levar os produtos até o centro de distribuição da comunidade, e dali fazer a entrega para centenas de famílias sem endereço.

A conversa foi adiante. Eles nos contavam que, infelizmente, no Brasil, existem milhares de pessoas que não têm endereços. Elas simplesmente não existem. Não têm acesso a serviços básicos como matricular filhos em escolas, abrir conta em banco, ser cadastrado no SUS porque não têm seus endereços. Uma alternativa é usar o endereço de outras pessoas que vivem fora da comunidade como seus endereços próprios para conseguir alguns desses serviços. Ficamos consternados. Aquilo nos impactou de maneira avassaladora e ao mesmo tempo nos moveu a pensar além.

Como unir tecnologia, conhecimento e pessoas em prol de ajudar essas vidas a terem sua dignidade e o direito de existir no mapa. Eu digo "nós", porque não faço nada sozinha. Envolvemos pessoas unidas no mesmo espírito para fazer acontecer. Isso foi outra coisa que eu aprendi ao longo dessa jornada profissional: trabalhe com pessoas que sejam melhores que você. Monte um time e cerque-se de pessoas brilhantes. Elas farão coisas extraordinárias e você poderá assumir novos desafios sabendo que elas conseguem tocar tudo que você permitir.

Esse projeto maravilhoso, de criar endereços digitais, se chama Plus Codes.

Usamos uma tecnologia do Google Maps para criar, por meio de latitude e longitude, o mapeamento exato de onde essas pessoas estão e criamos o código de localização digital, o Plus Codes. A partir daí, um grande passo foi dado com a ajuda desse grupo, a comunidade que, com o suporte dessa empresa de varejo, está fazendo todo o mapeamento das famílias que vivem ali. A empresa de varejo que habilitou seus sistemas de vendas para o uso do Plus Codes, além do CEP, como endereço para que as pessoas possam fazer seus cadastros, da empresa de logística da própria comunidade para fazer o rastreamento e entrega. Isso é ir além.

Esse é o primeiro teste. Mas só de pensar que podemos resolver algo tão importante e devolver a dignidade dessas pessoas, de maneira tão simples, me enche de orgulho e gratidão. Para mim, isso é conexão com propósito.

O que nós demos?

Amor, nosso tempo e conhecimento para unir problema e solução por meio do uso de tecnologia

Trabalhar com um time de pessoas brilhantes e generosas é um privilégio de poucos. A essas pessoas meu profundo agradecimento. Esse sentimento me move, transborda. A esta altura da nossa conversa, espero que você também sinta o desejo de ir além.

Não precisamos de grandes projetos para ter grandes resultados. Se você impactar uma única pessoa, já valeu a pena.

Isso me lembrou de uma situação, em que participei de um programa de mentoria: nos convidaram para estar no final de semana em um evento onde recém-formados iam se candidatar a algumas vagas. Grandes empresas de tecnologia que apoiavam o projeto estariam ali para entrevistar e talvez contratar. O papel dos mentores era conversar, trocar experiências e encorajá-los.

A princípio pensei: "De jeito nenhum! Eu estou exausta. Não vou abrir mão do meu final de semana".

Agradeci o convite e disse que, infelizmente, naquele final de semana eu tinha um compromisso. À noite, antes de dormir, lembrando do dia, me bateu um baita arrependimento. Aquela voz da consciência me dizendo: "É assim? Agora tá exausta com sua agenda importante e cansativa?"

Ah… Essa voz…

Pedi desculpas para meu marido, disse que eu tinha que ajudar e liguei no dia seguinte bem cedinho perguntando se ainda dava tempo. Eu me lembro de chegar às 8h da manhã, no sábado, nesse espaço de eventos na Vila Madalena, em São Paulo. Estava um dia lindo de sol e eu só queria estar com meus filhos. Ok. Aceitei, vamos lá. Dê o seu melhor, Milena!

Foi um dia muito divertido e especial. Conversas de 40 minutos com os recém-formados. Ouvindo suas dúvidas e medos do desconhecido. Dando meu tempo e falando sobre meu conhecimento até ali. Tentando motivá-los a se jogar. Vai que dá!

Um mês depois, da minha mesa, eu ouço: "A Milena? Será que é aquela Milena ali?"

E, quando eu me viro, vejo uma das moças que eu mentorei, aos prantos, vindo me abraçar e agradecer porque aquela conversa, naquele sábado de sol, mudou seu destino. E fez com que ela, uma programadora muito tímida, com grandes sonhos, tivesse coragem de se candidatar a vaga e ali estava: contratada por uma das maiores empresas de tecnologia do mundo.

Eu fiz a diferença para aquela pessoa. Isso não tem preço.

Pequeno ou grande, se o seu propósito impacta positivamente o mundo ou a pessoa ao seu redor: vai lá e arrebenta! Faça acontecer. Você pode até não imaginar, mas certamente você tem o poder de transformar o que quiser.

Eu acredito!

Ah, lembra daquele pensionato, a primeira casa onde morei em São Paulo e que foi demolida para que a Faria Lima fosse construída? Está no mesmo lugar onde eu trabalho hoje. No Edifício Pátio Malzoni onde fica o Google. Coincidência ou destino?

Eu penso que é um dos mistérios do meu Deus.

Um beijo, Milena!

45

FLORES!?

"Tão inteligente… mas vai criar uma empresa de flores!?", "Vai sair de um banco para ir para uma floricultura?". Essas foram as frases que mais escutei quando decidi abandonar minha carreira no mercado financeiro para empreender um *e-commerce* de flores. Hoje, 11 anos depois, somos o Grupo Verbena Flores.

MIRELLY VIEIRA DE MORAES

Mirelly Vieira de Moraes

Contatos
www.verbenaflores.com.br
www.ermetica.com.br
mirelly.vm@verbenaflores.com.br
Instagram: @mirelly.moraes

Mirelly transformou sua paixão por flores em uma das maiores empresas de flores do Brasil. É fundadora e CEO do grupo Verbena Flores, controlador das marcas Verbena e Ermética. Referência no mercado de flores e presentes de luxo, a Verbena tem, em sua cartela, clientes como Valentino, Dior, Shopping Cidade Jardim, dentre outras marcas nacionais e internacionais. Já a Ermética é a primeira empresa *carbon-neutral* do setor. Mirelly é formada em Administração de Empresas pela FGV, em São Paulo e, antes de fundar a Verbena, trabalhou por sete anos no mercado financeiro, em bancos como AIG e Citibank.

"Flores!? Você deve estar louca" foi o que eu ouvi da minha família e amigos quando tomei a decisão de deixar o mercado financeiro para entrar no mercado de flores.

Depois de sete anos trabalhando para bancos, como o AIG Private Bank, um Fundo de Private Equity, e o CitiBank, tive a certeza de que aquela era a hora de enfrentar o meu medo e ao mesmo tempo ir em busca do meu sonho mais profundo: empreender meu próprio negócio.

Eu nasci em Inhumas, uma cidade no interior de Goiás, que hoje tem 50 mil habitantes. Sou filha, neta e bisneta de mulheres fortes. Minha bisavó, Matilde Balestra, foi uma das primeiras diretoras dos Correios em Goiás, e minha avó, Mirian Balestra, trabalhou durante toda a sua vida com educação pública, e sempre nos ensinou que a educação é a maior ferramenta de transformação social. Minha mãe tem duplo diploma. É advogada e engenheira civil. Formou-se em uma época em que só homens faziam engenharia em Goiás.

Durante os meus anos na escola, três grandes mulheres me puxaram e expandiram meu universo: Joiza Camilo, diretora da escola em que me alfabetizei e fiz todo o ensino primário; Sônia Seabra, diretora da escola em que cursei o ensino médio; e Lilian Carneiro de Mendonça, minha professora de música. Eram mulheres fortes, que ao mesmo tempo me inspiravam e me desafiavam a tentar ser melhor.

Veio então a época do vestibular, e por influência da minha família, eu achava que tinha apenas duas opções de profissão: ser advogada ou médica. Dentre as duas, escolhi me preparar para o vestibular de medicina. Até que um dia me encontrei com um amigo que me contou sobre a Escola de Administração de Empresas da Fundação Getulio Vargas – a FGV –, em São Paulo. Enquanto ele falava, meus olhos brilhavam e minha mente viajava. Naquele momento me imaginei dentro de uma fábrica – e, mesmo sem entender nada, vi que lá estava o meu futuro. É claro que a princípio minha família não gostou da minha nova ideia. Disseram-me que eu não estava preparada para o vestibular da FGV, que não era tão boa em matemática e que não tinha chance de passar. Enfim, não queriam que eu desistisse de fazer medicina. Essa foi a primeira vez que a palavra "impossível" apareceu em meu vocabulário.

Aos 17 anos, fui aprovada no vestibular da FGV e assim minha jornada em São Paulo começou. Meus pais me levaram para lá com lágrimas nos olhos, mas a partir do momento que perceberam que era esse mesmo o caminho que eu queria para mim, me apoiaram e confiaram. Em São Paulo, eu não conhecia ninguém; e no começo não sentia as pessoas tão abertas aos que não eram de lá. Mas eu me apaixonei pela energia da cidade e por todos os projetos que nasciam dentro da FGV. Lá dentro fui mais uma vez puxada por uma mulher forte, minha professora Marina Heck. Marina me convidou para trabalhar com ela dentro do departamento cultural da faculdade, e expandiu meu universo com cultura, sociologia e livros sobre a vida de grandes empreendedores.

Depois de formada, comecei a trabalhar no mercado financeiro. E apesar de ter crescido e aprendido muito em todos os lugares pelos quais passei, não tinha nenhuma paixão pelo que fazia! Sentia-me distante de mim mesma, dos meus sonhos e do que eu gostaria para minha vida.

Decidi então seguir o conselho do meu então namorado (que se tornou meu marido) e comecei a conversar com empreendedores e pessoas que estavam montando seus próprios negócios. Em uma dessas conversas, surgiu o convite para fazer parte da criação da Verbena. Eu não sabia nada sobre flores, mas vimos uma oportunidade no mercado, pois não existia nenhuma empresa de flores on-line num segmento premium.

Tive medo. Sofri preconceito de muitas pessoas que estavam ao meu redor. Muitos achavam que eu estava louca por abandonar uma carreira em um banco importante para criar algo tão "pequeno". E de tanto me falarem isso, eu mesma passei a não acreditar em mim. Ao mesmo tempo, assim que comecei minha jornada ao lado da minha sócia na época, Luciana, meu universo novamente se expandiu. Atendíamos clientes, varríamos o chão, passávamos a madrugada no Ceagesp; e no nosso primeiro Dia das Mães até vendemos flores na praça (fizemos uma previsão de compras muito maior que a demanda, e fomos para a praça tentar liquidar nossos produtos). Lembro-me também quando participamos da nossa primeira concorrência para sermos a empresa de flores que atenderia a Dior, que estava abrindo sua loja no Shopping Cidade Jardim. Era Carnaval e passei todos os dias do feriado levando flores para aprovação dos franceses. Eles amassavam todas as flores e detestavam tudo! E eu calmamente dizia: "fiquem tranquilos, não desistiremos até que o arranjo saia do jeito que vocês gostam". E assim a Dior se tornou nossa primeira conta de clientes corporativos, em 2013. E eles nos ensinaram tanto...

Tudo ia bem até que, em uma consulta médica, em 2014, fui informada por um médico de que eu não poderia ter filhos e, que se eu tentasse, as chances de perder o bebê seriam altíssimas, em razão de três miomas que se encontravam no meu útero. Essa notícia abalou meu mundo e me deixou sem chão. Decidi procurar outro médico e, por um milagre, conseguimos engravidar. Tudo ia bem até o quarto mês, quando meu corpo tentou abortar espontaneamente minha bebê. Fui internada às pressas no hospital, e de lá só saí três meses depois! Foram 90 dias de cama, sem poder me levantar e andar, tomando remédio 24 horas por dia. No sétimo mês de gestação, por um milagre de Deus, Maria nasceu. Era pequena como uma formiguinha, mas forte como uma leoa. Essa gravidez me ensinou duas coisas: paciência e fé.

Poucos meses depois do nascimento da Maria, o destino pregou uma peça novamente. Por conta do trabalho do meu marido, precisaríamos nos mudar para os Estados Unidos. Eu deixei para trás minha família, a Verbena e todo aquele sonho que havíamos construído para a empresa.

Nos Estados Unidos, rapidamente aconteceu o segundo milagre da minha vida. Engravidei novamente e Sofia veio ao mundo linda e cheia de saúde.

Foi em 2019, durante uma negociação com minha antiga sócia, que ela decidiu vender a sua participação na Verbena. Eu, que estava afastada da operação desde minha mudança para os Estados Unidos, me tornaria a única sócia e CEO do negócio. Todos diziam que seria impossível gerenciar uma empresa à distância. Tive medo, mas decidi encarar o desafio. Nesse momento, meu marido, minha mãe e minha amiga empreendedora Camille Levi me incentivaram e me deram forças. Luana – diretora da Verbena – e Arlete – que se mudou para os Estados Unidos para me ajudar a cuidar das minhas filhas – foram também extremamente importantes nesse movimento. Ouvir que seria impossível fazer isso acontecer foi a minha gasolina. Não sei se foi a maternidade, se foram os anos em que eu estava nos Estados Unidos ou a vontade de fazer a empresa acontecer, mas me senti renascer. Nascia em mim uma terceira filha!

Recomeçamos a Verbena, reconstruímos nossa operação, nossa marca e nosso time. Desde então, nosso time se multiplicou e nosso faturamento cresceu mais de 1.000%. Não tenho dúvidas do quanto amo o que faço e do quanto o negócio é importante para a minha vida.

A empresa cresceu, mas nossos sonhos também. Percebemos que por meio da Verbena conseguíamos impactar um percentual pequeno da população de São Paulo e Rio de Janeiro. Surgiu então o desejo de uma segunda marca, mais acessível, democrática e que pudesse chegar em todo Brasil. Foi assim que nasceu a Ermética. Uma nova marca com uma missão clara: conectar as pessoas de maneira moderna, prática e divertida. A Ermética nasceu *carbon-neutral* e já atinge mais de 15 capitais brasileiras.

Sou o resultado de muitas mulheres que me puxaram até aqui. Sou também mãe de duas mulheres. Amo trabalhar com mulheres. Nosso time é formado por 90% delas, o que não é coincidência. São mulheres que acordam de madrugada, deixam seus filhos na escola e trabalham duro. Ver esse time de mulheres se dedicar diariamente aos nossos produtos me faz perceber que estamos fazendo algo muito importante: estamos conectando pessoas por meio de flores e estamos tornando o mundo em que vivemos um pouco mais belo, um dia de cada vez.

E a todos os que um dia me disseram que eu era louca por criar algo tão pequeno, fica minha mensagem: somos do tamanho dos nossos sonhos. Tenho 1,58 m de altura, mas sou infinita no meu desejo de florir o mundo.

46

SOBREVIVENDO AO MACHISMO, À AUTOSSABOTAGEM E PROCURANDO A SAÚDE E A CRIANÇA INTERIOR

Suíça-guatemalteca radicada no Brasil, Nathalie se autointitula como sonhadora incansável, embora seu trabalho esteja sempre focado em colocar em prática suas ideias. Apaixonada pelo poder da educação, está comprometida em trabalhar em iniciativas que possam ajudar nas jornadas das pessoas. Desde pequena, sonhou em viajar pelo mundo. Pioneira em inovação na educação, trouxe vários aportes importantes para o ecossistema brasileiro como FIAP, Singularity University, Hyper Island e 500 Global. Hoje é cofundadora da Omtare, consultoria focada em regeneração de lideranças e organizações para um mundo melhor. Selecionada nas Top 10 mulheres em Inovação Aberta no Brasil. Autora dos livros: *Reflexões para sonhadoras corajosas*, *Manual para sonhadores* e *O misterioso significado do dinheiro*. Formada pelo INSEAD, UCSD, Acumen, IBGC.

NATHALIE TRUTMANN MARCONI

Nathalie Trutmann Marconi

Contatos
www.omtare.co/pt
www.nathalietrutmannmarconi.com
nat@omtare.com

Tem mais de 25 anos de experiência trabalhando com empresas líderes locais e internacionais como executiva, empreendedora, consultora e palestrante. Cofundadora da Omtare.co, consultoria de treinamentos para a regeneração de líderes e organizações para um mundo melhor. Apaixonada pelo poder de transformação que a educação, a inovação e o empreendedorismo podem ter nas pessoas, organizações e ecossistemas. Liderou iniciativas educacionais inovadoras como FIAP, Singularity University, Hyper Island e 500 Global. Selecionada nas Top 10 mulheres em Inovação Aberta no Brasil. Finalista do prêmio de INSEAD Alumni em 2019. Autora dos livros: *Reflexões para sonhadoras corajosas*, *Manual para sonhadores* e *O misterioso significado do dinheiro*. Palestrante fluente em Português, Espanhol e Inglês. Formada pelo INSEAD, UCSD, Acumen, IBGC.

Eu sempre quis ser escritora e artista. Só que na minha família esses ofícios não eram vistos como potenciais carreiras sérias, que dariam uma fonte de vida. Para ser precisa, na visão de meu pai. E como era ele quem mandava e pagava as contas, e, eu, a primeira filha de quatro, tinha que acatar as ordens que ele dava. Ou achava que tinha que acatar. Sempre tive muito medo de conflito, até porque ele foi muito violento na minha infância, e em vez de comprar briga de frente eu cedia e fazia do lado o que realmente queria fazer.

Educação era muito importante para ele, e ele deixou bem claro que a nossa herança seria dada em vida, e essa seria nossa educação.

— E nem pense que vou te bancar uma festa de casamento, acho esse negócio um horror, o quanto as pessoas gastam numa noite.

Alguns esclarecimentos. Eu adorava e adoro meu pai, ele era meu ídolo, hoje entendo que ele foi fruto de sua geração e cultura, e eu fui condicionada ou já tinha esse jeito de tentar agradar em mim, em fazer tudo para ter a aprovação e carinho dele. Só que tinha alguns poréns. Vivíamos na Guatemala em uma sociedade que na época era extremamente tradicional e a visão europeia desse suíço expatriado que era meu pai criava algumas fricções com o que era aceito, estabelecido e esperado de uma menina naquele contexto. Não foi por acaso que o casamento com minha mãe, também imigrante na Guatemala, de nacionalidade panamenha, não conseguiu durar além do ciclo dos 12 anos.

— Os suíços são ainda mais machistas – repetia minha mãe.

Eu não compreendia. Meu pai machista? Mas ele nos tratava, a mim e a minha irmã, como tratava meus irmãos, como soldados. Era um regime muito estrito. Quartos arrumados, comidas em tempo, viagens de aventura extrema para sair da nossa jaula de ouro, como ele sempre dizia.

— Nossa, parabéns, que crianças mais educadas! – as pessoas sempre parabenizavam meus pais nos restaurantes. Ao redor deles quatro crianças, sentados bem retinhos, caladinhos e comendo com a boca fechada.

Machista na minha visão era o modelo ao meu redor, onde você tinha que ser uma mulher que soubesse se comportar bem, e seguir todas as etiquetas para gerenciar sua casa e eventos sociais, e não desbravar aventuras de ônibus com duas comidas básicas por dia, ou passar fins de semana explorando pequenos rios no meio dos manguezais.

Sim, eu tive uma infância muito privilegiada, com acesso à melhor educação que meu pai era capaz de nos dar, e com viagens internacionais desde muito cedo. As famílias dos meus pais estavam espalhadas pelo mundo. Não foi por acaso que tive sucesso. Comecei desde um lugar de muito privilégio e fui treinada a ter uma resiliência ímpar.

O meu desafio foi entender o conflito emocional e a confusão sobre minha identidade que foram semeados dentro de mim, ao crescer em uma sociedade tão tradicional com um pai tão autoritário e uma mãe rebelde e tão fora de sua época também. Depois de divorciada, minha mãe, que tinha estudado hotelaria, mas que tinha parado de trabalhar à petição do meu pai quando se casaram, achou que seria uma boa ideia abrir um *bar lounge* onde pessoas mais adultas pudessem se encontrar para ouvir música e tomar bebidas, em vez das discotecas de jovens que eram a única opção na época na Guatemala. Bom, nem preciso falar o quanto isso adicionou à sua reputação de mulher fora da curva naquele período, quando ninguém se divorciava, e nós, por consequência, os filhos desse casal internacional muito fora do padrão.

Não foi por acaso também que todos nós não víamos a hora de sair e poder morar em lugares onde nos sentíssemos mais normais. E, como prometido, meu pai ajudaria cada um com a faculdade no exterior.

O conflito maior se gerou dentro de mim quando não consegui estudar o que queria. Tinha a lindíssima oportunidade de estudar fora, mas tinha que escolher estudar os temas que meu pai achava que poderiam render um futuro trabalho. Quando enviei minha grade de opções, que incluíam teatro e escrita criativa, ele afirmou que não iria bancar aquela loucura.

Optei por biologia marinha e, subsequentemente, por um caminho na minha vida que sempre teve um lado B artista muito forte. Por que biologia marinha? Porque estava na Califórnia e o professor de biologia contou apaixonadamente como tinha morado embaixo do mar por uma semana. Eu queria isso. Essa emoção e alegria pela vida, e se tivesse de ser pela biologia marinha, ok, então esse seria o caminho.

— Vás a trabalhar em fazenda de camarões?! – meu pai perguntou e fez questão que eu fizesse uma experiência em uma fazenda dessas. Não, sempre sonhadora, eu sonhava que seria a próxima Jacques Cousteau.

Meus anos universitários foram mágicos. Estreitei minha relação com a natureza e o mar, e convivi com colegas que ficavam encantados falando sobre o novo peixinho que tinham descoberto e os novos lugares para mergulhar. Foi uma etapa que estendeu minha inocência de criança e alma de sonhadora. Plano de negócios e *networking* não eram palavras que entravam no meu radar.

Mas quando terminei a faculdade, e as únicas oportunidades de trabalho eram dentro de laboratórios fazendo testes de qualidade, caiu a ficha. Não trabalharia com os golfinhos no Pacífico, voltaria para a Guatemala e arrumaria qualquer emprego que subsidiasse minhas viagens e sonho de escritora.

— Pai, o chefe da minha empresa faz as pessoas beberem o tempo todo. Você acha que isso é normal? – perguntei angustiada com o novo mundo que descobria.

— Pois é, agora que você vai aprender o que é a vida real – respondeu ele.

Foi assim que entrei no mundo corporativo na área de marketing, primeiro em multinacionais farmacêuticas e logo de produtos de consumo. Eu fazia o mínimo para poder sair tão logo possível e voltar aos meus livros, minhas escritas e minhas viagens. Não gostava da politicagem e burocracia, nem dos colegas que ficavam puxando o saco dos chefes.

Tive uma sorte enorme de ter um chefe brasileiro na Guatemala que me estragou para sempre, dizendo que o mais importante na vida é ser feliz e me deu muitas oportunidades para viajar.

— O que você está fazendo aqui nessa sociedade tão pequena como a Guatemala? Vai fazer um MBA fora! – disse ele um dia no final do expediente.

O que eu realmente queria fazer era viajar de mochileira e escrever, ou fazer um *master* em escrita. Mas isso requeria uma coragem que eu não tinha. Um MBA era algo aceitável e, no pior das contas, me permitiria trabalhar em qualquer lugar do mundo.

— Você pagou por um MBA, não foi? – disse um colega da faculdade rindo no meio do nosso programa quando eu não parava de reclamar (e, sim, muitas vezes chorar) que não entendia o propósito de tudo aquilo que estávamos estudando e porque a maioria dos nossos colegas só conversava sobre dinheiro o tempo todo. Cadê as reflexões sobre a vida que era para termos naquela volta para a faculdade?

Sim, eu paguei aquele negócio. Meu pai tinha deixado bem claro que não tinha mais orçamento para nenhum estudo adicional e eu não tinha aceitado a generosa oferta do meu chefe de manter meu trabalho. O propósito de sair da Guatemala novamente era sair mesmo, e sair do setor farmacêutico que estava me deixando enferma.

Resumo da história: foi assim que trilhei uma aparente carreira de sucesso no mundo corporativo e logo no mundo da inovação. Mas a verdade é que talvez eu tenha me dado tão bem porque nunca tinha muito a perder. Não estava na concorrência que os outros estavam, falava o que pensava. O que eu realmente queria era escrever e poder refletir sobre a vida. Só que isso não pagava as contas, então ia fazendo os trabalhos o mais rápido possível para ter o máximo de tempo livre.

Até que entrei no setor da educação e, pela primeira vez, mesmo tão longe da Guatemala, senti que estava entrando no meu lar. Eu amava aquilo. Aprender era minha paixão mesmo, e ter essa oportunidade de poder inovar a experiência educacional virou um trabalho dos sonhos.

Mas o que tudo isso tem a ver com sobreviver ao machismo e à autossabotagem? Vou tentar explicar. Nunca, nunca, nenhum logro foi suficiente para mim. Nunca os valorizei. Compartilhava com meu pai, e ele me questionava por que eu ficava viajando tanto em vez de cuidar dos meus filhos.

Demorei para entender que eu continuava procurando a aprovação dele para que meus logros de fato fossem válidos. E não compreendia a força das mulheres empoderadas que cruzavam meu caminho no Brasil. Como elas eram tão fortes? Como usavam minissaia com essa idade? No meu primeiro trabalho na Guatemala corri para colocar calça depois que os vendedores ficaram assobiando quando usei minissaia. Vestido ou decote para trabalhar? Nem pensar! Como as brasileiras se colocavam daquele jeito e eram tão seguras de sim mesmas? Essas e muitas outras perguntas circulavam na minha cabecinha, que, apesar de muito viajada, nunca tinha morado e trabalhado em uma grande cidade como São Paulo.

Demorei muito para entender quão avançadas estavam as mulheres brasileiras. Eu ainda tinha um modelo operacional onde o mais importante era manter o casamento, e que, sim, os homens sabiam mais em questões de negócios. Não tinha percebido que, dentro de mim, tinha sido cultivado um machismo que me fazia dar preferência para os homens, porque me dava mais segurança, porque ainda procurava aprovação.

— A verdadeira prova de uma feminista é ter filhos homens – me disse, certa vez, uma norte-americana.

Não entendi. Eu tive dois, mas nunca me chamava de feminista. Eu trabalhava porque não tinha opção, queria poder dar para meus filhos todas as oportunidades que tive. Não porque queria um cargo maior. Amava o que fazia com educação e consultoria depois, mas sempre ficava aquela coisinha de não ter casado como minhas amigas de infância e de não poder me dedicar com plenitude à minha família. Se é para ser honesta, esse tinha sido meu primeiro sonho: ter quatro filhos igual minha mãe e poder cuidar deles.

— Você nunca teria conseguido – disse uma velha companheira de aventuras.

Quem sabe. Mas a vida vai nos levando e toma um tempo enxergarmos os panos de fundo das decisões que vamos tomando no caminho.

Como a maioria, hoje agradeço a jornada, e sei que não seria metade da escritora ou executiva que sou se não tivesse tido tantas experiências diversas. No entanto, continuo desbravando esse conflito interno quando se trata de alocação do meu tempo, entre meu lado executivo e meu lado artista.

— Amei seu livro! – disse minha vizinha, uma mulher maior com um senso de humor que adoro. O único capítulo que faltou foi sobre cuidar de sua criança interior.

Lancei meu terceiro livro este ano, dez anos depois do meu primeiro: *Reflexões para sonhadoras corajosas*. Lancei também uma consultoria de treinamentos para transformação de líderes e organizações para um futuro melhor, Omtare, com uma grande amiga e sócia. Estou convencida de que como líderes e empresas temos uma capacidade e responsabilidade maior com os desafios que nossa sociedade e o mundo têm hoje. Exploro a arteterapia para acalmar a minha cabeça que não silencia, e o tema "girafas" ficou recorrente. Nos dias mais difíceis elas ficam mais engraçadas.

— Tenho certeza de que você vai dar certo – várias pessoas repetem. — Você é foda!

Parece que estou vendo um filme. Eu não tenho essa convicção. Morro de medo – é a primeira vez que de fato empreendo. Sempre empreendi, porém trabalhando para alguém. Apostar em mim, em meu nome, minhas capacidades e talentos é um território completamente novo e assustador. O que sempre faltou, e hoje entendo, nenhum curso ou logro conseguiu me dar: a autoconfiança em mim, o sentir no muito profundo do meu ser, eu já sou suficiente.

Não sabia que a síndrome de impostora existia. Sofri muito sem saber. Hoje entendo melhor a luta do feminismo e fico revoltada com as injustiças que ainda acontecem com as mulheres, e mesmo entre as mulheres. Muitas vezes nós mesmas nos boicotamos. Eu entendi o porquê do meu olhar machista depois de muito tempo, entendendo o quanto procurava a aprovação masculina, que não tinha recebido do meu pai. E senti muito por todas as decisões que tomei com essa perspectiva.

— Temos mais mulheres no poder, mas poucas questionam o modelo que ainda domina – disse um jovem, dia desses.

Pois é. Sinto uma convicção muito forte nesse movimento, e em ajudarmos como mulheres umas às outras, mas a partir de um figura menos "trator".

"Nossa, ela é um trator" é uma frase que se ouve tanto quando uma mulher faz acontecer.

Eu tive o treinamento perfeito. Consegui funcionar por muitos anos como uma máquina que não tem sentimentos. Hoje não consigo mais, choro mais fácil, sinto a dor no meu corpo quando entro nesse lugar de alta execução. Não me sinto bem.

A escrita me ajuda a fazer sentido do meu percurso. E a pintura e as minhas girafas me ajudam a autorregular minhas ansiedades e autocríticas. Faço elas tão bizarras que eu mesma rio sozinha. E, nesse processo, me reconecto com a criança que uma vez Nathalie foi e continua sendo – que olhava para o mundo com toda a sua magia, onde tudo é possível se você não desiste de seus sonhos.

47

DESCOBRINDO MINHA #JUSTACAUSA

Nasci e cresci cercada de homens por todos os lados. Muito cedo, aprendi a ser a primeira e única mulher dos lugares. Até meus 45 anos, aceitei essa condição como intrínseca da sociedade e do mundo do trabalho. Não havia outra forma de uma revolucionária sobreviver em empresas e instituições feitas por homens, para homens. Um dia, saí da inconsciência, descobri minha #JustaCausa e passei a agir.

NEIVIA JUSTA

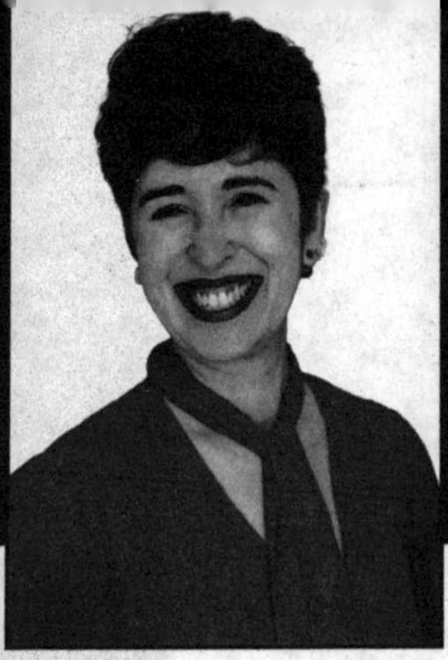

Neivia Justa

Contatos
neivia@uol.com.br
LinkedIn: linkedin.com/in/neiviajusta/
Instagram: @neivia
YouTube: Líder Com Neivia
11 99125 1251

Líder ativista corporativa, com 30 anos de experiência na construção e liderança de times de Comunicação e Inclusão das Diversidades Humanas em empresas globais, como Timex, Natura, GE, Goodyear, J&J e UHG. Jornalista, pós-graduada em Marketing e com MBA em Varejo, é também esposa, mãe, palestrante, mentora, professora e fundadora da #JustaCausa, sua empresa de consultoria. Criadora do programa #lídercomneivia e dos movimentos #ondeestãoasmulheres e #aquiestãoasmulheres, vencedora do Troféu Mulher Imprensa e do Prêmio Aberje, e uma das primeiras mulheres Top Voices do LinkedIn no Brasil. Em 2022, foi escolhida como uma das 50 líderes globais da primeira turma do Vital Voices Visionaries. Trabalha para transformar o mundo num lugar melhor, mais justo e inclusivo para as futuras gerações, engajando e formando líderes para pensarem, se comunicarem e agirem de maneira consciente, diversa, inovadora e sustentável para todas as pessoas, começando pelas mulheres. Todas as mulheres. Coautora do livro *Diversidade e inclusão e suas dimensões*, pela Literare Books International, 2022 - Capítulo "Onde estão as mulheres?".

Nasci no Ceará três dias antes de Neil Armstrong pisar na lua. Naquele mesmo dia, na Alemanha, Angela Merkel completava 15 anos e, na Inglaterra, Camila Parker Bowles comemorava seus 22 anos.

Faço parte de uma enorme família, predominantemente masculina: meu pai tem oito irmãos e duas irmãs; minha mãe tem oito irmãos e três irmãs. Cresci cercada de homens por todos os lados. Ser a primeira e, muitas vezes, a única presença feminina na sala, foi uma constante na minha vida desde menina: sou a filha primogênita e fui a única neta do lado materno até meus 8 anos de idade. Fui a primeira campeã de tênis da família, a única a tirar nota 10 na redação do vestibular e a primeira a ir morar na Inglaterra, com apenas 17 anos, num mundo ainda 100% analógico e não globalizado.

Sempre fui curiosa, corajosa e ambiciosa: queria conquistar o mundo, a galáxia. Amava as pessoas, as histórias, os números e a música. Quando chegou a hora de escolher uma profissão, não havia mulheres astronautas, nem físicas nucleares, nem engenheiras genéticas, tampouco estudantes do ITA. Logo deduzi que aqueles lugares não eram para mim. "Você não pode ser aquilo que você não vê", costuma dizer minha amiga Duília de Mello, astrofísica extragaláctica brasileira. Naquele momento, deixei adormecer meu lado analítico e investi na minha veia de ciências humanas: a comunicação social seria meu caminho.

Quando comecei minha carreira de jornalista, em 1992, fui a primeira e mais jovem apresentadora do recém-criado "Cidadania no dia a dia", programa de TV, ao vivo, de duas horas, em que eu dividia a bancada exclusivamente com homens. Também fui a primeira e única colunista, entre sete, de um novo espaço do jornal *O Povo*. Minha coluna chamava-se Saia Justa e tornou-se a mais lida do Ceará no período em que eu a publiquei semanalmente.

Se eu tivesse seguido o roteiro escrito para uma jovem e privilegiada mulher cearense, branca, heterossexual, cisgênero e sem deficiência, naquele momento já deveria estar fazendo planos para me casar e construir uma família. Mas não era essa a vida que eu queria para mim. Não aos 23 anos de idade! Eu queria trilhar um caminho diferente daquele das mulheres à minha volta. Para isso, precisava sair do Ceará e acreditava que era impossível conciliar carreira e maternidade.

E assim eu vim, de mala e cuia, para São Paulo, sem conhecer ninguém, para fazer uma pós-graduação em Marketing, na ESPM, no começo de 1993. Uma jovem nordestina, solteira, sem nenhum vínculo com a cidade, sua cultura e seu povo. Livre, leve e solta, pronta para escrever uma história real, de altos e baixos, conquistas e frustrações, luta e glória.

Logo me dei conta de que só estudar não seria suficiente: eu precisava adquirir o mais rapidamente possível um repertório corporativo, já que, além de ser a mais jovem, a única fora do eixo Rio-São Paulo e uma das cinco únicas mulheres da turma, eu também era a única que nunca tinha trabalhado numa grande empresa. Na primeira oportunidade, consegui um estágio numa petroquímica. O primeiro assédio sexual, aos 24 anos, fez parte do pacote de aprendizado. Naquela época, não havia o que fazer além de me fingir de desentendida, sofrer calada e gerenciar os danos emocionais.

Prestes a concluir a pós-graduação, fui convidada a participar de um processo seletivo para uma gerência de produtos de uma multinacional norte-americana que estava entrando no Brasil. Eu não tinha a menor ideia do que fazia uma gerente de produtos, mas falava inglês fluentemente. Fui selecionada pelo CEO, que assumiu o papel de meu primeiro mentor. E assim, aos 25 anos de idade, eu me tornava gerente da Timex, a companhia dos relógios Ironman, que viraram febre no Brasil a partir de meados da década de 1990.

Os anos que se seguiram foram de foco absoluto na carreira: comecei uma segunda pós-graduação em administração na FGV e aproveitei uma temporada de férias para fazer um intercâmbio em Barcelona e acelerar minha fluência em espanhol. Nessa época, meu primeiro chefe na petroquímica estava ocupando a diretoria de internacionalização da Natura e me indicou a uma posição recém-aberta na empresa.

Era outubro de 1998, a Natura acabara de ser eleita a empresa do ano pela *Exame* e lá estava eu assumindo a gerência de comunicação de produtos, responsável por toda a gestão publicitária da empresa, no processo de construção da sua nova marca.

Ali vivi pouco mais de cinco intensos anos, liderando um trabalho inovador de comunicação em que questionávamos os estereótipos de beleza, incentivávamos a construção do vínculo entre mães, pais e filhos; entendíamos a maquiagem e a moda como expressão de identidade e defendíamos o uso sustentável dos ativos da biodiversidade brasileira. Na Natura aprendi que a vida é um encadeamento de relações, e uma frase da campanha de Mamãe e Bebê ecoa em mim desde então: "Que mundo vamos deixar para nossos filhos e que filhos vamos deixar para o mundo?".

Eu trabalhava na Natura quando fiz 30 anos e, finalmente, comecei a acreditar que era possível conciliar carreira e família. Reencontrei o Eduardo, um carioca que eu conhecia desde 1989. Começamos a namorar, casamo-nos e eu fiquei grávida da Luiza, que nasceu em julho de 2003, cinco dias após eu ter celebrado meus 34 anos.

Entrei em licença-maternidade e, nesse período, vivi a dor e a delícia de ser mãe em tempo integral, compartilhando essa experiência com um marido que trabalhava no Rio e vivia na ponte aérea. Ao final dos cinco meses, eu havia tomado a decisão de que não voltaria para a empresa: eu não tinha trazido uma criança ao mundo para ela morar no berçário da Natura. Muito menos para viver num apartamento em São Paulo com uma babá, enquanto a mãe trabalhava em Cajamar e o pai no Rio. Não havia trabalho remoto, nem híbrido nem qualquer possibilidade de horário flexível naquela época.

Saí da Natura em fevereiro de 2004 e me tornei empreendedora. Junto com minha carreira de mãe, assumi a gestão da marca de acessórios de luxo, da qual eu havia me tornado sócia em 2002. Pude me dar ao luxo de estar presente em cada fase dos primeiros anos da Luiza e tive a certeza de que não seria mãe de uma filha única: Julia chegou em setembro de 2005. E eu segui com meu projeto mãe-empreendedora, aprendendo novas habilidades de gestão: de pessoas, de conflitos, de priorização e do tempo, entre tantas outras.

Em 2008, o Eduardo voltou a trabalhar em São Paulo e eu decidi fazer um MBA: as meninas já estavam na educação infantil, com a rotina organizada, e a gestão da marca não me demandava tanto quanto eu gostaria. Comecei a acalentar a ideia de voltar para o mundo corporativo. Quando saí da Natura, os profetas do apocalipse me disseram que isso seria impossível. Sou uma otimista incorrigível e não costumo dar ouvidos a vozes agourentas.

Um belo dia, às 7h30 da manhã, recebo uma ligação de uma consultora de RH da Schincariol, dizendo que estava com uma posição de gerente de comunicação corporativa, aberta há 11 meses, e que havia encontrado meu currículo no Vagas.com. Perguntou se eu tinha interesse em conversar sobre essa oportunidade e lá fui eu. Um mês depois, fui entrevistada pelo meu futuro líder, que enxergou em mim o talento que ele buscava e contrariou todos os vieses possíveis ao contratar uma mulher com quase 39 anos, duas filhas pequenas, de quatro e dois anos, e que estava fora do mundo corporativo há quatro anos.

E assim eu voltei à vida executiva. Plena e sem culpa. Na véspera do meu primeiro dia de trabalho, sentei-me com as meninas e disse a elas que nossa rotina mudaria; eu iria deixá-las na escola e seguir para o trabalho, onde passaria o dia inteiro. Só nos veríamos novamente a partir da hora do jantar. E eu queria muito que elas soubessem que o trabalho sempre havia sido uma parte muito importante da minha vida. E que eu seria uma mãe melhor e mais completa vivendo essas duas partes. Aprendemos a curtir e a valorizar cada minuto juntas nessa nova rotina. Crescemos e fortalecemos nossa relação familiar. E, obviamente, eu sempre contei com a parceria incondicional do Eduardo, dividindo a educação das meninas e a gestão da casa, em todas as fases das nossas carreiras.

Em 2009, houve uma reestruturação na Schin e eu teria que ir morar em Itu. Agradeci o convite e saí da empresa. Fiquei um ano em transição de carreira. Nem sempre podemos nos dar essas pausas de reflexão e autoconhecimento. Naquele momento, olhando para a revolução que havia acontecido enquanto eu estava empreendendo minha carreira de mãe, entendi que eu precisava me reinventar, fazer minha própria transformação digital ou me tornaria obsoleta e irrelevante profissionalmente. No final desse período, fui chamada para um processo seletivo na GE, que começou no dia 30 de novembro e terminou no dia 27 de dezembro, quando recebi a proposta para ocupar a posição de gerente de comunicação corporativa da empresa no Brasil.

Na GE aprendi tudo o que sei sobre tecnologia, construí um time brilhante e, juntos, lideramos o projeto mais completo e inovador de comunicação 360 graus de uma empresa centenária, de base industrial, no mercado brasileiro da época. Tornamo-nos referência para a empresa no mundo todo. Também na GE, trabalhei pela primeira vez com mulheres negras, gerentes como eu; fiz parte do grupo global de mulheres; cocriei como aliada o grupo LGBT+ local; e tive a honra de ser a líder de comunicação da primeira mulher presidente da empresa no Brasil.

Apesar de toda essa experiência, eu ainda era inconsciente em relação à desigualdade de gênero nas empresas. Isso porque faço parte da segunda geração de mulheres que entraram num mundo corporativo feito por homens, para homens, tendo que acreditar e sobreviver à reinante meritocracia masculina, sem espaço para denunciar piadinhas, violências e assédios sofridos, nem questionar diferenças salariais, falta de oportunidades e injustiças de avaliações e promoções.

Em 2014, assumi a Diretoria de Comunicação e Relações Públicas da Goodyear na América Latina e descobri que eu era a primeira mulher naquela diretoria em 99 anos da empresa na região. Vivi uma mistura de sentimentos: o orgulho de ser a primeira e a solidão de ser a única.

Levei quase um ano para entender o lugar de poder que eu agora ocupava: a Amcham me convidou para um Fórum de Liderança Feminina e eu fui estudar sobre o tema. Entrei em choque com minha inconsciência e, a partir daquele momento, tive a certeza de que precisava fazer tudo o que estivesse ao meu alcance, com a responsabilidade e os recursos que eu tinha, para transformar a realidade e deixar o mundo melhor, mais justo e inclusivo para todas as pessoas, começando pelas mulheres. Todas as mulheres.

Que ferramentas eu tinha? Minha habilidade de comunicação, um celular, o LinkedIn e a coragem de questionar o que ninguém parecia enxergar: onde estão as mulheres? Foi essa pergunta que eu comecei a fazer cotidianamente, postando uma vez por dia no LinkedIn uma imagem de eventos, diretorias, conselhos, governos, em que só havia homens nas posições de liderança e poder, muitas vezes mais parecendo clones de si mesmos, com a #ondeestãoasmulheres.

Logo descobri que o incômodo não era apenas meu: comecei a receber imagens com o pedido "Posta para mim, mas não revela a fonte? Tenho medo de ser retaliada, demitida." O #ondeestãoasmulheres passou a incomodar os homens. E eles reagiram com uma truculência que eu desconhecia. Passei a ser pessoalmente ofendida e agredida na maior rede social corporativa: "Quem eu achava que era para ousar questionar a soberania masculina?" Segui firme, até que a violência se tornou insuportável e eu quase desisti. Mas me lembrei de uma frase: "Quando você se cansar, aprenda a descansar, não a desistir."

Comecei a estudar a comunicação não violenta e aprendi a me blindar dos ataques. Entendi que era possível mostrar o copo meio cheio; afinal de contas, se somos a maioria da população, a maioria nas universidades, temos mais tempo de escolaridade que os homens e estamos em todos os lugares, por que parecemos invisíveis? Foi assim que criei o #aquiestãoasmulheres, um movimento de sororidade que visibiliza o protagonismo de mulheres que estão liderando histórias de sucesso, em qualquer área da sociedade.

Em 2016, sororidade ainda era um conceito muito distante das nossas vidas. Comecei a receber mensagens das mulheres que não me conheciam, perguntando por que eu as estava promovendo e o que eu queria em troca. Hoje, passados quase sete anos, o #aquiestãoasmulheres se tornou uma espécie de selo de reconhecimento do nosso sucesso e protagonismo.

Finalmente, em 2020, no começo da pandemia, criei o #LíderComNeivia, um programa de conversas ao vivo, com líderes *C-Level,* membros de conselhos e empreendedores, representantes de todas as diversidades humanas, em total igualdade de gênero, toda semana, no LinkedIn, no YouTube e no Facebook. Até o final de 2023, terei conversado com mais de 150 mulheres possíveis, protagonistas, que nos inspiram e nos mostram que o sucesso de cada uma é o sucesso de todas nós. E assim seguimos #justacausando juntas!

48

OS RASTROS QUE NOS MOLDAM

É surpreendente como as memórias dos primeiros anos de vida podem ser paradoxalmente fugazes, mas essenciais na formação de quem nos tornamos. Dedico este capítulo às influências que impactaram quem sou hoje; e é importante lembrar que cada um de nós é o resultado de um conjunto único de circunstâncias e experiências, que moldam nossos pensamentos, emoções e ações.

PATRICIA MURATORI

Patricia Muratori

Contatos
pmuracalfat@gmail.com
LinkedIn: linkedin.com/in/pmuratori

Mãe do Ricardo e do Leonardo, Patricia é apaixonada por diversidade, iniciativas de impacto social, sustentabilidade e como a tecnologia pode construir um futuro melhor. Há dez anos no Google, é diretora do YouTube na América Latina e liderou os times de vendas para as indústrias de telecomunicações e varejo/*e-commerce* por seis anos, gerenciando as grandes empresas dos segmentos no Brasil. Ela também dedica uma grande parte de seu tempo liderando o Comitê de Pessoas com Deficiência do YouTube globalmente. Patricia é membro do Conselho de Administração da Porto, do Conselho Consultivo da Unicef e do Conselho Emérito do Instituto Capitalismo Consciente no Brasil. Ela também atua na Achilles International Brasil, uma organização sem fins lucrativos, que conecta guias voluntários e capacita pessoas com todos os tipos de deficiências para a prática de esportes. Pós-graduada em Direitos Humanos pela PUC-RS, é também *alumni* da Harvard Business School (PLD24) e TEDx speaker São Paulo em 2021.

Irmã Solange

Treze de abril de 1983, quarta-feira. Tenho cinco anos e são cerca de sete horas da manhã. A irmã Solange está sentada na minha cama. Ela me acorda cuidadosamente, silenciosamente, suavemente. Quando desperto, vejo outra freira sentada na cama de minha irmã. Elas nos dizem que meu pai faleceu naquela manhã. Choramos em seus braços e elas nos recebem com um abraço apertado. Dos poucos flashes que tenho dos meus primeiros cinco anos de vida, esse é um que não deixo de esquecer. Como diz o psicólogo Martin Conway, "a memória não é importante porque é precisa. A memória é o que nos faz ser quem somos e nos conecta aos outros. Em certo sentido, as recordações que temos são as que precisamos para existir". E assim estou eu, pronta para dissecar até onde cheguei a partir de quem me trouxe até aqui.

Antonio + Emilio. Das diferentes versões do significado de seu nome, a que eu mais gostei foi: "de valor inestimável + zeloso". Ele tinha apenas 36 anos. Um marido incrível, pai especial e um amigo confiável. Havia uma razão pela qual as freiras-professoras estavam lá naquele dia. Nos bastidores, ele não apenas ajudava a escola em que nós estudávamos, mas também foi um grande apoiador de iniciativas importantes da instituição. Tudo no mais profundo silêncio.

Uma vida de grandes desafios e muitas conquistas, mas que terminou muito cedo. Extremamente religioso, passou pela perda também jovem. Perdeu o pai aos 18 anos, enquanto ele e a família assistiam à missa da noite de Natal. Adorava sentir o vento no rosto, e andar de moto era uma de suas paixões. Construiu um veleiro e aprendeu a pilotar um avião. Uau! Lembro-me de sua bela biblioteca montada com centenas de livros em nossa casa; grandes coleções, de economia a filosofia. Sua forma de cuidar dos seus livros me remete ao significado de "Emilio" (zeloso) em seu nome. Cada livro cuidadosamente encapado, e, dentro, seu nome, data e carimbo.

Sobre o amor. Conheceu minha mãe quando ainda eram jovens, e foi o primeiro e único. Antonio Emilio e Maria do Carmo, a Carminha. Começaram a namorar aos 17 anos e se casaram aos 23. Naquela época, minha mãe, professora, teve que parar de trabalhar para cuidar de seus três filhos.

Menos de um ano antes de morrer, ele foi diagnosticado com leucemia. Naquela época, a ciência e a tecnologia estavam bem distantes de fazer algo por ele. O médico disse, então, à minha mãe: "Um aperto de mão pode ser fatal". Em vez de se entregar ao fato de que já sabia que iria partir em breve, ele decidiu viver a vida ao máximo. Viajaram e conheceram novos lugares juntos. Escrevia cartas de amor para ela: "Às vezes é bom estarmos longe, para nos sentirmos mais próximos." Numa analogia para os diversos momentos da nossa vida.

É abril de 1983. Tenho 5 anos, meu irmão 8 e minha irmã 11. Naquela época, minha mãe voltou a trabalhar e fomos criados por ela e meus avós, que se mudaram para nossa casa. Professora, decidiu que seguiria a linha construtivista sempre em escolas públicas. Queria fazer o bem acima de tudo para aqueles que não tinham acesso. Voltou aos estudos e se formou em pedagogia aos 51 anos. Ali se viu num embate de gerações, de cultura, mas o medo nunca foi maior do que a vontade de ser uma professora melhor.

Carminha

Acho que minha mãe veio à terra com um único propósito: fazer coisas boas para outras pessoas. A pessoa mais otimista do mundo; além de linda, generosa, gentil e paciente.

Como eu contei brevemente, vivi com meus avós José e Ermida a maior parte da minha vida. Minha avó era filha de imigrantes. Família grande com dez irmãos, sendo sete mulheres. Impossível não conectar minha história sem olhar para as referências que tive na vida. Fui rodeada por inspirações e provações; elas podiam ser ao mesmo tempo gentis e fortes, vulneráveis e determinadas. Não uma coisa ou outra como julgam os estereótipos que nos colocam em caixinhas.

Quando você perde uma referência tão importante, o senso de comunidade floresce. Tivemos, ao lado, pessoas que foram essenciais para não nos sentirmos sós. Quando pequena, meu tio Paulo me colocou nas aulas de karatê ao lado do meu irmão, pois achava que eu precisava aprender a me defender sozinha.

A única menina no meio de tantos homens, eu era o estranhamento, o lado mais sensível, o braço fino e pernas fracas; ao mesmo tempo, estar ali numa posição de *outsider* me fortalecia e me desafiava.

A tal síndrome do impostor

Venho de família de diferentes experiências e formações. De vendedores a donos de bar, contadores, advogados, médicos, tecnólogos e professores. Comecei como vendedora, depois estagiei na publicidade da prefeitura e fui demitida duas vezes pelo meu irmão (e recontratada pelo meu tio, o mesmo que me colocou no karatê).

Construí boa parte da minha formação na área de comunicação, trabalhando no louco, glamoroso e animado mundo da publicidade. Mas quando tive meu primeiro filho, a maternidade me trouxe um novo sentido à vida. Abri mão de uma carreira estável e uma grande equipe para me aventurar no mundo desconhecido da tecnologia. Novos desafios, grandes incertezas, riscos e muitas oportunidades. Tudo isso junto com o medo de recomeçar e a empolgação de construir uma nova história.

Eu tinha uma certeza: minha vida e minha carreira não precisavam ser lineares. E acima de tudo, o maior aprendizado que carrego a partir da mudança brusca que tive quando pequena pela morte do meu pai é que não importa a quantidade de tempo, mas a qualidade de como você escolhe viver, e era isso que eu buscava.

Olhando para trás e para o efeito que minha família teve em mim, eu precisava de coragem, uma boa dose de suporte, abrir a cabeça para trazer novos conhecimentos e também acreditar no poder do acaso, do novo, do inesperado.

Pronto. Agora eu estava mais preparada para as bifurcações às quais a vida me levaria.

Apesar de todos os desafios que enfrentou, agradeci novamente por minha mãe nunca ter deixado que eu escapasse das aulas de inglês; e passei por um processo bastante rigoroso para entrar numa das maiores empresas de tecnologia do mundo, o Google. Entrar não foi fácil, mas me entender naquele novo lugar também não. O aprender tudo de novo, num mundo em que o novo é quase todo dia, foi um belo exercício para controlar a ansiedade e para deixar de lado a tal síndrome da impostora. Eu não me sentia pertencer àquele mundo ainda – natural para quem tinha ficado 13 anos numa mesma empresa. Mas foi ali que me perguntei: "Será que o não pertencimento pode ser bom?". Foi então que percebi que o não pertencer poderia ser a antítese daquela sensação de demérito, de incompetência que muitas vezes chamamos de síndrome do impostor. E é isso que eu trago em cada conversa que tenho com jovens mulheres no início de suas carreiras. Apesar dos desafios que se formam e do sentimento de não conhecer com profundidade assuntos diversos, precisamos lembrar que a afirmação das diferenças pode ser inclusive uma fonte muito maior de criatividade, independência e curiosidade, e não de vulnerabilidade.

De lá para cá, são dez anos. Entrei pela área de vendas – um mundo dinâmico e desafiador, em constante aprendizado e adaptação. Idealizei uma linha de crescimento, mas ela não aconteceu e novamente as ramificações da vida me levaram para outro mundo de desconforto e inquietação. Uma grande profissional que eu admirava muito trabalhava no YouTube e estava de malas prontas, junto com sua família, a caminho do Japão. Numa dessas conversas para entender como seria esse processo de transição, veio o despertar para me candidatar para a vaga dela. Ela era talentosa, criativa, inteligente e forte. Por que não tentar?

Deu certo; e nos últimos quatro anos eu aprendi com centenas de milhares de histórias a noção sobre o "outro" e o reconhecimento das diferenças. Nosso time é composto por profissionais que se formaram em comunicação, e também em jornalismo, engenharia, políticas públicas e até odontologia. Sou diariamente inspirada por seus talentos, suas habilidades e suas trocas. A última característica que procuro são pessoas parecidas comigo ou com as mesmas experiências que tive.

Em busca de propósito

A escolha de onde permanecemos a maior parte do nosso tempo e a influência que podemos ter genuinamente é crucial para nos fazermos mais felizes.

A vida é uma escolha – o tempo todo. Eu escolhi trabalhar com o que acredito e ser feliz ao mesmo tempo. De tempos em tempos, reflito sobre o livro *Em busca de sentido*, de Viktor Frankl (escritor, psiquiatra e neurologista), no qual ele relata sua experiência como prisioneiro em campos de concentração nazistas durante a Segunda Guerra Mundial: "Se você não sabe qual é sua missão na vida, já tem uma: encontrá-la."

Ele descreve um trecho sobre um pedreiro que construía uma catedral gótica. Frankl observou que, mesmo se ele não visse a catedral completa durante sua vida, ele via o resultado final como algo a mais do que um conjunto de tijolos – uma forma de contribuir para algo maior e mais significativo.

Na definição literal, eu trabalho numa empresa que é uma plataforma on-line que permite a criação e o consumo de conteúdos em vídeo via *streaming*. Mas o meu propósito vai muito além do funcional – trabalho numa plataforma que nasceu para ser um ambiente livre, acessível e democrático; que é palco para assuntos diversos, com diferentes comunidades, grupos de afinidades, conversas, aprendizados e trocas que impactam mais de 120 milhões de brasileiros todos os meses. Eu me alimento dos diferentes artistas, empreendedores e criadores, com o resultado das contribuições para o país e a geração de empregos direta e indiretamente. É sobre impacto vivo e pulsante.

Poderia escrever um capítulo inteiro contando sobre os inúmeros exemplos dessa transformação da economia criativa. Mulheres no mundo dos games, professores virando lousas de cabeça para baixo, comunicadores ensinando educação financeira para a população de baixa renda, criação de um diário de um homem trans, entre muitos outros.

Novos caminhos se abriram e continuei minha busca por fazer a diferença em segmentos distintos. Passei a atuar como conselheira em uma empresa de capital aberto e em outras instituições *pro bono*. Há alguns anos, venho atuando ativamente no comitê de pessoas com deficiência, sou mentora para mulheres e jovens da periferia e faço parte de uma grande comunidade de guias que correm com atletas com deficiência.

Ainda em busca de propósito, entendo como grandes frentes que se entrelaçam, causas interseccionais e um caminho longo a percorrer. De tempos em tempos, revejo situações que minha família desbravou e tenho a consciência de que se fizermos a diferença na vida de apenas uma pessoa já terá valido a pena; mas se pudermos usar de uma força ainda maior por meio de grandes redes de apoio, empresas e da influência positiva entre as pessoas que percorreram nossos caminhos, teremos a chance de ajudar a mudar a vida de dezenas, centenas, milhares ou milhões de pessoas. E isso não é impossível.

E então volto ao Viktor Frankl: "Se percebemos que a vida realmente tem um sentido, percebemos também que somos úteis uns aos outros. Ser um ser humano é trabalhar por algo além de si mesmo."

Cresci numa família e num ambiente em que o apoio, a troca, a generosidade, a gentileza e a conexão verdadeira foram sempre valores fundamentais na nossa vida. Ser mulher foi sempre um enorme privilégio para mim, pois fui rodeada de muitas delas, de suas histórias, experiências, firmeza, conquistas, decepções e lágrimas que eu me fortaleci. E também cercada de grandes homens e fortes aliados, sendo todos tratados igualmente, independentemente das nossas diferenças. Não é raro estar em salas de reuniões em que minha voz é minoria, mas resgato as grandes referências que tive para que ela ressoe com mais força. Quando olho para trás, conectando-me com o que sou hoje, não tenho dúvidas – minha história me remete a um mundo onde um ajuda o outro e não deixamos ninguém para trás.

Agradecimento

A todos homens e às mulheres inesquecíveis da minha vida – um especial salve ao meu pai, Aninho; minha mãe, Carminha; meus irmãos, Anoca e Lu; e meus três amores Rico, Rick e Léo. Termino estas páginas com o coração cheio de gratidão e a certeza de que propósito e coragem andam lado a lado, levando-nos até onde nós lutarmos para estar.

49

NAS NUVENS

Esta é uma história de transformação por meio do reencontro consigo mesma. Relatos autobiográficos de momentos da vida de uma mulher em sua jornada de autoconhecimento.

ROBERTA GARRAFA

Roberta Garrafa

Contatos
rcgarrafa@gmail.com
LinkedIn: linkedin.com/in/robertagarrafa

É *Agency Business Development* no Google, onde está desde 2017. Publicitária, trilhou grande parte de sua carreira em agências de publicidade digitais, em posições de desenvolvimento de negócios e gestão. Liderou estruturas operacionais inovadoras, como os primeiros *hubs* de performance e mídia programática do Brasil. É também mentora para *startups* fundadas por mulheres e oferece *coaching* para apoiar profissionais em transição de carreira e no desenvolvimento de habilidades para o universo digital. Tem a missão de ajudar o ecossistema de negócios do Brasil a prosperar por meio da tecnologia.

Enquanto eu pensava na minha trajetória e no que trazer para este capítulo, muitas lembranças vieram de maneira desordenada, quase caótica. Esse olhar em perspectiva me deu a impressão de que meu inconsciente funcionava ali como inteligência artificial, trazendo à tona memórias e sentimentos conectados às experiências que vivi como se essas fossem um código-fonte que, ao ser processado, resultou no meu "EU".

Comecei minha carreira em 2004, último ano da faculdade. Estou no Google desde 2017. De todos os privilégios de ser parte desta empresa, a cultura da diversidade é a que mais me toca e este valor está baseado na crença de que nenhum projeto ou solução será verdadeiramente relevante para a sociedade se não for desenvolvido sob os múltiplos vieses da experiência humana. Poder desenvolver projetos com um time verdadeiramente plural é um presente para o meu desenvolvimento pessoal.

Antes, trabalhei por cerca de 10 anos em agências de publicidade 100% digitais. Os anos eram outros e o investimento publicitário nos meios digitais ainda era a menor fatia do *budget* das marcas. Mas eu estava lá, promovendo a inovação ao lado de pessoas interessantes e interessadas nessa mudança. Com esses times aprendi tudo o que sei sobre gestão de projetos de tecnologia, integração de times multifuncionais e a atenção plena para a eficiência operacional.

Promover a inovação sempre foi o tema central dos meus múltiplos papéis profissionais e hoje sei que para inovar precisamos de um ambiente de colaboração e abertura. Sem qualquer intenção consciente, esse foi o critério que determinou minhas escolhas.

Nesses contextos o meu valor sempre esteve na habilidade de saber explicar o novo, vender o intangível, desenvolver projetos e estruturas que conectam marcas aos consumidores e estar atenta às mudanças que ditaram o que se tornaria relevante para eles nos próximos anos. Minhas habilidades-chave são a mediação, o desenvolvimento de parcerias, geração de negócios a partir da empatia, a comunicação e o saber dar voz aos que não eram ouvidos.

Mas indo além nas histórias estruturantes deste "EU", contarei mais sobre o que de fato trouxe-me até aqui.

Sou a primeira das três filhas da Maria Beatriz e do Paulo. Com eles, aprendi que a Educação é o único caminho possível. Minha mãe é pedagoga, foi uma empreendedora da Educação e precursora nos sistemas de ensino construtivistas. Ela criou a Escola Vivência, onde estudei durante minha infância em Amparo, cidade do interior paulista. Foram anos intensos, o começo da minha busca por independência e onde tive o privilégio de ser moldada para o desenvolvimento do meu senso crítico. Foi também quando percebi que eu seria sempre o sujeito do meu desenvolvimento pessoal e nada seria passivamente construído. Além disso, me dei conta de que teria que provar o meu valor – eu sentia o peso de ser a "filha da diretora da escola" quando me cobravam a atitude exemplar ou condicionavam minhas conquistas a esse fato.

Fui uma jovem mandona, a irmã mais velha que dita as regras, filha que supostamente seria advogada pela habilidade de argumentar e defender suas perspectivas. Aprendi a renomear essas características e hoje sei que eram habilidades de liderança. Naquela época, liderança feminina era algo muito raro de se ouvir, mas eu tinha os exemplos e entendia os sinais que essas mulheres me davam. Sempre estive rodeada por mulheres fortes que tinham presença e ocupavam os palcos e mesas de reunião com a voz ativa. Minha mãe, minhas irmãs, Juliana e Marcela, tias, primas, avós e amigas, muitas personalidades "donas de si".

A morte da minha avó materna, Maria de Lourdes (Marucha), foi a primeira grande experiência de perda que senti. Eu tinha 21 anos e percebi que algum tempo depois algumas manchas brancas começaram a surgir no meu corpo. Recebi o diagnóstico de vitiligo.

O vitiligo é uma doença caracterizada pela perda da coloração da pele. Manchas brancas formam-se devido à diminuição ou ausência de melanina (pigmento que dá cor à pele) nos locais afetados. As causas da doença ainda não estão claramente estabelecidas, mas alterações ou traumas emocionais podem estar entre os fatores que desencadeiam ou agravam a condição. É uma doença autoimune, tem uma questão genética por trás e, embora não tenha cura, também não dói e não me impede de ter uma vida funcional. Sendo assim, naquele momento escolhi deixá-lo na gaveta das questões incontroláveis e seguir em frente sem que isso representasse qualquer obstáculo no meu caminho. Mas vou voltar a esse assunto mais adiante.

Escolhi São Paulo para viver minha vida adulta, onde cursei a faculdade e estou desde então. Acho que eu buscava experimentar o anonimato, viver mais longe das expectativas alheias, ser dona do meu tempo e poder conhecer pessoas novas.

Um presente desta cidade para mim é a perspectiva de que cada pessoa que vive aqui transita por trajetos diferentes, de ônibus, metrô ou carro blindado, ocupa espaços livremente e experimenta o ampliar do alcance dos seus olhos para muito, muito além do que está visível. Lembro-me de deitar na cama de noite e buscar os sons mais longínquos dos carros e buzinas, sirenes, risadas, tudo aquilo me preenchia de curiosidade.

Foi em São Paulo que também aconteceu o encontro que mudou para sempre a minha vida, quando conheci o meu marido, Marcelo, e com quem sigo de mãos dadas desde 2005. Esse amor é um privilégio e é também uma das razões que me motivam a influenciar tantas mulheres na busca por serem genuinamente amadas e não aceitarem nada menos do que respeito, acolhimento e cumplicidade. Temos uma admiração mútua, torcemos um pelo outro, sonhamos e realizamos juntos – o sentido literal da parceria.

Juntos realizamos coisas extraordinárias, como sermos os pais do Francisco e do Rafael, que representam para nós nossas intenções concretas para um mundo melhor no futuro. Canalizo na força desse amor todo o meu empenho para educar dois meninos que sejam parte da cura do machismo.

Após a primeira licença-maternidade, voltei para a agência e enfrentei todos os clichês que muitas de nós vivemos após este período. Um *downgrade*, novos questionamentos sobre minhas capacidades e olhares de julgamento sobre "a nova Roberta". Mas provei para todos – e principalmente para mim mesma – que eu estava ainda melhor e também pronta para novos voos.

Gosto de pensar que meus filhos me resgataram quando me puxaram de volta para dentro de mim, conectando-me novamente com minhas essências, minhas verdades.

Aos 40 anos experimentei o desejo de encarar minhas sombras, mergulhar em jornadas de autoconhecimento em busca de reflexões que me levassem à consciência do que mais profundamente me afeta e melhorar o meu relacionamento comigo mesma. O contexto também era de pandemia, puerpério do segundo filho, novas formas de viver surgindo simultaneamente.

Coloquei então uma luz no que eu desejava perceber sobre mim: minhas marcas, cicatrizes, os meus limites. Senti uma vontade avassaladora de desacelerar, de deixar de lado minha pressa e ampliar minha percepção do mundo.

Com a minha terapeuta, aprendi a necessidade de ajustar o meu foco todos os dias para o desenvolvimento da calma. Dizem que a gente não pode controlar as situações, mas podemos controlar nossas reações diante delas – e a calma é minha escolha.

Nesse processo também decidi olhar para o meu vitiligo e revisitar os significados dessa doença para mim. Ouvi de uma colega que hoje em dia está na moda ter vitiligo – achei curiosa a afirmação, mas entendi que o que está na moda de fato é ter a consciência de que ninguém é perfeito e todo mundo carrega em si – ou "sente na pele" – sua unicidade.

Para a ciência, as doenças autoimunes são intrigantes porque, na prática, são resultado de um ataque do próprio corpo contra ele mesmo num mecanismo de autodestruição.

Percebi que o meu ato de tê-lo deixado na gaveta das questões incontroláveis foi em si um próprio ataque, uma tentativa de ocultação daquela realidade. Fui incapaz de reconhecer as emoções que senti no meu diagnóstico, segurando-me na minha racionalidade, como se as emoções pudessem ser ali uma ameaça à minha autonomia.

Para além da minha pele, as minhas nuvens, como meu filho Francisco descreve as minhas manchas, são o chamado do meu corpo para que eu redefina os meus limites com o mundo exterior. A realidade interior desta doença é mais verdadeira que a realidade exterior.

Esses processos reflexivos me levaram à ideia de que o inconsciente de todos nós talvez esteja atrelado a traumas passados dentro da nossa família. Busquei essas referências e descobri que entre minhas antepassadas há mulheres que tiveram seu destino cerceado, foram obrigadas a viver uma feminilidade limitada e reprimidas em papéis impostos a elas no contexto familiar e na sociedade. A fragilidade moral e o mal-estar que elas experimentaram ainda me afetam em alguma instância, e isso explica minha atitude de intolerância ao longo da vida com qualquer manifestação discriminatória e expressões de autoritarismo.

Assumi então meu papel nesse plano sistêmico: romper os padrões das relações que tiveram as minhas antepassadas. Faço isso por meio do viver minha essência feminina em plenitude e fazer disso a cura para outras mulheres também. Entendi então que minha estratégia de combate para refutar a lógica é promover esse movimento em cadeia, puxando outras mulheres para essa mesma conscientização sobre liberdade e autonomia.

Precisei de uma jornada para concretizar isso na minha vida e me apropriar da minha verdade.

Na medida em que essa apropriação acontecia, percebi que muitas pessoas espontaneamente me procuravam para pedir minha ajuda e perguntar minha opinião ou meu ponto de vista sobre uma ideia ou um projeto. Essas trocas generosas também desencadearam em mim um processo de compaixão e de *autogentileza* – ajudaram-me a validar minhas habilidades e reconhecer que eu adoro o desafio de conhecer novas pessoas e criar uma conexão – e acho que faço isso por meio desse olhar sobre o que percebo que elas têm de melhor.

Em toda a minha vida, muitas mulheres puxaram-me de inúmeras formas e pavimentaram o caminho por onde percorri. Especialmente depois da maternidade, em que experimentei o (quase) esvaziamento de valor profissional, tenho o compromisso de apoiar o desenvolvimento de tantas outras que também precisem. E faço isso o tempo todo, construindo conexões, quando sou escuta e voz para elas, quando me faço ponte para apoiá-las em seus processos pessoais e trajetórias profissionais, mostrando que os sentidos são para dentro e para a frente.

Reconheço e honro cada centímetro que minhas antecessoras encurtaram para que minha jornada até aqui fosse minimamente mais justa que a delas. Sigo esse exemplo fazendo o mesmo e espero ser para a próxima geração o que elas representam para a minha. E essa ideia de ser "o exemplo", o que antes me incomodava, tem hoje outro significado. Penso que ser a referência na resistência e na atitude é também o meu jeito de puxar outras mulheres ao meu redor. Também entendi que me assumir imperfeita é mais uma das mensagens de exemplo que eu quero ser.

Por fim, quero dizer que escrever este texto foi também um ato de coragem, coloquei o meu coração a favor do movimento que queremos gerar com o Uma Sobe e Puxa a Outra. Que a minha história também seja um "puxa" para quem precisar.

50

SEJA VOCÊ MESMA, MAS NÃO SEJA SEMPRE A MESMA

Escrevo minha história num momento muito especial e que tem sido de reflexões para mim... a chegada dos 50 anos. Digo isso porque, quando estava próxima dos 40, muitas amigas dessa mesma época descreviam as angústias desse *pit stop* imaginário e me perguntavam como eu estava lidando com a crise dos 40 anos. Sinceramente, cheguei a ficar frustrada por não ter me encontrado com ela, achando que passar ilesa, sem sentir qualquer sintoma e sem dilemas, talvez não fosse algo tão bom assim. Mas eu não tinha tempo para isso. Estava feliz, com o modo acelerado ativado, focada em seguir construindo a minha carreira, o meu futuro. A vida é realmente impressionante... nos faz apresentar várias versões de nós mesmas ao longo dessa epopeia. Chegaram os 50... Será que demorei 10 anos para ficar cara a cara com a crise? Felizmente, não. Nos últimos dez anos, lapidei minha existência e agora me permito parar, fazer uma pausa por um longo instante e, mais madura, valorizar mais o momento presente. Viver o presente, amar no presente, ser feliz no presente, mais dar do que receber, mais compartilhar do que ter, mais empoderar do que ser. Esse será meu roteiro para a nova fase, rumo aos 100.

ROBERTA GODOI

Roberta Godoi

Contatos
Robertagodoi1@gmail.com
LinkedIn: roberta-godoi
Instagram: @robertagodoi

Sou paulistana, apaixonada pela minha cidade, torcedora do São Paulo Futebol Clube. Meu universo sempre foi feminino. Somos em três irmãs: eu, a Juliana e a Luciana. Tenho três sobrinhas: Maya (16), Laís (5) e Hazel (1 ano e 5 meses), que são a minha grande inspiração. Sou contadora de formação, pós-graduada em Administração Contábil & Financeira e MBA em Gestão Empresarial. Minha melhor versão é como profissional de marketing e vendas, ofício que a vida me deu de presente. Em empresas, já trabalhei em escritório de contabilidade, construtoras e BPOs de *contact center*. Dediquei 25 anos da minha carreira ao segmento de telecomunicações, 18 anos na NET & Claro. Participei do processo de transformação no mercado de telecomunicações. Como parte da estratégia de crescimento acelerado da NET, ajudei a levar a empresa à liderança absoluta de mercado, em todos os seus segmentos de atuação. Há dois anos, redirecionei a minha carreira e aceitei um desafio que me tirou da zona de conforto. Estou como vice-presidente de Soluções Energéticas do Grupo Energisa, líder da (re)energisa, braço do grupo especializado em soluções de energia e serviços de eficiência no contexto da transformação e transição energética. Sou ariana, casada com o Marcello Zeni, outro ariano e a melhor pessoa que conheci nessa vida. Sou maratonista. Tenho enorme orgulho e prazer de ser mentora da SoulCode Academy desde que foi criada. Sou uma das *founders* e membro do grupo "Uma Sobe e Puxa a Outra". Uma experiência que vem me transformando e, também, muitas outras mulheres.

Primeiro ato: cada um tem sua gênese

Meus pais, o Sr. Eurico e a Dona Terezinha, nasceram no interior de São Paulo e vieram jovens para a capital, em busca de oportunidades para construir a vida. Meu pai nasceu e cresceu em condições miseráveis e veio para São Paulo. Minha mãe era filha de comerciante. Teve melhores condições até a adolescência, mas acabaram perdendo tudo e vieram para a capital.

Por que comecei por esse relato? A explicação é muito simples: tudo o que eu sou está intimamente ligado a essa origem e ao desenrolar dessa história repleta de ausências e superações que se tornaram a essência da minha família.

Meu pai sempre se dedicou às vendas. Naquela época, quem não tinha estudo acabava sendo vendedor. Minha mãe nunca soube quem é meu pai sem esse aposto. Talvez por isso eu acredite que a habilidade e o amor pelas vendas está no meu DNA. Minha mãe sempre foi do lar. Eu dei para ela o título de executiva do lar porque não existe organização mais complexa para cuidar. Com amor, sem ganhar 13º salário, mérito, bônus, e com muita inteligência emocional, ela sempre manteve tudo no lugar e criou condições para que todos pudessem viver bem e ter bom desempenho. Como uma engrenagem perfeita, um batalhava, gastava "sola de sapato" e muita lábia para sustentar a todos: o outro tratava de multiplicar, de investir da melhor forma para que chegássemos ao "lucro".

Tem passagens dessa época que eu não me esqueço. Melhor, faço questão de lembrar para me manter com os pés no chão. Meu primeiro presente de Natal foi dado pela empresa que havia contratado meu pai na véspera. Ganhei incontáveis presentes ao longo da infância, mas é do pelicano barulhento que eu me lembro; ele me fazia a criança mais feliz do mundo, ao puxá-lo por uma cordinha pela rua. Essas coisas constroem a nossa essência.

Infância modesta. Morávamos na zona sul, ao lado do que hoje é nacionalmente conhecida como comunidade de Heliópolis. E pode acreditar! Eu brincava nos terrenos que hoje fazem parte da comunidade. A casa onde a gente morava foi sendo construída ao longo dos anos. Estar nesse ambiente em transformação constante me fez aprender a lidar com as mudanças da vida.

Sempre estudei em escola pública. Só fui estudar em colégio particular no colegial porque os públicos da região não aceitaram a minha matrícula. Isso mesmo! Eu era danada demais e meu pai teve a ideia de me colocar no colégio particular e me fazer trabalhar para pagar, como um método corretivo de pré-adolescente aventureira e cheia de energia para gastar. Evidentemente não deu certo, mas deixemos esse tema para um outro momento.

Para não ficar na rua (que época boa!) meus pais me colocaram para jogar vôlei no Clube Atlético Ypiranga. Joguei vôlei dos 11 aos 20 anos. Uma das melhores coisas que meus pais fizeram por mim e pela minha irmã foi ter essa ideia. Além de fazer bem para o corpo e para a mente, ser federada e competir nos campeonatos me ensinou muitas lições que trago comigo:

- Ter foco é fundamental. Se você sabe o que quer conquistar, boa parte da conquista já está endereçada. Acontece o alinhamento perfeito entre a ambição e a ação.
- Ter disciplina. Cuidar da alimentação, dormir bem, treinar, treinar, treinar, mas também ir bem na escola, ou seja, administrar bem o tempo e os recursos para atingir o objetivo.
- Trabalhar em equipe. Sobretudo em esporte coletivo, você aprende que faz parte de uma engrenagem que tem que dar o seu melhor, cada uma na sua função, pelo bem do todo. Aprende a respeitar as diferenças, as limitações e as potencialidades, alinhando propósito, motivação e esforço em prol do sucesso.
- Ter resiliência. Ganhar ou perder faz parte do jogo. Se perder e quiser continuar, tem que "engolir o choro", aprender com os erros e buscar a superação.
- Ter os pés no chão (olha aí! Aparece aqui de novo!) – A vitória, conquista, é um momento que merece muita vibração, deve ser muito porque no dia seguinte começa tudo de novo e a próxima terá que ser construída, mais uma vez.

Não fui uma atleta de muito destaque. Era boa, mas com menos de 1,70 metro (naqueles tempos não tinha a posição de líbero!), segui jogando porque era uma grande paixão e foi difícil de deixar. Encerrei essa etapa da minha vida com uma certeza: tem coisas que acontecem que são para ajudar a escrever a história de outra pessoa. Lembra que eu falei que meus pais colocaram a mim e minha irmã para jogar? Ela é quatro anos mais nova do que eu. Por minha causa, por eu ter seguido adiante por tanto tempo e ela vir comigo, acabou se tornando jogadora de vôlei profissional, foi para os Estados Unidos, jogou circuito de quadra e areia, e hoje é técnica de vôlei de quadra e areia em San Diego, Califórnia. Ou seja, para mim foi uma fase. Para ela se tornou a sua profissão. *By the way*, a minha sobrinha Maya, filha da Juliana, é jogadora de vôlei também.

Segundo ato: o que você que ser quando crescer?

Sempre quis ser artista. Sempre fui muito criativa, gostava de inventar histórias, desenhar, inventava teatros com as minhas irmãs e primos, escrevia peças, dirigia, angariava a plateia. Uma artista completa. Estava na cara que humanas era meu forte, mas meus pais, por mais que me conhecessem bem, não tiveram habilidade para me direcionar. Nenhum problema; afinal, desde quando a vida é uma linha reta?

Mas uma coisa eles me ensinaram desde pequena, a correr atrás do que eu queria, a não depender de ninguém. Que estudasse e batalhasse para ser alguém.

Numa família de classe média baixa com três irmãs, a expectativa de ter tudo que se queria e quando se queria era praticamente nula. Havia o turno para ganhar roupas, sapatos, material escolar e presentes de Natal. Todas ganhavam ao mesmo tempo; coisa simples, obviamente.

Não satisfeita, decidi encontrar um caminho para ter as coisas que eu queria. Sou comercial desde que comecei a vender pão doce e bolo (que minha mãe fazia), bijuterias, perfumes e o que caísse nas minhas mãos. Ela, minha mãe, sempre me deu apoio em tudo.

Comecei a trabalhar com 14 anos, num escritório de contabilidade, para pagar o colégio particular. É claro que não foi uma escolha pensada. Eu nem sabia o que era contabilidade, mas o fato é que essa primeira experiência profissional, que me foi dada por uma mulher, Marlene Crema, acabou direcionando a minha formação universitária.

Não escolhi, fui escolhida pelo escritório de contabilidade, mas acabei gostando e fiquei alguns anos nele. Um dos donos, o Reinaldo, foi meu primeiro líder, mentor e, posso dizer, anjo da guarda. Teve a paciência de me ensinar um pouco de tudo e me fazer amar a parte tributária. Foi ele quem me incentivou a escolher a faculdade de Ciências Contábeis, quando a indecisão tomava conta da minha mente.

Como de fato a vida não flui em linha reta, enquanto cursava a faculdade fazia também a Escola de Atores. Plano A e plano B, ou seria o contrário? O fato é que no meu íntimo existia um desejo de uma carreira artística, de trabalhar na TV Globo.

Formei-me em Ciências Contábeis. As oportunidades de trabalho como atriz eram difíceis. Decepcionei-me de vez em quando, num teste para uma produção, deparei-me com uma tentativa de assédio sexual. Perdi o chão. Se tivesse cedido, violado os meus valores, talvez estivesse escrevendo outra história, mas não suportaria viver com isso. Foi o primeiro de muitos avisos de que a vida não é um parque de diversão e que como mulher teria que aprender a lidar e superar esse tipo de situação. Foi a primeira vez que entendi o efeito do imponderável. Lidar com esse tipo de situação não estava no meu roteiro. A situação se apresenta e você tem que se defender, seguir adiante. Cheguei à conclusão que, para conquistar o que eu almejava, deveria seguir meu rumo como contadora. Não era um fardo para mim, pelo contrário. Decidi também que nunca deixaria alguém me usar, me desrespeitar, tirar a minha dignidade e coragem só porque era mulher, jovem e inexperiente.

Fiz pós-graduação em Administração Contábil & Financeira e MBA em Gestão Empresarial, e a partir do escritório de contabilidade tracei meu início de carreira na área financeira, almejando um dia ocupar uma posição executiva. Minha primeira liderança chegou aos 24 anos. Era gerente de controladoria em uma BPO. Tudo caminhava para que eu seguisse evoluindo a passos largos na área financeira, quando aconteceu um fato que mudou tudo para sempre na minha vida profissional. Passei a trabalhar próximo da área comercial. Essa proximidade me despertou a curiosidade pela atividade e, num lapso de loucura, escutando a voz do meu pai dizendo: "corre atrás do que você quer! As coisas não caem do céu! Tem que batalhar!", pedi ao meu diretor e líder, Moacyr Krause, que me testasse no Comercial. Depois do susto, como um bom mentor e anjo da guarda, ele topou a minha ideia. Deu supercerto e migrei do Financeiro para o Comercial. Era feliz trabalhando no Financeiro, mas com essa mudança me encontrei como profissional. Redirecionei a carreira, resgatei a menina que vendia pão e bolo na escola, empoderei-me e pisei fundo.

Não foi fácil. Era muito jovem e tive que lidar com coisas desagradáveis como assédio moral e sexual. De novo! Infelizmente tive que lidar com homens que se sentiam poderosos e no direito de assediar. Sofri ameaças. Pensei em desistir, mas estava apaixonada demais pelo trabalho para permitir que um terceiro me fizesse desistir. Busquei forças, lembrei-me de que a vida não é um parque de diversão, flertei de novo com o imponderável e segui adiante. E, como tudo o que a gente passa na vida se transforma em experiência, aos poucos fui entendendo os mecanismos do assédio e como lidar. Isso foi libertador. A segurança aos poucos sobrepôs o medo. E aprendi que depois da tormenta sempre vem a calmaria.

As nossas escolhas – certas ou "erradas" – e tudo o que a gente vive constroem quem somos. Por isso, faça tudo com dedicação, coloque amor no processo, procure extrair o melhor de cada oportunidade. Não aceite ser mediana, fazer pela metade e tampouco ser desrespeitada ou que julguem a sua capacidade.

Num curto espaço de tempo e já com alguns calos do ofício, tornei-me uma profissional de Vendas, com *backgroud* financeiro, habilidades de atleta e de atriz. Hoje compreendemos o quão saudável são essas experiências que a olho nu parecem difusas, mas que combinadas colaboram muito para a criatividade e a capacidade de lidar com os desafios e as adversidades.

Terceiro ato: tudo o que é bom pode ficar ainda melhor

A experiência na NET me transformou, me definiu, me arrematou. Cheguei na empresa com 31 anos como gerente de planejamento e, dois anos depois, com 33, me tornei diretora comercial e de comunicação da marca. A maior experiência e viagem da minha vida!

Sim, eu disse comunicação! Que eu era uma profissional de Vendas todo mundo já sabia, mas foi um susto, uma novidade, um misto de euforia e pânico aceitar o convite para assumir a cadeira de Comunicação, no momento mais importante da empresa, de crescimento acelerado. Foi sentada nesse *cockpit* que pilotei, junto com uma equipe ímpar, um dos *cases* mais bacanas do mercado: "O mundo é dos NET's". Do sinal de TV por assinatura analógico ao HD e até 3D, dos kpbs ao Mega na banda larga fixa, o primeiro telefone fixo do mercado sem assinatura mensal, os combos de serviços – *double* e *triple e multiple play,* o Now – primeiro *streaming* do Brasil e outras tantas novidades que transformaram a NET em líder em tudo no mercado brasileiro.

Posicionar, reposicionar, lançar, crescer, rentabilizar, fidelizar, reter, ampliar, potencializar, expandir são alguns dos verbos que me acompanharam nessa trajetória de realizações.

Por trás do sucesso, os desafios de ser mulher, liderando uma área estratégica, numa empresa e mercado ainda comandados por homens. É a sensação de estar no "paredão" do BBB e dele nunca sair. Mesmo entregando resultados, você está sob avaliação, tem que se provar, superar. Você nunca parece estar à altura. Expressar seus sentimentos é ter chilique, estar com mimimi, e a régua para você é naturalmente mais alta.

Lidar com tudo isso me fez amadurecer de maneira acelerada. Aprender a me blindar, a não me deixar afetar. Nutrir-me de tudo de bom que está ao meu redor e ir para cima foi a forma que encontrei para responder às provocações; e, quanto mais duvidavam, mais eu realizava. Transformei crítica em motivação, insatisfação em combustível para melhorar o meu desempenho. Tive que firmar posição, enfrentar, mas ao final conquistei o respeito de todos.

Realizei tudo o que poderia realizar graças a muito que recebi a vida toda. E o tempo me mostrou que, quanto mais eu devolvia, mais eu compartilhava, mais eu dava oportunidades para outras pessoas, mais coisas boas aconteciam. A força da famosa frase do poeta americano Henry David Thoreau: "A felicidade só é real quando é compartilhada".

Nesse período, tão importante quanto as realizações e conquistas foram as vidas e carreiras que ajudei a transformar. Fiz questão de assumir o papel de protagonista e ajudar muitas mulheres a acreditarem e realizarem o seu potencial. Mulheres incríveis que hoje estão em posições de liderança puxando outras tantas, construindo um mercado mais diverso e forte.

Quarto ato: qual é a sua obra?

Revisitar a nossa história é um processo interessante, porque em cada mergulho você faz novas descobertas sobre si. Em cada momento da vida você tem um olhar. Ao final desse processo, estou certa de que me conhecerei um pouco mais.

Em 2021, novo *pivot* na minha carreira. Aceitei o desafio de *startar* um novo negócio (Soluções Energéticas) dentro de uma empresa centenária (o Grupo Energisa tem 118 anos), partindo de negócios existentes, com diferentes níveis de maturidade, num mercado em transformação (energia elétrica) em meio ao contexto da transição energética (necessidade de uma economia de baixo carbono, metas ESG, descarbonização).

Há um ano nasceu a marca (re)energisa para dar nome e personalidade a esse desafio. Uma marca com personalidade feminina, guerreira, disruptiva e inovadora. Passei a ser a Rô da (re), com muito orgulho e repleta de sonhos e energia.

Muita gente me pergunta por que aceitei esse desafio multifacetado, complexo e arriscado? E a minha resposta é simples: porque vi um propósito maior do que o *profit*. Energia é a base de tudo. Ajudar a escrever uma história de sucesso num momento em que o mundo clama pela transição energética é construir um mundo mais sustentável para as próximas gerações. Também entendo que tenho a oportunidade de trabalhar pela diversidade e elevar a presença de mulheres no setor, majoritariamente masculino. Nesse aspecto há muito trabalho pela frente. Estou em meu melhor momento e sigo incansável na tarefa de deixar um legado e inspiração para as minhas sobrinhas. Se eu conseguir, terei impactado muito além delas.

Quinto ato: a história por trás da história

Lá no início comentei sobre o quanto fui uma adolescente aventureira e cheia de energia. Sou ariana e não baseio minha vida em astrologia, mas o fato é que enxergo em mim as características que me foram atribuídas pela posição dos planetas no momento do meu nascimento.

Ser solidária, obstinada, entusiasmada, perseverante, otimista, corajosa, independente, adorar correr riscos etc. são características que me ajudaram a lidar com as adversidades no decorrer do caminho.

O símbolo do meu signo é a fênix, a que renasce das próprias cinzas. Talvez seja por isso que coleciono histórias de superação e vejo o futuro com esperança.

Tratei de descrever a minha história com peso nas tintas positivas para exercer uma influência também positiva em quem lê-la, concluindo que nós escrevemos a nossa própria história, não é o outro.

Como tantas outras, no decorrer da minha trajetória, sofri assédio moral, emocional, verbal e sexual. Tive que me provar, inúmeras vezes, porque o normal é que duvidem da nossa capacidade. Seria impossível dizer quantas vezes fui interrompida ao falar ou excluída de alguma situação por ser quem sou. Mas tive a sorte de cruzar pelo caminho com mais pessoas especiais, que me puxaram mais para cima do que para baixo.

Casei-me aos 25, 32 e 46 anos. Tive muita sorte porque foram parceiros que me puxaram para ser quem sou; contribuíram muito positivamente para minha construção pessoal e profissional. O Marcello Zeni, meu atual marido, eleva a minha potência, estima, confiança em mim mesma; e ao mesmo tempo é o meu porto seguro, meu abrigo e minha paz. Foi meu maior incentivador para fazer parte desse livro.

Sei que assim, escrito, parece mais fácil que na vida real, mas a beleza da vida é que a todo momento temos a chance de seguir o caminho que estamos trilhando ou fazer novas escolhas, experimentar grandes ou pequenas mudanças que possam nos fazer mais felizes.

Faço parte da estatística. Tive apenas uma líder mulher, Adrianne Elias, a quem devo um agradecimento enorme por ter me puxado num momento de vulnerabilidade em que eu precisava muito. Todas as demais oportunidades que recebi foram fruto da confiança de líderes homens. A todos, do técnico do vôlei aos líderes corporativos, o meu profundo agradecimento.

No final, o imponderável faz parte do nosso contexto de vida. Que atire a primeira pedra quem nunca se deparou com uma situação inimaginável, quando achava que tinha controle de tudo. O bom é que o imponderável joga nos dois polos – no positivo e no negativo –; e nós, se soubermos lidar, encontraremos uma forma de sorver o aprendizado e seguir adiante mais fortes.

Sempre estive rodeada de mulheres incríveis. Familiares, amigas, colegas de trabalho e conhecidas que me ensinaram e ensinam muito dessa arte única de ser mulher.

Em um desses encontros da vida, conheci a Carmela Borst, profissional competente e ser humano ímpar que, com sua generosidade, conectou-me ao seu mundo e muitas mulheres incríveis e inspiradoras. Seja como mentora da SoulCode ou como parte do Uma Sobe e Puxa a Outra, tenho aprendido muito e reafirmado a minha crença de que, juntas, somos capazes de tudo. Que a generosidade, a empatia e a sororidade são o tônico para uma vida mais plena e feliz.

Não posso deixar de destacar que as realizações do grupo Uma Sobe e Puxa a Outra, as conquistas, as edições dos livros e outras milhares de ações, são fruto da dedicação sem limites da idealizadora, Natasha de Caiado Castro, uma pessoa com coração imenso e inesgotável energia realizadora.

Faltam-me palavras para agradecer a minha família... O meu Pai, meu eterno herói. Minha Mãe, uma fortaleza de alma leve, mulher incansável. Minhas irmãs, que sempre estiveram comigo em tudo, para tudo e me deram meus maiores presentes, minhas sobrinhas.

Olho para trás e gosto do que vejo. Orgulho-me de cada conquista, cada dificuldade superada, das dores e das delícias de uma vida que não flui em linha reta – tem flores e tem espinhos no caminho, mas tem rima, tem bossa, tem sentido.

Cinquenta anos! Pode vir que estou pronta!

51

EM CONSTANTE TRANSFORMAÇÃO

Tenho a alma inquieta, *Il dolce far niente* não me representa: gosto de estar em constante movimento, com agenda cheia, aprendendo e planejando novas aventuras e iniciativas. Não sei dizer "não", tenho FOMO na potência máxima, escuto propostas e abraço todas as oportunidades por saber que comporão quem serei no futuro. Amo compartilhar, receber e retribuir, conhecer e cultivar relacionamentos e pessoas, um amigo é para a vida!

ROSSANA SADIR

Rossana Sadir

Contatos
rossana_sadir@hotmail.com
LinkedIn: linkedin.com/in/rossanasadir
Instagram: @rossanasadir

Executiva, com formação estratégica e ampla experiência internacional como gerente geral, liderando projetos para crescimento em empresas como Amway, Avon, Abril, Monsanto e McKinsey. *Expertise* como agente de transformação em operações com grandes mudanças estratégicas e resultados significativos, visando a crescimento acelerado, *turn-around* de resultados, reestruturação organizacional com mínimo impacto dos negócios, inovação digital e desenvolvimento de modelos disruptivos para a área comercial.

Conselheira de Administração certificada, atuando em empresas familiares e multinacionais, de capital aberto, fechado e público, nos setores de varejo, tecnologia, infraestrutura, bens de consumo e *private equity*.

Bacharel em Administração de Empresas pela Universidade de São Paulo, e MBA pela SDA Bocconi (Itália) e Kellogg/Northwestern University (EUA). Apaixonada por aventuras, compartilhadas com amigos e família, por livros, cinema, dança e viagens, tendo visitado 87 países e vivido em 8 deles.

Na vida, não sou expectadora nem vítima, sou protagonista

Desenvolvi uma carreira de mais de 25 anos como executiva em três ciclos, cada qual construído sobre as competências e aprendizados do ciclo anterior. Logo após a faculdade e o MBA, entrei no mercado de trabalho como estrategista, tendo atuado na McKinsey, Monsanto, Editora Abril e Avon, nesta última como diretora de Estratégia para o Brasil, Cluster Andino e Estratégia Digital para a América Latina. Na função de estrategista, desenvolvi a capacidade de diagnóstico da empresa e seu ecossistema, traçando alternativas estratégicas e coordenando equipes e projetos. Em meu segundo ciclo profissional, estive doze anos como CEO à frente de operações da Avon no Equador e no Chile, e como presidente da Amway para a América Latina, tendo liderado doze países na região, sempre com a missão de transformação do negócio no longo prazo e entrega contínua de resultados *top* e *bottom line*. Atualmente em meu terceiro ciclo como conselheira de empresas, atuo em diversos setores e complexidades de mercado, buscando ser agente de polinização: fecundando novas estratégias, disseminando boas práticas e ideias, e apoiando o conselho e os diretores em suas implementações.

Ser protagonista de uma carreira internacional, com três expatriações e cinco mudanças internacionais em seis anos e meio ou viajando mais de 30% do tempo para coordenar equipes em toda a região, não é uma tarefa fácil, em especial para uma mulher. Em muitas palestras, perguntam-me sobre como me dividi entre trabalho e família, e a resposta é simples: não escolhi nem me dividi. Multipliquei-me, abraçando ambas com todo o meu ser. Assumi minha primeira diretoria grávida de oito meses de meu primogênito, e aceitei a primeira posição como CEO apenas uma semana após o nascimento do meu terceiro filho, que foi concebido enquanto morávamos na Colômbia, nasceu no Brasil e foi amamentado no Equador. Os três – André, Diana e Daniel – foram amamentados exclusivamente com meu leite materno até os dez meses.

Tive quatro promoções em dez gravidezes, comprovando o ditado hispânico: "As crianças vêm com o pão embaixo do braço", ou seja, trazem fertilidade e prosperidade. Equilibrar vida profissional e familiar não é uma missão para Mulheres-Maravilhas, mas, sim, Ligas da Justiça. Conciliar ambas carreiras depende de uma rede familiar e de apoio sólida. São eles os primeiros que nos "puxam" em nossas vidas, por isso sou grata aos meus pais, Raul e Isabel, meu ex-marido Alexandre, e meu marido Marcelo pelo apoio incondicional que me propiciou ter a liberdade de tomar minhas próprias decisões.

Agente e ativadora de transformação

Tendo coordenado processos de planejamento estratégico em toda a minha vida profissional, há vinte anos desenhei minha missão e propósito:

"Viver de maneira intensa e feliz novas experiências, buscando transformar e desenvolver a mim mesma, as pessoas que me rodeiam e as organizações em que atuo."

Os conceitos-chave nesse propósito são:

- Intensa e feliz – agir com paixão.
- Novas experiências – a aventura de ousar, pensar e agir fora da caixa.
- Transformar e desenvolver – o conceito de *lifelong learner*, crer que somos seres em constante mutação.
- Pessoas e organizações – as mudanças ocorrem de dentro para fora, modificamo-nos para influenciar o ambiente em que estamos.

Como agente de transformação, aprendi que resultados efetivos e duradouros não são a meta, são consequência. Transformações de negócio começam com a transformação e o desenvolvimento da própria equipe. Dedicar-me a ouvir e mentorar profissionais (em especial minorias) tornou-se um hábito, uma paixão e fonte de aprendizado contínua. No apoio às diversas causas (LGBTQIA+, racial ou gênero), não me considero uma ativista, mas uma ativadora: em lugar de polarizar as discussões (como vítimas *vs.* algozes, ou nós *vs.* eles), busco as causas raízes dos obstáculos e apoio as pessoas a desenvolverem suas soluções. Na questão específica de gênero, nós mulheres enfrentamos quatro obstáculos em nossas carreiras: culpa, zona de conforto, insegurança e preconceito, apenas esse último um fator exógeno a nosso gênero.

Sete dicas para superar os obstáculos de uma carreira feminina:

1. **Estique e amplie sua zona de conforto** – desenvolva seu processo de planejamento estratégico pessoal, definindo visão e metas de vida do ponto de vista individual, familiar e profissional. Permita-se visualizar não onde está, mas onde quer chegar em cada aspecto. Como defende a metodologia *Strategic Foresight*, ter a clareza do que almeja no futuro para, então, definir seu plano de ação, em contrapartida ao planejamento tradicional, que se ancora no diagnóstico da situação atual para planejar os próximos passos. A análise de vários cenários de futuro livres dos obstáculos e das inseguranças do presente contribui para se sentir confortável em explorar novas aventuras. Em meu caso, em linha com minha missão e como diz meu caçula: "Mamãe, sua zona de conforto é estar fora da zona de conforto!".

2. **Minimize a culpa e aumente sua satisfação** – Tendo clareza de suas metas, defina seu *scorecard* e compartilhe-o com sua família. Da mesma forma que na empresa, objetivos bem compreendidos e comunicados tornam-se metas compartilhadas. A culpa feminina tem origem bíblica, vem desde Eva, manifestando-se atualmente na constante sensação de estar em falta e incumprindo em casa, no trabalho, nos estudos, na ginástica. Daí a importância de definir indicadores simples e claros de seu desempenho almejado, tais como:

   - Chegar em casa do trabalho antes das 19h30.
   - Fazer ginástica três vezes por semana.
   - Dedicar duas horas por dia em família, sem celular.
   - Fazer duas viagens românticas a dois ao ano etc.

   Afinal, como bem diz a equação:
   Satisfação = resultados – expectativas
   Se as expectativas não são claras, a culpa será constante.

3. **Minimize a culpa com gestão** – No início de cada ano, temos o costume de incluir na agenda as reuniões recorrentes com as equipes e diretos, bem como os eventos e as viagens programadas de convenções, apresentações, discussões orçamentárias e visitas aos mercados. Paralelamente, recebemos da escola de nossos filhos o calendário anual de atividades, e das organizações de que participamos a lista dos próximos eventos programados. Para poder equilibrar e manter todos os meus pratos em movimento, a agenda tornou-se uma grande aliada, proativamente incluindo e conciliando com antecedência as várias atividades. Estruturar e planejar são parte inerente de minha personalidade: ser *master* e não vítima nas decisões de minha agenda e tempo faz com que sinta que estou cumprindo bem todos os meus papéis.

4. Domine sua insegurança definindo seu *personal branding* – A síndrome da impostora é comum em todas as mulheres, independentemente de quão bem-sucedidas são em suas carreiras e vidas pessoais, e evidencia-se quando não se sentem suficientemente preparadas para uma nova posição ou desafio, ou quando minimizam feitos e presença. Para superá-la é fundamental definir sua marca pessoal, baseada nas competências, nos princípios e nas experiências que fazem com que você traga resultados e se destaque diante dos demais. A marca pessoal norteará seu *storytelling* e deve ser reforçada em suas apresentações, conversas, entrevistas, *Elevator pitch* e publicações nas redes sociais. Evite o erro comum da maioria dos profissionais de apresentar-se descrevendo o currículo por ordem cronológica de nascimento, estudo e posições. Foque-se em sua marca pessoal, descrevendo suas competências e como essas levaram você a atingir os resultados. No primeiro parágrafo deste capítulo, por exemplo, desenvolvo meu *pitch*, posicionando-me como agente de transformação, reforçado por minha experiência como estrategista, CEO e conselheira.

5. Domine sua insegurança via rede de apoio – Rede de apoio é um conceito vasto, que engloba a família e amigos com quem desabafamos e nos divertimos, a rede de contatos (*networking*) que construímos e cultivamos para troca de oportunidades e conhecimento, e uma terceira categoria que poucas vezes temos oportunidades de aprofundar – a rede para compartilhamento de experiências, todas as três fundamentais para nosso bem-estar e progresso. Especificamente nessa terceira rede, saímos do tradicional *networking* de "copo na mão e troca de cartões" para fóruns de discussão ou mentoria sobre questões reais que nos afetam na vida pessoal, familiar e laboral. Ao longo da carreira, todas já enfrentamos, estamos enfrentando ou enfrentaremos questões muito similares; e poder compartilhar como lidamos, as estratégias usadas e resultados obtidos faz com que nos sintamos menos sós e inseguras e ampliemos nosso arsenal de ferramentas de atuação.

6. Lide com o preconceito com o jeito feminino – tive o privilégio de ter uma carreira rápida e ascendente, sendo apoiada por meus chefes e pelas empresas nas quais trabalhei. Mesmo assim, nós mulheres nos habituamos às pequenas agressões cotidianas que hoje são reconhecidas e condenadas, como o *Mansplaining, Manterrupting, Bropropriating* etc. Nosso primeiro instinto é afirmarmo-nos emulando o comportamento masculino, usando de maior assertividade. No entanto, em conversas recentes com mais de duzentas altas executivas, constatei que todas em algum momento da carreira receberam o *feedback* de serem agressivas ou duras. O homem quando é assertivo transmite confiança e poder, a mulher agressividade; quando não, baixa inteligência emocional. Por essa constatação, não cabe criticar ou julgar, apenas refletir como nós podemos agir de maneira eficiente e diferente. Custou-me, mas encontrei minha voz feminina – mantendo-me objetiva e firme nas colocações, mas com um tom de voz baixo, doce e positivo, o qual inclusive se destaca nas reuniões de conselho em que as vozes masculinas se digladiam.

7. **Lide com o preconceito usando sua influência** – engenheiros costumam dizer que a menor distância entre dois pontos nem sempre é uma linha reta; às vezes deve-se chegar por "aproximações sucessivas". Na virada de meus 40 anos, decidi trabalhar meu posicionamento corporativo, deixando de ser reconhecida como muito diretiva para ser reconhecida por ser referência e pela capacidade de influência. Desde então, em questões complexas, costumo traçar uma matriz de influência, listando os principais interlocutores, o que os move e que estilos, argumentos e ações podem convencê-los. Como mulheres, temos mais ferramentas de persuasão e devemos aprender a usá-las, já que na maior parte das vezes o confronto direto apenas joga contra nós.

Sobre liderança e maternidade

Em uma entrevista para um *podcast*, perguntaram-me: "O que você aprendeu em casa que leva para o trabalho? E o que aprendeu no trabalho que leva para casa?"

Ao refletir sobre a primeira pergunta, veio a lembrança do diálogo de um filme, em que a mãe comenta com a filha grávida: "Uma vez que você se torna mãe, nunca mais deixará de sê-lo." O mesmo acontece quando nos tornamos líderes; nossa responsabilidade transcende laços familiares, linhas hierárquicas ou formais que nos unem. Tornamo-nos eternos mentores, ou nas palavras de Saint-Exupéry, "você se torna eternamente responsável por aqueles que cultiva".

Em uma reunião com gerentes da empresa, fizeram-me uma pergunta que me remete à segunda questão: Você é tão boa líder em casa quanto no trabalho?" De fato, refleti que não: no trabalho somos treinados a delegar e empoderar, dar *feedback* construtivo, constituir equipes de alta performance. Em casa, muitas vezes, ainda emulamos o estilo de comando e controle: "Vou contar até três" ou "é assim e ponto!" Venho usando essas ferramentas na educação de meus filhos, tentando, em situações delicadas, ser cada vez menos uma mãe que põe limites, para ser a que abre oportunidades.

Em meu estilo de liderança, trago duas referências e experiências que me marcaram. A primeira refere-se a uma pesquisa da Kellogg/Northwestern University, na qual os professores apresentaram uma imagem de um cardume, com um peixe separado, a dois grupos de alunos – um ocidental (norte-americanos) e outro oriental. A interpretação dos norte-americanos foi: "Vejo um cardume e um peixe liderando-o." No caso dos orientais, sua reflexão foi: "Um cardume e um peixe que devemos integrar ao grupo." Assisti a líderes chineses sendo chamados em reconhecimento ao palco, trazendo toda a equipe e dando a eles a oportunidade de brilhar. Ser líder é estar integrado à equipe, coordenando-a desde dentro, não isolado em uma redoma de vidro.

A segunda reflexão veio durante minha experiência como presidente da América Latina, com VPs e diretores extremamente sêniores para a qual não cabia o estilo de liderança tradicional, oriunda da hierarquia militar com seus generais e soldados. Foquei-me em dar liberdade e voz à equipe, emponderando-a, sendo a última a falar e estabelecendo a direção, sem detalhar estratégias. Nomeei esse estilo como "Liderança do Pastor", pois esse exerce sua liderança indo atrás do rebanho, garantindo que todos cheguem ao seu destino, trazendo as ovelhas desgarradas, mas deixando-as traçar seus caminhos.

Durante a pandemia, troquei muitas vezes de casca, reinventei-me e multipliquei-me em diversos papéis, como consultora, conselheira, assumindo posições de liderança em diversas ONGs corporativas, como o IBGC e o YPO. Sendo plural, aprendi e me desenvolvi como nunca. Abandonei dois conceitos que aplicava como executiva: a resiliência e a assertividade, que se referem à capacidade de voltar à forma original após um impacto e a certeza do caminho a seguir. Em seu lugar, abracei a maleabilidade (capacidade de adquirir novas formas) e a flexibilidade (gerar diversos caminhos estratégicos).

Para o futuro, isso é o que almejo: que continuemos a transformar-nos sempre, enquanto aprendemos e nos desenvolvemos a partir de novas experiências!

Referências

GOLDSMITH, M.; HELGESEN, S. *How Women Raise.* Nova York: Hachette Books, 2018.

MONTEIRO, F. *Histórias de sucesso*. v. 7. São Paulo: Global Partners, 2022.

52

AS REVIRAVOLTAS QUE A VIDA DÁ

O ano de 2017 foi o pior e o melhor da minha vida, e falar sobre isso é libertador. Foi a grande virada na minha trajetória como mulher, esposa, mãe, madrasta, filha e executiva, me tornando muito mais forte e segura. A gente é o que compartilha, a soma de tudo o que vivemos. Minha melhor versão nasceu de uma transição de carreira – é possível ser o que quisermos. Não mudei de carreira aos 45 minutos do segundo tempo, mudei aos 45 anos de idade. Estou só começando e ainda terei mais capítulos para contar.

SANDRA MONTES

Sandra Montes

Contatos
smontes28@gmail.com
LinkedIn: linkedin.com/in/samontes
Instagram: @sandramontesaymore
Twitter: @smontes28

CMO do Olist, responsável pela gestão das marcas Olist, Tiny e Vnda na América Latina. Formada em economia, com MBA em marketing pela ESPM, tem especialização em *Branding, Sustainable Growth* e *Digital Platforms* pela Harvard Business School e pelo Massachusetts Institute of Technology, o MIT. Acumula mais de 20 anos de experiência na criação de estratégias de marketing em empresas com atuação global. Como CMO, já teve passagens pelo Rappi, OLX e Electrolux. Faz parte do Conselho da Camil Alimentos e do Instituto Capim Santo, é investidora-anjo, mentora Endeavor e SoulCode e, recentemente, entrou no ranking TOP 10 CMO 2022 do Brasil, pela Revista Forbes. A CMO faz mentorias nos grupos femininos Mentorela, Nós por Elas e Mulheres no Comando e apoia os movimentos *Uma sobe e puxa a outra* e *Mulheres em conselhos*.

Quem é a Sandra?

Sou curitibana, aquariana e tenho 51 anos. Venho de uma família grande, tenho duas irmãs e um irmão, a Silmara, a Silvana e o Sérgio – sim, somos todos do "S". Minha inspiração sempre foram os meus pais: Antonio Romão, um economista bem-sucedido na carreira que passou por algumas das mais importantes organizações do estado do Paraná; e Lourdinha, minha mãe, uma mulher gigante de um metro e meio de altura, pedagoga, que se tornou empreendedora na sua aposentadoria abrindo uma ateliê de reciclagem de roupas para homenagear minha avó, costureira, e que em toda a sua existência foi uma mulher de talentos manuais invejáveis, linda e sempre presente mesmo não estando mais neste mundo.

Eu, mulher, esposa, madrasta e mãe, nessa ordem. A primeira empresa que trabalhei teve uma grande importância na minha vida, além da experiência, pois foi onde conheci meu marido – sim, casei-me com o meu chefe. César Aymoré e eu somos casados há 16 anos, temos dois filhos, Bernardo e Guilherme, e tenho três enteadas: Gabriela, Victoria e Eduarda. César me apoiou em um momento importante em que minha carreira deslanchou em São Paulo, ele foi um grande parceiro por escolher e acreditar que essa cidade era nosso caminho.

O que eu quero da minha vida é entregar o meu melhor ao mundo, impactar e deixar um legado. Sou extremamente grata por ter vivido o impacto de 2017, onde fui demitida – *spoiler* –, porque hoje consigo ver que foi a melhor coisa que aconteceu, embora tenha sido difícil entender todo o luto que este fato carregou. Essa experiência me tornou uma mulher e líder muito mais forte e segura, fiel aos meus valores e princípios. Não entro e saio calada de uma reunião, se estou ali, minha voz tem de ser ouvida. Passei a exercer meu propósito e falo dele todos os dias, agora, vou falar aqui.

Minha carreira: como eu cheguei e saí de "lá"?

A carreira do meu pai foi minha inspiração. Decidi cursar Economia na faculdade e comecei em um estágio no Citibank. Ali foi meu primeiro emprego, a área financeira me provocava e eu achava que só ali teria uma carreira consolidada. Percebi que minha busca ainda não estava completa e tive a oportunidade de ir para a área de auditoria. Abraçar as oportunidades que surgem nos primeiros anos da nossa vida profissional são muito importantes, nem sempre vai ser aquilo que você quer, mas às vezes te abrem novos horizontes.

Assim que terminei a faculdade de Economia decidi ir para os Estados Unidos estudar inglês – naquele tempo a gente não nascia falando inglês como nossos filhos fazem hoje. Morei em Boulder, no Colorado, por um ano e, além do inglês, descobri onde realmente me sentia feliz. Estudava na universidade e, como módulos extras, participei de um curso de marketing, marcas e comportamento do consumidor. Foi exatamente ali que descobri que gostava de gente, de entender o que as pessoas pensam, como vivem e como querem viver. Voltei para o Brasil e comecei uma pós-graduação em marketing; animada com essa primeira migração, candidatei-me para um programa de *Trainee* de Marketing na Electrolux do Brasil.

Na Electrolux fui transferida para São Paulo, onde construí a marca com todas as minhas forças e aprendi tudo o que sei sobre estratégia, marketing e governança corporativa. Aprendi como viver em um ambiente formal e extremamente corporativo, além de ser a única mulher na maior parte das situações. Fui *trainee*, analista, coordenadora, gerente e diretora de Marketing Brasil, até chegar à posição de CMO (*Chief Marketing Officer*) para a América Latina. Foram 19 anos de dedicação e devoção, sentia que a minha vida estava ali, naquela marca. Fui treinada para participar do *board* de liderança como única mulher naquela posição, andava de salto alto e bem arrumada todos os dias – como se isso suportasse a minha opinião e o meu reconhecimento dentro dos meus 1,60 metros de altura. Lembro-me que algo em mim ainda me deixava pequena e me encolhia muitas vezes na fala, na voz e no meu comportamento. Eu acreditava em um comportamento adequado para aquele estilo de gestão, mas na verdade eu podia mais e cabia a mim colocar isso para fora.

Por dez anos me reportei ao CEO da Electrolux, Ruy Hirschheimer; ele teve e tem uma grande importância na minha carreira e segue sendo meu mentor. Tivemos momentos bons e alguns difíceis, mas todos foram importantes para formar quem eu sou e como atuo. Tive um reporte duplo, também me reportava a Mary Kay Kopt, CMO global, que foi e sempre será uma grande inspiração para mim – minha primeira liderança feminina, ela me fez entender o valor real da escuta, da generosidade e que liderar é conhecer a pessoa além do cargo, ser humana acima de todas as coisas.

Em 2016, Ruy e Mary Kay deixaram a Electrolux. Meu mundo caiu, era a primeira vez que eu passava por uma grande mudança na minha liderança, quando a gente tem a sorte de trabalhar com pessoas tão boas o medo de lidar com o novo é enorme, e raramente estamos prontos para mudanças, nos apegamos muito em nossas zonas de conforto.

Em 2017, depois de algumas conversas com o novo CEO, entendemos que era o final de um ciclo para mim e para a empresa e deixei a Electrolux. Não tinha noção do que era viver sem o meu trabalho. Lembro-me bem de que quando cheguei em casa, olhei para a pessoa que me auxiliou e me ajudou tanto e disse: "Preciso te dispensar, preciso cuidar da casa, reconhecer meus filhos e olhar para o meu marido". Foi duro tomar essa decisão, afinal ela não tinha nada a ver com aquilo, mas foi importante para mim. No dia seguinte viajamos para a Disney com os meninos, chorei horas seguidas, queria me desligar de tudo e abraçar o Mickey com todo o meu privilégio, queria uma pausa para estar dentro de um universo onde tudo é lindo, porém ilusório. Voltei para o Brasil e, literalmente desempregada, não sabia o que fazer com as horas, os dias e não me reconhecia em mim mesma.

E agora, Sandra?

Eu estava assustada, com medo e muito receio de não saber fazer mais nada além de trabalhar com linha branca. Duvidei de mim mesma, não conseguia olhar para outras áreas, parecia o meu fim, tive receio de nunca mais ser reconhecida ou considerada uma profissional e executiva competente – a síndrome da impostora. Além disso, a insegurança financeira me afrontava. A situação era confortável pela rescisão por um ano de não concorrência, porém o fato de não ter um salário no final do mês me assombrava. Meu marido, para me confortar, me deu um cartão de crédito e eu não sabia lidar com isso, sempre tive meu dinheiro, fui independente e naquele momento tive de aceitar o fato de que precisava dele. Foi um grande aprendizado admitir que receber ajuda, seja ela qual for, faz parte do processo, e está tudo bem exercer a parceria de um casal nesse momento. A minha cobrança comigo era tão grande que, quando chegava do mercado, eu explicava para ele o que tinha gastado. Um comportamento de quem se sente culpada por não estar contribuindo, mesmo eu tendo contribuído a vida toda.

Iniciei o ano com um profundo curso de autoconhecimento com a Alana Trauczynski. O curso se chamava "Recalculando a rota". Ela me puxou, me fez olhar para dentro e observar quem eu era de verdade; foram três meses para me entender e descobrir o meu propósito de vida tanto pessoal como profissional, que hoje defendo e tenho orgulho em dizer que é "fazer a diferença na vida das pessoas, gerando um impacto positivo". Somado a isso, comecei a estudar o mundo digital, inspirada nos meus filhos que são "gamers", os quais queria me aproximar e ter uma linguagem muito mais comum à deles, e a tecnologia era o caminho. Entendi que para impactar o mundo teria que estar dentro desse contexto, falar essa linguagem. Mas como fazer isso? Mudar de carreira aos 45 anos de idade? Como o mundo me veria?

Como uma transição de carreira me fez renascer?

Meu pontapé – melhor, minha coragem – de sair do mundo *offline* para o on-line me fez renascer na minha melhor versão e encontrar meu verdadeiro propósito pessoal e profissional. Foi um processo duro, intenso e extremamente necessário dentro de um mundo volátil, incerto, complexo e ambíguo – que amo!

Comecei a estudar plataformas digitais, me aproximei da Singularity University e a frase do Peter Diamandis que mencionava impactar um bilhão de pessoas no mundo por meio da tecnologia fazia muito sentido para mim. Fiz cursos on-line dentro e fora do Brasil, revisei meu LinkedIn, contratei uma consultoria para revisar meu currículo, agendei todos os cafés para ouvir histórias de vida das pessoas, como mudaram, o que fizeram e como se sentiam, enviei e-mails para *headhunters*, para pessoas que conhecia e que não conhecia, pedi orientação e o mais importante: eu pedi ajuda.

Fui puxada por muitas mulheres: Fatima Zorzato, que me disse claramente o que meu currículo deveria contar, quem eu sou e não ser de plástico; Morena Leite, que me convidou para integrar o Conselho do Instituto Capim Santo, em um momento em que não acreditava que sabia fazer outra coisa; Claudia Lebie, uma amiga de longa data que voltou para a minha vida como um furacão, me sacudiu e nunca mais saiu de perto de mim; Denise Paludetto, minha vizinha e executiva de alma que soube me olhar, me ouvir, me entender. Foram tantas mulheres que me estenderam a mão e me puxaram para a vida! Nesse contexto, minhas amigas, Paula, Priscila e Angela, minhas irmãs e minha mãe estiveram comigo, com a frase de toda uma vida: – "Filha, você sempre foi adiante e acreditou que as coisas se encaixariam, por que agora seria diferente?".

Segui meu caminho fazendo entrevistas, candidatando-me para processos, vagas, e nada parecia perto do meu desejo de trazer impacto para o mundo e para as pessoas, tudo parecia frio, distante. Não me lembro de um dia dormir até às onze horas da manhã, impressionante como nós temos dificuldades de nos dar o direito de não fazer nada.

Até que um dia, candidatei-me no LinkedIn para uma vaga de Diretoria de Marketing na OLX, que nitidamente exigia uma experiência em plataformas digitais que eu não tinha. Na entrevista com Phillip Klein, responsável pela área, fizemos um pacto, que me dava a possibilidade de aprender com ele sobre tecnologia e performance em plataformas digitais e entraria com todo o meu conhecimento de marketing e comunicação. Foi um dos momentos mais importantes na minha vida e ele acreditou na minha virada, a quem tenho imensa gratidão.

A minha chegada naturalmente foi receosa por parte da equipe, quem não tem medo de uma nova liderança? Mas, de novo, cabia exclusivamente a mim trazer as pessoas para o meu lado, mostrar que eu estava ali para somar e mais do que tudo para aprender, eu precisava deles. Fiquei na OLX por três anos, sendo os dois últimos como CMO. E foi espetacular. Tive pessoas que me ajudaram muito nessa transição de carreira de um mundo *offline* para um mundo on-line. José Fay, por sua sabedoria e por acompanhar a minha carreira, e André Caldeira, que conhece o verdadeiro valor de um propósito.

Nunca mais usei saltos altos e não os quero de volta, passei a usar tênis todos os dias, feliz com a minha altura, com meu tom de voz, feliz dentro da minha pele. Deixei de andar de carro blindado, passei a usar Uber e metrô, queria estar mais próxima das pessoas que quero impactar, se eu queria mudanças, eu precisava começar por mim. Foi ali que aprendi a ser uma pessoa mais simples, mais humana, expor as minhas vulnerabilidades e dizer: – "Eu não sei, mas quero aprender."

Após esse período, surgiu uma oportunidade para ser CMO do Rappi, onde o propósito seria devolver o tempo para as pessoas. Depois de um ano querendo me desafiar ainda mais, fui convidada para trabalhar na Olist, também como CMO, uma plataforma que empodera pequenos e médios empreendedores dentro do *e-commerce* para que sejam eficientes dentro dos *marketplaces* e possam sobreviver dentro desse mundo digital que evolui todos os dias. Mais uma vez, meu propósito de vida seguiu me guiando, impactando e sendo exercido todos os dias da minha vida.

Nesse período, passei a mentorear grupos femininos com o intuito de empoderar mulheres utilizando meu exemplo e minha vivência para provar que é possível mudar, quando e como quiserem. Tornei-me investidora-anjo avaliando *startups* promissoras e priorizando as que são lideradas por mulheres. Tornei-me mentora da Soulcode para pessoas que também estão fazendo uma transição para o mundo da programação, do digital. Em seguida, fui convidada para ser Conselheira de Administração da Camil Alimentos, uma nova fase e um novo aprendizado, onde a minha trajetória e transição de carreira foram essenciais para ocupar essa cadeira.

É por tudo isso que disse no começo do meu capítulo que a minha melhor versão nasceu de uma transição de carreira e de uma demissão. Dividir a minha história é uma honra, sou grata por ter vivido cada parte da minha vida. Não romantizo. É claro que é muito difícil passar por isso, mas o que eu quero aqui é colocar minha voz no mundo para dizer que é possível ser o que a gente quiser. Eu mudei aos 45 anos de idade e, hoje, consigo entender e aceitar aquele momento difícil da minha vida. Só agradeço.

Seguimos, luz na caminhada.

53

TUDO JUNTO E MISTURADO

Ser mulher, latina, com mais de 45 anos é um trabalho que, só pela descrição, deveria ser muito bem remunerado. Infelizmente, essa não é a realidade. Aqui conto sobre minha experiência com as interseccionalidades desde o início da minha carreira. Também falo sobre esse desafio agora, vivendo em terras estrangeiras, e sobre o meu próprio processo de cura, que se iniciou com o meu retorno às salas de aula e com a criação da minha empresa, a STORY by Sil Curiati, que apoia mulheres por meio do fortalecimento de suas histórias.

SIL CURIATI

Sil Curiati

Contatos
silcuriati.com
sil@silcuriati.com
Instagram: @silcuriati
LinkedIn: linkedin.com/in/silcuriati/
YouTube: youtube.com/@storysilcuriati

Paulistana, Sil Curiati desenhou sua carreira para ser cidadã do mundo. Formada em Publicidade pela FAAP, trabalhou na ABAP, Rapp Collins e Vésper. Morou por quatro anos em Miami, liderando a área de planejamento da ThompsonConnect e o marketing da Editorial Televisa. Sil tem 29 anos de experiência em Marketing, Digital, CRM, *Branding* e *Design Thinking*. Liderou estratégias de comunicação regionais e globais para grandes marcas na OgilvyOne & Interactive e JWT. Com dois anos de Google Brasil, mudou-se para a Califórnia como uma das 55 evangelistas globais. Isso a levou para uma posição de liderança criativa global no Google NY por mais cinco anos. No início de 2023, deixou a vida corporativa para dedicar-se em tempo integral à sua empresa, STORY by Sil Curiati, que ajuda mulheres e pessoas historicamente menos privilegiadas a aprimorar suas histórias e atingir seus objetivos. Também dedica tempo a seu mestrado em Psicologia pela Harvard University.

Me lembro do dia em que me descobri velha.

Tinha 35 anos e estava a caminho de uma reunião, acompanhada por colegas da equipe e pela agência parceira. Tinha perdido uns quilinhos, estava mais forte e disposta, me sentia bem comigo. Caminhávamos juntas trocando poucas palavras sobre a reunião. Aproveitando um breve silêncio, uma das moças da agência parceira fez um comentário direcionado a mim: "Nossa, você emagreceu", ao que a outra complementa: "Verdade, deve ser muito difícil na sua idade".

Deve-ser-muito-difícil-na-sua-idade. Leia isso pausando, com a devida ênfase.

A frase veio como um soco no estômago e uma puxada de tapete, me derrubando de cara no chão.

Elas não deveriam ter 30 anos ainda, aquela fase de vida em que não pensamos no valor dos anos passados, porque o futuro ainda é muito maior. E olhavam para mim como alguém que carregava na identidade um peso capaz de mudar a minha interação com o mundo. Me viam como uma mulher que tinha uma idade.

Ser mulher

Comecei a trabalhar aos 17. Em início de carreira executiva, a pouca idade vive de mãos dadas com a falta de experiência. Me lembro do drama da escolha da roupa do dia e da atenção que eu colocava em não parecer jovem. Tinha conhecimento e falava bem, mas como a aparência é a primeira coisa a ser notada, todo cuidado era pouco. Naquela época, ser mulher no auge da juventude afetava a minha navegação corporativa, criando situações lamentáveis. Em uma delas, executivos homens me atribuíram uma nota durante uma entrevista em agência. Era prática comum votar na aparência das candidatas mulheres, nunca na dos homens.

Tive chefe que fazia observações sobre minhas roupas. Outro que achava ridículo eu usar batom vermelho de manhã. Ouvi sobre meus acessórios, meu penteado. O salto do sapato era sempre baixo ou alto demais. Tênis nem pensar. As sugestões que davam vinham disfarçadas de mentoria: assim eu seria levada mais a sério.

Como todas as mulheres que conheço, passei por isso sem fazer um comentário sequer sobre homens de sapato puído, terno mal-ajambrado, camisa suada nas axilas, calça curta, jeans inadequado. Homens passam ilesos pela patrulha da aparência física, podendo concentrar toda a sua energia em como pedir o próximo aumento e conseguir aquela promoção. Enquanto nós, mulheres, começamos a nos fragmentar aí, quando temos que cuidar de cada detalhe da nossa presença para garantir o emprego no dia seguinte.

Eu me quebrei em mil pedaços. Tenho várias histórias de assédio para contar. Por muitos anos, o gatilho foi sempre a feliz coincidência de meus cromossomos serem XX, e o fato de a indústria ser dominada por cromossomos XY. Arrisco a dizer que você, leitora, também tenha passado por algo semelhante. Com o tempo, aprendi a lidar melhor com o assédio e a responder atravessado, quando achava que poderia. Nem sempre me senti segura o suficiente para agir, mas quando conseguia, ah! Que sensação maravilhosa!

A terapia me ensinou a colher meus cacos espalhados, destroçados por aniquiladores de autoestima, e a cuidar deles com carinho, para não se estilhaçarem ainda mais. Aprendi a nomear cada dor e cada ausência, e a dissociar certos sentimentos das experiências vividas. Este é um processo contínuo e sem fim, ainda necessário.

Como tudo na vida passa, me lembro de que em um certo momento da minha carreira pensei ver a luz no fim do túnel. Que havia conseguido provar a minha competência e que, finalmente, eu não seria mais alvo de discriminação e assédio. Mas sorrateira e silenciosamente, outra ameaça começou a tomar forma, aquela que só mulheres de sorte sentem na pele: o envelhecimento.

Ser mulher 40+

Envelhecer é um problema que quero ter. Esse foi um pacto sigiloso que fiz comigo quando ainda era nova e cheia de certeza de que dor de coração jovem partido é mais dolorosa que dor nas juntas. A alternativa ao envelhecimento simplesmente não é um final feliz.

Tenho memória do dia em que a minha avó fez 53 anos. A representação das avós em histórias, filmes, desenhos e cartilha Caminho Suave é a daquela senhora pequena, curvadinha, com os cabelos brancos presos em um coque baixo e os óculos na ponta do nariz. Invariavelmente, ela estaria tricotando, usando um casaquinho sobre um vestido simples. A minha avó de 53 anos não era nada daquilo, mas eu me lembro de percebê-la como velhinha encaixada no estereótipo.

Minha avó era ágil, tinha o corpo bonito, a cintura sempre marcada por um cinto largo sobre roupas coloridas e elegantes. Pintava e enrolava os cabelos para ficarem "jeitosos", como dizia. Sempre se perfumava e se maquiava, usando um batom vermelho vivo da Helena Rubinstein. Nunca deixava de complementar o visual com brincos de pedras, pulseiras e colares. A minha avó, naquele ano, era uma mulher de 53 anos como as minhas amigas de 53 anos são hoje. Mas a víamos como uma vovó de cartilha.

Parte desse olhar se deve ao erro na representação. Muitas avós não tiveram a oportunidade de trabalhar e construir carreira. Foram impedidas pelos seus pais e maridos, e tornaram-se "do lar". Trabalhando pela família, em jornadas 24/7 não remuneradas, o estereótipo da vovó acelera o efeito do tempo na sua imagem: toda a jovialidade dos 50 perde estatura, destreza e cor, encaixando-a na figura curvada construída no nosso imaginário.

Vejo hoje a minha geração espalhada em diversas áreas na indústria publicitária. Mas lá atrás, quando comecei, não me lembro de ver muitas mulheres acima dos 40 ocupando o espaço, que dirá de 50. Havia umas poucas líderes e donas de agência, mas nunca as víamos como candidatas sendo entrevistadas. Eu, não sendo dona nem presidente aos 40 anos, senti aquela injeção de combustível no assédio e na discriminação. Ser uma mulher 40+ foi a minha primeira experiência com a interseccionalidade.

Sei que conto essa história a partir de uma posição de privilégio. Não nasci nem cresci na periferia, sou branca e não tenho deficiência. Essa história teria muito mais vieses e nuances se, ao chegar aos 40 sendo mulher, a protagonista também tivesse passado por discriminações sociais derivadas de outras interseccionalidades. Tendo passado pelo que passei com todos os meus privilégios, fico sem ar ao pensar no que tantas outras mulheres viveram e continuam enfrentando.

É estimulante ter mais de 40 e trabalhar com propaganda e tecnologia. O aprendizado é constante e eu adoro a troca entre as gerações. Mentoria, na minha opinião, é um caminho de mão dupla: eu mentoro jovens e quero ser mentorada por eles. Minha dedicação ao planejamento estratégico nasceu da minha paixão pela mente e pelo comportamento humano. Então, o fascínio pelas novas maneiras de agir, interagir, criar e consumir me motiva sempre. Da mesma forma que me inspira olhar para trás e aprender como faziam antigamente.

Por meio de mentoria e *coaching*, ajudo muitas jovens a construírem sua imagem profissional. Faço isso pensando no quanto sou grata por ter sido moldada por tanta gente boa que veio antes de mim, e também faço pensando no quanto apanhei de gente ruim e malpreparada, que não queria dividir com a minha geração.

Toda nova geração entra em um mercado de trabalho construído pela e para a geração anterior. Não temos ainda a capacidade de criar para o desconhecido, nem devemos. Somos seres em constante mudança e a imprevisibilidade é bela. Quem vem em seguida tem a oportunidade de reinventar. Combinar a experiência de quem aqui já está com a idealização de quem chega é a melhor estratégia. Estamos lutando por mais igualdade e justiça em diversos aspectos; e se tudo der certo, as novas gerações entrarão cada vez em melhores posições e se colocarão cada vez mais diante dos desafios. Meus sobrinhos serão muito melhores que eu na mesma idade. Mas isso não torna a geração anterior obsoleta.

Logo após a pandemia, fui questionada em uma reunião se eu não iria mais tingir os meus cabelos – pareceria mais jovem se o fizesse, disseram. Estavam grisalhos, e uma mecha branca bem na frente se destacava. A pergunta me soou invasiva e discriminatória. "Por que eu deveria querer parecer mais jovem?", respondi. "Tecnologia é uma indústria de jovens", ouvi.

Há uns bons anos, ouço que já não tenho mais idade para certas coisas. Fui questionada se não era tarde demais para me separar, tarde demais para me casar de novo, muito tarde para mudar de país, de carreira, voltar a estudar. Depois dos 40 eu me casei novamente, mudei de país, comprei minha primeira casa, tive meus primeiros cachorros e resolvi fazer o meu primeiro mestrado, em uma área completamente nova. Tudo depois de "velha" (dessa vez, leia a frase com um sorriso).

Eu fiz as pazes com as críticas, e resolvi escancarar alguns aspectos do envelhecer por meio de uma série de vídeos que postei no Instagram, a "*Make* com Textão". Me filmei fazendo minha maquiagem diária enquanto falava sobre temas diversos. Sempre procurei mostrar a diferença de maquiar uma pele que já não tem o mesmo viço, dando dicas de como rever as técnicas apresentadas pelas jovens influenciadoras. Assumi a mecha branca, porque acho linda. Me chateia ter que fazer o dobro de exercício para ver metade do benefício, quando o que eu queria, de fato, era estar lendo um bom livro tomando um *boulevardier*. Sinto orgulho, quase não caibo em mim, ao tirar A+ na prova de estatística da Harvard, que inclui codificar na linguagem R. Eu, que nunca achei que teria capacidade mental para aprender algo tão complexo. Eu, que ouvi que tecnologia é coisa de jovem.

Sofri e sofro com o etarismo, e sei que este túnel é longo e sem fim, porque envelheço a cada palavra que escrevo. Não tem volta. Mas a idade me trouxe a sabedoria para pontuar a discriminação e agir, sem desconfiar da minha capacidade. A idade também me deixou sem paciência para ignorância, então às vezes eu estouro. E isso normalmente acontece quando percebo que é a soma dos fatores gênero e idade que está me afetando. Ser mulher e ter 46 anos no mercado de trabalho não é pouca bobagem.

Não acho que os 40 sejam os novos 20, nem que os 50 sejam os novos 30. Eles são o que são, e da mesma forma que eu mudei o meu olhar ao ver a minha avó por quem ela era, desafio os que me cercam a enxergar a própria idade e a do outro exatamente como ela é, com suas dores e suas delícias.

Ser mulher 40+ latina

Quando me mudei para Nova York, minha identidade automaticamente assumiu uma nova camada potencializadora de preconceito. Passei a me identificar como a latina que sou.

Nem sei por onde começar a contar como é ser uma mulher latina 45+ aqui fora. Apesar da presença substancial no mercado norte-americano, latinas e pretas recebem os menores salários do país, sendo os das latinas 7,7% inferior aos das pretas, de acordo com o U.S. Bureau of Labor Statistics. O Institute for Women's Policy Research concluiu que se a taxa de crescimento salarial de apenas dois pontos percentuais em dez anos (2021 U.S. Census) permanecer a mesma, os salários das latinas serão igualados aos dos homens brancos daqui a 185 anos.

Ainda por cima, existem aspectos sobre a latinidade especialmente relacionados às brasileiras. A imagem da terra do carnaval, da caipirinha e do futebol é uma das melhores já construídas no mundo: não se abala por nada! Há uma curiosidade incontrolável sobre nossos biquínis. Invariavelmente perguntam: "Mas usam biquínis pequenos em qualquer idade?". Respondo sorrindo que sim, se a sua cabeça permitir, o bumbum é seu, a decisão é sua. Podemos o que quisermos.

Outro fato interessante é termos crescido em uma cultura coletivista. Os Estados Unidos são a cultura mais individualista do mundo, então a dificuldade de compreensão e comunicação é real e palpável, e nada tem a ver com a fluência no idioma. Passei por momentos de grandes desafios na vida corporativa, e me dediquei a estudar culturas profundamente. Só consegui dominar a comunicação quando construí a ponte.

Sou Sil Curiati, mulher brasileira, latina, de 46 anos de idade, construindo uma vida no hemisfério norte nessa interseccionalidade. Tudo junto e misturado.

Criei a STORY para ajudar mulheres que, como eu, foram fragmentadas por discriminação, assédio, fenômeno da impostora e preconceitos. Infelizmente, toda mulher ainda é minoria e nos fazem menores a cada interseccionalidade presente. STORY significa *Strong* (forte), *Talented* (talentosa), *Original* (autêntica), *Remarkable* (notável), *You* (você): pilares que desmoronam ao serem alvos de ataques no decorrer dos anos, nos fazendo duvidar do nosso poder.

Eu me curo um pouco a cada dia que trabalho com uma cliente. Como na arte *Kintsugi*, aprendi a emendar os meus pedaços com ouro, criando algo ainda mais valioso. Ensino mulheres a fazerem o mesmo. Não é apenas a minha história que eu recrio: é a história de redenção da minha mãe, que parou de trabalhar para ser mãe, da minha avó, que nunca trabalhou fora por não deixarem, e de todas as mulheres que vieram antes e virão depois.

Naquele dia em que me descobri velha por ter perdido peso com aquela idade, eu só respondi: "Não é tão difícil assim, basta saber manter a boca fechada na sua idade". Todas as mulheres em mim agradeceram.

54

MEU AMOR POR INTEIRO

Conhecer sua intensidade, inteligência na entrega a tudo que se compromete a fazer é sua razão de ser. Amiga dedicada, profissional em suas ações, soube superar todos os desafios desde muito jovem, chegando, aos 19 anos, a ser sócia de uma futura rede de doçarias de sucesso chamada Amor aos Pedaços, pioneira no desenvolvimento do sistema de franquias no Brasil e sendo a primeira do seguimento, inclusive levando seu conhecimento e sua marca para o exterior. Um longo trajeto, com muitas conquistas e recomeços. Sobrevivente de quatro décadas de mudanças no país e no mundo, soube compartilhar com seus franqueados, clientes, funcionários e fornecedores, inovação e sabores que hoje fazem parte da memória afetiva de seus clientes e fãs da marca. Mãe, esposa e empreendedora incansável: generosa com os outros, espelha seu amór e sonhos, compartilhando felicidade e sucesso com a luz que emana de seus olhos, pondo sua determinação em tudo o que faz.

SILVANA ABRAMOVAY

Silvana Abramovay

Contatos
silvana@amoraospedacos.com.br
LinkedIn: linkedin.com/in/
silvana-abramovay-marmonti
Instagram: @silvanabramovay

Empreendedora por vocação, iniciou sua carreira como sócia da rede Amor aos Pedaços, onde ajudou a construir o modelo pioneiro de franquias no Brasil, sendo responsável pela gestão tanto dos franqueados como da equipe de colaboradores que compõem a parte administrativa da fábrica e escritório. Especializada em varejo e *franchising*, desenvolveu-se em gestão nas áreas de marketing, administração e finanças, com foco em expansão de negócios. Todo percurso de sua trajetória profissional é marcado por muita curiosidade quanto a tudo que é novo, envolvendo grandes entregas e tendo muita paixão pelos desafios a empreender. Fez parte do Conselho de Ética da Associação Brasileira de Franchising (ABF); seu conhecimento é compartilhado em palestras por diversos lugares do país, como parceiros Alshop, Itaú Mulheres Empreendedoras, Grupo Multi Setorial e Lideres Empreendedoras. Seu dinamismo e conhecimento, ao longo dos anos, abriram o caminho para mentorias particulares e corporativas com foco em varejo, franquia, empreendedorismo e mentoria com referências da liderança feminina na plataforma Mentorela, IVG e Alumna. Atua também como *guardian* na plataforma Angel Us, exclusivamente para mulheres, fazendo parte do comitê de gestão do Líder do Futuro e do Instituto Mulheres do Varejo, além de ser voluntária em diversos projetos sociais, como SO+MAR e Cruz de Malta. Cursou Comunicação Social pela FAAP/SP e é mãe de três filhos. Seu maior *hobby* é viajar pelo Brasil e pelo mundo para descobrir novas culturas e sabores. *Foodie* na essência.

Contemplar minha trajetória para este livro, primeiro como filha, irmã, mulher e depois como empreendedora e mãe, me fez refletir sobre as experiências e exemplos que moldaram minha vida. Sou de origem judaica pelos dois lados da família, filha mais jovem de quatro irmãos homens. Por isso brinco que aprendi ainda pequena a ter garra para conquistar meu espaço. Sendo a caçula, lutava até pela melhor fatia de melancia na sobremesa: caso contrário, me sobrava sempre aquela pequena, feia, esbranquiçada.

Também logo cedo quis ser independente como meus irmãos, o que foi incentivado pelas mulheres fortes da minha vida, que me deixaram como herança seus valores intangíveis. Vem-me sempre a frase do provérbio judaico "dê a seus filhos raízes, e mais tarde asas". Hoje percebo que trabalhar com comida é uma linda homenagem a três dessas mulheres: minha avó Sima, banqueteira de quitutes judaicos maravilhosos; sua filha Esther, minha querida mãe – que se entristece em contar que nunca foi ensinada a cozinhar; e minha avó Estela, que sempre viajou e trouxe novidades gastronômicas deste mundo afora!

Foi seguindo os passos de um dos meus irmãos que aos 19 anos entrei na sociedade da Amor aos Pedaços com o mais novo deles, Reinaldo, e Ivani Calarezi, um pouco antes da abertura da nossa segunda loja. A Ivani segue minha sócia há quase 40 anos e meu irmão acabou indo buscar outros sonhos após uma década na empresa. Não ao acaso, ele, seguindo o legado de família, ainda trabalha com comida.

Ao lado da Ivani – criadora de todos os nossos doces, formada em música, uma grande pianista e artista – desbravei o mercado alimentício brasileiro. Esse foi o universo que desde o início fez o meu coração pulsar mais forte, sendo eu uma *foodie* nata.

Nossa empresa foi disruptiva nesse mercado, pois criamos uma nova maneira de servir doces: a que atendesse os nossos próprios desejos de sempre querer experimentar de tudo. Permitimos que os nossos clientes escolhessem o tamanho das fatias dos bolos que queriam comer, em vez de serem forçados a comprarem um bolo inteiro, como era em outros lugares. Assim, podiam escolher comer vários pedaços pequenos, com quantos sabores quisessem. Na época, brigadeiro só existiam em festinhas de crianças, e em nossa loja você podia comprar para comer em casa.

Nesse pioneirismo de novas experiências, minha sócia criou um doce para a festinha de um ano de seu filho Rafael, o doce chamado bicho-de-pé, rosinha e saboroso. No começo as pessoas estranhavam o nome, mas hoje é um sucesso nacional. Já escutei muitas versões falsas da história sobre o porquê do nome do docinho rosa. A história verdadeira é que o nome foi dado pela Ivani, que desde criança ia para a fazenda e pegava bicho-de-pé e se coçava sem parar. Similar ao nosso bicho-de-pé, que a gente come sem parar!

A história da doçaria, com seus 40 anos, é a história da minha vida. Inclusive, foi por conta dela – mais especificamente de uma loja que abrimos em Campos de Jordão – que conheci o pai dos meus três filhos. Nestas quatro décadas empreendendo, passei por muitos ciclos abundantes, outros menos. Foram quatro planos econômicos, abrimos lojas fora do Brasil e depois decidimos nos separar dos sócios que faziam as operações internacionais e, confiando em nossa intuição e garra, seguimos em frente com novos projetos. Tivemos uma experiência decepcionante quando recebemos investimento de um fundo, que hoje não é mais nosso sócio. Além do mais, fomos pioneiras no desenvolvimento do sistema de franquias no Brasil, sendo a primeira doçaria nesse segmento.

Enfim, um longo trajeto, com muitas conquistas e recomeços. Para sobrevivermos por décadas, foi necessário evoluir junto com as pessoas que fazem parte da jornada: nossos clientes, franqueados, funcionários e fornecedores. Sempre tentei manter a premissa de ser pioneira, inovadora e, como disse no começo, disruptiva. E foi assim, com amor e suor, que criamos doces que fazem parte da memória afetiva de gerações de clientes e uma marca com apelo emocional atemporal.

Da mesma forma que houve muitas fases do Amor aos Pedaços, também tiveram muitas Silvanas liderando essas fases. Como bem disse Lya Luft: "viver deveria ser – até o último pensamento e derradeiro olhar – transformar-se". No início, como contei, era a menina desbravadora independente, que queria ser grande como os irmãos. Logo em seguida, a empreendedora, esposa e também mãe.

Como equilibrar tudo com os três filhos? Com estresse e dificuldade, tinha dias que euss era apenas a mãe Silvana, ansiosa e preocupada. Toda mulher trabalhadora sabe como é ter que parar uma reunião porque o filho ligou da enfermaria, doente, precisando ser levado para casa. Sim, eu trabalhei bastante, tanto que meus filhos faziam festa nas raras vezes em que eu conseguia buscá-los na escola. Mas sempre tentei ir para todas as reuniões com professores e na maioria das apresentações. Por sorte, meus filhos sempre tiveram um pai incrível; e quando ele também tinha que trabalhar, podia contar com minha sogra ou minha mãe para estarem lá, presentes. Enfim, Georgia, Adolfo e Pietro cresceram e são minhas três faculdades. Eles me inspiram a inovar e rever conceitos antigos e sigo aprendendo com eles todos os dias em um mundo de plena transformação.

Hoje em dia, quando converso com mães novas, que se sentem culpadas de não conseguirem estar em todos os lugares ao mesmo tempo, é dessa palavra que eu falo: presença. Sinto que isso fez toda a diferença na criação dos meus filhos. A segurança de saber que quando – por algum motivo de trabalho – era impedida de estar com eles, meu coração e minha alma estavam presentes sempre; mesmo sendo muito difícil, porque não tínhamos celulares com e-mail ou grupos de redes sociais na época. Quando surgiam problemas, eram suficientemente grandes para ficarmos desconectadas de tudo. Presença mental requer disciplina e prática, mas eliminou a minha culpa e permitiu que eu conhecesse meus filhos e que eles soubessem que podiam contar comigo, mesmo nas minhas ausências.

Teve uma Silvana, no entanto, que desapareceu por um tempo: a Silvana empresária e conectada, que vivia além do seu negócio e da sua família e amigos. Aquela que fazia *networking* e tinha uma vida social ativa. Como na vida nem sempre nossa trajetória são flores, por volta de 2001, um fato quebrou momentaneamente meu ritmo de vida: tive uma tentativa de sequestro em que o segurança da minha fábrica faleceu na minha frente. Minha vida girou 180 graus. Recolhi-me e fiquei algum tempo sem sair na rua. Tive o privilégio de poder levar minha família para fora do país por alguns meses até que me sentisse pronta para reintroduzi-la e minha vida voltasse a uma rotina normal.

Muitas vezes me senti paralisada pelo medo; tornei-me mais caseira, desapeguei-me de iniciativas das quais participava e vivi de maneira mais independente o desafio de empreender. Fiquei sem muito ânimo de me conectar fora do ambiente trabalho-casa-lazer e com outros empresários e mulheres. Fui me curando aos poucos, e com as complicações que tivemos com o investimento que comentei do fundo, fui forçada a me reinventar e me reconectar à Silvana pré-incidente.

Já sabia que era importante me atualizar, pesquisar e estudar. Descobri nessa nova fase que também é preciso se abrir para conhecer pessoas novas, doar-se, receber com gratidão o que o outro também pode oferecer de ajuda. Sempre soube que não sabia de tudo, mas estou vivendo uma nova fase de aprendizado com o outro, que está me permitindo evoluir em todos os meus processos. Nesse momento de reinvenção tive que aprender a abandonar as minhas antigas convicções, apegos e principalmente meus traumas e estar mais receptiva ao novo.

Escrevo hoje como uma Silvana mais leve, que não se deixa sucumbir tanto à pressão da rotina e que entende que os processos também precisam ser prazerosos. Li uma frase do Kinsella que marcou essa minha nova fase de vida: "O sucesso é conseguir o que você quer, felicidade é querer o que você conquistou". Traz-me paz olhar meu trajeto, reconhecer as conquistas e saber que o sucesso a qualquer preço, que prejudica, por exemplo, minha saúde, não vale mais tanto a pena.

Foi também nesse momento – e por conta de muitas falas da minha filha, já adulta – que descobri o feminismo. Sempre que esse era o assunto me via falando: "mas eu, eu não sou feminista". Logo eu, sócia de uma empresa liderada por duas mulheres, que começou a empreender com 19 anos, pioneira em um mundo de negócios masculino, não me via como tal. Percebi que enquanto o feminismo é algo a se orgulhar para a geração dos meus filhos, para nós ainda era uma vergonha. Informei-me e reavaliei minha vida por outro olhar. Troquei a lente dos desafios que tive, reconectei-me com a experiência de ser mulher naqueles ambientes e com o meu feminino.

Já muito confortável com essa minha nova persona, um pouco antes da pandemia, conheci a Dani Graicar, que criou o *Somos aladas* e me convidou para ser mentora de um projeto dela chamado *Mentorela*. Aceitei o desafio. Sou da geração que foi ensinada que se faz uma coisa só, a vida toda. Um trabalho, uma empresa, e depois só a aposentadoria. Mas me encontrei trocando experiências e lembrei-me de que quando fiz um teste vocacional, aos 15 anos, tinha dado que eu deveria ser professora. Na época, dei risada, mas veja só, não é que de alguma forma cheguei lá?

Eu, que acabei ficando mais reclusa, resolvi começar a sair e conhecer mulheres desbravadores neste mundo masculino. Nas várias mentorias que dou, ajudo mulheres a sair da sua zona de conforto e ter coragem.

Sinto que saí do casulo e quero muito fazer com que outras mulheres também saiam e vejam a importância de uma puxar a outra. Muito da experiência feminina é compartilhada: desde coisas biológicas – como cólicas, TPM e maternidade – até sociológicas – como abusos, microagressões e dores de apagamento por questões de gênero. Por isso temos muito o que aprender umas com as outras. Ajudar outras mulheres tem sido cura para mim também, já que quando comecei na doçaria não existiam esses grupos de apoio, que teriam me ajudado muito a cometer menos erros e sentir-me mais acolhida e apoiada.

Graças a Deus que o mundo está mudando, e precisamos transformar as pessoas para que também se apoiem. Agradeço a Helô Santana, amiga tão querida que me puxou para esse grupo.

O último e mais importante recado que daria é que empreender levará você a lidar com os outros e não se pode lidar com ninguém sem se conhecer profundamente primeiro, pois espelhamos nossas sombras e medos nos outros; e pessoas confusas ferem e perdem pessoas incríveis. Uma empresa se faz com pessoas, e não conhecer sobre você mesma é não conhecer os outros. Isso significa um fracasso iminente para todos.

Este é um pedacinho de amor da minha vida que quis compartilhar com você! Um grande beijo no coração de todas.

55

QUANTAS VIDAS VOCÊ JÁ VIVEU NESSA VIDA?

Vivemos muitas vidas dentro de uma mesma vida. Às vezes, acontecem situações que fogem completamente ao nosso controle. Mas não são esses fatos que nos definem. São as escolhas que fazemos que mudam completamente o rumo da nossa história. A vida é vibrante, agitada, cheia de sons, cores, tons e emoções... e é preciso coragem para viver essas vidas. Mas não estamos sós. E isso é a beleza de tudo.

SILVIA TOCCI MASINI

Silvia Tocci Masini

Contatos
stoccimasini@gmail.com
Instagram: @silviatoccimasini
LinkedIn: linkedin.com/in/silviatoccimasini

Psicanalista, começou sua carreira em 1981 na área de Educação. Foi monitora, professora, orientadora e diretora de duas grandes escolas particulares em São Paulo. Em 2007, decidiu dar uma guinada na carreira, entrando no mercado editorial, especializando-se em curadoria de obras nacionais e estrangeiras. Há três anos, deu uma nova guinada, cursando Psicanálise, e hoje cursa uma pós-graduação em Psicossomática na Santa Casa. Atendendo jovens e adultos há mais de 40 anos, a escuta e o acolhimento são as ferramentas mais importantes na sua jornada.

"Silvia... você tem a escuta e o acolhimento... você precisa fazer Psicanálise". E foi assim que meu psicanalista plantou a semente para a próxima virada na minha vida.

Mas vamos começar do começo...

Sou a quarta em uma família de cinco filhos: Luiz Guilherme, Cristina, Cecília, Silvia e Elvira. Todas as mulheres tinham o Maria na frente do nome. Como sou filha de militar, moramos em alguns lugares, e logo que nasci, quando eu tinha dez dias, meu pai foi transferido para o Rio de Janeiro. Minha mãe, que era uma mulher que encarava tudo, embarcou em um trem com quatro crianças (as idades eram sete, cinco e dois e eu com dez dias).

Nós quatro estávamos sempre juntos e meu irmão era quem comandava todas as brincadeiras. Tenho lembranças maravilhosas da minha infância. E quando achávamos que não viria mais ninguém, nasceu a Maria Elvira, deixando o time completo.

Imagine uma família animada, em que todos os aniversários eram comemorados com festas. Sem contar os Natais, Páscoa, Dia das Mães, Dia dos Pais... e todas as datas que poderíamos inserir no calendário para festejar. Nós comemorávamos.

Passei minha infância e adolescência entre São Paulo e um sítio no interior que era dos meus bisavós. Brincávamos de tudo, pescávamos no lago, dávamos comida para as galinhas, andávamos a cavalo, comíamos frutas no pé, caminhávamos pelo trilho de trem até a cidade, saíamos de bicicleta pelas ruas de terra. Era uma delícia!

Além do fogão convencional, havia um fogão a lenha e esse aroma e sabor me acompanham até hoje. Era maravilhoso! Uma infância vivida com liberdade a muita alegria.

Já na adolescência, foi nesse lugar onde começamos a frequentar os bailes de carnaval, as festinhas, os encontros na praça da cidade, os primeiros namoros... enfim, uma fase muito feliz, rodeada de amigos.

Minha irmã Cecilia e eu fazíamos uma bela dupla. Saíamos de moto logo após o almoço, íamos nas casas e nas fazendas dos amigos e nos divertíamos demais! Lá fizemos amizades que preservamos até hoje. Pudemos acompanhar a adolescência, a escolha da carreira, os casamentos, a chegada dos filhos...

Infelizmente, quando completei 19 anos, uma tragédia se abateu sobre a nossa família. A Maria Elvira, a caçula de 13 anos, faleceu em um terrível acidente em uma estrada de terra nesse lugar onde tínhamos o sítio.

Naquele momento me dei conta do quanto a vida era frágil, pendurada por um fio fino e delicado, capaz de romper ao menor movimento. E então, tudo virou de cabeça para baixo.

Deixei a faculdade, pois o que eu queria era ficar em casa, um lugar seguro, onde nada de ruim pudesse acontecer. Foram tempos difíceis, sombrios, cheios de dúvidas, inseguranças, tristeza e muito choro.

Nossa família se uniu ainda mais para fortalecermos uns aos outros e uma rede de apoio se formou ao nosso redor. Eu me lembro que, apesar de termos uma funcionária em casa que cuidava de tudo, vizinhos e amigos nos ajudaram muito a enfrentar tudo aquilo que estávamos vivendo. Era incrível pois, de repente, a campainha tocava e chegavam algumas coisas em casa para nós... Era um bolo para um lanche da tarde, uma torta para o jantar. Pequenos carinhos que nos consolavam e nos amparavam.

Desde a adolescência eu tinha o sonho de trabalhar e morar sozinha. Era algo que eu via nos filmes e achava o máximo. Meu pai, um homem superpresente na minha vida, me disse que eu poderia trabalhar, mas que a faculdade tinha de ser prioridade.

Morávamos quase em frente a uma grande escola de São Paulo e acabei conseguindo um estágio. Três meses depois do acidente, recebi um convite para substituir uma professora. E assim comecei minha carreira na educação.

Voltei para trás nos estudos, fiz magistério, especialização e cursei Pedagogia.

Minha carreira na Escola foi evoluindo conforme meu amor pela profissão ia crescendo. Estar no meio daquelas crianças era renovador e eu tinha a sensação de estar próxima da minha irmã novamente.

O tempo passou depressa e de monitora passei a professora, orientadora e diretora. Eu vivia totalmente envolvida pela profissão, com muito trabalho e uma dedicação intensa a tudo que girasse em torno da educação de jovens e crianças. A escola cresceu muito e eu crescia junto, absorvendo tudo com uma enorme vontade.

Mas minhas atividades profissionais não paravam por aí... Como eu sempre fui muito curiosa e tinha muitos amigos, outras oportunidades iam surgindo e eu mergulhava em todas.

Na minha cabeça, a vida era pra ser vivida intensamente, então eu não deixava passar nada. Fiz comerciais de TV, ajudei um grande amigo a alavancar sua loja – cheguei a criar uma coleção de verão inteirinha! –, trabalhei em *casting* em uma importante produtora, fiz fotografia... eu não parava, e tudo isso trazia mais vida para a minha vida.

Depois de mais de 15 anos na escola, decidi dar uma parada, repensar minha vida e carreira e acabei montando com duas cunhadas uma boutique de luxo em um lugar privilegiado de São Paulo. Foi um tempo muito diferente... Fazíamos desfiles, festas, eventos. E o mais interessante é que as clientes sempre me procuravam para alguma conversa mais profunda, um aconselhamento, um desabafo, e, enquanto ia me envolvendo em algo diferente de tudo o que eu já havia feito, eu continuava muito próxima à área que mais gostava: o relacionamento com as pessoas.

Um tempo depois, fui convidada a dar assessoria em duas escolas e aí me vi mais uma vez sendo puxada para algo que eu definitivamente nunca tinha abandonado.

Nessas duas instituições pude fazer uma análise de cenário, reestruturar toda a equipe e começar um trabalho de acompanhamento. Mais uma vez, eu começava uma nova vida. Sentia-me renovada, com uma vontade inexplicável de entrar de cabeça novamente na área. E naquela etapa, se passaram vários anos... durante esse período, fiz uma pós-graduação em Psicopedagogia e uma especialização em Gestão de Pessoas.

Em 2007 comecei a sentir que algo estava errado e que eu precisava mudar. Saí da educação e entrei de cabeça no mercado editorial. Uma grande amiga que tinha uma editora havia acabado de fechar um contrato com uma gigante de brinquedos e gostaria de fazer revistas de atividades. E mais uma vez, lá estava eu, mergulhando em uma nova vida. Foi um tempo incrível! Nós duas nos dávamos superbem e pudemos passar um tempo juntas fazendo um trabalho muito gratificante, vendo os números de vendas subir, participando de *Summits* e feiras aqui e fora do país.

E, então, surgiu uma excelente oportunidade com outra gigante internacional, mas o projeto teria de ser desenvolvido em outro tipo de editora. Contatei um amigo que tinha um grupo editorial justamente para aquela área e lá fui eu no pacote do contrato. Um ano depois, fizemos toda uma reestruturação no grupo e eu entrei no mercado de *trade*.

Como sempre busquei me especializar naquilo que fazia, fui para Yale, nos Estados Unidos, fazer o único curso de *Book Publishing* no mundo. Que experiência incrível! Aprendi com os maiores do mercado e pude conhecer pessoas de diversos países com diferentes perspectivas.

Fiquei 15 anos no mercado editorial e esse período abriu uma porta gigantesca para uma nova vida. Especializei-me em curadoria de obras e meu olhar sempre esteve voltado para o desenvolvimento pessoal. Não importava para qual segmento era o livro, ele tinha de ter alguma mensagem que ajudasse as pessoas a pensarem nas suas vidas. Eu sentia que esse era o meu papel: mesmo por meio de um livro, auxiliar as pessoas.

Participei todos os anos das maiores feiras de livro – Londres, Bolonha, Paris, Frankfurt, Nova York –, e as Bienais em São Paulo e Rio de Janeiro. O que eu mais gostava nessas feiras era o contato com as pessoas. Trocávamos tantas experiências, falávamos sobre tantos assuntos... E nas feiras internacionais, conversava com pessoas do mundo todo, fiz amigos em vários países e alguns mantenho contato até hoje.

Um dia, durante uma dessas viagens, parei para pensar no meu futuro, e algo despertou novamente em mim... naquele momento decidi que quando eu completasse 60 anos, mudaria minha vida novamente; eu voltaria a atender as pessoas.

E foi isso que aconteceu...

No início da pandemia eu estava em Londres, e quando voltei para São Paulo tudo estava começando a fechar. Trabalhando em casa, fazendo curadoria de obras, tradução e preparação de texto, decidi conversar com um ex-professor de faculdade, psicólogo e psicanalista – meu mentor –, e foi naquele momento que ele me disse: "Silvia, você tem a escuta e o acolhimento... você precisa fazer Psicanálise".

No mesmo dia, comecei a pesquisar vários cursos. Eu queria algo com excelência acadêmica e que me preparasse por completo. E foi assim que essa nova vida começou...

Hoje tenho meu consultório e faço um trabalho de atendimento em algumas escolas e empresas. Amo o que faço, pois a troca com pacientes é tudo o que eu mais prezo.

A psicanálise é um mergulho profundo, muitas vezes em águas turvas que nunca quisemos alcançar. Mas ter a oportunidade de fazer essa jornada com alguém é extremamente gratificante.

Sou casada com o melhor companheiro há 20 anos, que me apoia em todas as minhas vidas.

Tenho sete sobrinhos e enteados que preenchem a minha vida. Divertidos, parceiros, eles já entraram na família pegando o embalo das festas. E para deixar tudo ainda melhor, tenho três sobrinhas netas que hoje são a minha grande paixão; um renovo que me enche de alegria. E em alguns momentos com elas, me sinto voltando lá atrás, me sentindo perto daquilo que vivi novamente...

Infelizmente meu pai faleceu muito cedo. As rasteiras da vida foram mais fortes. Minha mãe tem 88 anos, caminhando para os 90 com uma energia maravilhosa. Trabalha em uma ONG, canta em um coral, assina a Sala São Paulo e rouba a cena em todas as ocasiões. Um exemplo para todos nós.

Viver para mim é isso: muitas vidas dentro de uma mesma vida. Quantas vidas mais dentro dessa vida eu terei? Não sei, mas me levanto todas as manhãs com a convicção de que há muito ainda para viver e, com certeza, é isso que irei sempre buscar.

56

FAZER COM PRAZER, QUEBRAR PARADIGMAS

ESCOLHER FELICIDADE

O presente é o único lugar com o potencial para aprender com o passado e criar o futuro. Todas as coisas em nossas vidas têm um propósito. Acredito que, muito além daquilo que acontece, a forma como reagimos diante de situações é determinante para o que virá depois. Nossa atitude reflete o que aprendemos e como utilizamos esse conhecimento a nosso favor para construir nosso futuro. Sonhe, imprima seus sonhos na sua mente e alimente-os no dia a dia. Assim você se sintoniza com essa frequência e se rodeia das pessoas que estão nessa frequência em que você quer estar.

SIMONE CAGGIANO

Simone Caggiano

Contatos
scaggianos@gmail.com
LinkedIn: linkedin.com/in/simone-caggiano
Instagram: @simonehcaggiano

Simone é bacharel em Engenharia Agronômica e mestre em Ciência Animal pela ESALQ, USP e Texas A & M University. Cursou Marketing na ESPM, Educação Executiva na Singularity, MBA Exponencial na Nova School of Business, Portugal. Certificada em *Well Being* pela YALE, e em Neurociências. Participa do Capital Institute para desenvolvimento da Economia Regenerativa. Presidiu o Conselho da Ibramerc Live University, do qual é membro. Atua no Conselho Empresarial da PUC-Rio. É diretora da Fiesp e membro da Comissão de Inovação do IBGC. Trabalhou nas áreas de Agricultura, Telecom e Automotiva. Comandou a Área de Inovação da Audi, atuando como embaixadora da marca no Brasil. Foi a primeira mulher membro do conselho executivo da empresa e a primeira agrônoma a trabalhar na Usina Costa Pinto. Fundou o Comitê Mulheres Executivas da Câmara Brasil-Alemanha. Criou o programa de Liderança Feminina na Live University. É mentora e investidora de *startups* e *coach* certificada pelo ICC. Viveu sete anos nos Estados Unidos.

Ousadia, confiança e prazer: minha fórmula para fazer acontecer

Abrindo um novo capítulo da minha vida. É exatamente neste momento em que me encontro.

Nos últimos 25 anos vivi presa num universo que me obrigava a me encolher para caber. E assim o fiz, e posso dizer que o fiz com destreza, pois cheguei ao topo de uma carreira profissional que me trouxe a liberdade de poder viver livremente as minhas escolhas.

Antes de entrar nesta jornada, quero dizer que não é preciso passar pelo que eu passei para conquistar seus sonhos. Sofri muito vivendo em ambientes machistas. Tive que provar o tempo todo que eu era capaz, no universo do agronegócio, do campo, capatazes e toda a indústria automotiva. Mas no fim tudo me levou a ser a pessoa que hoje sou. E agora, com boas doses de emoção, entusiasmo e reflexão, convido vocês a conhecerem um pouco mais sobre mim. Nas linhas a seguir, compartilho minha trajetória profissional e três lições que aprendi nesses meus 30 anos de carreira. Também a fórmula que uso para ter sucesso nas minhas empreitadas.

Assumir riscos e quebrar paradigmas

Eu sempre fui o tipo de pessoa que pode ser chamada de *risk taker*. Desde a infância já era aquela criança que assumia o risco de aprender e preferia colocar a mão na massa em vez de ser uma mera espectadora. Minhas raízes vêm de imigrantes italianos e libaneses que conseguiram construir fortuna nesta terra prometida. Mas como toda 3ª geração de pais ricos, filhos nobres e netos pobres, vi-me desafiada pela questão de como poderia devolver aos meus antepassados, principalmente às mulheres fortes que me precederam, a honra de edificá-los, conquistando territórios pouco desbravados pelas mulheres.

Já formada em Agronomia, passei meses ligando para a Usina Costa Pinto, localizada em Piracicaba, interior de São Paulo. Até que um dia, após tantas e tantas negativas do tipo "aqui não contratamos mulheres", fui visitar a usina e saí empregada! Meu trabalho iniciou-se na área agrícola e rapidamente assumi a gerência da pecuária, que era o meu grande sonho! Madrugar para sair de casa antes do nascer do sol e estar em plena atividade quando os primeiros raios se levantavam era a minha rotina. Com toda a pressão e desafios do rústico universo do campo e, especialmente, de uma usina de açúcar e álcool, eu era feliz e me realizava com cada obstáculo vencido. Os assédios também faziam parte do meu dia a dia, porém desenvolvi habilidades como astúcia e perspicácia, que me faziam navegar em águas muito perigosas, mas com a maestria necessária para me manter no emprego.

O que era mais potente sempre foi minha vontade de conquistar o impossível, se isso significasse realizar o meu sonho. Apesar de me reconhecer frágil e pequena, com apenas 1,54 m de altura, percebia que estava deixando o legado de abrir as portas para muitas mulheres. Já entendia naquela época que o lugar de uma mulher é onde ela quer estar. Foi então que, aos 26 anos, sofri um grave acidente, que me fez repensar toda a minha vida.

Era por volta das quatro e meia da tarde e todos já estavam cansados, especialmente um velho tratorista que encerrava sua carreira naquele dia para se aposentar. Ele era um homem muito alto e quis ajudá-lo a jogar capim na enfardadeira para que o trator não tivesse que dar mais uma volta no campo. E foi aí que, ao repetir os movimentos dele, caí entre a enfardadeira e o trator, sendo puxada e torcida pela tomada de força do equipamento. Foi terrível! Quando conseguiram desligar o trator eu me encontrava sem roupa, coberta de graxa e ensanguentada dos pés à cabeça. Não sabia o que estava acontecendo, mas vi o meu dedo polegar pendurado na enfardadeira e muito sangue por todo o lado. Com todas as minhas forças, consegui sair dali e o motorista do caminhão jogou sua camisa para me cobrir. Todos os outros homens que estavam no campo naquele momento correram e se esconderam, não sei se de pavor ou respeito para não ver a chefe sem roupa. Saí da fazenda no fim da tarde e, após receber os primeiros-socorros na cidade, cheguei a São Paulo somente às dez horas da noite, e minha família me esperava na porta do Hospital Sírio-Libanês. Nestas cinco horas, uma série de dúvidas e angústias se misturavam com a dor física do acidente.

Para entender a razão dessas situações em nossas vidas, é preciso ir além da superfície, mergulhar e passá-las pela nossa escala de valores. É assim que encontramos sentido nelas. Em minha escala de valores, isso significou liberdade para expandir meu potencial, e fazê-lo com felicidade, sem olhar para os prejuízos de perder um polegar num acidente terrível, nem as limitações impostas por vieses sociais.

O valor que me move é a liberdade

Movida pela intuição e pela paixão por cavalos, escrevi uma carta contando quem eu era aos quatro melhores treinadores de cavalos Quarto de Milha nos Estados Unidos. Nesta carta, eu fazia a seguinte proposta: "Eu trabalho para você e você não me paga, e você me ensina e eu não te pago". Recebi resposta de todos (uau!) e escolhi o *top* dos quatro. E assim, lá fui eu rumo ao Texas! Não preciso dizer o quanto me arrependi em me desfazer de toda a vida confortável e estruturada que eu tinha em Piracicaba/SP. Mal eu entendia o que os texanos falavam e não imaginava o quanto era duro selar e treinar cavalos, mas após quatro meses decidi que dali eu nunca mais sairia. Tornei-me treinadora de cavalos! Era o Paraíso!

Não demorou muito para me conectar com amigos e pessoas influentes. Assim, por meio dessas conexões, fui terminar meu mestrado em Ciência Animal na Texas A&M University e quatro anos depois, lá também, iniciei meu doutorado. E assim passaram-se sete anos com um acontecimento que marcou para sempre minha vida: o nascimento da minha filha Isabella, uma autêntica texana!

Entre os títulos que recebi, o mais desafiador foi o de Mãe, pois a gente nunca recebe um diploma; é um aprendizado contínuo e para a vida toda, não é mesmo?! Nesses espaços de reflexão, levando em conta toda a estabilidade que tinha deixado para realizar o meu sonho, navegando em uma cultura machista, em que não era comum uma mulher estrangeira se destacar, e pior ainda, decidida a assumir de maneira independente a maternidade, deparei-me novamente com o prazer que a coragem de fazer escolhas trazia para meu dia a dia, e todos os desdobramentos dessas escolhas.

Rendição e aprendizado na vulnerabilidade

Minha mãe queria que eu fosse uma advogada ou Relações Públicas, pois enxergava em mim grande habilidade em me comunicar e lidar com pessoas. E assim agendou uma entrevista de emprego, logo que cheguei ao Brasil para umas "férias". Muito a contragosto, fui para essa entrevista na Portugal Telecom.

Não imaginava que dali para a frente minha mãe intuitivamente assentava os primeiros tijolos de uma carreira corporativa com a qual nunca sonhei.

Bem, a entrevista chegou e um português, sentado atrás de uma mesa, apenas levantou seus "oculinhos" redondos e perguntou com o seu melhor sotaque: "E a menina, o que sabe fazer?" Respondi: "Cuidar de cavalos." Para minha grande surpresa, ele não teve dúvidas e me disse: "Está contratada. Pode começar!" Era um emprego temporário de meio período. Porém, em duas semanas estava eu mudando para Brasília com bebê, babá e todas as parafernálias de uma casa com criança. Minha filha tinha nessa época 1 aninho. Após a compra da Telesp Celular, não demorou nada para que o português viesse com minha nova função: "A menina fala bem o inglês e vai trabalhar na área de Relações com Investidores. Vamos abrir o capital na bolsa e você vai receber os investidores". Fiquei de cabelo em pé! "Relações com Investidores?". Nunca tinha ouvido falar nisso! Mas abracei a causa! Um ano depois, um outro português veio e me disse: "A menina tem jeito para marketing. Não quer trabalhar comigo?" Respondi: "Não sei nada de marketing!" Diferentemente de mim, ele então, com toda a calma, disse: "Não faz mal, você tem muito jeito".

Passados quatro anos, a diretora do atendimento me fez um convite para assumir o projeto que eu havia desenhado enquanto trabalhava no Marketing. Minha resposta: "Não entendo nada de atendimento!!" Fui promovida e aceitei mais um novo desafio!

Após cinco anos, um cliente alemão me chama para um café da manhã. Ele nada mais era do que o presidente da Audi no Brasil. Durante o café me convidou para trabalhar com ele. "Ai, meu Deus! Como assim!" Respondi: "Mas não entendo nada de carros!" E ele com toda a tranquilidade me disse: "Não faz mal. Quero alguém para fazer o trabalho que você faz na Vivo; carro, você aprende depois". E assim respirei fundo e novamente assumi mais um desafio: ser a Embaixadora da Audi no Brasil. O que isso significava eu não sabia, mas iria escrever um novo capítulo da marca.

Nos 15 anos de jornada nessa incrível marca, senti o prazer de colocar em cada entrega a assinatura da minha alma. Criei e implementei área de CRM, Customer Experience e de Inovação. Comandei as áreas de Marketing e RH, além de desempenhar uma função transversal em todas as áreas da empresa para criar relacionamentos duradouros e atender com excelência os clientes da marca. Foram um total de oito mudanças e sete presidentes!!

Ao longo desses anos, busquei encontrar espaços para minha realização pessoal em tudo o que fiz. Hoje tenho claro que trabalho e vida se confundem quando você faz o que ama e cresce ao mesmo tempo. O importante para mim é quem você se torna cada vez que alcança um objetivo, e acima de tudo, a lapidação de si mesma.

Networking é olhar com compaixão e servir às pessoas

Percebi então que estava pronta para ajudar a puxar mulheres, por meio de mentorias para jovens em início de carreira, criando o grupo de Mulheres Executivas da Câmara Brasil-Alemanha e o Grupo Audi Ladies, que unia as donas de concessionárias Audi. Criei também o Programa de Capacitação em Liderança Feminina pela Live University e participo do Grupo Mulheres do Brasil, no qual somos engajadas na causa de transformar o Brasil por meio do protagonismo feminino. Agora estou feliz em fazer parte do extraordinário Sobe & Puxa.

Valorizo as relações como uma forma de aprofundar meu autoconhecimento, e por meio das minhas competências e *networking* estou no exercício constante de ampliar conhecimentos e articulação de uma rede, um *networking* de apoio. Construo relações que me permitem fluir em qualquer espaço e com qualquer tema. A minha inquietação é sempre a expansão da alma, buscar mais conhecimento, mais abundância, mais prazer. Dessa forma, reconheço o *lifelong learning* como um estilo de vida e que me prepara sempre para os próximos passos.

Chego neste ponto da minha trajetória profissional como *founder* de uma *startup* do Agronegócio e *co-founder* de outra que entrega ferramentas para a gestão da felicidade. De onde estou hoje e sem a pretensão de ser um exemplo e tampouco que minha história seja uma grande história, quero abrir minha caixa de ferramentas e dividir com vocês três lições que foram fundamentais para mim e três ferramentas que podem ajudá-las a enfrentar os desafios de suas carreiras. Porém, tenho que fazer jus a duas grandes forças que estiveram ao meu lado durante todos esses anos, ajudando-me em cada desafio que tive de enfrentar. A primeira delas chama-se Nasira Caggiano, minha mãe. Uma mulher doce e meiga de olhos azuis tão profundos como o oceano, mas uma fortaleza que com seus 85 anos trabalha ainda com muita garra, tocando a sua boutique de comida libanesa. A segunda grande força veio da minha filha Isabella, que com sua alma iluminada me alimentou de coragem e paixão pela vida.

Vamos então para as lições e ferramentas:

1. Lição: Encare desafios. Nós nunca estamos prontas para o próximo desafio. Se você esperar o dia em que se sentir pronta, nunca fará nada. Você estará pronta depois que fizer; e quando nós nos propomos a fazer, as pessoas reconhecem, admiram, convidam e abrem as portas para nós. Portanto, não tenham medo de encarar o novo e aceitar desafios. As coisas só fazem sentido quando você olha para trás. Steve Jobs já dizia isso e hoje percebo muito claramente em minha vida. Não espere ver sentido antes, ele vem depois que você encarar os desafios que a vida lhe colocar. Ferramenta: confiança.
2. Faça aquilo que ama. Uma coisa que aprendi na vida é que nós somos as nossas escolhas, e a única maneira de realizar um trabalho extraordinário é fazendo aquilo que amamos. E aqui entra um fator muito importante, que é a resiliência. Parece-me que, na maioria das vezes, seguir o que amamos é mais difícil do que fazer o que o mercado paga bem. Porém, se você encarar os desafios e for resiliente, com certeza será bem-sucedida. Ferramenta: prazer.
3. Por fim, segundo Einstein, há dois tipos de pessoas no mundo: as inteligentes, que aproveitam a experiência dos outros para dar passos mais rápidos e avançar na vida, e as que não são tão inteligentes e acham que podem fazer tudo sozinhas. Por isso, digo a vocês: busquem mentores, elejam modelos e os persigam. Dessa forma, tenho certeza de que o sucesso chegará para vocês! Ferramenta: ousadia.

57

DONA EUGÊNIA E AS FLORES PELO CAMINHO

Quantas vezes você parou para apreciar um arranjo de flores em um shopping? Ou para agradecer por um novo dia? Isso era rotina para a Dona Eugênia, uma potência que transformou a vida daqueles ao seu redor. À frente de seu tempo, não se intimidava com os desafios do caminho e foi uma grande puxadora de pessoas. Eugênia Fischer, avó de Simone Kliass, autora deste capítulo, viveu intensos 106 anos e um pouco de seu legado, força e leveza esperam por você nas próximas páginas.

SIMONE KLIASS

Simone Kliass

Contatos
simonekliass.com
LinkedIn: linkedin.com/in/simonekliass
Instagram: @simonekliass

Multiartista e empreendedora. Atua em várias frentes: locutora publicitária, palestrante, consultora de inovação e fazedora de pontes. Formada em Administração de Empresas pela FGV e Teatro pelo Célia Helena, apresentou programas na TV Cultura, Multishow, Rede TV e em TVs corporativas. Abriu seu estúdio de som, onde grava locuções para comerciais de TV, *podcasts*, vídeos para eventos e internet e é voz padrão de emissoras e grandes marcas. Narrou, em português, a experiência imersiva A Linha, ganhadora de um Primetime Emmy Award. Venceu um prêmio internacional SOVAS, em Los Angeles, por seu trabalho como locutora e é consultora de locução no Edge Studio em Nova York. Pesquisadora de narrativas imersivas e interativas, cofundou a associação de realidade estendida XRBR, na qual é conselheira. É presidente do Comitê de XR, Metaverso e Games no IAB Brasil e embaixadora da Women in Voice. Além disso, palestra em eventos como o SXSW, VO Atlanta, Immerse Global Summit e Rio2C. Participa ativamente de projetos de impacto social. Acredita que, juntos, podemos mudar o mundo.

"Eugênia Fischer era uma centenária que sempre esteve à frente de sua época, apaixonada por estudar e se atualizar. Sua longevidade foi devido ao seu bom humor e amor à vida. Eugênia hoje é uma estrela de brilho intenso que cintila no universo pela luz do seu olhar."
Pontifícia Universidade Católica de São Paulo (PUC-SP)

"Eugênia é a prova viva de que idade não é limite para nada."
Silvia Ruiz (autora da coluna Ageless)

"A vida é assim. Temos que aprender a deixar as coisas passarem, sem nos abater. Tudo melhora. Um dia depois do outro."
Eugênia Fischer

"Vamos falar de flores," certa vez disse a minha avó dona Eugênia, em um momento em que um assunto pesou.

Não é que ela não tivesse uma opinião formada ou quisesse evitar controvérsias. Apaixonada pela vida, ela amava grandes conversas. Mas quando o tom azedava, ou quando o limite chegava, ela mostrava a fonte da sua força: o otimismo. O otimismo é uma escolha.

Pensando melhor, talvez "escolha" nem seja a palavra certa. Quando eu levava a minha avó para um shopping, por exemplo, ela de fato parava para admirar os arranjos de rosas, orquídeas, gérberas – mas era um olhar profundo, até distante. O que ela pensava? Quais lembranças surgiam?

Para a minha avó, contemplar as flores pelo caminho não era apenas uma simples escolha. Ao correr dos anos, já tinha se tornado um hábito. O otimismo dela era uma "construção".

Esse e outros aprendizados que a Dona Eugênia espalhou ao longo dos seus 106 anos plenamente vividos estão até hoje em mim e em tantas outras pessoas. E a partir deste capítulo eles chegam até você.

Uma breve introdução

Eugênia Fischer nasceu em Buenos Aires, na Argentina. Veio criança para o Brasil. A família se estabeleceu em Porto Alegre. Ela teve três irmãos. Casou-se com um moço bonito por quem era apaixonada. Teve duas filhas e um filho. E se separou do marido quando isso ainda era tabu.

Cursou duas faculdades, a segunda depois da separação. Fez intercâmbio nos Estados Unidos com quase 80 anos. Chegou até a ser estudada pela bióloga molecular e geneticista Mayana Zatz no projeto 80+ da USP por conta da sua longevidade sem doenças. Perdeu os pais, os irmãos, uma filha. Alguns parentes morreram de fome em uma guerra. Outros foram exterminados. Viveu intensamente e nos deixou, dormindo, durante a pandemia. Ela não acordou.

Dona Eugênia irradiava felicidade, brilho e magnetismo por onde passava. Seu legado ainda me guia. Vamos falar de flores? Esse é meu presente para você, leitor: um buquê de doze lições da Dona Eugênia para embelezar o seu dia e incentivar a prática do otimismo.

Sempre é tempo de sonhar, de reconstruir

O casamento de Dona Eugênia não estava bom. Não vou expô-la neste livro, porque ela não está aqui para aprovar. Mas minha avó passou por maus bocados. Ela esperou minha mãe se casar e comunicou ao meu avô que tinha resolvido se desquitar e nada do que ele falou ou fez a convenceu a mudar de ideia.

Uma mulher separada nos anos 1970 não era bem-vista, era considerada vagabunda, levava a culpa pela separação e as amigas se afastavam. Ela não conhecia nenhuma outra mulher separada. E o medo de envelhecer sozinha? E como reconstruir a vida?

Dona Eugênia estava decidida e foi em frente, queria ser livre e viver! Nunca mais se relacionou com outra pessoa, nem um namoro sequer, apesar de a gente sempre incentivar. Reconstruiu a vida, apoiou-se na família e formou novos laços.

Recentemente, num set de filmagem, uma figurinista me perguntou: "Será que dá para ter sonhos depois dos 30 anos? Será que dá para fazer novos amigos?" Fiquei impressionada com essas perguntas. Olha o que o etarismo é capaz de criar na cabeça das pessoas! Nossa sociedade está com problemas sérios. Mas algo que minha avó me ensinou é que sempre é tempo de sonhar, de reconstruir.

Família não precisa ser de sangue

Dona Eugênia tinha o costume de "adotar" netos, como o meu marido. Eles criaram uma relação de confiança e muito amor. Por sorte, o Jason trouxe para minha vida a Dona Jean, sua avó igualmente vaidosa. Além de ter um nome muito parecido e a mesma altura (menos que 1,60 m), ela era outra puxadora sem igual. Pioneira, professora, uma força da natureza que moldou muita gente. Em mais uma dessas coincidências, Dona Eugênia partiu no dia do aniversário da Dona Jean.

Amor não se cobra, não se pede

Essa lição é dura. E difícil de aceitar.

Dona Eugênia não cobrava amor. Mesmo querendo muito receber a visita de algumas pessoas, ela não pedia. Não cobrava telefonema, nada. Dizia que as pessoas precisam estar lá de coração, porque querem. Nada de forçar a barra. Ela nunca se enxergou como vítima.

Seja sempre uma aprendiz

Depois de se separar, Dona Eugênia voltou para a faculdade, cursou Turismo e chegou a trabalhar em um hotel.

Com mais de 70 anos, fez intercâmbio na Philadelphia, nos Estados Unidos. Ficou em um alojamento para estudantes. Foi sozinha. Sempre quis aprender inglês. O diretor da escola pedia que ela voltasse para o Brasil. Tinha medo que acontecesse algo com ela.

Sua década preferida? Os anos 80 – na verdade, os 80 dela. Foi nessa fase de sua vida que ela entrou na Universidade Aberta à Maturidade da PUC. Lá, atualizava-se sobre as novidades tecnológicas, história e geografia, e nos intervalos papeava com as colegas. Várias delas viraram grandes amigas.

Fazia palavras cruzadas e exibia orgulhosa sua estante cheia de livros. Ia a pé para a faculdade duas vezes por semana. Era a veterana da turma. E odiava quando as férias chegavam. Precisou acontecer uma pandemia para fazê-la parar de estudar aos 104 anos.

Comova-se e saiba agradecer

Durante um almoço, minha avó desmaiou e a levamos ao hospital. Ela teve que colocar um marca-passo. No dia da cirurgia, todos os parentes próximos estavam lá. Na maca, a caminho do centro cirúrgico, ela se comoveu ao ver a família. Não teve medo. Só conseguiu sentir como era amada.

Dona Eugênia usava a lente do otimismo todos os dias. Sabia ver o lado bonito. Era grata e gostava de expressar seu amor. Em um de nossos últimos encontros, ela falou para o meu marido e para mim: "Eu quero dizer o que sinto. Não gosto de esconder. Vocês têm o mundo em suas mãos, ao menos o meu mundo vocês têm".

Escute sem julgamento

O segredo para conquistar tanta gente, além do otimismo, é que ela era uma baita ouvinte. Escutava sem julgar as histórias mais escabrosas que fossem. Escutava todo mundo que quisesse falar com ela. Conhecidos e desconhecidos. Por conta disso, os familiares se consultavam com ela em todas as decisões importantes. Era muito reconfortante falar sem ser julgado. Sua casa estava sempre aberta para acolher quem precisava. Era um espaço de afeto e de segurança.

Ela não concordava com tudo, tinha opinião forte. Era até teimosa. Mas se esforçava para não julgar. Resultado? Quase todos os netos passaram temporadas morando com ela. Eu mesma morei lá durante quase um ano.

Arrume-se para a vida

Dona Eugênia sempre "estava com a roupa de ir". Despertava e agradecia por mais um dia. Depois tomava banho, colocava os brincos, colar, relógio e uma roupa que combinava com eles. O cabelo (cinza – nunca ficou branco) era impecável. Ela se arrumava para ela, não para os outros. Era uma forma de respeito e autocuidado. Minha avó se arrumava para a vida.

Não precisamos de muito para nos divertir

Minha avó sempre queria comemorar as coisas boas. As ruins acontecem e temos que lidar com elas. As boas? Precisam ser celebradas.

Quando a Dona Eugênia fez 99 anos, minha mãe, minha irmã e eu viajamos com ela até Foz do Iguaçu. Uma aventura. Resolvemos que iríamos comemorar essa idade icônica. A cada restaurante que íamos, cantávamos parabéns, ela recebia uma fatia de bolo e todo mundo em volta cantava junto. Uma festa. Essa viagem marca também uma cena inesquecível da nossa história. Não precisávamos de muito para nos divertir. Uma noite, voltando do restaurante do hotel a caminho do quarto, Dona Eugênia achou que tinha visto um gato. Ela tinha pavor de gato. Minha mãe achou que tinha visto um lagarto. Ela tem pavor de lagarto. Então, as duas subiram em cima de uma mesa. E o inusitado fez com que nós quatro começássemos a rir descontroladamente. E quanto mais ríamos, mais engraçado ficava. Nunca rimos tanto. E juntas. Essa experiência compartilhada marcou nossas vidas.

Coma devagarinho, saboreando cada garfada

Dona Eugênia fumava bastante. Certo dia resolveu que não queria mais fumar. Jogou o maço fora e nunca mais voltou atrás.

A alimentação sempre foi regrada. Nada de frituras e gorduras, pouco açúcar. Mas uma cervejinha, de vez em quando, era bem-vinda. Comia devagarinho, saboreando cada garfada.

Na ocasião da morte de um de seus irmãos, resolvi passar a noite com ela. Vi minha avó chorar muito. Isso era raro. Quando parou de chorar me perguntou o que eu gostaria de comer no jantar.

Esteja presente

A psicanalista e escritora Esther Perel diz que estamos vivendo a era da intimidade artificial, em que não conseguimos estar totalmente presentes no momento. Nossa atenção fica difusa. Fingimos que escutamos. A solidão moderna se disfarça na hiperconectividade. As pessoas têm centenas de amigos on-line, mas ninguém para dar comida para o gato quando vão viajar.

Dona Eugênia não gostava de gato, mas se ela tivesse um pet, tenho certeza de que não faltaria alguém para cuidar do bichinho quando ela rodava o mundo.

Navegue por mundos diferentes

Comecei minha carreira muito cedo, aos 9 anos, como atriz em comerciais de TV. Era tímida ao extremo e acompanhando minha mãe (atriz e artista plástica) nos testes fui estimulada a trabalhar também. Foi terapêutico. Na frente das câmeras não tinha vergonha alguma. E minha mãe estava sempre comigo.

Amadureci rápido. Aprendi a navegar por mundos diferentes. Vi coisas boas e ruins nessa trajetória. Aprendi também a ter disciplina, a ler as pessoas, ter respeito pelo time, e entender que somos parte de algo muito maior. Isso fez com que eu não ficasse deslumbrada com os encantos do estúdio ou com qualquer tipo de fama.

Fiz administração de empresas e teatro. Percorri um longo caminho até achar onde podia explorar melhor meus potenciais e aceitar que podia ser múltipla. Quando eu, recém-formada pela FGV, deixei um emprego de assistente de atendimento de um cliente grande em uma agência consagrada, minha avó não só me acolheu, mas me incentivou.

Foi uma decisão difícil de tomar. Meus colegas de faculdade trabalhavam em multinacionais ou em bancos. E eu estava indo bem na publicidade. Mas entendi que aquele currículo não era o meu. Pelo menos não daquela forma. Pedi demissão, sem ter ideia do que eu iria fazer. Mas sabia que seria algo ligado a arte, inovação, criatividade, justiça social e impacto positivo. Queria fazer a diferença. Como juntar tudo isso em uma carreira só? Depois de uma longa jornada – com flores, pedras e tropeços – consegui.

Nos momentos difíceis, evoluímos

Ninguém gosta de tristeza. Todos nós sentimos medo. Mas a minha avó me ensinou que é justamente nos momentos difíceis da vida que evoluímos. Essa lição me ajuda a acreditar que as coisas vão dar certo. Quando enfrento dor, ansiedade e apreensão, penso: "Respira e vai". Estou aberta para o novo.

Um dos maiores desafios da minha vida foi não ter filhos. Não por escolha. Durante a pandemia, decidi virar a página e meu coração se acalmou. Essa experiência me fez crescer. Lembro sempre da dona Eugênia e trabalho para que o otimismo se torne um hábito. Resolvi construir um modo de viver no qual o amor – para os outros e para mim mesma – é a maior força de todas; e hoje exerço o "maternar "com meus sobrinhos, afilhados, amigos, família e projetos sociais.

Uma breve conclusão

Durante a minha vida fui puxada muitas vezes – pela minha avó, minha mãe, meu pai, meu marido, irmã, primas, amigos queridos, familiares e grupos femininos. Desconhecidos também me ajudaram. Valorizo e pratico atos aleatórios de bondade. Entrar no Uma Sobe e Puxa a Outra foi consequência natural. E que delícia o processo de criação do capítulo deste livro. Obrigada a todas do grupo pelo incentivo e pela companhia.

Espero ter conseguido passar para você, leitora ou leitor, um pouco de coragem, força e confiança, como a Dona Eugênia me deu. Assim, terei cumprido o objetivo dessa empreitada de puxar mulheres. Vamos em frente! Juntas(os)!

58

SEJA SUBMARINO, NÃO NAVIO

Um relato de vida breve, de onde se vem e para onde se vai. Conquistas e descobertas na trajetória capazes de lapidar a resistência, a entrega e a descida nas profundezas do feminino. Acredite, mulheres são tão profundas quanto realizadoras.

TALITA ZAMPIERI

Talita Zampieri

Contatos
zampieritalita@gmail.com
LinkedIn: linkedin.com/in/talita-zampieri/
Instagram: @tzampieri

Em 20 anos de carreira, ajuda marcas a criar conexões com pessoas, por meio de seus propósitos e suas histórias. Mais que uma estrategista de *branding*, marketing e vendas, é uma eterna engajada em causas. Coleciona experiências em agências nacionais e globais, como África, Fbiz, Ogilvy & Mather, Young & Rubicam, BFerraz - como CSO. Além de posições de marketing em indústrias e *startups* - como CMO e executiva ativista na causa mulheres em *tech*. Sua experiência inclui liderança de estratégia para marcas como Casas Bahia, XP, Claro, Kaiser, Unilever, Mondelez, Sadia e JBS. Tornou-se empreendedora jovem, aos 24 anos lançou a primeira agência de publicidade do Brasil focada em varejo, com metodologia inédita para gerar resultados aos clientes com lojas próprias. Em suas experiências internacionais, foi consultora de empresas da nova economia e já teve seu trabalho reconhecido pelo Cannes Lions Festival, Effie Awards e ganhou, como empreendedora, o prêmio de "Melhor Metodologia de Trabalho", pela Scopen.

Eu perguntei ao meu *husband to be* quando eu entrei no grupo #UmaSobeEPuxaAOutra, puxada pela Ana Ferraz, qual é o meu superpoder?

E ele me respondeu: "Você é profunda, você desafia meus argumentos, nunca foi fácil conversar com você. Sempre precisei pensar muito porque sabia que pouco não seria suficiente. Com isso, você ensina os nossos filhos e me ensina a ser um homem melhor diariamente."

Com essa resposta eu pensei comigo: eu venci, eu cheguei lá – o que quer que seja lá, eu derrubei os preconceitos da minha natureza, e por mais que eu ainda esteja em construção, o que vejo até aqui é algo de que me orgulho.

> Dentre os principais resultados do abandono paterno destaca-se o impacto do distanciamento, seja físico e/ou afetivo, refletido em sentimentos de desvalorização, abandono, solidão, insegurança, baixa autoestima e dificuldades de relacionamento que começam a ser percebidos na infância e interferem no desenvolvimento até a idade adulta.
>
> National Fatherhood Initiative – USA

Eu sou parte da assustadora estatística do país de crianças que nascem sem o registro e participação paterna em suas vidas. Nasci numa família humilde no interior de São Paulo. Minha mãe, aos 17 anos, engravidou do meu pai, o bacana local; e virginiana porreta como ela só, não aceitou muito bem os comentários de gravidez por interesse destilados pela cidade – e menos ainda a falta de atitude, que ela esperava do homem que amava.

Fui registrada em nome de Márcia Iolanda Caseli Zampieri e só.

Fui registrada como Talita Etiene Caseli Zampieri. Meu avô materno dizia que era nome de artista de circo, mas minha mãe queria que eu fosse muito mais que isso.

Mudamos para a capital de São Paulo; eu ainda bebê e meus avôs eram separados há muito tempo quando eu nasci; então, morei com uma grande família de grandes mulheres comandando a casa.

Minha bisavó Leonice, minha avó Irma, minha tia e *coach* eterna Ione, e minha mãe e inspiração de vida, Márcia, eram quem davam as ordens da casa, que ainda tinha mais três pessoas, o meu tio Tita e o meu tio Júnior, que adotei como pai, além de mim. Éramos sete, mas, com todo o respeito aos homens da casa, eu só me lembro mesmo de toda a força e condução das mulheres. Elas foram as primeiras mulheres que me puxaram na vida.

Minha bisavó era viúva e analfabeta, mas a mulher mais sábia com quem já trombei na vida; ensinou-me muito sobre valores. Por incrível que pareça, era uma das mais modernas dentre elas, com um olhar tão visionário para o mundo e para o papel da mulher que, somente depois de adulta, eu entendi a sua subversão.

Minha avó estudou até o ensino fundamental I, mas sempre foi muito esperta; e apesar das porradas da vida sempre mostrou para mim, durante minha infância, o lado bom das coisas, de um jeito divertido e honesto. Lutou bravamente pelos direitos da família, mesmo com todas as limitações.

Minha tia estudou Ciências e Matemática, não porque quis, mas porque era o que tinha disponível, assim como minha mãe, e ela sempre foi para mim o carregador de energias positivas, a aceitação de ser quem é, minha tia foi o éter, a energia sutil.

Minha mãe era exatamente o contrário, ela sempre foi firmeza, força, garra, coragem, "não desista dos seus sonhos, não dependa de ninguém, não confie que o mundo vá te suportar, você quem faz suas conquistas pelo seu esforço". A família a chama de sargento e, com o passar do tempo, ela também passou a rechaçar com força esse apelido; porque ao longo da vida, com aprendizados e maturidade, deixamos a ternura entrar de maneira mais vigorosa.

Só que foi essa força que me puxou sempre para a frente. Acho que ela realmente tentou fazer o papel duplo de mãe e pai para mim; e confesso que, quando pequena, achava duro demais, mas quando virei mulher e entendi as dificuldades desse papel criei um profundo respeito, admiração e agradecimento eterno pelo esforço e dedicação de minha mãe.

Dona Márcia é mulher potente, nasceu para ser mãe. Mesmo sem ter tido a oportunidade de ter outros filhos biológicos, ela "adotou" a minha prima/irmã, quando a esposa do irmão dela, o meu tio Tita, faleceu após o parto da

Thamires. E, então, chegou mais uma mulher para essa família do feminino. Todas elas sempre lutaram para a minha história ser diferente.

Desde cedo, fui matriculada em todos os cursos existentes, muitas línguas – espanhol, italiano, francês, inglês, canto, vôlei, handebol, artes, teatro, piano. Havia uma preocupação em me fazer ser alguém com profundidade, com lastro, com verdade.

Agradeço por elas terem tido sensibilidade de me expor a um mundo de performance, mas também de sutilezas, que me moldou demais para o que o futuro me guardava.

Cresci sem luxo, sem tênis de marca, sem viagens incríveis, mas estudei em escolas particulares, porque minha avó trabalhava nelas para viabilizar meu estudo em instituições respeitadas.

Conheci e aprendi muita coisa como convidada e isso me fortaleceu na decisão de que, quando eu crescesse, eu seria anfitriã.

Comecei a trabalhar aos 16 anos para realizar o que quer que fosse. Ajudei minha família a construir a primeira casa própria, já que vivíamos sempre de aluguel – o que hoje é sinônimo de inteligência financeira, na época era de fracasso. Paguei a minha faculdade de Publicidade e Marketing no Mackenzie, após ter ganhado bolsa na Cásper Libero e passado na USP. Eu tinha um encanto pelo Mackenzie, para mim parecia faculdade gringa. Sonhos de menina e de minha mãe!

Depois de 1 ano estudando, decidi trocar meu emprego CLT, que já me dava alguma independência, por um estágio na minha área, mal remunerado, mas cheia de esperanças para o futuro. Foi a melhor coisa que eu fiz!

Comecei na área de marketing de uma indústria farmacêutica e fiquei depressiva em 3 meses de estágio. Trabalhava dentro do Hospital das Clínicas e sofria com a precariedade do lado não particular do local.

Aprendi muito por lá. Acho que a minha adolescência cheia de ações filantrópicas, incentivada pela minha família, ajudou-me muito a lidar com o dia a dia das diferenças gritantes que vivenciei ali.

Lá de dentro do hospital, eu vi as Torres Gêmeas caírem e o mundo ficar atônito com o acontecimento. Naquele momento, naquele lugar, decidi que trabalharia para trazer felicidade e que, quando fosse "alguém" na minha profissão, eu lutaria por causas, ajudaria pessoas, puxaria mulheres e nunca me deixaria corromper.

Tracei um plano e confesso que sempre fui guiada por ele (tenham seus planos!). Naquele momento, eu sabia com toda a certeza que alcançaria os meus. Saí daquele estágio e fui para a indústria cervejeira – trabalhar para trazer felicidade, lembram?! E então eu comecei também a aprender sobre machismo, assédio de todos os tipos e escolhas difíceis.

Aprendi ainda mais, viajei, lidei com grandes nomes do mercado, participei de duas fusões, foi muito importante, mas não foi fácil. Ali entendi que mulheres no mercado de trabalho têm dificuldades tão primárias que qualquer pequena evolução seria uma revolução, lembrando que o ano era 2001.

Passei para o lado das agências, como planejamento estratégico, porque senti que eu precisava conhecer diversos mercados, produtos e serviços, jeitos de fazer meu trabalho, num único lugar. Deu muito certo! Pude trabalhar várias marcas ao mesmo tempo, encarar diferentes problemas de mercado, traduzir estratégias de formas distintas, e foi poderoso para minha construção profissional.

Dentre muitos aprendizados, fui puxada por pessoas maravilhosas. Marcos Lacerda (MaLa) me levou para o mundo das agências e a Laura Chiavone foi a primeira mulher a ser verdadeiramente empática comigo na profissão. Mas também passei por coisas que atualmente são difíceis de imaginar, como um grande dirigente de agência pedir que eu entrasse na sala e pegasse um prêmio na estante somente para "exibir" as mulheres da agência para o cliente poderoso. Isso era constante, acontecia com várias mulheres; eu nunca deixava barato, mas sempre soube lidar de um jeito que pouco me afetava.

(... eu lidei ao longo de minha carreira com reconhecidos assediadores e confesso que sempre soube o que era aquilo, não fui uma pessoa sem entendimento, mas tive receio de ser prejudicada por falar, por gritar e me expor. No entanto, criei um anticorpo tão grande que, por mais que isso ainda assombre nós mulheres nos dias de hoje, continua não afetando diretamente quem eu sou, mas nunca deixou de me impactar negativamente por onde passei...)

Eu sempre fui apaixonada pelo meu trabalho – apesar de questioná-lo em diversos momentos atualmente – e eu trabalhava muito, sempre trabalhei muito. Chegava a ficar mais de 12 horas por dia no escritório – não me orgulho disso. Assim, as minhas relações não tinham como vir de outro lugar. Acabei me casando com o meu cliente. Muito nova, aos 23 anos, já estava casada e aprendendo sobre meu outro superpoder, ser mãe postiça de uma maravilhosa menina, hoje grande mulher.

Meu casamento não foi fácil, mas ao lado do meu ex-companheiro eu construí muita coisa, conheci o mundo, realizei sonhos. Vínhamos de uma história familiar parecida, com dificuldades, mas éramos opostos quanto a crenças e valores.

Juntos, empreendemos e fizemos a primeira agência de publicidade do país, com foco em varejo. Não é fácil empreender no Brasil, ainda mais nesse mercado dominado pelas redes internacionais. Tivemos altos e baixos, mas construímos um time de mais de 150 pessoas, atendemos clientes poderosos como Ponto Frio, Kopenhagen, Etna, Vivara, Track & Field, *dealers* da GM, Elektra e Banco Azteca no México, entre outros.

Aos 24 anos, fiz uma apresentação numa concorrência pela marca do Ponto Frio; era para pegar parte da conta que estava na DM9, de Nizan Guanaes na época (pensar que eu havia estudado a história dele como um ícone na faculdade). E eu precisava construir uma estratégia boa o suficiente para ir além da agência de renome e impactar um *board* de estrelas do cliente. Eu consegui! Eu e um time de pessoas incríveis que nunca deixaram de acreditar.

Eu era a estrategista na nossa agência e senti pesar porque, além do trabalho no *front* com os clientes, também tinha o *back office*. Decidimos que era hora de vender para um grupo de comunicação e obter os benefícios dos serviços administrativos compartilhados.

Continuei crescendo, vivenciando muitos trabalhos e cases maravilhosos, tornei-me diretora cedo, porque tudo na minha vida foi cedo.

No meio de todos os desafios profissionais, fui mãe do Tom aos 28 anos, meu maior *case*, após perder a minha filha Nina no sexto mês de gestação. Nesse momento meu casamento já estava abalado e fui puxada pela Isabelle Perelmuter, uma mulher fina e elegante que fez questão de me lembrar o quanto eu era boa, indiferentemente dos momentos difíceis que a vida trazia.

Quando o Tom estava com 3 anos, decidi "desertar do barco do empreendedorismo" – ainda que nós viéssemos a construir mais duas agências, uma delas a Pullse, ainda em funcionamento. Naquele momento, em nome da liberdade profissional, pessoal e matrimonial, saí, já que fazia alguns anos que estava trabalhando com o meu ex-marido e precisava voltar ao voo solo.

Assumi uma posição importante na Ogilvy, puxada pelo Murilo Lico, e precisava, junto a um timaço, desenhar o modelo de trabalho ideal para o principal cliente da agência. Foram anos de muito conhecimento, visto que a Ogilvy é sem dúvida a mais internacional das grandes agências, com uma *network* fortíssima. Foi lá que eu aprendi a confiar em outras mulheres verdadeiramente e contar com uma rede de apoio profunda.

Mulheres incríveis me puxaram muito, como pares, chefes, clientes: Regina Madeira, Silvia Mekaru, Raphaella Araujo, Tatiana Moliterno, Viviane Labate, Stella Arthur, Adriana Baralle, Daniela Glicenstajn, Daniella Gallo, Kajsa McLaren, Tricia Cristilli, sendo algumas delas amigas para toda a vida.

Saí da agência decidida de que era hora de me mudar com o meu filho para fora do Brasil, estudar, entender o mundo de outra perspectiva e fazer um sabático, que foi mais da vida pessoal do que da profissional, para ser sincera.

Decidi que iríamos para Miami, pois era perto para o pai do Tom conseguir vê-lo sempre. Não foi o que aconteceu. E lá estava eu, segundo diz a Constelação Familiar, nos ciclos repetitivos, vendo meu filho sem um pai presente. Passamos por isso juntos, crescemos como humanos, como mãe e filho, como parceiros de vida, junto também a minha avó, que se aventurou com a gente.

Separei-me ainda morando em Miami. Foi um tempo importante, suficiente para me reencontrar como mulher. Tinha 35 anos quando me separei e me senti perdida. Já não sabia lidar com o mundo sem um marido por perto, já não sabia mais paquerar, nem me exibir como mulher, só sabia me vender como profissional. E foi então que minha irmã, a Thamires, a minha prima Vitoria e minha enteada Bianca – sim, a que me ensinou meu superpoder de mãe postiça –, que estavam morando comigo em Miami, me puxaram para viver a vida de novo e ser mulher. Obrigada pela juventude que não me abandonou!

Namorei um norte-americano que elevou muito a minha autoestima. Tínhamos trocas muito interessantes e aprendizados incríveis sobre a vida e o respeito às diferenças culturais que existiam entre nós. E, vejam só, apesar de ele vir de família tradicionalíssima norte-americana-judaica, não tinha contato com o seu pai biológico e fora criado pelo segundo marido da mãe. A vida sempre trazendo repetições.

De volta ao Brasil, decidida de que desbravaria o mercado digital & tech, fui puxada pela Renata D'Avilla e voltei para outra agência da WPP, a fim de assumir a estratégia de um grupo da Fbiz – a primeira agência a ser *tester* do Google e do Facebook. Voei! E lá me deparei com o primeiro contato profissional masculino com empatia e compaixão verdadeira, meu querido Roberto Grosman, um puxador de mulheres de primeira linha.

De lá segui para a África, onde eu assumi toda a vertical de *foods* da agência; e em meio à pandemia percebi, para valer, que o lado executivo de alto escalão para a mulher é muito solitário. Ao longo da evolução profissional, passamos a exercer funções sem abdicar de nenhuma outra atividade que exercíamos até então. A economia do cuidado gira no mundo por conta das mulheres, e isso pesou ainda mais no pós-covid.

Parei e refleti que tinha vivido uma vida de buscas e conquistas, de sucesso e realizações, sem sentir tudo o que havia feito de fato. Nesse mesmo momento, havia recebido alguns *feedbacks* de pessoas importantes na minha vida, de que eu nunca tinha amado de verdade, me entregado de verdade, aberto a minha intimidade e meus medos mais profundos e, na minha autoanálise, vi que era a pura realidade.

Fui programada para conquistar e tinha vivido uma vida como um navio e não como um submarino. Era muito feliz e realizada, mas ainda não tinha tocado as profundezas do meu oceano.

Na carreira tudo seguiu bem. Tornei-me CSO da BFerraz, puxada por Ligia Vulcano, Enricco Benetti e o próprio Bazinho Ferraz, um reencontro maravilhoso na vida, adoro a inquietude do B. e o zelo que tem pelas pessoas.

Voltei para a cadeira de marketing como CMO de uma *fintech*, puxada pela Patricia Bennaton e Marcelo Villela, que me proporcionou lutar a luta de mulheres em *tech*, mulheres no mercado financeiro – onde sobra o machismo e falta a generosidade. Mas o meu navio só virou submarino no encontro com o meu parceiro de vida, há 3 anos – pois é, descobri o amor já como mulher feita.

O Marco Antonio me puxou para o fundo, arrastou-me milhas para baixo de um jeito cuidadoso, para me fazer subir respirando em paz. Ele respeita minha história, meu jeito, minhas faltas. Ele me presenteou com a possibilidade de ser mãe postiça novamente, mas agora de um pai presente e companheiro. Ele cuida do meu filho com o mesmo carinho e dedicação que tem com os dele. Ele nasceu em um mundo machista, mas foi se lapidando com sensibilidade e segue essa via todos os dias.

Tudo o que eu aprendi e conquistei ao longo da vida faz mais sentido compartilhado com quem quer aprender, sempre.

Ele vem de um mundo diferente do meu, mas tem crenças e valores exatamente iguais. E daí vai o conselho: relacione-se na vida com pessoas – profissionalmente ou pessoalmente – que compartilhem as mesmas crenças que você. E se você tiver alguma crença limitante, arranque-a da sua vida o mais rápido possível.

Eu precisei de muita yoga, meditação e uma roda de mulheres nuas num retiro do sagrado feminino – obrigada a Dany Gonçalves, mestra fada, por ter me puxado para esse momento – para me fazer acreditar que eu poderia ser uma mulher amada na linhagem das minhas antecessoras.

Realizadora e mulher que corre com lobos, sim, mas amada e segura das próprias vontades sempre.

Para todas as mulheres da minha vida, meu muito obrigada por lapidarem a mulher que eu sou hoje. Aos homens, em especial meu filho e meu parceiro, meu muito obrigada pela sensibilidade. Para as mulheres que vão ler esta história, acreditem na força, na coragem, no amor e na transformação. Somos capazes de tudo.

Nada é conseguido por uma mente que duvida.
B.K.S. Iyengar

59

É TUDO SOBRE PESSOAS

É comum a gente ver e comprovar as dificuldades que as mulheres enfrentam no mercado de trabalho (e fora também). Se hoje é assim, imagine há 40 anos. Foi nessa época, num mercado predominantemente masculino e com oportunidades limitadas para as mulheres, que eu ingressei. Mas, para mim, ser independente sempre foi uma condição e fui conquistando meu espaço. Como? Vários fatores, mas principalmente por meio do meu esforço pessoal, pelas conexões que criei e pelas pessoas que me apoiaram.

THAIS CHEDE

Thais Chede

Contatos
thaischede@gmail.com
Instagram: @thaischede

Arquiteta, que se converteu em publicitária e executiva, construiu longa experiência em estratégias de venda, times comerciais e gestão de negócios, atuando em cargos de liderança na Editora Abril por 29 anos. Na Globo, liderou a gestão estratégica e operacional da parceria em TV aberta e iniciativas digitais com os 27 grupos empresariais afiliados e suas 115 emissoras, com profundo conhecimento do mercado de mídia e comunicação – no Brasil e no mundo. É ***founding member*** do grupo Uma Sobe e Puxa a Outra e atua como mentora na Top2You e na AngelUs. Vencedora do Prêmio Caboré em 2001 e 2008, na categoria Profissional de Veículo de Comunicação. Troféu Garra do Galo pela sua contribuição no mercado e Prêmio Veículo de Comunicação da Editora Referência como profissional de comunicação. É formada em Arquitetura e Urbanismo pela Universidade Mackenzie, tem MBA Executivo pela FIA, curso de especialização em *Publishing* pela Stanford University e em Estratégias para Empresas de Mídia pela Harvard Business School.

"Em 1962 é aprovado o Estatuto da Mulher Casada, Lei n. 4.212/1962 que permitiu, entre outras coisas, que a mulher casada não precisasse mais de autorização do marido para poder trabalhar". Sou a Thais Chede e foi nesse ano que eu nasci, na cidade de São Paulo.

O início

Na faculdade de Arquitetura e Urbanismo aprendi que a estética, de maneira muito simplificada, consiste em apreender as formas do mundo por meio dos sentidos, observando a natureza, as cores, os movimentos, o céu e as pessoas, entre tantas outras coisas. Escrevendo este texto me dei conta de que esse exercício de observação proposto pela estética foi um aprendizado valioso nas relações que construí ao longo da vida. Aqui está uma boa conexão entre a arquiteta, a publicitária e a executiva que me tornei.

Meu primeiro emprego foi como vendedora em uma loja de tecidos, mas eu, inquieta, estava sempre de olho em outras oportunidades que me possibilitassem construir uma carreira numa grande empresa. Foi Nórea de Vitto, uma amiga da faculdade, a primeira pessoa que me puxou, indicando-me para uma vaga na Editora Abril. E lá fui eu, aos 19 anos, trabalhar como contato publicitário e vender anúncios na *Revista Casa Claudia*.

Eu gostava de vender, conhecer pessoas e entendi rapidamente que, quando se conquista a confiança de alguém, tudo se torna mais fácil – inclusive nos negócios. Aprendi cedo que construir relações baseadas em confiança era meu principal superpoder e que a essência para isso era o respeito. Ouvir as pessoas, demonstrar interesse genuíno no que elas têm a dizer e sempre levar a sério o que foi combinado.

Foram vários anos de aprendizado, ótimos resultados e muito esforço para me integrar num ambiente predominantemente masculino – como na maioria das empresas –, em que as oportunidades apareciam mais para eles do que para elas, a minoria da qual eu fazia parte.

Tive muitas realizações, algumas decepções e alguns méritos não reconhecidos. Vários choros no banheiro, mas eu não desisti. Até que veio a oportunidade para gerenciar uma revista, depois outra e em um certo dia fui convidada pelo Nicolino Spina para assumir a minha primeira posição de direção na diretoria de publicidade das revistas masculinas.

Nesse momento, a minha reação foi bem parecida com a de muitas mulheres: hesitei em aceitar, por não me sentir capaz. Certamente havia outros profissionais mais preparados do que eu. A conhecida síndrome da impostora estava se manifestando, mas nessa hora eu tive o meu marido para me puxar, ou melhor, empurrar. Ele me disse que eu não deveria ter nenhum receio em aceitar, e que deveria abraçar essa chance com todas as minhas forças. O que eu não soubesse, eu aprenderia. E foi assim, com medo e sem ter dormido à noite, que aceitei e me joguei de cabeça. O trabalho foi intenso, montamos um time incrível em que metade eram mulheres, e praticamente dobramos a receita de um ano para o outro.

Logo em seguida recebi o convite para ser a primeira diretora de publicidade da *Veja*, a maior revista do país. A *Veja* era uma potência e a paixão do Roberto Civita, acionista, editor e um líder inspirador. Ali, ampliei meus horizontes e encontrei na Abril, e no mercado, muitas pessoas que me ensinaram, apoiaram e foram parceiras fundamentais nos negócios.

Maurizio Mauro, então presidente da Abril, foi uma dessas pessoas e me disse para fazer um MBA, pois seria fundamental conhecer a teoria sobre gestão de negócios para seguir evoluindo na carreira. Eu fiz e entendi como seria necessário me capacitar de maneira contínua, sempre.

Com trabalho, resiliência e uma rede de apoio robusta, fui conquistando a minha própria confiança. Tornei-me uma liderança feminina no mercado publicitário; e então, como diretora-geral de publicidade do Grupo Abril, continuava a me sentar em mesas onde eu, na maioria das vezes, era a única mulher. Eu sabia que nessas mesas eu estava representando a empresa, mas também abrindo caminhos.

Mulheres inspiradoras

Os 29 anos na Abril foram numa empresa em ascensão, num mercado em crescimento, ao lado de pessoas talentosas e algumas mulheres empoderadas, que sem pedir permissão iam conquistando espaço. Todas elas tinham seu lugar de fala. Eu me habituei a observar essas mulheres e aprendi com elas a não temer o ambiente dominado pela liderança majoritariamente masculina.

Quero citar as que mais me marcaram, que pavimentaram o caminho para mim e para muitas outras e que me inspiraram a ser destemida e não desistir: Fátima Ali, Olga Krell, Elda Muller, Deborah Wright, Sandra Sampaio e Ana Maria Braga. Ana era minha chefe durante minha primeira gravidez e me disse algo que nunca esqueci: "Thais, o dia que o seu filho nascer, você nunca mais vai fazer nada da mesma forma. Nem dirigir um carro."

Ali eu entendi como é importante para nós, mulheres, termos mulheres em nossas trajetórias profissionais, para nos ensinar e, acima de tudo, nos compreender.

Ela obviamente tinha razão. Seria uma transformação profunda na minha vida e era necessário conciliar o papel de mãe com todos os outros. Mais uma vez eu não teria conseguido equilibrar a vida sem a minha rede de apoio em ação.

Aprender a priorizar e a dizer "não" também foi muito valioso nesse processo, e eu adoraria ter descoberto isso bem antes.

Um novo capítulo

Deixei a Abril em 2014 e 15 dias depois começava um novo capítulo na TV Globo. Eu sempre disse que gostaria de trabalhar na Globo; e foi o Willy Haas, diretor-geral de negócios, quem me fez o convite.

Comecei como diretora de projetos especiais, uma área que até então não existia, e um ano depois me tornei diretora da Central Globo de Afiliadas, movimento que representou uma grande transformação na minha carreira. Era uma atividade completamente diferente das anteriores, fora do meu lugar de conforto, e foi um grande desafio assumir a área responsável pela parceria da Globo com as Afiliadas, que estão em todo o país.

Nessa posição eu conheci o Brasil, seus regionalismos, sotaques, empresas, empresários, pessoas que de certa forma desbravaram e desenvolvem continuamente o nosso país. Construí uma nova rede de relações, e a conquista da confiança dos novos parceiros foi mais uma vez a base para exercer a nova função. Foram muitas conversas, viagens e descobertas; e eu recomendo para todos que olhem para o Brasil com atenção, pois, além da beleza, existem muitas, inúmeras, incontáveis oportunidades.

Foi um desafio e tanto trabalhar na Globo, uma empresa que me encantou e onde eu tive que aprender, reaprender e me integrar a uma cultura diferente, num ambiente em que eu não conhecia os processos nem as pessoas. Observei, aprendi e contei muito com o valioso conhecimento e suporte do time. Foram oito anos de uma experiência muito boa de viver.

Uma interrupção

O meu outro superpoder é não desistir, ser resiliente, e isso foi muito valioso em inúmeras ocasiões, especialmente no que vou contar agora.

Em um autoexame, aos 44 anos, descobri um câncer de mama. O trabalho me treinou a tomar decisões, ser pragmática e desenvolveu em mim uma habilidade em resolver problemas. Tudo isso foi muito útil quando vi minha vida em risco. Eu precisei de tudo o que havia aprendido para ser rápida nas ações e faria de tudo para tirar aquele câncer do meu corpo, o quanto antes. Um processo cirúrgico que demoraria no mínimo três semanas para acontecer por causa de exames e outras burocracias aconteceu em 4 dias. Nessa hora, uma rede de apoio privilegiada me possibilitou acelerar o processo e contei especialmente com a ajuda do amigo e cirurgião plástico Ricardo Marujo.

Escolhi enfrentar a doença do meu jeito, já que era o meu corpo que estava doente. Sou uma mulher que tem medos, mas também muita coragem. Tenho medo de altura, de andar de avião, de velocidade na estrada, tive medo até de escrever este capítulo. Mas não tenho medo de subir num palco, fazer uma palestra, de enfrentar qualquer pessoa; e não tive medo do câncer.

Fiz cirurgia, quimioterapia, radioterapia e sofri todos os efeitos colaterais. Não parei de trabalhar, pois eu tinha certeza de que continuar fazendo o que eu gostava iria me ajudar. Contei para todos o que estava acontecendo, expliquei sobre o tratamento, que a aparência mudaria, que eu usaria peruca e pedi que me ajudassem a tentar passar por isso da forma mais natural possível.

Mas é claro que não aconteceu exatamente assim. Pessoas que estavam sempre comigo se afastaram, porque não sabiam lidar com a situação. Pessoas que eu conhecia mais ou menos chegaram para me ajudar, do nada. E isso me fez entender que cada um reage de um jeito e tudo bem. Cada um vai te dar o que consegue naquele momento, e isso não tem relação nenhuma com afeto, com gostar ou deixar de gostar.

Foi uma interrupção àquilo que eu chamava de normalidade, um período para observar e descobrir o que era realmente importante para mim. Fortaleci os vínculos com a família, com as amigas que são parte importante na minha vida e aprendi a estar no presente. Essa é uma reflexão que deveríamos fazer sem precisar ficar doente, não é mesmo?

A transformação

A desigualdade de gênero é pauta e luta desde quando comecei a trabalhar, e isso foi há 40 anos. É claro que houve evolução, mas não na velocidade necessária. O grupo Uma Sobe e Puxa a Outra é uma forma potente de acelerarmos esse processo, formando uma rede de apoio inigualável, baseada em generosidade, sororidade e respeito.

Puxar alguém é agir na transformação. É contribuir para que as mulheres possam viver numa sociedade sem preconceitos e encontrem um mercado de trabalho com oportunidades iguais, independentemente da identidade de gênero.

O machismo estrutural se apresentou em vários momentos no meu caminho, por meio de homens e mulheres, mas confesso que algumas vezes eu só compreendi depois, em certos casos muitos anos depois.

A luta tem que seguir, é de todo mundo por todo mundo. Participar dela é uma pequena contribuição que eu, enquanto uma mulher consciente dos meus privilégios, gostaria de deixar para a sociedade.

Deixo, por fim, uma frase de uma admirável mulher que me representa.

Eu tenho medos bobos e coragens absurdas.
CLARICE LISPECTOR

Dedico este capítulo para a minha principal rede de apoio: para a Adriana, filha que me fez entender que eu sempre fui uma feminista atuante, para o Felipe, filho que desde pequeno definiu que o meu trabalho sempre foi conversar, e para o Eduardo, marido que me deu suporte para que eu pudesse investir na minha carreira.

Agradeço também a minha família, às minhas amigas, aos profissionais que conheci e a tantas pessoas que encontrei ao longo do caminho. Sem cada uma e cada um de vocês este capítulo que acabei de escrever teria sido muito diferente.

60

DO ABARÁ AO CAVIAR SEMPRE

Sempre amei escrever. E sempre sonhei em deixar algo a partir do qual meus filhos e netos pudessem me conhecer melhor. Pensei em aproveitar esta oportunidade para contar, aqui, minha trajetória e, desse modo, inspirar outras mulheres. Mas quero fazer mais do que isso. Quero compartilhar aprendizados enquanto narro o meu processo de construção. É assim que vejo minha vida. Gosto de contar minha história, mas gosto ainda mais de trocar conhecimento. Essa troca é que me inspira. E sei que é assim que posso inspirar também. Então, permita-me te levar você pela mão...

VANESSA GORDILHO

Vanessa Gordilho

Contato
vgordilho@outlook.com

Mãe orgulhosa de Anitta e Catharina. Tem 24 anos de experiência de mercado, em que construiu uma sólida carreira em empresas de tecnologia, de serviços, no mercado financeiro e na saúde suplementar. Suas experiências mais recentes foram na Mastercard, no Santander/Getnet, no qual foi vice-presidente comercial de varejo, atacado e digital; e na healthtech Qsaúde, como diretora-geral. Natural de Salvador/BA, é formada em Comunicação e tem MBA pela UCSD. Vanessa esteve na linha de frente da transformação digital do setor financeiro no Brasil e já atuou tanto no *B2B* quanto no *B2C*. Suas atividades estiveram sempre ligadas a soluções tecnológicas, à experiência do usuário e a uma forte busca por eficiência em resultados. Ah! E enquanto escrevia o texto acima, Vanessa assumiu a vice-presidência de Negócios e Marketing da Vibra Energia.

Todo dia sinto falta da Bahia

"Baiano não nasce, estreia." Eu adoro essa frase do Zózimo Barrozo. Não que ela indique que o baiano é melhor ou superior. Mas quem nasce na Bahia, vamos combinar, já deixa a barriga da mãe lambuzado no dendê. Já vem cheio de ritmo, carregado de alegria. O povo baiano tem como uma de suas principais metas de vida a busca constante pela felicidade.

Nasci na Bahia. E muitos me perguntam por que não é lá que estou agora. Então, aí vai minha primeira contribuição para a troca que citei lá em cima: permita-se agradecer, diariamente, por suas raízes. Eu sou muito grata pelas minhas. A energia baiana é sempre muito latente dentro de mim. Tenho Iansã ao meu lado e, até hoje, não perdi meu sotaque. Minhas origens me moldaram, fizeram-me ser quem sou. Mas, desde pequena, sempre tive grandes ambições. Uma em especial habitava meus sonhos: transformar. Não sabia ainda o alcance da transformação, não sabia como, só sabia que queria ser a mudança. E, em pouco tempo, minha Bahia ficou pequena para mim. Sim, precisamos reconhecer as limitações do caminho e buscar além.

Mulheres de muita fibra enxergaram em mim essa vontade de crescer e me deram as ferramentas para alcançar meus objetivos. A primeira de todas foi minha mãe, uma mulher que era pura magia. Ela era dona da escola de balé onde comecei a dançar. E eu ainda tinha minhas avós. Uma muito amorosa e espiritualizada, a outra com um perfil mais facilitador e católica fervorosa. Uma combinação que foi um verdadeiro motor em minha vida. Eu não tinha apenas clareza sobre onde queria chegar. Eu tinha a força necessária para isso e ela vinha das mulheres da minha vida.

É preciso dar muita atenção às pessoas que nos cercam. Elas são parte de nós, sem dúvida. Muitas vezes o empurrão de que precisamos vem da família mesmo e, por motivos diversos, demoramos a perceber. Minha conexão com minha mãe e minhas avós, somada à firmeza do meu pai e ao amor de meus irmãos, foram fundamentais para que eu me tornasse a mulher que sou e focasse em meus objetivos.

Você já parou para escutar o que as pessoas de sua família têm a dizer? Já parou para entender de onde vem sua energia e como ela deve ser usada em sua trajetória?

Eu acredito em anjos

Minha mãe foi uma mulher extraordinária. Era minha guia, minha maior incentivadora, minha heroína. Mas heróis também sofrem, todo herói tem sua criptonita. A da minha mãe foi a depressão. Foi uma dura batalha e ela lutou bravamente. Mas, em determinado momento, a doença venceu. E, do jeito mais brusco e dolorido, levou minha mãe para longe de mim. Longe fisicamente, claro. Porque ela continua comigo, ela é sempre muito presente em minha vida. Aliás, era assim que minha mãe terminava cartas e bilhetes, com a palavra SEMPRE. Hoje, também uso essa palavra e a carrego comigo, tatuada no braço.

Quando perdi minha mãe sabia que tinha tudo para desmoronar. Ela era uma referência e sua partida de minha vida abriu um abismo dentro de mim. A dor da perda até se transforma em lembrança eventualmente, mas a gente sente aquelas pontadas de vez em quando. E foi nesse momento de dor que descobri a existência de anjos. Não aqueles anjos de asas que descem do céu e tocam harpas. Anjos encarnados. Anjos capazes de iluminar nossos caminhos, de quebrar paredes para abrir janelas quando portas se fecham, de nos carregar no colo, se for preciso. São anjos que até podem gritar com a gente, falar uns palavrões. Porque são pessoas que aparecem em nossas vidas quando mais precisamos.

Anjos estiveram em meu caminho durante toda a minha vida, mas só me dei conta disso quando minha mãe se foi. Como eu disse, eu poderia ter desmoronado. Eu poderia ter me entregado à dor. Mas, ao contrário, eu me mantive erguida. Comecei a enxergar pessoas me dando a mão e me ajudando a superar esse momento. Comecei um trabalho com minha coach, que é, hoje, uma de minhas melhores amigas. Procurei meus guias espirituais, aquietei a mente, acalmei o coração. E eles, os anjos, não pararam de chegar. Tive amigos que se ofereceram para cuidar das minhas filhas. Várias pessoas que poderiam ter passado despercebidas pela minha vida tiveram papéis fundamentais na minha construção como ser humano. Essas pessoas me apontaram caminhos a seguir.

Entre tantos anjos em minha vida, um já estava na minha família. Temos o mesmo sangue. É a minha irmã, minha alma gêmea. Nossa conexão é linda, intensa e verdadeira. Ela é muito importante para mim. E isso me faz refletir que nem sempre as pessoas enxergam ou reconhecem uma ajuda ou percebem de onde ela vem. Mas, acredite, estamos cercados de pessoas que nos auxiliam nessa incrível caminhada que é a vida. E, por vezes, nós somos o anjo de alguém também. Então, sim, eu acredito em anjos. E eis aqui um ensinamento muito importante: quanto mais vibramos o bem, mais atraímos esses anjos.

A vida é o meu palco

Deixei o Brasil aos 15 anos em busca dos meus sonhos, e meu primeiro palco foi na Alemanha. Não havia internet na época e eu falava com meus pais por carta ou telefone a cada 15 dias. Eu me sentia solitária. Mas a explicação vai além de ser uma adolescente sozinha num país diferente. Aí vai um lado meu que pode ser visto como positivo ou negativo: eu tinha que ser a melhor, eu tinha que ser brilhante, exemplar, superar expectativas. E, em Hamburgo, deparei-me com bailarinos muito melhores do que eu. E aí? Como conviver comigo não sendo a melhor, perfeita?

Morar na Alemanha talvez não tenha sido a escolha mais fácil ou mais óbvia. Saí da leveza da Bahia para a rigidez de um internato alemão. País desenvolvido, mas com perigos iguais. Hoje, quando ouço as histórias de meninas passando por bulimia, anorexia e outros transtornos, só me lembro do quanto eu não tinha noção dos riscos. Ainda havia as drogas na escola pública que frequentei por um ano. Sim, eu tinha inúmeras possibilidades de me perder, mas optei pelo caminho da disciplina. Eu tinha um embate comigo mesma, quase diariamente. Foco. Disciplina. Assim eu seria uma das melhores. Assim não me perderia. Simples assim.

Eu me realizava. Mas, sempre que subia no palco, pensava: vale a pena? Aliás, se você me permitir uma contribuição, apenas se questione... quantas vezes você estava seguindo um caminho (até de sucesso!), mas parou para refletir se ele estava, de fato, fazendo você feliz? A minha cabeça fervia com pensamentos como esse. E ia piorando. Será que sou boa o suficiente? Será que eu sou tudo isso? A exigência também de estar lá ajudou para essa autossabotagem. Por medo de não ser a melhor, a exemplar, de não atingir as expectativas dos outros, deixei o balé. Se tivesse a maturidade que tenho hoje, talvez eu tivesse o conhecimento de que ser consistente – o que eu já era! – vale mais do que ser a melhor. Eu não tinha ainda essa maturidade. Desci dos palcos e me lancei na carreira executiva.

Se você chegar nesse ponto da vida, independentemente da ocupação, entenda uma coisa: está tudo bem mudar. Está tudo bem dar um passo para trás. Está tudo bem escolher outros palcos. Apenas siga sendo protagonista da sua vida.

Tecnologia é para mulher, sim

De volta ao Brasil, cursei Comunicação. Em seguida, fui fazer um MBA nos Estados Unidos. Fiz também uns cursos de TI. Acabei indo para o mercado financeiro. Tudo sempre com muita dedicação, sempre com muito entusiasmo, sempre com... questionamentos. O que fazer depois? Eu não era mais bailarina, eu não trabalhava na área em que era formada, aquilo não tinha o tamanho da minha ambição. E eu ainda não tinha me encontrado também.

Eu precisava buscar outros caminhos para me encontrar. E acredite: isso é normal! Seja você quem for, tenha a idade que tiver, é normal sentir-se perdida, é normal não se sentir ainda pertencente a um mundo, mesmo que a escolha por estar ali tenha sido sua. É normal dedicar-se a uma área e descobrir que aquilo ainda não é para você. Nunca duvide de que é normal ter dúvidas. E o que fazer? Continuar buscando. Lembre-se do lema de uma famosa *peixinha* azul de um famoso filme da Disney: continue a nadar.

Foi nessa busca que me apaixonei pela área de tecnologia e por empresas de tecnologias. Na época, essa área nem estava ainda "na moda". Início do século XXI, imagina! Falava-se muito sobre o assunto, mas estávamos muito no começo dessa revolução tecnológica. Entrei em uma empresa e não tinha ideia do que fazer. Trabalhava com processamento de cartões de crédito. E foi algo diferente. Porque, nesse nicho, predominavam os executivos homens. Sim, era uma área como muitas outras, com "perfil masculino". Muitas vezes, eu era uma das poucas mulheres acelerando esse processo. É realmente chato quando colocam etiquetas, dizendo o que é para mulher e o que é para homem. Que bom que evoluímos. Pouco, mas evoluímos.

Trabalhar em qualquer área – sem etiquetas – tem a ver com paixão, interesse e dedicação. Tem a ver com desbravar segmentos, enfrentar medos, desafiar-se. E eu, particularmente, tenho um traço de personalidade que me impulsiona ainda mais. Se alguém me diz que não vou conseguir, aí é que eu me dedico mesmo, apaixono-me, mergulho de cabeça para alcançar meu objetivo. Muitas vezes, dou mais do que precisaria. Porque eu tenho aquele negocinho chato de achar que não sou suficiente. E isso não é apenas como profissional, mas como mãe, como mulher. Nesse sentido, a área da tecnologia foi uma grande conquista. Eu me encontrei.

Eu sei que, ainda hoje, há menos mulheres do que homens nesse mercado. Somado ao fato de as mulheres não serem estimuladas a gostar de tecnologia, existe também uma coisa muito imposta pela nossa sociedade que faz com que muitas não achem que seja um segmento divertido ou mesmo sexy. É verdade, ainda temos esse tipo de pensamento! Mas há tantas oportunidades, em tantas funções nessa área, que eu gostaria apenas de inspirar mais e mais mulheres a entrar nesse mundo. É uma paixão minha que pode ser a paixão de muitas.

Cada uma de nós tem um diferencial. E como tudo em minha vida, sempre coloquei foco, disciplina e constância em meu trabalho. Eu diria que esse é meu superpoder. Eu me cobro muito. Eu me cobro todos os dias. E tive que aprender a equilibrar funções e emoções. Mas tenho certeza de que, na área da tecnologia, encontrei meu lugar. Encontrei o caminho para a transformação que sempre sonhei realizar. Melhor ainda: eu me encontrei.

Ah! Também encontrei minhas melhores amigas no mundo executivo. Foi a cereja do bolo. São mulheres incríveis que entraram na minha vida em diferentes ocasiões, de maneiras inusitadas. São mulheres com as quais posso contar incondicionalmente. Entendeu? São MULHERES.

Para tudo, agora eu sou mãe!

Sejamos objetivas: se você quer ser mãe, seja. Há muitas mulheres que não se sentem prontas para a maternidade, principalmente estando no mercado de trabalho. É mais difícil, ficamos estigmatizadas. Existem pesquisas que mostram que mulheres depois que viram mães param de ser promovidas, por exemplo. É um mundo injusto, a gente sabe disso. Mas, se você quer ser mãe, apenas pare. Tire um tempo e seja.

Quando nos tornamos mães nossas prioridades mudam, mas não desaparecem. As oportunidades não deixam de surgir. E eu acredito que tudo está relacionado ao tipo de mãe que a mulher se torna. No meu caso, a maternidade me trouxe mais maturidade do que dificuldade. Nossa energia muda. Minhas filhas me trouxeram razão, equilíbrio e amor. Melhor: MAIS razão, MAIS equilíbrio, MAIS amor. Uma é expansiva, engraçada, sempre conta piadas e ama música, tem uma voz linda. A outra é superfashion, organizada, muito, muito estudiosa, disciplinada e com um pé na cultura britânica: ama pontualidade. É como se elas fossem os dois lados do meu cérebro, o lógico e o criativo.

Filhos nos trazem uma sensação única de completude. E depois que me casei de novo essa experiência duplicou. Meu segundo marido me presenteou com um casal de enteados, Leonardo e Olívia. E hoje formamos uma família linda de quatro filhos. Sim, são quatro crianças – ou melhor, quatro pré-adolescentes, como eles mesmos gostam de lembrar. E todos são grandes incentivadores meus e de minha carreira.

Ter ou não ter filhos enquanto executiva é uma questão de como você se organiza, como administra seu tempo e como põe foco e disciplina em seu trabalho para não se perder. Porque é possível ser uma profissional produtiva e, ainda assim, fazer-se presente na vida dos filhos, mesmo quando não se está, literalmente, presente em absolutamente tudo. Prepare momentos especiais e faça que situações banais se tornem especiais. Leve para jantar, jogar, assistir a um show. Deixe bilhetinhos no travesseiro, no espelho, mande mensagens ou uma música com uma letra significativa. Eu, por exemplo, faço noites de bingos para experimentarmos roupas e organizarmos joias e bijuterias nas gavetas. É uma coisa nossa. Faça suas surpresas. Encontre soluções criativas para, mesmo de longe, estar perto de seus filhos diariamente.

Tá faltando pimenta nesse acarajé?

Aqui vai minha última contribuição. Acho que muitas mulheres têm dificuldade de se ver apenas como mulher. Explico: a gente se vê como filha, como mãe, como esposa, como profissional. E a mulher? O que você está fazendo diariamente para se admirar como mulher? Eu acredito que até para isso é preciso foco e disciplina.

Tenho um marido maravilhoso, que me apoia em tudo, que é parceiro e entra em todas as minhas loucuras. Nós sempre discutimos nosso relacionamento. Não como uma coisa ruim. Sentamo-nos para conversar mesmo quando tudo está bem. A melhora é um processo contínuo. Para manter vivo meu relacionamento, até achei formas de sedução. É um exercício que fazemos, é cumplicidade.

Mas a ideia de ter pimenta na vida não está associada unicamente a manter a chama de uma vida a dois acesa. A pimenta é para nós mesmas! Eu preciso ser essa mulher incrível e picante para mim. Tem a ver com a mulher baiana e arretada que sou. Eu preciso me olhar no espelho e enxergar, ou melhor, RECONHECER o mulherão que sou. É parte da minha essência e não posso deixar morrer.

Nas conversas com minhas amigas esse tema é sempre levantado. Sim, é preciso "apimentar" as amizades também, as conversas, não deixar que alguns temas se percam no meio de outras discussões. Essa troca é fundamental para entendermos quem somos e que não estamos sozinhas em nossos medos, nossos pensamentos e experiências. Precisamos quebrar paradigmas, superar obstáculos, inverter percepções e entender que ser mulher é o maior privilégio.

Um dia, John Lennon disse: "Quando eu tinha 5 anos, minha mãe me disse que a felicidade era a chave para a vida. Quando eu fui para a escola, me perguntaram o que eu queria ser quando crescesse. Eu escrevi 'feliz'. Eles me disseram que eu não entendi a pergunta. Eu lhes disse que eles não entendiam a vida". Essa sou eu.

61

A MINHA JORNADA DE APRENDIZ

A LIDERANÇA DO FUTURO SERÁ FEMININA

A jornada da liderança feminina é uma jornada introspectiva, que passa pelas etapas do chamado, do medo, dos desafios, das conquistas e do aprendizado. Reflito sobre a minha jornada da Europa para o Brasil. Apresento os pilares importantes da carreira feminina, a integração das polaridades masculinas e femininas e, finalmente, a minha convicção para liderança sustentável: a liderança do futuro será feminina.

VIRGINIE FERNANDEZ

Virginie Fernandez

Contatos
www.omtare.co
virginia@omtare.co
Linkedin: linkedin.com/in/virginie-fernandez-54b1b2/
11 98304 0200

Franco-espanhola radicada no Brasil desde 2001, Virginie é uma executiva multicultural, com atuação na Europa e América Latina. Pesquisa, com voracidade, teorias e conceitos sobre desenvolvimento humano para colocar na prática. Tem mais de 25 anos de experiência executiva em recursos humanos e desenvolvimento de negócios na indústria seguradora e na Indústria de luxo. Embaixadora da Diversidade & Inclusão, em particular da Liga Labora, que luta contra o etarismo. Lidera projetos para desenvolver a inteligência coletiva, equipes de alto desempenho, fortalecendo a cultura e possibilitando relacionamentos interpessoais de qualidade. Apaixonada por temas de psicologia positiva, diálogo, conversas desafiadoras, teoria U e liderança feminina. Hoje é cofundadora da Omtare, consultoria focada em transformação de lideranças e organizações para um mundo melhor. Formada pela Essec Business School e Universidade da Sorbonne. Coach pela Fielding University na California e Certificada pelo ICF.

Em 3 de novembro de 2000, recebi um telefonema que foi o início da minha jornada. Estava de partida para o aeroporto Roissy Charles de Gaulle para ir passar o final de semana em Milão com meu namorado. Ele tinha recebido uma proposta de trabalho. Eu estava feliz com o projeto: amava a Itália, estava entediada trabalhando na direção internacional de uma seguradora na França, e muito feliz de me desligar da minha vida cinza, confortável e bastante previsível em Paris. A vida que tantos brasileiros que conheci nesses últimos 22 anos aqui gostariam de ter!

A aventura tocou na minha porta com um telefonema de Louis, o Diretor Internacional da empresa, perguntando-me, animadíssimo: "Você continua motivada para uma posição fora da França, não é? Falei de você para a pessoa que vai assumir as atividades em São Paulo, para criar um time regional. Ele é suíço-alemão, trabalha na Bélgica e se interessou pelo seu perfil. Mas é muito urgente. É para começar em janeiro, então você tem que me responder até segunda-feira para ir encontrar com ele na Bélgica." Engasguei-me, pois tinha ouvido dele nos últimos dois anos que "ser mulher, jovem, não ser atuaria, nem financeira" reduzia a quase zero as possibilidades de carreira internacional nesse grupo muito tradicional e masculino. O ápice tinha sido quando me desconvidaram de uma viagem para Abu Dhabi onde apresentaríamos o projeto de banca-seguro que eu liderava. "Sei que preciso ir de burca e estou tranquila a respeito." De nada serviu e meu colega, quase aposentado, que tinha uma barba que claramente me fazia falta, foi no meu lugar. Foi o único momento claro na minha carreira em que senti discriminação.

Que sorte que tenho de não ter tido mais episódios marcantes de discriminação. Por outro lado, que sorte de ter vivido esse momento frustrante, pois a minha indignação foi um motor para a ação. Com certeza essa ação, junto com a minha boa estrela, desencadeou na proposta desse trabalho no Brasil, para a América Latina. Abria-se, então, sem que eu ainda não soubesse, um capítulo muito bonito de jornadas e lideranças femininas. "Adoro trabalhar com mulheres, e sempre fiquei muito feliz na minha aposta por mulheres jovens. Elas têm uma energia, uma inteligência, uma capacidade de entrega e de trabalhar em equipe que não acho nos homens." Jean-Charles falava pausadamente, com um sorriso enigmático e certo toque de malícia, e me conquistou nas nossas duas horas de conversa em Bruxelas. Ele foi o meu primeiro mentor, abriu-me as portas da América latina, do RH, deu-me uma autonomia às vezes até assustadora, em particular em processos de reorganização, e sempre apoiou todas as minhas decisões, mesmo aquelas que não deram totalmente certo. Assim, resolvi embarcar para o Brasil.

Fiquei com muito medo nas duas semanas antes da mudança. Percebia que a minha vida mudaria para sempre e que eu mudaria profundamente. Quando o avião decolou em Paris, as lágrimas rolaram pelo meu rosto, pois senti fisicamente a intensidade dessa decisão.

Chegando ao Brasil, fui apresentada aos diretores-gerais das filiais na América latina: cinco países, cinco homens com idade média de 55 a 57 anos. Em contraste, o time regional que estávamos construindo estava formado de muitos jovens, equilibrado entre homens e mulheres. Fiquei particularmente impressionada pela qualidade técnica e humana de algumas mulheres da minha geração. Hoje todas são diretoras-gerais de grandes organizações no Brasil ou na França: Catherine e Laurence no Brasil, Gorette na França. Esse time foi um celeiro de talento e uma rede de apoio feminino.

Mas os relacionamentos com as filiais eram complicados, divergências de visão de negócio e de cultura, sem contar com processos de reorganização pesados que lideramos na maioria dos países. Existia também a complexidade do reporte internacional para a França, e para a Alemanha.

Neste contexto, em 5 de dezembro de 2003, o responsável dos expatriados do meu grupo, um francês bem "careta" e pouco empático, veio para fechar a estrutura regional e me explicou que meu contrato de expatriado se encerrava e tinha que voltar para a França até o fim de janeiro. Ele aproveitou para comentar: "Você é malvista no corporativo em Paris. Você é orientada demais para resultados, muito direta, e não tem o devido respeito com a hierarquia." Chorei parte do final de semana, até que veio um pensamento zen: no meio de um rio muito caudaloso, não adianta lutar contra, aproveite a corrente para achar um lugar seguro. Na segunda-feira, pedi uma reunião com essa pessoa e prontamente chegamos à conclusão de que era melhor negociar rapidamente minha saída no Brasil. Foi meu momento Dom Pedro: "Eu fico!".

Assim, em poucos meses, passei de uma expatriada sem nenhum tipo de preocupação financeira a uma imigrante ilegal no Brasil. Essa quebra na vida e na carreira, por mais estressante que possa ter sido, trouxe-me experiência, maturidade, resiliência e me ajudou lá na frente, quando me tornei uma executiva de RH, a acolher com empatia e compaixão quem passava por isso.

Tinha negociado um *outplacement* no meu pacote de saída, o que se tornou uma excelente decisão para projetar a minha carreira e entender como funcionavam as redes no Brasil. E de repente, depois de uma entrevista de 5 horas, em quatro idiomas, com aquele que se tornaria meu segundo e grande mentor, Davide, entrei no universo maravilhoso do luxo. Trilhei uma carreira muito feliz de 17 anos no grupo LVMH, sempre como diretora de RH para a América latina, até que uma nova jornada se apresentou para mim no final de 2021. A jornada do empreendedorismo e da consultoria. Essa jornada na LVMH me fez descobrir muitas coisas valiosas. A importância de se sentir feliz numa cultura baseada em empreendedorismo, criatividade, inovação e excelência. O prazer, para RH, de trabalhar com pessoas apaixonadas. A felicidade de ter conversas significativas com pessoas e perceber que você teve um impacto positivo nas escolhas delas. A importância de ter um mentor de qualidade, que olha para as pessoas sem estereótipos de gênero. E, acima de tudo, o poder da liderança feminina. No Brasil, na LVMH, 80% das posições de responsáveis de marca eram ocupadas por mulheres, e hoje são 90%, num processo totalmente orgânico. Quando deixei o grupo tínhamos chegado num mundo quase invertido! Como falava para os times: "Será que fomos longe demais? Hoje qual pode ser a aspiração de um jovem executivo olhando para cima? Só tem mulheres!"

O que eu aprendi nesta jornada?

Quando me tornei consultora, em 2022, tive a oportunidade de dedicar mais tempo a teorias, metodologias e ferramentas que gostaria de ter conhecido e usado na minha vida corporativa. Fui chamada para falar sobre carreiras femininas e percebi que existiam três pilares importantes a serem trabalhados.

Explore e redefina seu modelo mental

A nossa identidade se forma no nosso país, família de origem, na nossa infância e impacta a maneira como vemos o mundo. Qual é o valor do trabalho? Quais são os modelos de gênero? Nasci na Espanha, numa família que emigrou para a França à procura de trabalho. Meus pais, criados no período do ditador Franco, tinham um modelo familiar e religioso bastante conservador e tinham parado de estudar muito cedo a fim de trabalhar. Nunca me esquecerei da minha mãe falando, voltando para casa, depois de uma grande briga com o meu pai: "Você realmente achou que eu não voltaria? Para onde iria? Não tenho nenhum lugar para ir...". Esta frase me marcou profundamente e criou em mim uma necessidade muito grande de autonomia. O dinheiro nunca foi para mim um objetivo financeiro, mas um canal para a liberdade.

Apesar de ter dois irmãos, os afazeres domésticos eram quase sempre dirigidos para mim, pois acabava a lição de casa antes deles e a minha mãe achava que esse era mais o papel da mulher. Julgando essa situação injusta, inconscientemente enterrei parte da minha identidade feminina: num mundo onde os homens eram mais privilegiados, era melhor ser homem.

As crenças estruturantes da nossa vida constroem, protegem e impulsionam, mas são limitantes. Trabalhei para desfazê-las e aprender a pedir ajuda, a não bancar sempre a independente, a reconhecer e fazer florescer a energia feminina em mim. Quais são suas crenças?

Alavanque seu impacto

Como investir tempo e energia nos projetos estratégicos onde os retornos serão maiores? Ter êxito nesses projetos de alto impacto gera reconhecimento e visibilidade. Desde o início da minha carreira, aceitei ou pedi participação em muitos projetos para os quais não estava totalmente pronta. Liderei projetos de aquisição, coordenando *experts* financeiros, atuários, bancos de investimento, sem ter nenhuma dessas competências. Mas eu era boa na coordenação, na digestão rápida de massa de informações e na capacidade de síntese.

Outra alavanca importante é a construção e a manutenção de redes de apoio, de informação, de contatos. Essas redes internas e externas ajudam a trazer informação, visibilidade, projetos e a validar mais facilmente suas contribuições.

Aumente sua presença

Uma recomendação às vezes polêmica para muitas mulheres: reconheça e comunique sobre suas conquistas, não falando somente do seu time, mas também de você. Nós, mulheres, tendemos a achar que esse comportamento denota arrogância ou autopromoção. No entanto, comunicar sobre as conquistas deveria ser a última fase de um resultado árduo conquistado. Como sempre falo: "Se você não ocupar esse espaço, outra pessoa o ocupará."

Devemos também ocupar o espaço físico. Onde nos sentamos nas reuniões presenciais? Quando estamos diante de um auditório, como ocupamos o espaço sonoro, o espaço físico? Essas mensagens sutis enviadas pelo corpo são analisadas conscientemente ou não pelo auditório, que vai rotulando as pessoas: confiante, forte, tímida, insegura. Trabalhei muito a minha confiança em auditório, que era baixíssima depois de uma reunião desastrosa no início da minha carreira. Fugi durante anos desse exercício, até que uma especialista em comunicação me convenceu: "Você é jovem, mulher, numa empresa muito masculina. Você tem o dever de falar." Estimulei várias mulheres nas minhas organizações a terem *coachs* de comunicação para aprender a otimizar esse espaço de projeção e de impacto.

Finalmente, um último conselho será de usar sua influência, que ela venha dos seus conhecimentos, da sua empatia, carisma, da ajuda que você presta aos outros. Num mundo cada vez mais horizontal, com funcionamento em ecossistema, ter influência em lugares diversos alavanca a ação. A influência se desenvolve se você constrói relacionamentos de confiança, sendo autêntico, ajudando primeiro os outros. Provavelmente uma das minhas grandes conquistas na carreira foi: construir influência, gerando apoio em lugares tão variados; e o universo sempre foi muito generoso comigo, devolvendo-me em algum lugar o que eu tinha semeado em outro.

As polaridades masculinas e femininas

As energias masculina e feminina são duas polaridades que se completam e se nutrem. O livro *Liderança Shakti*, de Nilima Bhat e Raj Sisodia, autor de *Capitalismo consciente*, apresenta um estilo de liderança equilibrado, gerador, cooperativo, criativo, inclusivo e empático. Embora essas qualidades sejam comumente vistas como "femininas", todos as têm. Na tradição indiana, elas são simbolizadas por Shakti, a fonte que alimenta toda a vida. Os líderes que entendem e praticam a liderança Shakti atuam a partir de uma consciência de cuidar da vida, da criatividade e da sustentabilidade. A energia "masculina" é simbolizada por Shiva, quem traz clareza, assertividade, foco, ordem, disciplina e estrutura. Essas características acabam sendo mais exploradas pelos homens, razão pela qual elas estão hoje em excesso nas organizações e têm que ser reequilibradas com características Shakti para mais sustentabilidade.

O futuro será feminino

Sempre falo brincando que nós mulheres somos superiores, já que somos mais completas e resilientes; e um dia dominaremos o mundo! Gisele Halimi, célebre advogada feminista, ativista e ensaísta franco – tunisina costumava falar: "As mulheres têm o futuro pela frente, enquanto os homens têm apenas o poder".

Existe um trabalho muito interessante realizado em 2021 por cientistas, sociólogos, psicólogos de vários países, chamado IDG (*Individual Development Goal*): as competências necessárias para agentes de mudança sustentável nas organizações e na sociedade. Esses IDGs são organizados em cinco pilares e me parece que hoje as mulheres estão mais bem equipadas que os homens (aqueles que ainda não desenvolveram bem a energia Shakti) para mudança sustentável:

- Ser (autoconhecimento, bússola interna, autenticidade, abertura a mudança e aprendizado, presença).
- Pensar (pensamento crítico, consciência da complexidade, perspectiva e sentido, visão de logo prazo).
- Relacionar-se (apreciação, conexão, humildade, empatia e compaixão).
- Colaborar (comunicação, cocriação, mentalidade inclusiva e intercultural, confiança, mobilização).
- Agir (coragem, criatividade, otimismo, perseverança).

O futuro da liderança será feminino!

Referências

BHAT, N.; SISODIA, R. *Liderança Shakti*. Rio de Janeiro: Alta Books, 2019.

INNER DEVELOPMENT Goals. Disponível em: <https://www.innerdevelopmentgoals.org/>. Acesso em: 14 abr. de 2023.

62

A DISCIPLINA SUPERA O TALENTO

O esporte ensina muito. Obriga a ter disciplina, resiliência e ensina a ganhar e a perder. Sim, é importante saber ganhar e não se acomodar e também saber perder e usar o sentimento de fracasso para aprender e melhorar. É como na vida. É como em qualquer outra profissão. Eu nunca fui a mais talentosa, a mais alta, a mais habilidosa, a mais forte, a mais popular. Eu sabia que tinha de treinar e trabalhar muito se quisesse conquistar meus objetivos no vôlei. Não foi o talento que me manteve 18 anos na seleção. Foi a disciplina de melhorar um dia de cada vez.

VIRNA DIAS PIOVEZAN

Virna Dias Piovezan

Contatos
virna10@uol.com.br
LinkedIn: linkedin.com/in/virna-dias-04492825/
Instagram: @virnadd
Twitter: @virnavolei

Natural de Natal/RN, onde começou a jogar vôlei, Virna Dias Piovezan tem 51 anos. Ponteira, começou a vestir a camisa da Seleção Brasileira nas categorias de base, aos 14 anos. Tem três filhos. Vítor, 32 anos, Pedro, 12, e Maria, 9; mora atualmente em Campinas/SP e é casada com o empresário Rodrigo Piovesan. É duas vezes medalhista olímpica (bronze em Atlanta [1996] e em Sydney [2000]) e atuou 18 anos como jogadora de vôlei na quadra e quatro na praia. Disputou ainda a Olimpíada de Atenas (2004), na qual terminou na quarta colocação. Trabalhou com dois dos maiores técnicos do mundo na modalidade: Bernardinho e José Roberto Guimarães. Viveu a rivalidade com as cubanas nos anos de 1990 e foi um dos grandes ídolos da sua geração. É cinco vezes campeã brasileira. Foi campeã pelos times: Lufkin, Uniban, Flamengo, BCN e Rexona. Atuou na Itália (Chieri). Seu título brasileiro mais memorável foi com o seu clube de coração, o Flamengo, vestindo a camisa com o número do seu ídolo, Zico, 10, na temporada 2000/2001. Prata no Mundial de 1994, tem quatro títulos de Grand Prix (1994, 1996, 1998 e 2004). MVP do Grand Prix de 1999. Melhor recepção do mundo em 1994. Foi comentarista de vôlei nas Olimpíadas de Pequim (2008), Londres (2012) e Rio (2016). Atualmente, é palestrante e embaixadora de projetos de vôlei no interior de São Paulo. As palestras são ministradas para empresários, atletas e profissionais liberais. O conteúdo é motivacional. Fala sobre crescimento pessoal, liderança, disciplina, trabalho em equipe, superação, resiliência e força para superar os desafios.

Eu era uma adolescente alta e magricela de 13 anos, que frequentava os bancos escolares do Instituto Maria Auxiliadora, em Natal/RN, cidade em que nasci. Não era exatamente uma beldade. Muito grande, magra, aparelho nos dentes, usava óculos e era bem desengonçada. O apelido de "Olívia Palito" me perseguia e não era por acaso. Mas, no recreio, quando jogava queimada com as amigas, todo mundo queria ser do meu time. A força dos meus arremessos – por ser fisicamente maior do que a maioria das meninas e dos meninos da minha idade – me fazia ser disputada pelos times.

Com um leque de esportes a escolher nas aulas de educação física, interessei-me levemente pelo vôlei. Era um esporte bonito e não tinha o contato meio violento que eu achava que tinha no handebol. Foi assim que o voleibol entrou na minha vida. Meio sem querer, meio na base do "Acho que pode ser divertido". Meu bom desempenho escolar me levou a um convite para treinar na Seleção do Rio Grande do Norte e foi onde, oficialmente, tudo começou.

Aos 14 anos, já tinha uma rotina de treinos, competições e viagens. E estava feliz. Tinha encontrado a minha "turma". Todas as meninas eram altas e desengonçadas como eu. E, finalmente, conheci um lugar em que minha altura não era motivo de zoação. Pelo contrário. Era uma vantagem. A Olívia Palito se encontrou.

Um desses torneios foi no Rio de Janeiro. Defendi o Clube de Regatas Alagoas emprestada, já que a Seleção do Rio Grande do Norte não tinha conseguido se classificar. Enfrentei Isabel. Meu ídolo no vôlei. Estava em êxtase. Pouco tempo depois, Isabel se tornou mais do que um espelho: virou minha grande amiga, que infelizmente nos deixou recentemente.

Depois desse campeonato, minha vida mudou. A boa atuação no torneio me rendeu um convite para estagiar no Bradesco, da Isabel! Mas tinha de morar no Rio de Janeiro.

Começou a batalha mais dura da minha vida até então: convencer meu pai, que sonhava em ver a filha traçar o seu caminho na Engenharia Civil, de que, aos 14 anos, tinha condição de morar sozinha no Rio de Janeiro. Nas férias de 1986, ele me permitiu fazer um estágio no time. Na cabeça dos meus pais, essa "febre" do vôlei iria passar e a saudade de casa falaria mais alto. Senti, sim, saudade de casa, da dona Carminha, do seu Tarcísio e das minhas irmãs. Mas foi um caminho sem volta. O amor pelo vôlei só cresceu e eu não retornei mais.

Fui morar na Urca, num apartamento bancado pelo clube, com mais duas jogadoras. Meus pais cobravam boas notas no colégio e todos os dias nos falávamos pelo telefone. Saí da minha vida confortável em Natal para uma rotina de treinos, estudos, jogos e desafios numa cidade grande.

Às vésperas de completar 15 anos, fui convocada para a Seleção Brasileira Infanto-Juvenil; já começava a treinar com jogadoras do time adulto e o dia a dia era puxado. Em 1987, o Plano Collor foi um baque para os principais patrocinadores do vôlei no Brasil, e grandes times como Bradesco e Lufking deixaram de existir. Foi um baque para mim também. Senti medo: então, é isso, acabou? O vôlei brasileiro passava por um momento difícil. Ansiosa, engordei oito quilos. Sem clube, sem salário e sem perspectiva, sentia falta do colinho de mãe.

Eu já tinha idade para jogar nos times adultos e tinha acabado de passar para o curso de Economia na PUC-RJ. Nesse meio-tempo, entre as idas e vindas do meu namorado Luiz Antônio ao Rio para me visitar, aos 18 anos, descobri que estava grávida. A notícia caiu como uma bomba no colo do meu pai. Seu Tarcísio, nordestino arretado, conservador, ficou decepcionado com a filha. Mas amoleceu o coração ao saber que seria avô de um neto – com três filhas mulheres em casa, o sonho sempre foi ter um filho homem.

Vítor nasceu no dia 6 de abril de 1991, em Natal, em meio a muito amor. Eu tinha 19 anos e me preparava para ser mãe. Até que veio o convite para jogar o Mundial Juvenil, sob o comando de ninguém menos que José Roberto Guimarães – hoje tricampeão olímpico. Mas Vítor ainda era muito pequeno e recusei o convite. Três meses depois, veio a opção de jogar na Europa.

Fui para a Itália com Vítor, meu marido e babá, mas a experiência não foi boa. Muito frio, a exaustão de treinar e cuidar de um bebê pequeno, salários atrasados. Voltei para o Brasil e, indicada pela amiga Fernanda Venturini, fui jogar na Recreativa, de Antônio Rizola. Mas tinha de brigar pela vaga de titular.

Ligava para o meu pai chorando, pedindo conselhos e ele falava: "Só dê o seu máximo". E foi assim. Engordei 12 quilos na gravidez e perdi 15; se tinha de fazer 100 abdominais, fazia mais, se tinha de correr 30 minutos, corria 40. Voltei a ser convocada para a Seleção Brasileira, depois de ficar de fora da convocação para Barcelona (1992). Em 1993, disputei o Grand Prix na Ásia. Foram 40 dias entre Coreia do Sul e Hong Kong. Na volta, o Vítor não me reconheceu. Não sabia que eu era a mãe dele.

Pela primeira vez, pensei em largar o vôlei. Quantas vezes ainda passaria pela dor de ver meu filho me rejeitando e viver com a culpa de ser uma mãe ausente? O dilema de toda mãe que trabalha fora.

Mal sabia eu que era o primeiro desafio de muitos que ainda viriam, tanto na vida pessoal quanto na profissional. No final de 1993, Bernardinho assumiu a Seleção Brasileira e foi direto comigo: "Se quiser jogar na Seleção, vai ter de aprender a recepcionar". E era muito insegura nesse fundamento. Disse que era impossível, já adulta, aprender a recepcionar. E ele disse uma das frases que levo comigo até hoje: "Virna, não existe a palavra "impossível". Existe a palavra "trabalho". Quer recepcionar bem? Vai ter de trabalhar muito. Eu te ajudo."

E foi assim, treinando todo dia depois do treino normal, passando perrengues e questionando muito se um dia seria uma ponteira-passadora, que eu passava os dias ralando muito com Bernardo e a comissão técnica. Fomos para um torneio na Alemanha, a Copa Bremen. Fui eleita a melhor recepção do campeonato. Ganhei um prêmio de 100 mil dólares na época e fui a prova de que nada, absolutamente nada, resiste ao trabalho.

Bernardo foi e é até hoje um líder que se impõe pelo exemplo. Era o primeiro a chegar na quadra e o último a sair. Exigia da gente na mesma proporção que exigia dele próprio. Com ele, conquistei duas medalhas de bronze olímpicas: Atlanta (1996) e Sydney (2000). Nas duas semifinais, perdemos o jogo e a chance de disputar o ouro para as temidas cubanas.

Em Atlanta, eu não era titular. Herdei a vaga durante a competição, depois da triste lesão da ponteira Hilma. Foi uma situação difícil. Sentia a desconfiança das minhas companheiras. "Será que ela vai dar conta?" Novamente, ligava para o meu pai. Sempre o seu Tarcísio tinha a palavra certa para os momentos incertos. E ele dizia sempre: "Dê o seu melhor, reze, controle os seus pensamentos. Seja positiva, ajude o grupo." Sem saber, meu pai construía, na minha mente, os pilares essenciais para quem trabalha em grupo. Faça o que puder da melhor forma, mas pense sempre no coletivo. De que forma eu posso ajudar o time?

Quando eu finalmente entendi que só poderia ser uma jogadora melhor quando fosse uma jogadora melhor para o time, o *mindset* mudou.

Ser atleta de alto rendimento nos ensina a conviver com a dor – física e emocional – o tempo inteiro. Quantas vezes entrei em quadra sentindo dor no pé, no joelho, dor muscular, dor nas articulações? Inúmeras. Quantas vezes a gente entra em quadra mesmo tendo de lidar com problemas extraquadra. Várias!

Às vésperas de Sydney (2000), por exemplo, fraturei o pé. Fratura por estresse. Foi um ano de muitas dificuldades fora das quadras e de muito treino. Faltava um mês e meio para a olimpíada. Após uma bateria de exames, o diagnóstico que eu não queria ouvir; precisaria passar por cirurgia e seria praticamente impossível ir para Sydney. Sem poder treinar com o time, fiz o que dava: acompanhei a equipe nas viagens, intensifiquei a fisioterapia, acompanhava os estudos dos adversários, treinava com bola sentada num colchão para não perder ao menos o contato, fazia bicicleta e o que dava para não perder a condição física. E fiz uma promessa. Sempre fui chocólatra. Mas fiquei mais de um mês sem comer chocolate – o período em que me recuperava da cirurgia – como forma de me desafiar e manter o foco na recuperação.

Depois da conquista em Sydney, terminada a promessa de não comer chocolate, fomos, eu e Bernardinho, no McDonalds da Vila Olímpica e pedimos, os dois, um *sunday* de chocolate com muita calda. Comemoramos o bronze brindando com sorvete e acabando com o jejum de chocolate.

A carreira nos clubes seguia bem e defendi grandes times no caminho. Conquistei títulos importantes e guardo algumas partidas no coração. De volta da Olimpíada de Sydney, eu e a Leila, amiga e confidente de muitos anos, fomos convidadas pelo presidente do Flamengo, por intermédio da Isabel, a fazer parte da equipe e abraçar o projeto.

Para mim, pessoalmente, o convite foi mais do que especial. Eu vestia a camisa 10 no vôlei por causa do Zico, meu grande ídolo. E o Flamengo era o meu time do futebol do coração. Zico sempre foi uma referência para mim, dentro e fora dos gramados. Reunia tudo o que um atleta deveria ter: raça, comprometimento e postura de líder.

Eu e Leila chegamos para ajudar a montar o restante do time. Mas não era fácil. O mercado já estava praticamente fechado, as grandes equipes já tinham contratado. Na cerimônia de apresentação da equipe na temporada, como capitã, recebi das mãos de ninguém menos que Zico a camisa 10 da equipe. Emoção pura. Ali, naquele momento, ficou muito claro o tamanho do desafio que estava aceitando.

Eu e Leila já tínhamos jogado muitos anos juntas na seleção, mas foi ali, na Gávea, que a nossa dupla ganhou força. Foi uma dobradinha que marcou minha carreira e a minha vida. Hoje somos amigas e irmãs. Muitas vezes, dentro da quadra, falávamos o que vinha na cabeça e brigávamos uma com a outra, mas buscando sempre o melhor para o time. Como havia muito respeito e admiração, as discussões sempre acabavam e a gente estava pronta para a próxima.

O Flamengo não era a melhor equipe daquela Superliga. Perdemos vários jogos na fase de classificação. Mas, aos trancos e barrancos, chegamos à final contra o favorito Vasco, de Fernanda Venturini e cia., e vencemos, numa partida eletrizante, diante de um Maracanãzinho lotado e com a presença de duas das maiores torcidas do Brasil.

Fui campeã, ergui o troféu e fui eleita a melhor jogadora da Superliga naquele ano. Foi especial por tudo isso, mas principalmente porque não éramos favoritas. O esporte ensina que nem sempre o melhor ganha, e sim o mais preparado naquele momento.

No ano seguinte, o Flamengo não conseguiu mais manter o patrocínio do vôlei e fui para São Paulo jogar no BCN, com outro técnico excepcional: Zé Roberto. Minucioso, detalhista, estrategista, Zé foi outro líder que marcou a minha carreira e a minha formação.

Ao mesmo tempo, minha vida pessoal passava por uma crise. Separei-me do meu marido e uma das decisões mais difíceis foi me separar do Vítor, que passou a morar com o pai, pois teria uma vida mais estável. Não conseguiria ser a mãe presente que ele precisava aos 10 anos de idade com a quantidade de jogos, treinos, concentrações e viagens que o vôlei exigia naquele momento. Ele morava em Bauru/SP e eu me mantive jogando em Osasco/SP, para ficar perto. Estava longe, mas nunca ausente. No entanto, novamente a culpa pela maternidade à distância me entristecia. Não existe cura para esse sentimento. Ele não passa nunca.

Com Zé Roberto na Seleção Brasileira, fui convocada para a minha terceira olimpíada, em Atenas (2004). Cuba já não era a mesma potência de antes e era a nossa chance de conquistar o ouro. Na semifinal, abrimos 2 a 1 sobre as russas e vencemos o quarto set por 24 a 19. Estávamos a um ponto da inédita final olímpica. Um ponto. E ele não veio. Perdemos o set e perdemos o *tie-break*. Uma das maiores decepções da minha vida, com certeza. Nunca, até hoje, consegui assistir a esse jogo novamente.

Foi difícil digerir. Até hoje é difícil falar desse placar. No ano seguinte, despedi-me das quadras e fui jogar na areia. Não se enganem. É outro esporte. As dificuldades de jogar na areia, sob o sol, frio, vento, tudo é fisicamente exaustivo. Tive de sair da minha zona de conforto e me reinventar como atleta. Não tive os mesmos resultados da quadra, mas foi um período de muito aprendizado. Jogar em dupla é diferente de jogar em time. A cobrança é maior. Seus erros são mais evidentes, sua responsabilidade é ainda maior.

Entender o momento de parar é mesmo como encarar um luto. Afinal de contas, eu precisava me despedir da atleta Virna para me reinventar e continuar como simplesmente Virna. Casei-me novamente, fui mãe duas vezes; e fui a mais três olimpíadas como comentarista de vôlei (Pequim [2008], Londres [2012] e Rio [2016]). Hoje, como palestrante motivacional e madrinha de alguns projetos de vôlei, vejo-me diante de novos desafios: passar adiante tudo o que esporte me ensinou.

E o esporte ensina muito: obriga a ter disciplina, resiliência, ensina a ganhar e a perder. Sim, é importante saber ganhar e não se acomodar; e saber perder e usar o sentimento de fracasso para aprender e melhorar. É como na vida. É como em qualquer outra profissão. Eu nunca fui a mais talentosa, a mais alta, a mais habilidosa, a mais forte, a mais popular. Tinha uma boa condição física e foquei no meu ponto forte, mas sempre treinando os fracos. Eu sabia que tinha de treinar e trabalhar muito se quisesse conquistar meus objetivos. Não foi o talento que me manteve 18 anos na seleção. Foi a disciplina.

63

A NOITE ESCURA DA ALMA QUE REVELOU MEU PROPÓSITO

Inquieta e curiosa, encontrei na maternidade um *boost* em meu propósito. Busco promover reflexão para que as pessoas tenham a possibilidade de fazer escolhas, em todas as esferas de sua vida, que preservem sua integridade e tragam dignidade à sua jornada.

VIVIAN BROGE

Vivian Broge

Contatos
LinkedIn: linkedin.com/in/vivian-broge
specialisternebrasil.com
turmadojilo.com.br

Executiva, *C-Level,* com experiência internacional, tendo atuado em empresas como BCP Telecomunicações, Atento, Ibope, Natura, Danone e ISS. Atualmente, trabalha na Iguatemi S.A. como responsável por Recursos Humanos e ESG. Membro de conselhos consultivos das ONGs Turma do Jiló e Specialisterne. Graduada em Comunicação Social (FAAP) com diversas especializações, sendo as mais recentes Gestão e Transformação de Organizações Complexas (MIT Sloan School of Management), formação de *Board Member* pelo IBGC e *Board Member* competente em ESG pelo *Competent Boards.* Professora de MBA e pós-graduações, autora de publicações associadas a desenvolvimento humano e liderança feminina, casada com o artista plástico Mauro Piva, é mãe do Arthur e da Nina. Coautora dos livros: *Solidariedade: depoimentos de um beija-flor - histórias de voluntariado e de esperança*; *Coaching e formação de liderança/coach*; *Mentores e suas histórias inspiradoras* 1. ed.; *Mulheres no RH* vol. II.

Sempre fui uma pessoa comunicativa, criativa, curiosa e com muita paixão por aprender e compartilhar os meus aprendizados com os demais. Atravessada por questões de imigração tanto por parte de pai como de mãe, derivados de situações de perseguição política e guerra e, nascida no Brasil, cresci com a multiculturalidade nas "veias" e um olhar muito atento para culturas e diferenças de hábitos de vida em diferentes lugares.

Decidi estudar comunicação social com uma ideia de retratar histórias de pessoas diversas pelo mundo. Provocada por um amigo, que hoje também é diretor de RH, fui experimentar trabalhar em empresas e iniciei minha carreira em telecomunicações. Uma parte importante do meu tempo era dedicada à escuta, nesse caso de ligações da central de atendimento, que atuava para responder a problemas que eram relativamente iguais. Naquele momento, descobri um "superpoder" que tenho: gosto de resolver problemas e, de preferência, com abordagens novas e integrativas. Muito tempo depois entendi que isso é ser *problem solver*[1] e *change maker*[2].

Minha carreira evoluía de maneira muito interessante. Naquele período eu entendia mais e mais que resolver problemas passa por escutar genuinamente, para entender diferentes perspectivas e investir no desenvolvimento das pessoas para que possam revelar seus potenciais. Por volta dos vinte e poucos anos já atuava em gestão de pessoas em muitos países diferentes.

Nessa mesma fase, desenvolvi um projeto de *coaching* dentro de uma organização para a qual trabalhava com uma mulher potente, doutora em não verbal e que identificou em mim o talento para com ela ministrar aulas. Com ela aprendi que todas e todos somos sujeitos de nosso próprio processo de aprendizado e que nossos "limites" estão sempre muito mais longe do que podemos pensar.

1 Resolvedora de problemas.

2 Criadora de mudanças.

Estava feliz conciliando uma carreira executiva e acadêmica. Tive um convite para ser expatriada e, assim sendo, meu marido e eu fomos morar no México. Sem dúvida aquele momento foi um ponto alto de desenvolvimento para mim, tanto pessoal como profissional. Na época, tive dois executivos, um argentino e um brasileiro, que me desafiaram e que me ofereceram suporte para que eu pudesse revelar meus talentos e colocá-los a serviço de gerar valor para o ecossistema no qual transito.

Meu marido e eu começamos a falar em ter filhos e eu fiz um ano de *life coaching* para decidir se eu queria mesmo ser mãe. Quando entendi e corporifiquei que, sim, como um casal, decidimos juntos que iríamos esperar o nosso retorno ao Brasil para vivenciar uma gravidez ao lado da nossa família, dando a possibilidade de que pudéssemos viver isso com nossos familiares. Parece que algo no universo começava a nos preparar para a maior jornada de desenvolvimento que vivi e vivo junto com meu amado marido.

Voltamos ao Brasil e, alguns meses depois, de maneira inesperada, meu pai faleceu. Lembro-me de que no último aniversário dele, quando eu ainda morava no México, ele me disse que estava ficando mais velho e queria ser avô. Alguns dias antes dele falecer, no hospital, pude contar que estávamos buscando engravidar.

Vivendo esse luto engravidei e com 11 semanas de gestação, em uma consulta de rotina, descobrimos que o nosso bebê havia morrido.

Consciente do lugar de muitos privilégios que temos, quisemos entender o que havia acontecido. E os exames apontaram que nosso filho, que não chegou a nascer, mas que o batizei de Leonardo, era um bebê com síndrome de Down. Ouvi de um médico que nos atendeu que havíamos sido privilegiados por não termos de viver isso.

Lembro-me de remoer essa frase em meu íntimo por semanas com um incômodo. Lembro-me, também, de pedir uma conversa para aquele gestor brasileiro, que mencionei antes, para que me ajudasse a elaborar todo esse luto no qual estava imersa e ele me disse: "Vivi, você está vivendo a noite escura da alma, mas respire porque depois da noite vem o dia e com ele a claridade".

Depois de algum tempo voltamos a buscar engravidar e veio a feliz notícia de que estávamos grávidos de um menino. Na época, recebi um convite para me tornar diretora de RH de uma unidade de negócios em uma empresa de varejo alimentar que me contratou estando grávida.

Feliz da vida e muito consciente de que poucas mulheres vivem isso, mudei de trabalho deixando uma empresa que eu amava, em busca de um novo ciclo de desenvolvimento. Ouvi várias vezes que eu estava "louca" de mudar daquela empresa em um momento tão particular da vida, mas eu estava decidida.

Anos depois, li o livro da querida *headhunter* Fátima Zorzato, e nele ela cita que algumas das pessoas mais bem-sucedidas que ela conheceu em seu trabalho passaram, segundo suas pesquisas, por estímulos que guiaram suas escolhas do caminho a seguir: "Atenção (observar as motivações internas e externas), Conexão (olhar para o mundo e se relacionar com ele, selecionando as próprias referências) e ou ruptura (deixar a zona de conforto voluntária ou involuntariamente em função de traumas).

Eu não tinha consciência naquele momento do que me esperava.

Aos sete meses de gravidez, em uma consulta de rotina, veio a notícia de que meu bebê estava muito abaixo da curva de peso e altura para o momento gestacional e que eu teria de ser internada. Naquela época, as mulheres do meu time foram uma rede de apoio muito importante para eu me "desconectar" do trabalho e me dedicar a gestar. Minha gratidão a elas! Durante o período internada passei por sustos e incertezas! Vivenciamos uma dúvida nunca comprovada na gestação de que nosso bebê tinha uma má formação cardíaca sugestiva de uma síndrome. O medo nos assolou. Arthur nasceu de 8 meses e no momento que o conheci a enfermeira nos disse: Apgar[3] 9 e 10 e ele não enxerga de um dos olhos.

A partir desse momento eu percebi que teria de enxergar para muito além de tudo que eu havia visto e que precisaria de muitas pessoas comigo para serem "os olhos" do meu filho.

Indo em mais uma consulta buscando um diagnóstico para o nosso filho, ainda em licença maternidade, encontramos um casal amigo que tem uma filha com síndrome de Down. Naquele dia eles estavam tendo sua segunda filha. Ao visitá-los e contar nossa situação, eles imediatamente se colocaram à disposição para iluminar nosso caminho, já que eles estavam e seguiam alguns passos na nossa frente. Essa amiga foi uma verdadeira guia, nos acolhendo e oferecendo contatos para o cuidado integral do nosso filho. Aí começava a se formar o "time Arthur", que até hoje conto com essas pessoas para serem os "olhos" em prol do desenvolvimento pleno dele.

Depois de cinco meses dele ter nascido recebermos o diagnóstico: uma síndrome muito rara. Meu marido e eu conversamos longamente e decidimos que nosso compromisso seria fazer do nosso filho uma pessoa feliz e que

---

3 A escala de APGAR, também conhecida como índice ou escore APGAR, é um teste feito no recém-nascido logo após o nascimento que avalia seu estado geral e vitalidade, ajudando a identificar se é necessário qualquer tipo de tratamento ou cuidado médico extra após o nascimento.

iríamos fazer tudo ao nosso alcance para que ele pudesse realizar seu potencial, seja ele qual fosse. A partir daí, fragilizada e enfrentando uma depressão pós-parto, tendo escutado de uma médica que nosso *job* era fazer nosso filho sobreviver o primeiro ano e meio de vida, começamos a vivenciar inúmeras situações de preconceitos e discriminação. Talvez a mais emblemática para mim, foi quando fomos jantar no restaurante que fica dentro do condomínio que moramos. Uma menininha veio ver o Arthur no carrinho e mostrou curiosidade sobre a má formação ocular que ele tinha e que naquele tempo era visível... A mãe veio e disse: "Venha aqui, filha ...porque isso aí pode ser contagioso". Naquele dia me desestruturei ao ver como o preconceito pode ser "contagioso" e transmitido de pais para filhos.

Minha experiência me mostrou que quando você olha para um marcador social com as lentes da inclusão você fica sensível e observa de maneira ampliada, enxergando as interseccionalidades. Eu mesma vi, com meus olhos, que muitas famílias ao receberem uma criança com deficiência se desestruturam e, na maioria das vezes, a mãe fica com a responsabilidade de prover e de cuidar... e essas duas coisas são de difícil equilíbrio, principalmente sem rede de apoio.

Reconhecendo meus muitos privilégios e sendo uma mulher que chegou ao *C-level* sei que minha voz é ouvida. Senti que eu poderia atuar para reduzir desigualdades e promover direitos humanos e oportunidades de desenvolvimento, em especial às pessoas com deficiência e, a bem da verdade, para todas e todos, porque a diversidade e inclusão beneficiam a todas as pessoas.

Passei a dedicar meu tempo "livre" atuando como conselheira em duas ONGs que têm a inclusão como missão. Na Specialisterne, ONG de origem dinamarquesa, nos dedicamos à capacitação e inclusão de pessoas neurodivergentes (pessoas com autismo) no mercado de trabalho.

Buscando colaborar para influenciar políticas públicas que beneficiem as pessoas com deficiência a terem uma vida mais digna, comecei a participar de um grupo de mulheres. Lá conheci a Carolina Videira. Desde então, me encontro com ela em propósito, luzes, sombras e somamos forças para impactar a mais e mais seres humanos por um mundo onde todas as pessoas caibam. Sou conselheira da ONG criada por ela. Na Turma do Jiló acreditamos que a transformação virá de uma educação inclusiva nas escolas e empresas na qual ninguém fique para trás. A Carola me puxou para esse grupo incrível de mulheres que empoderam mulheres pelo bem comum.

Quatro anos atrás fui mãe pela terceira vez, de uma menina que procuro empoderar e criar para que ela seja quem ela quiser ser.

Na maternidade encontrei meu propósito: estou a serviço de que todas as pessoas sejam vistas por seus talentos e autenticidades e tenham oportunidades de realizar seu potencial.

Agradeço aos meus filhos e filha, Leonardo, Arthur e Nina, por terem me dado a oportunidade de saber quem sou!

E você? Como você se vê? Como enxerga as pessoas? Está deliberadamente atuando para impulsionar as pessoas à sua volta?

> O horizonte me pede pra ir tão longe
> Será que eu vou?
> Ninguém tentou
> Se as ondas abrirem pra mim de verdade
> Um dia eu vou saber quem sou
> (Trecho da música: *Saber quem sou*, de
> Any Gabrielly, para o filme *Moana*, da Disney).

Referência

ZORZATO, F. *O que faz a diferença: as características e oportunidades que criam o grande líder.* São Paulo: Portifólio-Penguim, 2021.

Conte sua história aqui